GEORGE LUCAS
SKYWALKING

DALE POLLOCK

GEORGE LUCAS
SKYWALKING

A VIDA E A OBRA DO CRIADOR DE **STAR WARS**

generale

Publisher
Henrique José Branco Brazão Farinha
Diretor comercial
Eduardo Viegas Meirelles Villela
Editora
Cláudia Elissa Rondelli Ramos
Tradução
Marleine Cohen
Preparação de texto
Gabriele Fernandes
Revisão técnica
Hamilton Rosa Jr.
Revisão
Nestor Turano Jr.
Ariadne Martins
Projeto gráfico de miolo e editoração
Daniele Gama
Capa
Listo Estúdio Design
Imagens de capa
MovieStillsDB
Depositphotos
Impressão
Edições Loyola

Título original: *Skywalking: the life and films of George Lucas*
Copyright © 1983 by Dale Pollock
Updated edition copyright © 1999 by Dale Pollock
Copyright © 2016 by Editora Évora
Todos os direitos reservados à Editora Évora.
Rua Sergipe, 401 – Cj. 1.310 – Consolação
São Paulo – SP – CEP 01243-906
Telefone: (11) 3562-7814/3562-7815
Site: http://www.editoraevora.com.br
E-mail: contato@editoraevora.com.br

DADOS INTERNACIONAIS PARA CATALOGAÇÃO NA PUBLICAÇÃO (CIP)

P837G

Pollock, Dale
 [Skywalking. Português]
 Geoge Lucas : Skywalking – a vida e a obra do criador de Star Wars / Dale Pollock. - São Paulo : Évora, 2015.
 440 p.: il. ; 16 x23 cm.
 Tradução de: Skywalking : the life and films of George Lucas.
 Inclui filmografia.
 Inclui bibliografia.
 ISBN 978-85-8461-046-4
 1. Lucas, George, 1944- . 2. Diretores de cinema – Estados Unidos – Biografia. I. Título.

CDD- 927.91430233

JOSÉ CARLOS DOS SANTOS MACEDO – BIBLIOTECÁRIO – CRB7 N. 3575

*Para Susie.
Sem você, sou um pouco menos.*

Agradecimentos

Uma biografia de George Lucas, mesmo não autorizada como esta, seria impossível sem a colaboração dele. Mas uma vez permitida, sua cooperação foi integral, o acesso ilimitado e o interesse incansável.

Os colegas mais próximos de Lucas endossaram seu compromisso em relação ao projeto. Jane Bay e Sharon Appenzeller foram de grande ajuda ao prover informações e incentivo, assim como Sidney Ganis e Susan Trembly. Deborah Fine graciosamente disponibilizou sua pesquisa em bibliotecas, e Miki Herman e Jim Bloom tornaram a vida em Lucasland agradável.

Marcia Lucas sacrificou boa parte do seu precioso tempo com o marido para as entrevistas deste livro. Ela foi aberta e sincera, da mesma forma que os pais de Lucas, George e Dorothy Lucas, e suas três irmãs, Ann, Kate e Wendy. Meus agradecimentos especiais vão para mais de oitenta outras pessoas que gastaram seu tempo e esforços para discutir a vida e a obra de Lucas.

A ideia de fazer *Skywalking* veio de Bruce Harris, da Crown Publishers, Inc. Ele e o meu editor, Peter Shriver, me autorizaram a escrever *meu* livro à *minha* maneira; e sou muito grato por isso. Minha agente, Amanda Urban, foi exemplar no seu apoio e encorajamento, assim como os meus advogados, Bertram Fields e Ed Ezor. Agradeço especialmente a Charles Champlin (pela confiança), Connie Koenenn, Irv Letofsky e Robert Epstein, meus editores no *Los Angeles Times*, pela tolerância e paciência. Meus colegas Peter Boyer, Lee Grant e Deborah Caulfield merecem igualmente gratidão.

Este livro não teria chegado à sua forma presente sem a habilidade para editar, digitar e transcrever de Sharon Berryhill, Gwen Gunderson, Janet Ezor e Diane Merryl. Doug Caryso da Newell Color Labs foi de muita ajuda ao reproduzir as fotografias. Um apoio essencial veio da parte de Henry Pollock e Jeffrey Pollock e foi profundamente apreciado. O tipo de estímulo que sustenta o autor de um livro escrito nos finais de semana, fim de dia e outros pequenos intervalos de tempo veio de Jeff Jaffee, Charles e Harriet Schreger, Richard B. Nagler, Sheila Sosnow, Dan Polier Jr., Gail Cippola, Maggie Wittenburg e Donna Bass.

    Ninguém sofre mais com a produção de um livro do que os membros da família do autor. Eles sentem toda a frustração criativa, e não a satisfação de criar. Meus filhos Owen e Leo são muito pequenos para ler isso, por isso terão de confiar na minha palavra de que o livro está pronto. Se há uma única pessoa responsável por este trabalho, é minha esposa, Susan. Ela pesquisou, digitou, editou, criticou, encorajou, atraiu, exortou, implorou e, por fim, pediu para que *Skywalking* adquirisse uma existência. Por isso, ela divide os créditos deste livro.

DALE POLLOCK
Los Angeles,
3 de outubro de 1982

> Skywalker, Skywalker. E por que você veio andar no meu céu? Toda a sua vida você olhou ao longe... para o horizonte, para o céu, o futuro.[1]
>
> Yoda

---

[1] Do quinto rascunho de *Star Wars: O Império contra-ataca*, de Lawrence Kasdan.

Sumário

* O acidente 1
* 1. Não foi culpa minha 7
* 2. Quando as coisas eram mais simples 19
* 3. A realidade termina aqui 55
* 4. Lidando com Coppola 95
* 5. Dançando em volta do relógio 127
* 6. A concepção de *Star Wars* 167
* 7. Agonia e êxtase de *Star Wars* 201
* 8. Como eu vivo minha aposentadoria 241
* 9. Regendo o Império 291
* 10. Não muito tempo atrás 331
* 11. De volta às origens 349
* Observações sobre as fontes 381
* Filmografia 385
* Posfácio 389

O acidente

> Os idiotas acabam entendendo mais cedo ou mais tarde, talvez seja por isso que eles inventaram os carros... para livrar-se de todos esses bocós. Mas é difícil quando eles levam alguém com eles.[1]
>
> John Milner, Loucuras de verão

Terça-feira, 12 de junho de 1962, era um desses dias úmidos de calor em Modesto, quando o Vale de San Joaquin parece um forno com a porta fechada. Wendy Lucas sentou-se fora junto à piscina, perto de onde os bosques de nogueiras se estendiam como teias de aranha em direção ao horizonte. Era o único lugar fresco em todo o Rancho. Não havia muito mais a fazer depois da faculdade a não ser tomar sol, nadar, e depois tomar sol de novo.

Havia um longo verão pela frente. A escola acabaria na sexta-feira e o irmão mais velho de Wendy, George, se formaria – quem sabe. Como de costume, George tinha negligenciado suas obrigações escolares. Ele tinha três trabalhos de conclusão de curso para entregar na quarta, para não falar dos exames finais. Estes eram cruciais: George tinha como média um "D+" e se não tivesse uma boa apresentação nas provas finais, ele talvez não se formasse com a turma de 1962 do Thomas Downey High School.

Naquele momento, George, pequeno e esquelético como uma das estacas da cerca do Rancho, saiu da casa. Estava se dirigindo para a biblioteca da cidade: Wendy gostaria de ir junto? Ela suspirou. Era frequentemente requi-

---

[1] A observação de John Milner foi feita por George Lucas no primeiro rascunho de *Loucuras de verão* (4 ago. 1971).

sitada para ajudar o irmão mais velho nas questões de ortografia, estudo e sobrevivência. Era um papel que desempenhava desde que eles eram pequenos e ela chegou a sangrar o nariz de alguns valentões que tinham aporrinhado o pequeno Georgie.

"Nós já discutimos o fato de eu ir", lembrou Wendy, agora casada com um pastor evangélico em Orange County. "Eu disse, 'não, eu não quero ir', e ele então respondeu, 'tudo bem, irei sozinho'". George deu as costas e entrou na sua Fiat Bianchina, um importado italiano, pequeno e veloz. Ele propositalmente cantou os pneus ao sair com o carro.

Depois de algumas horas na biblioteca, George estava impossibilitado de se concentrar. Começou a ter devaneios imaginando corridas de carro e a viagem à Europa que havia planejado fazer naquele verão com o seu melhor amigo, John Plummer. A viagem era um presente de formatura dos seus pais – caso George se formasse.

Decidido a voltar para casa, George dirigiu para o leste pela Sylvan Road, entre os pastos ralos de Modesto. Ele forçou o minúsculo veículo de duas cilindradas da Fiat o máximo que podia, a mais de 95 quilômetros por hora. O sol jorrava através do que costumava ser o teto. George capotou o carro ao fazer uma curva e tinha instalado uma barra estabilizadora no lugar do teto esmagado.

George adorava dirigir. Saboreava a emoção de dobrar uma esquina sobre duas rodas. Podia ir e voltar com o Fiat por quilômetros de plantações de nogueiras. Tinha visto amigos perderem a vida em acidentes de carro – sete colegas de escola morreram diante da casa dele quando o carro, que vinha a 100 quilômetros por hora, entrou numa árvore. Mas ele não diminuía o ritmo.

Ao chegar perto do Rancho dos Lucas, George começou a fazer a volta à esquerda em direção à pequena estrada de terra que levava para casa. Era por volta das 5 horas da tarde e o sol estava lentamente baixando atrás dele. Ele deu uma olhada pelo retrovisor, não viu nada e virou.

Naquele momento, ouviu o rugido de uma máquina e o grasnido descontrolado de uma buzina. Frank Ferreira, de 17 anos, estava a toda velocidade na estrada, com seu Chevy Impala. O Fiat estava bem no seu caminho. Ferreira tentou desviar dele, mas, no lugar disso, atingiu a lateral do pequeno veículo, diretamente onde George estava sentado.

O acidente

O impacto foi tremendo. O Fiat foi arremessado para o lado e capotou imediatamente, quatro ou cinco vezes, antes de mergulhar numa robusta nogueira. Ao capotar pela terceira vez, Lucas foi cuspido pelo teto aberto. A regulagem do seu cinto de segurança de corrida – preso a uma placa de aço que o prendia no chão do carro – rompeu-se milagrosamente na sua base, livrando o motorista do que na certa seria a morte.

George aterrissou sobre o peito e o estômago e ficou inconsciente. O sangue jorrou de um corte na sua testa e George começou a ficar azul enquanto o sangue sem oxigênio alcançava seus pulmões feridos. Shorty Coleman, que morava do outro lado da estrada, ouviu os carros e alcançou a porta da frente de sua casa a tempo de ver o acidente. Chamou uma ambulância e depois correu para ver em quais condições estava o menino Lucas. Ferreira sentou-se no seu Impala na beira da estrada atordoado, mas não ferido.

No Rancho, nem Wendy nem a mãe dela ouviram o acidente, o que veio a calhar. Dorothy Lucas não era uma mulher saudável. Ela tinha acabado de voltar do hospital, pesando apenas 36 quilos, depois da última de uma série de doenças que se arrastaram durante a infância de George. Dorothy e Wendy não ficaram sabendo do ocorrido até que George Walton Lucas chegasse em casa, vindo do seu escritório no centro, e calmamente desse a notícia de que o único filho deles estava em estado crítico no Modesto City Hospital.

Quando a ambulância chegou, o prognóstico para George Lucas Jr. parecia sombrio. Seu pulso era apenas perceptível; ele estava em estado de choque e tinha dificuldade para respirar. Enquanto a ambulância rompia os 8 quilômetros distantes em direção ao hospital local, ele começou a tossir e a cuspir sangue vivo, num contraste chocante com a pálida cor azulada dos seus lábios e pele. Doutor Richard Treadwell, o médico da família Lucas, lançou um olhar ao jovem George enquanto ele era levado para a pequena sala de emergências, e gritou para que as enfermeiras chamassem o doutor Paul Carlsen, o melhor clínico do hospital.

"Ele estava, antes de mais nada, morrendo de medo", doutor Carlsen relembra a respeito das condições de George. "Estava em estado de choque, sua pressão arterial era fraca, e tinha o ombro esquerdo inchado, o que parecia ser uma fratura da escápula ou da omoplata. O abdômen não estava rígido e a parede torácica também não. Ele também tinha um grande corte na cabeça, de onde presumo que perdeu bastante sangue".

Carlsen mandou fazer imediatamente uma transfusão de sangue e, em seguida, realizou uma abdominocentese, inserindo quatro agulhas nos cantos da superfície abdominal para determinar a extensão do sangramento interno. O teste se revelou negativo, e assim Carlsen prosseguiu na área do peito de Lucas; ali, encontrou amplas contusões esféricas espalhadas pelos dois pulmões, mostrando uma forte hemorragia.

Àquela altura, Dorothy Lucas tinha chegado ao hospital, com Wendy a reboque. Ela irrompeu na sala de emergências e quase desmaiou diante do que viu. Em um dos braços de George, havia tubos bombando sangue para dentro do organismo dele, quatro agulhas no seu abdômen e um tubo de oxigênio sobre o seu nariz. Lucas olhou para a mãe sem realmente focá-la. Levemente consciente, com a voz trêmula, disse: "Mãe, fiz algo de errado?" Dorothy começou a chorar e o doutor Carlsen, acalmando-a, a conduziu para fora do quarto.

No dia seguinte, o *Modesto Bee* estampou um artigo de primeira página a respeito do acidente, incluindo uma foto do Fiat, que se parecia com um pretzel de metal, soldado à nogueira. A árvore se deslocou alguns centímetros com a força do impacto – um buraco grande marcava o lugar onde o tronco estava originalmente. A matéria também mencionava que Lucas havia sido multado por fazer uma conversão proibida à esquerda.

Quando George acordou naquela manhã, ele não sabia onde estava nem o que tinha acontecido: "Havia uma enfermeira por perto e ela imediatamente disse: 'Você está bem. Seus braços e pernas estão bem, e você vai ficar bem'. Foi muito reconfortante ouvir aquilo, porque eu não sabia que partes de mim mesmo ainda existiam ou não. O fato de eu estar vivo era um milagre".

Durante sua estadia no hospital, George percebeu que sua mente corria quase tão rápido quanto o seu Fiat fazia antes. "Percebi que tinha vivido a vida no limite durante tanto tempo. Foi quando decidi entrar na linha, ser um aluno melhor, tentar fazer algo por mim".

O ocorrido com George foi o clássico acidente de carro dos anos 1950, imortalizado em canções de sucesso como "Teen Angel", "Detour" e "Tell Laura I Love Her". Situado no limiar entre a adolescência e a idade adulta, teve um profundo efeito sobre ele. O eterno brincalhão que nunca tinha se incomodado em fazer planos ou pensar à frente, de repente, se deu conta de que seu tempo era limitado. "Você não pode passar por esse tipo de experiência e não sentir que deve haver uma razão para você estar aqui", Lucas explica. "Percebi que deveria estar gastando meu tempo descobrindo que razão era essa e tentando preenchê-la. O fato é que jamais teria sobrevivido àquele acidente se eu tivesse sido arremessado contra aquela árvore. Na verdade, aquele cinto de segurança não deveria nunca ter se quebrado, sob nenhuma circunstância. Tudo isso me afetou profundamente".

Esse tipo de introspecção não é incomum em um formando universitário, cuja idade adulta é subitamente lançada sobre ele. Mas esse contato íntimo com a morte teve consequências mais profundas e subliminares sobre Lucas. "Ele viu a própria finitude", relata seu pai. O acidente transformou George de um adolescente sem rumo que gastava o tempo dirigindo carros e sonhando com eles em um jovem extremamente motivado, inundado por um sentido de missão: "O acidente me tornou mais consciente de mim mesmo e dos meus sentimentos. Comecei a confiar no meu instinto. Tinha o sentimento de que deveria ir à faculdade, e fui. Tive o mesmo sentimento, mais tarde, de que deveria entrar numa escola de cinema, embora todo mundo achasse que eu estava louco. Tive o mesmo sentimento quando decidi fazer *Star Wars*, mesmo quando os meus amigos disseram que eu era doido. São coisas que precisam simplesmente ser realizadas, e eu sinto como se tivesse de fazê-las".

1

Não foi culpa minha

> Seu destino segue
> um caminho diferente...
> <small>Obi-Wan Kenobi para Luke Skywalker, Star Wars</small>

George Lucas fez mais do que a grande maioria das pessoas numa vida inteira. Hollywood está coalhada de gente que daria qualquer coisa para ter uma ínfima parte da sua sorte. Apesar desse sucesso todo, os amigos e colegas concordam que George Lucas é, em essência, a mesma pessoa que acordou em um quarto de hospital em 1962 e decidiu mudar de vida. Do contato muito próximo com a morte surgiu o compromisso inabalável com o trabalho árduo e a excelência artística. Ele é um cineasta nato, dotado de uma compreensão instintiva do que o público quer ver.

Lucas dirigiu apenas quatro filmes e produziu outros quatro, mas responde por três e, quem sabe, por quatro dos dez filmes de maior sucesso já produzidos. *Star Wars: Uma nova esperança* (1977) e *Star Wars: O Império contra-ataca* (1980), os dois primeiros da planejada série de dez filmes *Star Wars*, renderam 888 milhões de dólares em ingressos vendidos em todo o mundo.[1] *Loucuras de verão* (*American Graffiti*, 1973), o segundo filme de Lucas como diretor, é a fita mais rentável da história de Hollywood em termos de custo (750 mil dólares) *versus* receita (117 milhões de dólares). *Indiana Jones e os caçadores da arca perdida* (1981), que Lucas concebeu e produziu, seguiu as posições do seu *Star Wars* na lista dos sucessos de bilheteria de todos os tempos.

---

[1] Números relativos às vendas de bilhetes e receitas foram fornecidos pela Lucasfilm e confirmados pelo estúdio que lançou o filme.

O surpreendente alcance deste sucesso turva a lembrança dos fracassos comerciais de Lucas: *THX 1138* (1971), seu primeiro longa, e *E a festa acabou* (*American Graffiti* 2, 1979), a continuação do filme original de 1973. Mas *Star Wars: O retorno de Jedi*, lançado em maio de 1983, pôde ofuscar todas as suas realizações anteriores e representar seu maior sucesso financeiro[2].

Lucas estima ter um patrimônio líquido de 25 milhões de dólares[3]. Lucasfilm Ltd., a empresa privada que ele e a mulher possuem, está avaliada em 35 milhões de dólares em dinheiro e outros ativos[4]. Isso inclui a propriedade de Lucas sobre os seus filmes, extensas glebas de terras, investimentos em petróleo e gás e em títulos de longo prazo. A bonança mercadológica[5] gerada por *Star Wars* registrou um faturamento bruto superior a 1,5 bilhão de dólares em negócios de varejo. O que não pode ser estimado é o valor da própria saga *Star Wars*, os nove filmes[6] e seus subprodutos poderiam trazer para o mercado aberto. Tentar calcular o valor da saga *Star Wars* é como conjeturar o quanto vale a Mona Lisa – o céu é o limite.

Lucas expressa uma forma de arte comercial sendo ele mesmo: em cada homem, um cineasta. "Sou tão comum que um grande número de pessoas consegue se relacionar comigo, porque tenho o mesmo tipo de banalidade que elas têm", explica. "Creio que isso me dá insights a respeito do grande público. Sei do que gostava quando eu era criança, e ainda gosto".

---

[2] Atualmente, sabe-se que *A ameaça fantasma* e *A vingança dos Sith* (dois dos filmes da trilogia posterior) fizeram, respectivamente, 1 027 044 677 e 848 754 768 dólares e ocupavam em 2015 o 20º e o 43º lugar no ranking mundial, enquanto *O retorno de Jedi*, em números atualizados, não estava nem no ranking dos 100 maiores faturamentos da história. (N. R. T.)

[3] Segundo a Forbes, em 2015 a fortuna pessoal de Lucas tinha se multiplicado para bilhões, tornando sua fortuna a 309º do mundo. Disponível em: <http://www.forbes.com/profile/george-lucas/>. Acesso em: jul. 2015. (N. R.T.)

[4] A Lucasfilm foi vendida para a Walt Disney Company em 2012, por 4,03 bilhões de dólares. Mais informações na p. 394. (N. E.)

[5] A franquia Star Wars em 2015 tinha uma receita de faturamento acumulada com os seis filmes da série de 4 382 359 868 dólares, colocando a saga em sexto lugar entre as fanquias de maior rendimento da história. Atualmente, a maior franquia é a da série de filmes da Marvel com 8 923 393 099 de dólares. (N. R. T.)

[6] Leia mais sobre os três últimos filmes da saga na p. 342. (N. E.)

Mas Lucas está determinado a fazer mais com os seus filmes do que simples entretenimento. Ele transmite a percepção de um mundo ideal no qual o bem triunfa sobre o mal no fim, e as pessoas aprendem a dominar seu destino. Sua carreira profissional se dedica a preservar essa visão no cinema – ninguém está autorizado a adulterá-la ou mitigá-la. Seu sucesso ou fracasso depende unicamente do talento ou da ambição de George Lucas. Essa extrema autossuficiência faz par com a enérgica determinação que trouxe seus antepassados da Europa para a Virgínia e o Arkansas e finalmente para a Califórnia. A carreira de George mistura a lenda de Horatio Alger com a tecnologia do cinema moderno.

Lucas e seus filmes encarnam várias complexidades do caráter americano. Ele é um multimilionário que usa calças jeans desbotadas, camisas de trabalho e tênis. Sua ideologia política permanece, grosso modo, liberal, mas ele é cada vez mais conservador em relação a questões como o crime ou o desemprego. Artista de cinema realizado, de grande impacto cultural em todo o mundo, se mantém essencialmente um anti-intelectual. Administra uma empresa multimilionária à maneira de um sofisticado homem de negócios, no entanto, ainda assim, seus produtos provêm de uma ingenuidade americana básica.

Tudo isso de um homem franzino e de baixa estatura que gosta de jantar na cama, de assistir televisão enquanto imita comerciais e se sente mais feliz na companhia da mulher, do filho e do cachorro. É como se houvesse dois homens: o ditador implacável no set de filmagem, que insiste para que cada coisa seja feita à *sua* maneira, e o marido e pai tímido, que fica corado facilmente e ri baixinho. Ambas as dimensões de Lucas incorporam sua determinação e tenacidade: "Nunca pensei em mim como uma pessoa muito inteligente", Lucas conta. "Uma vez que me comprometo com algo, seja como for, estou realmente comprometido. Vou levar até o fim. Sou essencialmente uma pessoa preguiçosa. O único segredo para o meu sucesso é o fato de eu trabalhar mais do que qualquer outra pessoa".

Lucas fez muito dinheiro, todavia ele não é de forma alguma o homem mais rico[7] de Hollywood. Produtores como Norman Lear e Ray Stark, atores

---

[7] Segundo a Wealth-X, empresa de inteligência que avalia o patrimônio de empresários do mundo, desde 2012, ano em que vendeu a Lucasfilm para a Disney por 4,03 bilhões, George Lucas é o homem mais rico de Hollywood. Sua fortuna em 2015 estava avaliada em 5,4 bilhões de dólares. Seguido pelo produtor Arron Milchan, com uma fortuna de 5,2 bilhões e em terceiro de Steven Spielberg, com 3,3 bilhões. (N. R. T.)

como Bob Hope ou Cary Grant, acumularam fortunas pessoais tão importantes (se não mais importantes) que Lucas. No entanto ninguém o fez com tanta rapidez e impacto. Lucas é uma história de sucesso americana: é o menino da cidade pequena que chegou lá. Nunca foi intenção dele fazer tantos milhões de dólares, insiste em dizer. "Não foi culpa minha" é o refrão que geralmente acompanha suas discussões a respeito do sucesso. "É um pé no saco, na verdade", Lucas afirma com sua candura característica. "Isto é, aconteceu e não tenho o que fazer a respeito. Não importa o quanto eu lute contra ele, não parece fazer diferença. Faz parte do meu destino. Ganhar um tanto, perder outro tanto".

****

O fracasso tem centenas de explicações. O sucesso não precisa de uma.[8]

Sir Alec Guinness

****

O sucesso deu a Lucas fama internacional, uma bela casa no topo da colina Marin County, um Mercedes-Benz e um BMW Sedan, uma sala de projeção privativa e a maior caixa de brinquedos desde que Walt Disney desembrulhou a Disneylândia. George Lucas se tornou uma das pessoas de maior influência na história do entretenimento de massa, ocupando uma galáxia especial juntamente com os Beatles e Elvis Presley. Ele aprendeu a apertar todos os botões e chicotear os veículos de comunicação em delírio após o lançamento de um de seus filmes.

Quando Lucas faz um filme, parece inevitável que ele se torne um sucesso. Um número para ligações gratuitas destacado para prestar informações acerca do lançamento de *Star Wars: O Império contra-ataca* entrou em curto-circuito em um dia, quando 130 mil telefonemas foram registrados. Os fãs enviaram mais de 200 mil cartas em um ano a Lucas e seus principais atores. Há uma mãe que viu *Star Wars* com seu filho pelo menos quatrocentas vezes. Terri Hardin, uma ilustradora freelancer do *Sun Valley*, da Califórnia, ganhou ampla cobertura da imprensa por ter esperado dois dias na fila para a estreia

---

[8] Em uma entrevista publicada no *Once Upon a Galaxy: A Journal of the Making of "The Empire Strikes Back"*, de Alan Arnold (Nova York: Ballantine, 1980).

do *Episódio V* da saga. Ela viu o filme "apenas" 108 vezes; assistiu os demais de *Star Wars* 181 vezes. Após o lançamento de *O retorno de Jedi*, a Lucasfilm assegurou que a novelização, um álbum gravado, um filme documentário, um livro sobre o *making of* do filme e uma nova linha de produtos de merchandising sairiam simultaneamente.

Porém o grande sucesso pode ser perigoso. "Quando você é tão bem-sucedido e sua honestidade tem sido provada muitas vezes, você não dá às pessoas a oportunidade de argumentar com você, porque não se discute com o sucesso", pondera Willard Huyck, que escreveu *Loucuras de verão* em parceria com Lucas.

Marcia Lucas disse ao marido, depois do lançamento de *Loucuras*, que ele tinha chegado ao auge muito cedo: "Você fez um pequeno filme com 700 mil dólares e arrecadou milhões de dólares. Como você vai conseguir ultrapassar isso? O que vai fazer o resto da vida?". E depois veio *Star Wars: Uma nova esperança* (*Episódio IV*), seguido de *O Império contra-ataca* (*Episódio V*), seguido de *Indiana Jones e os caçadores da arca perdida* e *O retorno de Jedi* (*Episódio VI*). Marcia brinca. "Agora eu digo: 'O.k., George, você não pode estar na crista da onda o resto da sua vida. Você está no topo há sete anos'".

Lucas se considera vítima do próprio sucesso. "Você é levado a acreditar que quando se é rico, tudo dá certo, que você não terá problemas. No entanto a única diferença entre o Toyota que a Marcia teve um dia e o Mercedes que ela tem hoje é que, toda vez que este quebra, nos custa dez vezes mais caro consertá-lo. E ele não quebra menos que o Toyota, de maneira que o incômodo e a frustração são muito piores. Paguei tanto dinheiro, não deveria ter nem sequer um pneu furado, certo? Isto permeia uma série de coisas, porque você espera que as coisas sejam feitas corretamente".

Lucas supera o invejável problema de ser extremamente rico comportando-se de maneira tão frugal quanto fazia quando não tinha dinheiro. Ao fazer um filme, ainda segue rigidamente o orçamento. Quando ele e Marcia comem fora, vão a bons restaurantes, com preços moderados, e não em lugares chiques e caros. "As pessoas realmente mudam", afirma Walter Murch, insistindo que Lucas não mudou desde que se conhecem. "Penso que tudo depende do quanto suas raízes estão fincadas em algum tipo de alicerce, de forma que quando a maré sobe e o cobre, você não fica destruído".

Lucas acredita que as marés de Hollywood são letais. Pessoas normais, íntegras e produtivas são tomadas por um arrebatamento que lhes corrompe a moral e destrói os princípios. Lucas enxerga Hollywood através do olhar de um calvinista – os cineastas atuam sob a sombra do pecado original. O que o protege das tentações de Hollywood é a profunda convicção de que se uma pessoa se torna muito gananciosa, essa ambição comprovará sua ruína. Com Lucas, a ética americana da honestidade e da equidade está firme e forte em Marin County. "Eu sempre achei que se alguém deveria ganhar milhões de dólares, George seria a melhor pessoa para isso", afirma a contadora Lucy Wilson, uma das primeiras pessoas que Lucas contratou na sua empresa. "Porque ele divide o dinheiro, é justo com ele, não se transformou em um monstro egocêntrico, e tem ideais muito bons. Ele é realmente um cara legal".

Lucas nunca perdeu a postura de um simples menino de cidade pequena como Modesto, que desconfia dos mercenários da grande metrópole. Ele acha que os prêmios da Academia são uma farsa, por exemplo, uma maneira sensacionalista de vender filmes disfarçados de arte. Hollywood lhe devolveu o desdém. Os filmes da saga *Star Wars* ganharam prêmios da Academia nas áreas técnica e artesanal, mas Lucas nunca recebeu um Oscar por escrever, dirigir ou produzir. Hollywood não reconhecerá Lucas além de um *technobrat*[9], pois a indústria acha que ele a ridicularizou. Lucas sempre se orgulhou de fazer seus filmes fora de Hollywood, onde as pessoas fazem cinema, não acordos.

"Penso que algumas pessoas da indústria do cinema são frágeis e sem escrúpulos, e eu diria que a maioria é provavelmente assim. Mas também tem gente ali que acredito ser honrada, gente boa", Lucas diz. Ele estima que teve o infortúnio de trabalhar com os piores a maior parte das vezes – seus dois primeiros filmes foram tirados dele pelos estúdios envolvidos e reeditados. "Veja como George foi tratado, ele foi basicamente tratado muito mal", afirma o diretor Michael Ritchie, outro amigo. "Quando essas coisas acontecem, você tende a ficar magoado com o sistema".

George, sempre inclinado a guardar rancor, montou seu próprio sistema em vez de se queixar daquele que existia. Lucasfilm é uma alternativa real, não apenas um espelho refletor de Hollywood transplantado em São Francisco. Em lugar de apenas fazer filmes, a Lucasfilm investiga a forma como

---

[9] Maníaco por tecnologia. (N. T.)

as crianças aprendem, usando programas de computador como ferramentas educacionais. Embora a Parker Brothers tenha vendido o equivalente a 20 milhões de dólares em videogames do *Star Wars*, a Lucasfilm também está desenvolvendo jogos novos[10] e arrojados que desafiam tanto quando divertem. O Rancho Skywalker[11], o maior projeto da Lucasfilm, vai funcionar como um *think tank*[12] para os filmes do futuro e seus produtores. Com a Lucasfilm, Lucas está construindo um monumento para o espírito da independência criativa, e não apenas um tributo para si mesmo.

"Não sei quanto tempo tudo isso vai durar", avalia Lucas a respeito da Lucasfilm. "Mas eu estou tentando cimentar o meu mundo da melhor forma possível, antes que ele despenque. Tudo o que tentamos fazer é chegar a um ponto em que eu não *tenha* de fazer mais filmes para continuar financiando tudo isso. Se não fosse o Rancho eu não faria filmes. No entanto quando decidi que podia transformar o meu sonho em realidade, percebi que eu tinha de trabalhar para ganhar dinheiro suficiente para bancá-lo".

****

Fazer um filme é como apagar um incêndio com uma peneira. Há tantos elementos, e ele vai ficando tão complicado.

George Lucas no set de O retorno de Jedi

****

"George esteve ansioso para fazer esse filme durante dois anos", explica o diretor Richard Marquand, presente quatro semanas no *making of* de

---

[10] O investimento em jogos dentro da LucasArts, braço desenvolvedor de videogames da Lucasfilm, nunca parou, mesmo depois de ser adquirida pela Disney. Além disso, Lucas também é dono de uma fundação que desenvolve jogos educativos para crianças, a Edutopia. (N. R. T.)

[11] Leia mais informações sobre o Rancho Skywalker na p. 395. (N. E.)

[12] *Think tanks* são organizações ou instituições que atuam no campo dos grupos de interesse, produzindo e difundindo conhecimento sobre assuntos estratégicos, com vistas a influenciar transformações sociais, políticas, econômicas ou científicas sobretudo em assuntos sobre os quais pessoas comuns não encontram facilmente base para análises de forma objetiva. Disponível em: <http://pt.wikipedia.org/wiki/Think_tank>. Acesso em: 23 fev. 2015. (N. T.)

O retorno de Jedi[13]. Mas enquanto o frio e úmido vento inglês atravessa o seu casaco de pele, Lucas não parece ser alguém que olha para qualquer outra coisa a não ser a próxima cena, enquanto se apressa no Elstree, fora de Londres. Lucas contorna habilmente as poças de chuva enquanto abre caminho até o estúdio. Seu cabelo preto ondulado está coberto de fios cinzas, assim como a barba, que chega até o seu pomo de Adão. Seus óculos com aros de casco tartaruga lhe dão o aspecto de um estudante universitário envelhecido. Chega ao set 7 e puxa a pesada porta corta-fogo de metal com um grunhido. Entra em um universo diferente, um com cabanas de palha e videiras frondosas, coroando sequoias pintadas em lona rígida e uma desconcertante variedade de vigas de aço e tubos que suportam um set instalado a 12 metros de altura. Essa é a aldeia Ewok, habitada por criaturas parecidas com ursos de pelúcia interpretadas por anões em trajes incômodos e diminutos.

Lucas se junta à equipe de uma segunda unidade filmando os bastidores da cena dos Ewoks. Embora fique bem atrás da câmera, não há dúvidas a respeito de quem seja o responsável. Antes de fazer uma tomada, um assistente da direção diz: "Espere um minuto para que George dê uma olhada". Lucas tira os óculos, parecendo surpreendentemente jovem sem eles, e espreita através do visor da câmera. A avaliação é feita rapidamente: "Ótimo", uma das frases que ele costumeiramente usa, ao lado de "o.k." e "formidável". Lucas parece saber instintivamente onde cada pessoa e cada coisa deve estar. Depois de responder a algumas perguntas, ele ganha o próximo set.

O diretor Marquand está no set 7 filmando uma cena complicada envolvendo Jabba, the Hutt, que é citado nos filmes anteriores da saga, mas nunca foi visto em *Star Wars*. Jabba lembra uma lesma imensa, com cerca de 4,5 metros de largura e quase a mesma altura. Fabricada com látex macio verde e amarelo, Jabba domina o set de teto rebaixado que imita uma suntuosa caverna com paredes abobadadas em forma de cofre. Cinco homens acionam o animal esponjoso: um em cada uma de suas patas de rã, um para cada enorme olho que piscar, e um anão posicionado no rabo. Em volta do sonolento Jabba estão sentados seus asseclas viscosos, tanto bonecos quanto atores fantasiados, incluindo um bestiário futurista. Por todo o chão de treliça sob os arcos,

---

[13] Os comentários do set de *O retorno de Jedi* se estenderam durante cerca de dez dias, em janeiro e fevereiro de 1982.

a corte de seguidores de Jabba descansa sobre travesseiros. Eles formam um grupo heterogêneo: dançarinas do ventre seminuas, protetores de suínos, um monstro com cara de camelo e alienígenas variados.

"Olá, George, como está?", pergunta Marquand. O diretor galês fez apenas duas produções teatrais, nenhuma delas sucesso de bilheteria. Mas Lucas gosta do barco artesanal de Marquand em *O buraco da agulha* e o escolheu numa longa lista de potenciais diretores. Agora, ele e Lucas conferem a próxima cena, que envolve a entrada de Luke Skywalker, interpretado por Mark Hamill, nos domínios de Jabba. Lucas checa a posição da principal câmera, a A. Ele se dirige até a figura de Jabba, cujos gigantescos olhos castanhos se movem umidamente como bolas de bilhar desproporcionais. Lucas observa o nariz de Jabba, de onde sai um longo fio de meleca verde. Um tom diferente de gosma pinga da sua boca toda babada. A coisa toda parece profundamente nojenta e é função de um pobre assistente de direção não fazer nada além de misturar e aplicar as excreções de Jabba.

"Essa é a gosma para a boca ou para o nariz?", pergunta Lucas, limpando cuidadosamente com o dedo um pouco de limo escuro da bochecha de Jabba. "Não, a gosma do nariz é verde", responde Marquand, e Lucas acena com a cabeça com satisfação. Ele sugere uma pequena cena de humor visual que pode facilmente ser inserida no roteiro e depois acha graça em voz alta quando o ensaio comprova que ele estava instintivamente certo. Ali perto, um membro do grupo equipado de um secador de cabelo no seu estojo (sem ar quente, de maneira a esfriar o rosto dos atores que usam máscaras) chacoalha a cabeça, admirado. "Esse cara *nunca* está errado", afirma, gesticulando na direção de Lucas.

Os integrantes da grande equipe britânica não parecem ter muita admiração pelo seu produtor executivo; eles tampouco são particularmente amigáveis. Lucas cuidadosamente evita contato com a maioria. Quando fala, o faz geralmente de modo imparcial e profissional, sempre de maneira respeitosa, mas nunca calorosa ou acolhedora. Ele se senta sobre um banquinho perto da câmera enquanto Marquand monta e dirige uma segunda tomada da cena. "Calem a boca!", berra o assistente de direção, David Tomblin, às 150 pessoas presentes no set coberto de fumaça de cigarro. Lucas observa a cena e pouco depois se dirige para a câmera B, alguns passos à esquerda. Ele pergunta, em seguida, que ângulo Richard prefere. "Não vamos perder tempo", responde Marquand, acompanhando o posicionamento de câmera de Lucas. Mas Lucas toma cuidado para não mexer na câmera A, a principal – ele não quer dar a impressão de estar dirigindo *Jedi*.

Essa colaboração intranquila gerou tensão no set já nas primeiras semanas de filmagem. Lucas, formalmente o produtor executivo, é um participante ativo, que às vezes atrapalha o elenco e a equipe. Certa vez, o diretor Marquand pediu a Carrie Fisher que ficasse em pé na cena, como uma sentinela na Torre de Londres. Quando Lucas chegou e viu Fisher, ele disse: "Você parece um guarda no Palácio de Buckingham! Quem lhe disse para ficar assim?". Ao ser informado que havia sido Marquand, Lucas imediatamente recuou. Depois de três ou quatro semanas, o relacionamento melhorou sozinho. "Quando há discordâncias, deixo Richard fazer do jeito dele", relata Lucas.

Marquand confessa não se preocupar com a presença de George no set: "Eu posso virar para ele e dizer 'estou com um problema e tanto com aquele monstro ali, será que você poderia resolver?'. É fantástico, porque posso contar com quem decide de fato, a pessoa que vai e faz. Ele adora fazer isso, ele não se envolve com detalhes chatos tais como dirigir diálogos íntimos entre atores, pois ele confia em mim para fazer isso".

A entrada de Luke é filmada oito vezes sucessivamente, embora ela só dure um ou dois minutos na tela. Ainda a serem incorporados, os efeitos especiais não serão "acoplados" ao filme por meses. Mas Lucas parece satisfeito quando deixa o set e se dirige às ilhas de edição.

George Lucas passou boa parte dos seus 18 anos como cineasta em diminutos cubículos úmidos como o de Elstree Studios, onde se debruça sobre uma mesa de edição KEM ao lado de Sean Barton, o editor inglês de *Jedi*. Eles passaram em revista várias cenas dos Ewoks, filmadas sem som. Tudo o que se ouve é o barulho estridente da fita sendo rebobinada para frente e para trás. Lucas murmura de vez em quando "limpo" ou "certo". Uma ideia que ele nutriu durante doze anos está finalmente ganhando vida, ainda que de forma rudimentar. Ele demonstra pouca emoção – ao contrário, parece resignado em vê-la comprometida pelas peculiaridades da produção cinematográfica.

"O resultado final é o que importa", afirma, retirando-se da ilha de edição. "Não importa o quanto você lutou para chegar lá. É o que você produziu, no fim das contas, que tem significado, e isso é algo que não saberemos por mais um ano e meio. Esse é o lado triste e aterrorizante da questão".

Lucas é interrompido por uma tosse peitoral seca e profunda. Admite estar doente – pegou uma gripe numa viagem de fim de semana em Paris em companhia de Marcia e da filha de seis meses de idade, Amanda. Ele parece estar muito mal, a pele manchada e evidentemente febril. Naquela noite, a febre explodiu e ele passou os três dias seguintes de cama, no Hotel Claridge.

As filmagens continuaram na ausência de Lucas, mas a sua presença foi inconscientemente sentida pelo elenco e pela equipe. "Ele tem ideias a respeito de cada detalhe desse filme", explica Lawrence Kasdan, escritor adjunto do filme. "Cada ínfimo aspecto da produção de *Jedi* provoca claras respostas nele, tamanha a clareza com que imaginou esse ambiente. Ele pode lhe agregar esse enorme estoque de sentimentos sobre como as coisas deveriam ser. Falamos de uma vida maravilhosamente inventiva, rica e cheia de imaginação".

Lucas volta para Elstree no final da semana, fraco, mas ansioso por retomar o trabalho. Na sala de projeção, assistindo duas horas de silenciosas filmagens diárias feitas enquanto não estava presente, Lucas mal fala, mexendo-se na cadeira vez ou outra. Não faz anotações, mas quando as luzes se acendem, se inclina para trás e faz ao editor uma lista das tomadas específicas que o incomodaram, em particular uma com Luke.

Depois de discutir a cena com Marquand, Lucas decide refilmá-la. Um set que deveria ser desmontado durante o fim de semana agora terá de ser salvo. Refilmar a cena também significa perder um dia na agenda de filmagens e vários dias de construção. Lucas determina que ele pode se contentar com um close de Hamill se ele tiver apenas o teto do set como pano de fundo. Agarrando um bloco de notas e uma caneta, ele faz um esboço do que vai precisar (desculpando-se pela negligência do desenho) e pede ao produtor Howard Kazanjian que discuta a questão com Marquand. "Deixe-o se preocupar com o que vai dispensar e o que vai guardar", afirma Lucas. Desta vez, ele está contente por não estar dirigindo.

Lucas se afasta, ainda incomodado com o fato de uma cena importante não ter sido filmada corretamente da primeira vez. "Agora é hora de saber que a filmagem não funcionou, melhor do que dentro de seis meses", explica. "O problema é que há oito ou nove pessoas em volta daquela câmera, e todas elas pensam que são o chefe". Mas num filme de George Lucas só há um chefe: George Lucas.

2

Quando as coisas eram mais simples

> Eu era do tipo que deixava o mundo
> correr à minha volta.
> *George Lucas*

    Quando os colegas da Universidade do Sul da Califórnia perguntavam a George onde ele tinha nascido, o jovem tímido invariavelmenre respondia: "Califórnia do Norte". Pressionando um pouco mais, ele admitia: "Sul de São Francisco". Finalmente, ao ser encurralado para responder, Lucas murmurava: "Modesto".

    Sua relutância em reconhecer Modesto como sua terra natal não resultava de algum tipo de constrangimento, mas de uma resignação – dificilmente alguém tinha ouvido falar nela. Modesto era uma cidade desconhecida, destacada apenas pelo seu calor (em média faz 43,3°C durante o verão), o vinhedo de Gallo na periferia e grandes extensões de estradas planas, ideais para corridas de carro[1]. Dito isso, Modesto não tem muito mais para inspirar lealdade. Embora a cidade tivesse 120 mil moradores em 1983, oito vezes a população de 1944, quando George Walton Lucas Jr. nasceu, a região mudou pouco. Ela ainda guarda uma mentalidade de pequena cidade com bem poucos problemas ou pressões de cidade grande.

---

[1] A história sobre Modesto baseia-se em panfletos da Câmara de Comércio de Modesto e foi completada com entrevistas com Carl Baggse, especialista em informações para o público da Stanislaus County Board of Education, durante uma viagem de dois dias a Modesto, em novembro de 1981.

Modesto sempre foi, bem, um tanto *modesta*. Não passava de um amontoado de barracos de madeira frágeis até os anos 1850, quando a descoberta de ouro na Califórnia do Norte trouxe hordas de garimpeiros ávidos à vizinha região de Mother Lode.

O orgulho cívico cresceu mais rapidamente que a cidade. Em 1912, um magnífico arco de ferro forjado foi construído sobre a estrada pela qual se entra na cidade, proclamando orgulhosamente as qualidades de Modesto: "Água – Riqueza – Contentamento – Saúde". O slogan era exato. Havia chuvas em quantidade, bem como profundos poços artesianos, para garantir um abundante suprimento de água. Negociantes de frutas e de grãos se tornaram prósperos graças às transações que dominaram a economia de Modesto e ajudaram a fazer da pequena cidade a sede do condado de Stanislau. Contentamento e saúde? Olhem em volta: onde mais se poderia encontrar amigos saudáveis e contentes?

Essas considerações atravessaram a mente do senhor George Walton Lucas, quando ele chegou em Modesto, em 1929[2]. Com 16 anos, ele já era arrimo de uma família lutando com todas as forças para sobreviver ao impacto da Depressão. Desde a época em que o bisavô de Lucas trocou o Arkansas pela região central da Califórnia, nos anos 1890, a família não prosperou significativamente.

Filho de Walton, um capanga de campo de petróleo, e Maud Lucas, George Walton Lucas era um jovem esguio, esbelto e de cabelos pretos, com postura tão ereta quanto uma cadeira de cozinha de carvalho. Nascido em 1913 em Layton, Califórnia, era o único filho de uma família repleta de mulheres. Quando tinha 15 anos, seu pai faleceu subitamente por complicações da diabetes. George se tornou chefe de família e a responsabilidade precoce o privou da sua adolescência. Lucas frequentou quatro escolas diferentes durante os quatro anos em que sua família procurava por melhores oportunidades, terminando finalmente em Modesto.

No primeiro dia de escola, o precipitado jovem de 16 anos avistou uma garota extraordinariamente bela na aula de história. Naquele dia, ele voltou para casa para o almoço e disse à mãe: "Vi uma moça na escola e vou me casar

---

[2] A genealogia da família Lucas foi detalhada numa carta enviada a Lucas por sua tia Eileen King (6 set. 1977).

com ela". Maud, não mais surpresa com a objetividade do filho, perguntou quem era a jovem. "Eu não sei", respondeu George, "mas vou descobrir!"

O nome dela era Dorothy Bomberger, e, sem se dar conta, o jovem Lucas tinha feito uma excelente escolha. Os Bomberger eram uma das famílias mais proeminentes de Modesto e do Central Valley, suas raízes na América remontavam aos idos de 1700, quando eles chegaram da Alemanha. O pai de Dorothy se instalou em Modesto em 1913 e acumulou riquezas através da aquisição meticulosa de imóveis, depois da Segunda Guerra Mundial.

O namoro entre o bem-intencionado George Lucas e a graciosa Dorothy Bomberger começou e, em menos de quatro anos, em 1933, os jovens se casaram. George estava prestes a completar 20 anos e Dorothy era dois anos mais nova. A lua de mel deles teve lugar em plena Depressão.

Dorothy se propôs a trabalhar, mas George recusou terminantemente ouvir falar disso. Esse era um indício precoce da sua vontade inabalável e dos seus valores tradicionais. Os recém-casados inicialmente se instalaram em Fresno, a cerca de 96 quilômetros de Modesto. Ali, George obteve um emprego bem-remunerado (75 dólares por mês) numa papelaria local. Mas a sua mulher sentia saudades da família e dos amigos de Modesto; ela queria ter filhos e estar perto da mãe. George então descobriu que Dorothy era de temperamento forte também.

E lá foram eles de volta a Modesto. George se candidatou para trabalhar para o dono de uma papelaria que havia aberto o próprio negócio em 1904, bem no coração da região central de Modesto. L. M. Morris era suficientemente idoso para ser o pai de Lucas, mas ele não tinha filho e George não tinha pai. Lucas tinha experiência no ramo da papelaria, estava disposto a trabalhar duro, e foi contratado. "Eu disse a ele que queria uma loja só minha, ou pelo menos parte de uma, e naquela época eu tinha 25 anos", relembra Lucas. "Morris respondeu que isso era admirável". Morris e Lucas se deram bem e um dia o parceiro mais velho desceu as escadas do escritório localizado no segundo andar e perguntou a Lucas se eles podiam ter uma conversa séria.

"George, você gosta de mim?", indagou Morris. Lucas acenou afirmativamente. Morris lhe fez então uma proposta surpreendente: no final do ano seguinte, ele daria a Lucas 10% do negócio e o assumiria como sócio. Se Lucas consentisse em continuar trabalhando duro, no fim ele possuiria 50% da L. M. Morris Papeleiros. Lucas não tinha dinheiro para investir, mas Morris disse que aquilo não era importante. "Você pode tocar esse negócio", ele disse ao jovem rapaz. "Mas uma sociedade é mais complicada que um casamento. Um bocado de problemas conjugais se resolve na cama, mas nós não podemos fazer isso". Lucas assegurou a respeito da parceria resultante: "Nós nunca voltamos para casa com uma discussão não resolvida". A parceria durou quinze anos até que finalmente Morris vendeu o negócio a Lucas e morreu três dias depois.

George Walton Lucas era agora um homem de negócios bem-sucedido. A L. M. Morris começou oferecendo artigos de escritório, máquinas de escrever, até mesmo brinquedos e bugigangas. Lucas era dedicado à empresa, trabalhando horas a fio, seis dias por semana, voltando em seguida para casa e cuidando pessoalmente da contabilidade, com a ajuda de Dorothy.

Dorothy chegava ao fim dos tempos de aperto. O casal estava vivendo em um apartamento recuperado que havia sido tomado pelo pai de Dorothy. Com o nascimento da primeira filha, Ann, em 1934, havia necessidade de mais um quarto, de modo que Lucas comprou uma casa. Dois anos mais tarde, em 1936, nasceu Katherine. E boa parte dos móveis do andar de cima Lucas adquiriu na periferia da cidade, numa rua tranquila chamada Ramona, com um adiantamento de 500 dólares. Ele construiu uma casa térrea por 5 mil dólares.

As coisas iam bem para a família Lucas, mas havia preocupações também. A saúde de Dorothy começou a declinar logo depois do casamento deles. Embora os médicos nunca tenham conseguido determinar com exatidão qual era o problema, havia suspeita de pancreatite e, mais tarde, um grande tumor foi extirpado de seu estômago. As suas frequentes internações em hospitais e períodos de recuperação representaram para Lucas um fardo que se arrastou por vinte anos. Quanto a George, ele nunca esteve doente ou faltou um dia no trabalho.

Os médicos aconselharam Dorothy a não ter mais filhos e, de fato, ela sofreu dois abortos espontâneos depois do nascimento de Katy. A Segunda Guerra Mundial estourou e, claro, Lucas se alistou, mas ele foi recusado por causa do seu porte franzino e do *status* de casado. George ficou em casa, ajudando unidades vinculadas à guerra e vendo a L. M. Morris prosperar, colocando-o entre os donos das maiores fortunas da classe média de Modesto.

Inesperadamente, Dorothy engravidou novamente no final de 1943.[3] Logo de manhãzinha, num domingo 14 de maio de 1944, ela começou a sentir cada vez mais as dores do trabalho de parto. Lucas levou a esposa ao hospital ainda a tempo. O doutor Ralph Maxwell mal terminou de auscultá-la quando a sua bolsa de fluido estourou e a cabeça de um minúsculo bebê apareceu às 5h30 da manhã. "Eles o deitaram sobre a minha barriga, e eu ria tanto de pensar que era um menino", conta Dorothy. "Primeiro eu disse: 'Você deve estar brincando', porque eu queria tanto um. Ele estava se mexendo muito e eu disse: 'Não o deixe cair, é o meu único filho!'".

Eles o chamaram George Walton Lucas Jr. (depois de rejeitar o nome Jeffrey), porque ele se parecia com o pai: cabelos pretos, olhos escuros, queixo pontudo, uma cabeça bem desenhada e orelhas protuberantes. Uma orelha era mole, e isso incomodou George pai. Ele conversou com o doutor Maxwell a respeito da possibilidade de uma cirurgia plástica, mas concordaram em enfaixar a orelha errante, assim como muita gente faz com os Doberman Pinschers. "Ela acabou sendo uma boa orelha", afirma George pai com satisfação. As orelhas diferenciadas dos Lucas são uma marca da família. As três irmãs as têm em grau variado, mas somente a de George guarda o mesmo ângulo que a do seu pai. (Em *THX 1138*, há um close de um jovem com as mesmas orelhas protuberantes.)

O recém-nascido parecia saudável, pesando 2,47 quilos e medindo 50,8 centímetros. Dorothy respirou aliviada – ela pensou que aquele podia ser seu último filho, e ela sabia o quanto George (pai) queria um herdeiro para os negócios da família. Consequentemente, não faltaram cuidados para o pequeno George. Juntamente com duas irmãs adoráveis, com idade de 8 e 10 anos, uma mãe coruja e um pai orgulhoso, o menino foi cuidado por uma dona de casa de nome Mildred Shelley, que as crianças e todas as outras pessoas chamavam de Till. Ela apareceu quando o pequeno Georgie (um de seus apelidos para diferenciá-lo do pai) tinha apenas 8 meses de idade.

Till se tornou uma segunda mãe para George e depois para Wendy, quando ela nasceu quase três anos mais tarde. Com Dorothy entrando e saindo do hospital e sendo, em seguida, confinada numa cama por semanas de-

---

[3] Detalhes da infância de George Lucas surgiram da pesquisa em álbuns de família, filmes caseiros, o diário de infância de Lucas, gravações de escola e outras fontes. Muito útil também foi "George Lucas: Mastermind of the *Star Wars Family*", de John Culhane em Families (Março de 1982): 71.

pois de voltar para casa, a residência da Avenida Ramona foi governada pela Till. Ela era do Missouri e adorava crianças. Podia diverti-los durante horas com contos caseiros no seu estranho dialeto sulista e ainda assim não se intimidava para disciplina-las. "Tenho sentimentos muito ternos em relação àquela época", explica George, que não é a única pessoa famosa fortemente influenciada por uma mãe substituta – Winston Churchill e a maioria dos dignitários ingleses foram educados pelas suas babás, e não pelos pais.

Lucas desfrutou de uma infância americana idílica – era como Beaver Cleaver crescendo em Modesto. Ele e seus contemporâneos rememoram essa educação como se fosse um paraíso nebuloso, dourado, vagamente lembrado, uma década mágica entre o fim da Guerra e meados dos anos 1950, quando a riqueza da classe média se formou e a geração silenciosa ficou feliz por se aquietar.

A história favorita de George quando criança era "Cachinhos Dourados e os três ursos", e ele era fascinado por música. Podia dançar durante horas quando se tocava um disco, em especial se fosse uma marcha de John Philip Sousa.

Nem tudo era cândido e leve para o pequeno George, no entanto. "Eu era muito consciente de que crescer não era agradável, era... simplesmente assustador. Lembro que ficava infeliz boa parte do tempo. Não realmente infeliz – eu gostei da minha infância. Mas creio que todas as crianças, do ponto de vista delas, se sentem deprimidas e intimidadas. Embora tenha me divertido, minha impressão verdadeira era de que eu ficava de olho no monstro malvado que estava escondido na esquina".

Essas emoções contraditórias envolvendo segurança e ansiedade, euforia e depressão, felicidade e medo são comuns a todas as crianças. Elas encontram uma expressão vibrante na dualidade dos temas da bondade e da maldade em *Star Wars*. O monstro maldoso é Darth Vader, cujo poder maligno é dissipado somente pela influência benigna da Força.

Existe um filme sobre esses primeiros anos que comprova as recordações sonoras de Lucas. O avô Bomberger tinha uma filmadora de 16 milímetros, uma raridade naqueles tempos, e fazia filmes caseiros elaborados entre os anos 1940 e 1950. A maioria das filmagens descreve os piqueniques semanais de Lucas no quintal da casa da Avenida Ramona, onde George (pai), a família e os amigos se reuniam para desfrutar da comida e da companhia. O pequeno George olhava fixamente para a câmera, seu corpinho apequenado pelas duas irmãs mais velhas.

"Ele era bem pequeno", conta Dorothy, "um verdadeiro amendoim na época". O menino franzino estava frequentemente entre conhecidos maiores que ele. Com 6 anos, George ainda pesava apenas 15,8 quilos e tinha 1,09 metro.

Como muitas crianças pequenas, George demonstrava surpreendente iniciativa. Uma das histórias favoritas da família é da época em que a casa da Avenida Ramona foi reformada. George, um garotinho de 2 anos e meio, observava os trabalhadores arrancarem uma velha parede para construir um puxado na parte de trás da casa. Sem que ninguém o visse, ele entrou e apanhou um martelo e um formão da caixa de ferramentas da mãe. George procedeu exatamente da forma como os trabalhadores estavam fazendo, só que escolheu a parede perfeita para abrir buracos. Para os pais de George, o incidente era uma indicação precoce de que eles tinham um filho com a mesma força de vontade que eles. "Ele ia fazer do jeito dele", diz o pai de George, um tanto orgulhoso.

Nos anos 1940, a Avenida Ramona se parecia muito com o que é hoje: duas fileiras frontais de pequenos bangalôs com uma única loja, típicos da Califórnia, ordenadamente vigiadas por árvores pontuando cada leito carroçável. A rua evoca o clima do Meio-Oeste, talvez porque muitos moradores de Modesto vieram dos estados do Meio-Oeste, importando seus valores e tradições intactos.

Embora Lucas fosse uma criança independente, tinha vários amigos próximos e era praticamente inseparável da irmã Wendy. John Plummer e George Frankenstein eram dois dos seus companheiros mais antigos e próximos. Os melhores momentos do grupo aconteceram durante os carnavais que George organizava no quintal de casa. Os meninos inventavam pequenos passeios e jogos, um parque de diversões, até mesmo um zoológico com animais de estimação da vizinhança. A maior façanha deles foi uma montanha-russa que fazia uma rampa, rodopiava por uma plataforma giratória (um velho carretel de fio de telefone) e depois rolava novamente até o chão. "Parecia que estava a 1,27 metro do chão, embora tenha sido provavelmente apenas 15 centímetros", lembra Plummer. "Como não matamos ninguém, não sei dizer". Lucas era a força motriz por trás dos passeios emocionantes, mas ele resiste à ideia de que já era um *showman* com 8 anos de idade.

O período entre o final da guerra e os anos 1950 foi bom. A economia crescia, os bens de consumo estavam prontamente disponíveis e tinha uma televisão bem na esquina. O ancião Lucas se recusou a comprar um dos primeiros aparelhos de TV, preferindo esperar até que os modelos aperfeiçoados saíssem. Mas isso não brecou George. O pai de John Plummer comprou o primeiro aparelho de TV de Modesto em 1949, e George fez da casa dos Plummer uma extensão da sua. O pai de Plummer construiu uma arquibancada na garagem, de modo que os homens da vizinhança pudessem assistir às lutas de boxe num pequeno aparelho Champion.

"George vinha sempre ver desenhos animados", lembra Plummer. Os meninos se sentavam com suas folhas de plástico "Winky Dink", colocando-as cuidadosamente sobre a tela da TV da forma como o apresentador do programa os instruía. Tinham passado os primeiros cinco anos da vida deles ouvindo rádio. Agora, de repente, estavam na companhia de uma caixa mágica que não só falava e mostrava imagens, como também os envolvia em atividades.

Depois de 1954, quando George pai, por fim, aceitou adquirir um aparelho de TV, os Lucas efetivamente perderam o filho para as trêmulas imagens em preto e branco. O programa predileto de George era *Adventure Theater*, emissão noturna das 18 horas da KRON-TV de São Francisco, o único canal disponível em Modesto. As aventuras eram séries de cinema dos anos 1930 e 1940, filmes com títulos exóticos como *Flash Gordon conquista o universo*, *Don Winslow na guarda-costas* e outros, apresentando Lash LaRue, *Tailspin Tommy*, *Spy Smasher* e *Masked Marvel*.

O aparelho de televisão dos Lucas ficava sobre um carrinho giratório, o que permitia a George assisti-la da mesa de jantar e depois virá-la e assistir na sala de estar. Ele e Wendy traziam seus cobertores e travesseiros para acompanhar desenhos animados. George também devorava *Perry Mason* todos os sábados à tarde e assistia aos faroestes como *Paladino do oeste*, *Gunsmoke* e *Maverick*. Havia também filmes antigos na TV, centenas deles, licenciados para a televisão pelos estúdios de cinema num esforço inútil de tentar dominar a nova mídia.

O desfile interminável de enforcamentos em penhascos que encerravam o *Aventure Theater* eventualmente encontrou seu caminho em *Star Wars* e *Indiana Jones e os caçadores da arca perdida*. Eles geraram uma impressão tão forte nele que, quando Lucas decidiu fazer um filme de muita ação para crianças, ele voltou a assistir séries originais como *Flash Gordon*. "Eu estava estarrecido de ver o quanto havia ficado encantado com algo tão ruim", lembra. "E pensei: 'Caramba, se eu fiquei tão excitado com isso, vai ser fácil eu excitar as crianças da mesma forma, só que melhor".

A televisão tem muita influência sobre o trabalho de Lucas: seu cuidado com o design gráfico decorre do fato de ter assistido a comerciais de TV durante anos; o mesmo se dá em relação à sua dependência do ritmo acelerado, dos picos de ação e da excitação visual em detrimento do conteúdo. Também está impressa nas lembranças de Lucas a impaciência que sentia de se adequar ao espetáculo. Se não havia suficientemente ação, ele começava a ficar inquieto, e rapidamente trocava de canal.

****

O que eu mais aprecio no Tio Patinhas é o quanto ele é americano em suas atitudes.
George Lucas em Uncle Scrooge McDuck, *de Carl Barks.*

****

Antes da televisão, havia as histórias em quadrinhos: centenas e centenas de insípidos gibis escritos com tinta brilhante.

Lucas adorava histórias em quadrinhos e as do Tio Patinhas eram, dentre outras, suas prediletas. "Esse tipo de cobiça atrai todas as crianças, porque você deseja ter tudo aquilo! Guardar num lugar seguro e proteger — isso é realmente coisa de criança!" Como se vê, o Tio Patinhas não é uma metáfora ruim para George Lucas e sua caixinha registradora, o Rancho Skywalker. Mas Lucas também foi seduzido por Batman e Robin, Superman, *Amazing Stories*, *Unexpected Tales*, entre outros.

O pai de John Plummer era amigo do dono da banca de jornal local de Modesto e conseguia os gibis com capas rasgadas que não tinham sido vendidos. No domingo, George ficava perambulando, e, enquanto John participava do ritual do jantar familiar dominical, ele se sentava na varanda, "absolutamente quieto, lendo o tempo todo", segundo Plummer.

Para Lucas, os gibis se prestavam tanto para educar quanto para entreter. "Eu não lia muito durante a juventude. Era mais voltado para as imagens. Havia sempre muitos fatos nas histórias em quadrinhos – fatos estranhos – e aprendi o que era um *scone*[4]. Eu nunca me senti envergonhado por ter lido um monte de gibis". Wendy se lembra de reunir economias junto com George e comprar dez histórias em quadrinhos. "Tínhamos tantos gibis que meu pai finalmente construiu um grande galpão na parte de trás de casa, e ali havia um quarto especialmente reservado para eles, do chão ao teto. Pegávamos umas colchas grandes e nos sentávamos lá fora para ler". Lucas se lembra de juntar pelo menos quinhentos gibis em seu esconderijo.

As histórias em quadrinhos tiveram um efeito imediato sobre George. Despertaram o seu interesse pelo desenho, para o qual ele já tinha manifestado talento. Ele passava horas desenhando paisagens, lembrando-se sempre de colocar pessoas nelas. Incentivado na escola, produziu sofisticados cartões personalizados e peças de escultura extravagantes para amigos e familiares.

Mais importante, os gibis eram o tipo de atividade inútil que valeu a pena para Lucas, tanto quanto a velocidade resultou na produção de *Loucuras de verão*. As ilustrações atraentes e as mensagens simples causaram-lhe uma impressão indelével e se infiltraram na sua imaginação ao longo das duas décadas seguintes até saltarem, aparentemente prontas, da sua mente para o cinema na forma de *Star Wars*.

Os pais de George achavam que a sua retração e as suas habilidades motoras desenvolvidas estavam totalmente relacionadas. George sempre estava fazendo algo com as mãos, juntando coisas e em seguida separando-as. Ele terminava o que havia começado, um traço destacado pela sua professora do jardim de infância em seu primeiro boletim escolar. "Ele não conversava sobre nada até terminar – e ia até o ponto final", Dorothy conta.

A inclinação para atividades solitárias ajudou a separar George da sua família. Lucas conta que sua companheira de infância mais próxima foi Wendy, mas a irmã agora admite que ela jamais sentiu que o conhecia: "Eu nunca sabia o que ele estava pensando". Ela não era a única a ficar no escuro. Questionado a respeito de suas reminiscências sobre Lucas, George Frankenstein pigarreia, gagueja e finalmente faz saber: "Ele era uma nulidade. Só não aumentava essa impressão".

Mas George era popular. Seus amigos apreciavam a fartura de brinquedos que vinham diretamente das prateleiras da L. M. Morris Company.

---

[4] Bolinho russo. (N. T.)

"Ele tinha todos os mimos e estava sempre disposto a repartir", rememora Frankenstein. Lucas possuía a melhor composição de trens da vizinhança, um modelo Lionel Santa Fé de três máquinas com todos os carros de passageiros necessários e centenas de peças de sinalização. Os amigos traziam seus próprios trens, e a composição corria dentro da casa da Avenida Ramona e em volta dela, levando Dorothy à loucura.

George, John Plummer e os outros amigos também criaram o que Lucas define como "elaborar pequenos ambientes". Eles juntavam ervas daninhas ao longo de fileiras para as fazendas. Reuniam grãos de arbustos das imediações, colocavam-nos em caminhões de brinquedo e rebocavam para longe. O pai de um dos amigos trabalhava numa serralheria, e os jovens tinham acesso à argamassa, que eles despejavam cuidadosamente em formas construídas. Em seguida, inseriam parafusos, faziam buracos e construíam alguns pequenos edifícios e cidades. Os meninos também se divertiam com os jogos de guerra de sempre, evocando nas brincadeiras as patrióticas imagens da vitória dos Aliados na Segunda Guerra Mundial, emolduradas por um glorioso céu avermelhado ao fundo.

"Eu adorava a guerra", Lucas relata. "Foi um assunto importante durante o meu crescimento. Estava em todas as mesas de café na forma de livros, e na TV em coisas como *Victory at Sea*. Eu era inundado por essas coisas ligadas à guerra". Não é de se admirar que *Star Wars* seja pontuado pela possibilidade de conflitos sem derramamento de sangue. A Guerra da Coreia mostrou ao pequeno George outro aspecto do combate. Sua irmã mais velha, Ann, perdeu o noivo na Coreia. George conhecia o jovem havia muito tempo e pensava nele como um irmão mais velho de aluguel. Foi uma perda dolorida para um menino de 9 anos de idade, solitário, que buscava desesperadamente figuras de irmãos mais velhos, exemplos mais simpáticos que o seu pai, obcecado pelo trabalho e impulsionado pelo sucesso.

Foi também o primeiro contato de Lucas com a morte, um conceito que lhe foi vagamente explicado em termos religiosos. Crianças pequenas não expõem seus sentimentos em relação a Deus e à religião até que sejam forçados a isso, mas George era uma exceção. Com 6 anos, ele teve uma experiência mística, cujo efeito sobre ele ainda persiste: "Dizia respeito a Deus, o que é Deus, mas mais que isso, o que é a realidade? O que é isso? É como se você alcançasse um ponto e, de repente, diz: 'Espere aí, o que é o mundo?

O que somos nós? O que eu sou? Como funciono nisso tudo, e o que está acontecendo aqui?' Era muito profundo para mim naquele momento". Assim, Lucas tomou conhecimento dos mistérios da vida.

Seu contato formal com a religião foi menos eficaz. Seus pais eram metodistas, mas George detestava a autocomiseração religiosa e se ressentia da escola dominical, que era pior que a escola regular aos seus olhos. A governanta Till era, no entanto, luterana alemã e ocasionalmente levava George e Wendy nos serviços de sua igreja, lotada de paroquianos com chapéus largos e barbas, e mulheres usando gorros, ambos falando com um sotaque profundo e gutural. George olhava para as dependências adiante; elas eram interessantes, diferentes, e envolviam um ritual elaborado, ao qual ele se sentiu muito atraído: "Uma criança imagina que uma igreja seja um tipo de coisa realmente austera, organizada, séria, e é o que essa era, mas ela era também amigável. Creio que uma igreja seja uma experiência muito melhor que uma escola dominical porque ela se aproxima do que a religião representa; a cerimônia oferece algo essencial às pessoas".

A disciplina rígida dos luteranos era multiplicada por dois na casa dos Lucas. George pai era um chefão enérgico, embora raramente estivesse em casa por causa do trabalho. As crianças começavam a receber mesada com 4 anos de idade: quarenta centavos de dólar por semana, com aumentos anuais à medida que ficavam mais velhos. Nos últimos anos, eles tinham de comprar a própria roupa com aquele dinheiro. Para ganhar a mesada, precisavam desempenhar várias tarefas. George e Dorothy tinham crescido em meio à Depressão e não pretendiam deixar que seus filhos esquecessem que "o dinheiro não cresce em árvores". "Cada geração deveria passar por uma depressão", George pai explica hoje. Afinal, tinha sobrevivido. Sabia o motivo.

O pequeno George confundia o pai, todavia. O menino era tão magricela e tão obstinado quanto a mãe. Com 11 anos, George tinha de cortar a grama com as mãos, semanalmente, para ganhar sua mesada. A tarefa não era arbitrária; era um claro exemplo do princípio trabalho/ recompensa. George não se incomodava de fazer o trabalho, o problema era apenas que ele não era suficientemente forte para fazê-lo bem-feito. "O que me frustrava era que havia muita grama para cortar, e eu era um garotinho", lembra. Para conseguir dar conta da tarefa e satisfazer o pai exigente, ele guardou a mesada por quatro meses até acumular 35 dólares. Em seguida, pegou emprestado outros

25 dólares da mãe (também pagos com sua mesada) e comprou seu próprio cortador de grama por 60 dólares. George pai ficou furioso diante da ousadia do filho e, ao mesmo tempo, impressionado. Ele havia sido desafiado de maneira tão engenhosa que não conseguiu realmente punir o filho. George filho aprendeu uma lição importante sobre como usar a cabeça para se dar bem numa situação aparentemente sem saída.

À exceção dos ocasionais desentendimentos causados por tarefas, George se dava bem com os pais. Eles o arrastaram para aulas de música e de dança que odiava e o iniciaram a uma variedade de instrumentos, do piano ao acordeão, todos com o mesmo resultado lamentável. George adorava ouvir música e ficava horas sentado diante do grande console *hi-fi* da Magnavox, ouvindo a coleção de discos em 78 rotações dos pais. À medida que foi crescendo, os discos e o rádio se tornaram mais importantes e, por fim, deram o embasamento para *Loucuras de verão*.

Alguns dos melhores momentos da infância de Lucas tiveram lugar fora de casa. O ponto máximo da juventude de George, aguardado com ansiedade e muita expectativa, foi a viagem anual para a Disneylândia na distante cidade de Anaheim. Los Angeles era como um país estrangeiro, mas Anaheim tinha o mesmo tipo de calor seco e pomares chamuscados que Modesto. Na Disneylândia, as fantasias de George vieram à tona: Tomorrowland, Frontierland, o Monorail, e a locomotiva a vapor – passeios emocionantes e infantis, fartura de *junk food*, bem como a liberdade de ser solto em um ambiente seguro, antisséptico e rigidamente controlado. A Disneylândia é um filme que convida o público diretamente para a tela, combinando apelo em massa e ingenuidade mecânica.

Lucas esteve ali desde o começo. Ele tinha 11 anos em 1956 quando Walt Disney abriu as portas de seu Magic Kingdom. George e seus amigos se encontravam entre os primeiros da fila. "Eu amava a Disneylândia", lembra. "Eu ficava perambulando, ia para os brinquedos e os carrinhos de trombada, os barcos a vapor, as barracas de tiro ao alvo, os passeios na selva. Eu estava no paraíso". A família Lucas não visitou a Disneylândia em um dia – eles ficaram uma *semana*, hospedando-se no Disneyland Hotel, contíguo ao parque, e pegando o Monorail para um mundo que não se podia encontrar em Modesto.

O sentido da emoção engendrado pela Disneylândia nunca mais abandonou Lucas. Ele ficou profundamente adormecido dentro dele, e emergiu mais tarde no cinema. A Disneylândia era uma fixação na sua juventude; à medida que ele foi crescendo e se interessando por carros, o modelo de passeio conversível Autopia se tornou o seu favorito. Na adolescência, ia para Anaheim ouvir bandas de rock e paquerar garotas. Havia muito mais diversão numa semana na Disneylândia do que num ano preso em casa.

Não que Modesto fosse um lugar tão horrível. Havia parques para empinar pipa e campos de futebol, e George passou pelos ritos de iniciação comuns aos jovens que estavam crescendo na América nos anos 1950. Juntou-se ao Cub Scouts e participou dos jogos da Little League, embora não pudesse atacar ou defender tão bem.

Os desfiles de 4 de Julho na 10th Street de Modesto eram realizados a cada verão – George decorava a sua bicicleta com papel crepom e cartas de baralho nos raios das rodas. Ele e seus amigos pedalavam até o palanque em frente do tribunal do condado, onde davam-se prêmios para a mais bem decorada bicicleta diante do Strand Theater. Depois disso, adultos e crianças se dirigiam a um parque nas imediações para corridas de três pernas, corridas de saco e um grande piquenique comunitário.

Em meio a essa existência pacífica, idílica, George Lucas Jr. se camuflou no ambiente. Ele nunca foi o líder ou o centro das atenções. Mas conseguiu se dar bem com todo tipo de "grupo" – as panelinhas se formando inevitavelmente entre jovens para excluir estranhos tanto quanto para incluir uns aos outros. "Eu podia sair para a farra com qualquer um", Lucas afirma hoje com orgulho. Mas ele não tinha compromisso com nenhum grupo. Ao contrário, mantinha escondido seu verdadeiro eu, prestava atenção ao que cada um dizia e esperava a hora de sua imaginação poder alçar voo.

A reserva não tornou George o melhor dos alunos. Ele se lembra do pavor de ir para o jardim de infância pela primeira vez, sozinho: "Um sentimento de pânico total". Como esperado, ele era tímido no começo, guardando tudo para si. Mas logo ele se adaptou à nova rotina e se tornou um participante ativo das atividades e brincadeiras escolares. No primeiro ano na John Muir School, George aprendeu a ler e, no ano seguinte, ele foi considerado "muito bom" em ciências, arte, leitura e números.

O primeiro contato de Lucas com o teatro aconteceu na terceira série, quando participou de uma peça chamada *The Message of the Hearts*. Ele ficou em último nos créditos – um começo não muito auspicioso para um gigante da indústria do entretenimento. George cantou no coral da escola, esteve numa patrulha de segurança e participou de outra peça de teatro escolar, sempre em papéis menores. Ele nunca se destacou como estudante e suas notas raramente passaram de C. "Eu nunca fui muito bem na escola, por isso ela nunca me entusiasmou muito", lembra. "Um dos grandes problemas que eu tinha, mais do que qualquer outra coisa, é que eu sempre queria aprender algo diferente do que estava sendo ensinado. Eu ficava *entediado*".

Ele continuou entediado por três anos na Roosevelt Junior High School e, quando chegou à Thomas Downey High, sonhava acordado nas aulas. "Eu queria *desfrutar* da escola da pior maneira e nunca pude", Lucas afirma. Acordava apenas quando eram apresentados filmes ou programas educacionais de televisão. Não gostava de ler, odiava ortografia – continua cometendo erros horríveis até hoje e é incapaz de escrever mais de uma frase ou duas sem um erro de ortografia – e era péssimo em matemática.

"Eu teria sido muito melhor se eu pudesse ter pulado essa parte", opina. "Teria aprendido a ler uma hora ou outra – e a escrever também. Você segue esse treco porque é obrigado. Penso que é uma perda de tempo gastar tanta energia tentando martelar educação na cabeça de alguém. Ela nunca vai entender a não ser que queira". O que Lucas denomina, a partir do seu ponto de vista, de "subversivo" sobre a educação tinha começado a se consolidar. Agora, ele rege seus planos futuros para uma nova ordem educacional[5], baseada em videogames interativos que as crianças em idade escolar podem programar sozinhas.

Quando George tinha 15 anos, a família deixou a casa da Avenida Ramona, 530, e se mudou para outra, no estilo Rancho, localizada numa área de

---

[5] A relação do diretor de *Star Wars* com a educação prevalece há mais de vinte anos. Ele, inclusive, vem aplicando uma porcentagem dos 4,03 bilhões de dólares, que recebeu da Disney pela venda da Lucasfilm, ao desenvolvimento de novos projetos dentro do George Lucas Educational Foundation (GLEF). Lucas visa dar suporte aos educadores no processo de ensino por meio do portal Edutopia, além de divulgar notícias e boas práticas para novas formas de ensinar. O principal objetivo do portal é alcançar professores e alunos que fazem parte do chamado K-12, faixa que abrange desde o jardim de infância até o último ano do ensino médio. Um dos trabalhos mais relevantes do Edutopia é o projeto "Schools That Work", dedicado a mapear iniciativas educacionais inovadoras pelo mundo que já apresentam bons resultados. Para cada uma das escolas mapeadas, são disponibilizados vídeos e textos com dicas baseadas naquele determinado projeto para serem aplicadas a outras escolas. (N. R. T.)

13 hectares de nogueiras. O Rancho ficava a uma distância considerável do bairro residencial onde ele havia crescido, "no meio do nada" mesmo para os padrões de uma cidadezinha como Modesto. "Fiquei muito chateado de sair de Ramona", George lembra. "Eu era muito ligado àquela casa". Ele ameaçou fugir, mas, no fim, ele e Wendy cresceram desfrutando o isolamento do Rancho. Faisões corriam debaixo de suas janelas e nasceres do sol inspiradores brilhavam na High Sierras coberta de neve.

Para facilitar a transição para o novo lar, George pai construiu para o filho um abrigo exclusivo para os seus "ambientes" caseiros. O espaço tinha chão de madeira, laterais, fundos, um topo de vidro e uma fachada. George passava horas construindo cuidadosamente colinas, minúsculas cidades e fortificações em papel machê – um pequeno microcosmo de civilizações imaginárias.

Lucas se tornou até mesmo mais arredio depois de mudar para o Rancho. A distância até Modesto era muito grande para que seus amigos viessem de bicicleta, e eles ainda não eram adultos o suficiente para dirigir. "Ficou muito ruim", explica John Plummer. "Ele era completamente recluso. Ficava no quarto dele o tempo todo". As lembranças de Plummer são precisas. Lucas voltava da escola para casa por volta das 15 horas e seguia diretamente para o seu quarto. Tirava a sua coleção de discos de 45 e 78 rotações (tudo desde "Hound Dog", de Elvis Presley, até "Roll over Beethoven", de Chuck Berry) e os tocava, um depois do outro, por horas a fio. Sentado na cama, ele lia gibis, comia barras de Hershey's e tomava coca-cola.

Logo a música eclipsou seus outros passatempos. Lucas sempre mergulhou numa busca particular, muitas vezes excluindo todo o resto da sua vida. A música regeu sua tenra adolescência, e um dos momentos de maior destaque desse período foi uma viagem a São Francisco para ver Elvis Presley na sua primeira turnê pelo norte da Califórnia, logo depois do famoso *Ed Sullivan Show*, no qual Elvis apareceu somente da cintura para cima. No seu quarto, George mantinha uma foto autografada de Elvis usando seus sapatos de camurça azul, tirada enquanto virava para o lado.

A fotografia se tornou outra obsessão. O pai dele lhe deu uma câmera de 35 milímetros e o ajudou a transformar um banheiro vago em uma sala escura. George e Dorothy lembram do filho correndo para a sua câmera sempre que o zumbido dos aviões podia ser ouvido sobre as plantações; às vezes, eles voavam tão baixo que ele conseguia fotografar os pilotos. Na maioria das vezes, George fotografava suas sobrinhas e sobrinhos, ou conseguia enganar o gato clicando-o enquanto pulava para pegar um pedaço de carne, ou Wendy a alguma distância da câmera. Quando George ganhou seu pequeno Fiat, insistiu num truque de fotografia, ele de pé do lado do carro. Dorothy tirou a foto deitada no chão, de maneira que George parecia se sobrepor ao carro, uma clara fantasia de uma pessoa de baixa estatura. Mais tarde, ele pintou com óleo as fotografias usando cotonetes.

Na escola, as notas de George continuaram caindo. Ele ia bem nas aulas de arte e música, mas, no primeiro ano da Downey High School, teve D em ciências e inglês. Na verdade, ele não passou em ortografia e em aritmética na oitava série e teve de repetir as matérias no verão.

George mudou depois que foi morar no Rancho. Deixou o cabelo crescer e o cobriu de vaselina, de forma a poder moldá-lo para trás em penteados exóticos como o Bop, o Detroit, ou um simples topete. Ele usava calças Levi's o tempo todo e se recusava a lavá-las. Insistia em colocar tacos nos sapatos pretos pontudos. Todas as indicações são de que Lucas estava se tornando um jovem delinquente, um "JD". A explicação era simples. George havia descoberto uma nova obsessão, uma que quase o matou. Ele começou a viver, sonhar, comer e dormir pensando em carros.

★★★★

Dezesseis longos anos sendo um pequeno perdedor...[6]
Descrição de Terry, the Toad, em Loucuras de verão.

★★★★

Para um garoto franzino que pesava menos que um saco de cimento, era preciso haver *algo* para fazer numa pequena cidade monótona como Modesto. Havia duas escolhas à disposição: as corridas de cavalo e os carros. Sendo Modesto rural como era, não havia locais para corridas de cavalo. Sobraram os carros. A paisagem de Modesto era feita para as corridas de carro.

George Lucas teve o seu primeiro automóvel aos 15 anos de idade, antes mesmo de tirar a carteira de habilitação. Parecia um escravo, enfim, em

---

[6] Da versão do roteiro de *Loucuras de verão* (10 maio 1977), de George Lucas, Gloria Katz e Willard Huyck.

liberdade: "Tive minha própria vida quando tive o meu carro. Junto com o gosto do poder e da liberdade, veio a competitividade para ver quem era o mais rápido, quem era o mais louco, e quem era o mais corajoso". Quando Lucas finalmente fez a prova de habilitação para tirar a carteira, não passou porque era muito descuidado em relação às regras. Depois ele acabou passando no teste, mas ainda ignora as regras.

Forçado a reconhecer a paixão do filho por carros, George pai apostou na segurança. Ele lhe comprou um Fiat Bianchina com motor de duas cilindradas, o menor veículo importado da Fiat. Ele era equipado com o que George chamou de "um motor de máquina de costura. Era um carro bobinho. O que podia fazer com aquilo? Era praticamente um motor de lambreta". Da primeira vez que o dirigiu, acelerou em direção à plantação de nogueiras e rodopiou, batendo na traseira. Mas ele fez uma importante descoberta: o solo de Modesto era argiloso e tão duro quanto o asfalto, a mais perfeita superfície para dirigir. Tudo o que George tinha de fazer era modificar o Fiat para lhe dar potência e velocidade, e a questão estaria resolvida.

Lucas adorava a emoção de correr. Era algo que não exigia força dele. Sua pequena estatura e peso leve eram vantajosos quando corria, bem como o seu carro pequeno. George passava todos os dias depois da escola no Foreign Car Service, cujo nome era bem apropriado, mexendo na suspensão do Fiat e envenenando o motor. Certo dia, voltando para casa das compras e pilotando a 112 quilômetros por hora, ele derrapou e virou o carro, embora tenha se reaprumado imediatamente. Lucas nem se perturbou. Ele cortou o teto afundado, colocou um para-brisa sobre uma barra estabilizadora e transformou o pequeno Fiat em um carro esportivo de corridas. John Plummed tinha resgatado um velho MG do ferro-velho e o restaurou enquanto George perambulava com o Fiat. Havia uma velha pista de kart atrás da garagem do Foreign Car onde os dois amigos corriam. "Íamos que nem um rojão", explica Plummer. "George conseguia fazer isso. Ele realmente era bom".

A velocidade mostrou pela primeira vez às pessoas que George era bom em alguma coisa. Ele gostava especialmente de dobrar esquinas, não a ponto de o carro sair do seu controle, mas num ângulo tal que pudesse oferecer uma sensação eletrizante que logo se tornou viciante. Lucas ainda guarda sentimentos intensos a esse respeito. "O motor, o barulho, ser capaz de queimar a borracha das quatro rodas com três mudanças de marcha, a velocidade.

Era a emoção de realmente fazer algo bem-feito. Quando você passa por uma esquina e, subitamente, muda de direção, há algo especial nisso. É como fazer uma corrida muito boa. Você está inteiro lá, e tudo funciona".

O sonho de George era dirigir um carro de corrida. Ele imaginava ser o equivalente ao pistoleiro solitário e silencioso de Modesto, que chega na cidade e, em vez de lutar contra o xerife, vence a equipe de um fabricante de automóveis com o seu próprio carro. (A fantasia foi articulada em *E a festa acabou*, em que John Milner envergonhou uma equipe de corrida.) Pelas leis do estado, Lucas só poderia participar de corridas depois de completar 21 anos, por isso voltou-se para o autocross realizado em estacionamentos e feiras, onde cones vermelhos eram colocados ao longo das curvas. George acreditava que seu Fiat podia facilmente dobrar a mais fechada das curvas. Corvettes e outros carros de alta performance moviam-se desajeitadamente de um cone para outro.

George ficou animado quando ganhou seu primeiro troféu de corrida. Logo acumulou outros em pistas do centro e do sul do estado: Stockton, Goleta, Willow Springs, Cotati e Laguna Seca, todas a menos de 160 quilômetros de Modesto. Foi em Laguna Seca que George conheceu Alan Grant, o campeão de autocross da Califórnia, que ganhou todas as corridas das quais participou. No início, Grant dirigia carros esportivos modificados. Quando completou 21 anos, começou a correr nas pistas da Classe C e se tornou o herói de George.

Alan Grant lembra: "George não era o tipo de cara necessariamente extrovertido, mas, uma vez que lhe conhecia, ficava tagarelando o tempo todo, contando histórias. Estava sempre num mundo de faz de conta". Nem todo mundo reagia diante de Lucas com tanta tranquilidade. Grant e Lucas estiveram uma vez em Santa Monica para uma corrida, e, na casa de hóspedes, George começou a contar uma história particularmente vívida. Um dos outros corredores acabou se cansando. "George, você não pode calar a boca?", ele berrou. Lucas, devidamente repreendido, não disse mais nenhuma palavra o resto da noite.

George tinha alguns outros vícios. Seus pais gostavam de contar a história de como ele e Alan festejaram a vitória de Grant numa grande corrida. Um negociante de carros, patrocinador do carro vencedor, ofereceu à imprensa uma festa na suíte presidencial de um hotel local. "Havia de tudo em matéria de vinho, mulheres e música", Grant lembra. Enquanto a bebida corria, um jogo de dados começou na frente do aparelho de TV. Os mauricinhos de Modesto entraram, deram um alô e, em seguida, foram para os seus quartos dormir. "Nós tínhamos uma grande corrida no dia seguinte", Grant relata seriamente. "Aquele grupo era tão careta quanto se pode ser", George pai disse com aprovação.

George não era *tão* careta. Ele era frequentemente multado por excesso de velocidade pela polícia de Modesto, que mantinha um olho atento em quem corria em estradas vicinais. Foram tantas multas acumuladas que George pai teve de acompanhar o filho errante diante do juiz de trânsito local. George tinha o cabelo tipo escovinha e usava um terno preto mal ajustado. Uma foto dele tirada naquela ocasião figura no anuário escolar de Lucas, em que, nas palavras de George Frankenstein, ele realmente parece ser uma "nulidade". Mas possuir um carro esportivo em Modesto no início dos anos 1950 podia rapidamente transformar um zé ninguém em alguém.

O carro deu a Lucas um novo senso de pertencimento. Ele se tornou um membro ativo do Ecurie AWOL Sports Car Competition Club, um celeiro local de entusiastas das corridas. Editava a *B.S.*, o boletim oficial do clube, e se desdobrou como secretário da organização. O boletim refletia o excêntrico senso de humor de Lucas ("Enquanto estamos aqui no fosso escorregadio da eternidade..." é como começava um editorial) e apresentava seus desenhos de carros esportivos, que estavam se aperfeiçoando o suficiente para que ele os vendesse em paralelo. Alan Grant possui uma série de aquarelas e desenhos a tinta, todos marcados com uma assinatura distintiva de Lucas. É a assinatura de um aspirante a artista, já pensando em como seria seu autógrafo.

O artista, todavia, estava disfarçado sob o arruaceiro. Lucas admite que na escola secundária ele era o baderneiro por excelência. "Essa foi a época em que eu me meti com os elementos realmente ruins", diz, com um toque de orgulho na voz. A turma do carro era um grupo da pesada, e George se encaixou nele: cabelo engomado para trás, jeans imundos e uma devoção aos carros, às garotas e ao rock 'n' roll. Enquanto John Plummer jogava futebol na universidade, George Lucas zanzava por aí com o que Plummer chamou de "os indesejáveis e a ralé da cidade".

Para George, que ainda pesava apenas 45 quilos quando se formou no ensino médio, a autopreservação era uma boa razão para a escolha desses companheiros. "A única maneira de não receber toda aquela merda apontada para você era conviver com alguns durões que por acaso eram amigos", Lucas explica. Ele encontrava com os seus amigos numa hamburgueria chamada Round Table, na rua em frente ao Downey High. Outro elemento da Round Table era a turma que se autodenominava de Faros, de jaqueta de couro preta, que encarnavam as fantasias paranoicas de qualquer pai de classe média da época. George não era um verdadeiro Faro (não queria chegar a tanto), mas ele se prestava a ser o fantoche da gangue. "Eles me mandavam lá dentro e esperavam até que alguém tentasse comprar uma briga comigo. Daí entravam e os encurralavam", Lucas ri. "Eu era a isca. Eu sempre tinha medo de ser esmurrado".

George pai estava angustiado com as mudanças do filho. Embora o repreendesse frequentemente, não parecia adiantar. Dorothy estava doente novamente e os negócios exigiam cada vez mais do seu tempo. Em relação à vida dupla que seu filho parecia levar, George pai afirma que "não sabíamos nada a respeito". Wendy concorda com ele sobre George. "Ele nunca dizia nada. Simplesmente sumia à noite. Não fazíamos perguntas – saía e nada mais. Nunca dizia o que estava fazendo".

George estava se tresloucando, e não pretendia dizer isso aos pais. Para os jovens de Modesto, se tresloucar, em 1962, era um estilo de vida, melhor descrito no argumento de *Loucuras de verão*, escrito por Lucas em 1971: "A dança é criada por carros que executam um ritual dos anos 1950 chamado *cruising*. Um desfile interminável de garotos zanzando em máquinas gringas, equipadas com calotas, flamejantes, talhadas, decoradas por dentro, roncando numa cidade aparentemente sem adultos, atordoada pelo calor... o flash cromado dos carros passando se transforma em uma coreografia visual".

Durante quatro anos, Lucas passou quase todas as noites perambulando de carro pelas ruas de Modesto das 3 horas da tarde até 1 hora da manhã. Aos sábados e domingos, fazia isso o dia inteiro. Ele e os amigos também zanzavam em outros lugares além do circuito que ia da 10th Street até a 11th Street. Lucas se sentia o cara mau numa máquina barra-limpa, conferindo garotas, carros e a área.

A rotina era viciante, lembra Lucas. "Pilotar carros, transar a torto e a direito, se divertir, a busca incessante de garotas". A estrutura social no ensino médio era tão rígida que não era fácil para uma pessoa como George conhecer gente. Ele era estereotipado como integrante de uma turma repulsiva e seus contatos sociais começavam e terminavam ali. Nas ruas, era cada um por si. Os carros se tornaram a maneira de reestruturar a ordem social. Sentar desleixadamente, usar óculos escuros (quem se importava que fosse de noite?) e ligar o rádio a todo volume – isso fazia qualquer um se sentir bem.

Modesto era uma importante cidade para farrear, atraindo jovens de lugares tão longe quanto Stockton. Eles se reuniam em hordas para os grandes fins de semana sobre rodas. O combustível era barato, tão pouco quanto 17 centavos o galão. O tempo não tinha limites – a TV era para as crianças, o cinema era para os caretas, e as noites intermináveis para os jovens. Carros, música e sexo eram o que contava.

Se a curva formada entre a 10th e a 11th Street era a roda da máquina de farrear, e os garotos nos seus carros eram os raios, então o eixo era a hamburgueria drive-in, imortalizada sob o nome de Mel's Drive-in em *Loucuras de verão*. "Era como uma grande confraria", lembra George Frankenstein. "A gente estacionava e passava para o carro de outro. Era pura diversão".

Bem, não o tempo todo. Lucas se lembra de uma noite, no Dia das Bruxas, quando seus amigos Faros decidiram transformar Modesto numa cidade de farra. Despejaram gasolina numa rua de quatro pistas e tacaram fogo, o que resultou numa enorme barreira de chamas bem abaixo da linha amarela do meio da estrada.

As farras também apresentaram Lucas ao sexo. Dolorosamente tímido com as garotas, ele encontrou o anonimato no seu carro. "Ninguém sabia quem eu era. Eu dizia: 'Olá, sou o George' e depois daquela noite eu nunca mais via as garotas novamente. Não era como na escola, onde você tem de se sentar ao lado delas". A Downey High ficava do lado bom da cidade; Modesto High, do lado das classes mais baixas das pistas da Southern Pacific, concentrava um grande número de garotas com penteados em forma de bola, mascando chiclete, que não tinham receio de uma boa diversão. Modesto High é para onde George se dirigiu numa sexta-feira à noite e perdeu a virgindade num dos mais importantes rituais de iniciação de adolescentes: "A eterna procura por uma trepadinha, um pouco de ação", como o argumento de *Loucuras de verão* descreve.

À exceção das suas incursões noturnas, Lucas nunca namorou. Ele achava que isso era "bobo". Plummer lembra do seu amigo se mostrar obcecado por loiras, no entanto. "Sim, havia muitas garotas do tipo Debbie", George reconhece, comparando suas companhias femininas com a loira oxigenada

Candy Clark, interpretada em *Loucuras*. "É interessante que eu nunca tenha tido realmente nenhum tipo de namorada de escola ou coisa assim. Eu sempre andava por aí, arranjando garotas, e esperando pelo melhor". O que Lucas não podia entender naquele tempo é que suas experiências escolares iam em breve torná-lo várias vezes milionário.

****

> Renovar-se é tudo. O que mais alguém pode pedir além de ter a sua juventude de volta?
>
> *George Lucas*

****

A grande maravilha do cinema é que ele para o tempo e se transforma em uma experiência compartilhada, uma chegada conjunta a um lugar e um tempo capturados na tela. Em *Loucuras de verão*, o lugar é Modesto, o tempo é 1962, e a experiência é a transição de George Lucas da adolescência para a idade adulta. "Estava tentando recriar algo que teve muito peso na minha vida, e eu fiz isso exatamente dez anos mais tarde", conta Lucas a respeito do filme lançado em 1972. Sua experiência teve eco na geração *baby-boom*, pós-Segunda Guerra Mundial, que também tinha mudado na década intermediária. Lucas parou o tempo em *Loucuras de verão* num ponto em que as pessoas queriam lembrar, cristalizando, em 110 minutos, emoções vividas por milhões nas suas próprias vidas, e novamente divididas ao assistir ao filme.

Uma descrição do enredo de *Loucuras de verão* soa tão simples quanto um filme de segunda, sobre o qual foi moldado. Quatro amigos entre 17 e 20 anos, que cresceram e se divertiram juntos, chegam a uma encruzilhada nas suas vidas. Dois dos rapazes vão deixar sua pequena cidade na Califórnia para ir à faculdade. Steve está em dúvida e fica, Curt está em dúvida e vai. A vida dos dois outros amigos gira em torno dos automóveis: Milner tenta manter sua superioridade como rei da estrada e Toad tenta desesperadamente ficar bêbado e deita no carro que Steve lhe confiou. Toda a ação tem lugar numa única, longa noite de farra no verão.

Não é a ideia mais original do mundo, mas, por se basear em detalhes da própria vida de Lucas, *Loucuras de verão* virou uma declaração pessoal com amplas implicações. "Cair na farra", explica Lucas, é "mais do que uma prática singular de adolescentes americanos. É um evento significativo no amadurecimento da juventude americana. É um rito de passagem, um ritual de acasalamento. É tão americano: os carros, as máquinas, caçar garotas e a sociedade inteira que se desenvolve em volta disso". O segredo do sucesso de *Loucuras* é que ele funciona em dois níveis, como um "filme de diversão para garotos" e um enunciado antropológico a respeito da cultura e dos costumes americanos.

Loucuras de verão abraça a cultura da Califórnia com todo o coração, embora nem toda cidade pequena tenha uma população adolescente equipada com uma frota de carros. Mas o que se passa no filme parece indelevelmente real porque foi *real*. A vida de Lucas foi partida em pedaços e reagrupada graças à ajuda dos corroteiristas Willard Huyck e Gloria Katz, um elenco de atores talentosos e uma equipe de filmagem dedicada. Essa recriação em estúdio de uma era passada funciona comprimindo quatro anos em uma noite e ambientando toda a ação entre o pôr do sol e o amanhecer.

Lucas planejou seu filme como um tributo à tradição de farrear relegada à nostalgia dos anos 1970. Mas "*American Graffiti* Night" se tornou uma tradição em si em Modesto. Jovens vêm de toda parte do vale central – em picapes customizadas, em lugar dos T-birds decorados. Elas roncam para cima e para baixo da Avenida McHenry, rendendo homenagem não a um antigo costume mas ao filme que o imortalizou. *Loucuras* integra um grande conjunto de trabalhos que examinam as cerimônias dos ritos de passagem na sociedade primitiva e moderna. Universidade, virilidade, iniciação sexual – todos esses temas são atravessados no filme e em homenagens posteriores como *Quando os jovens se tornam adultos*.

Ao explorar sua própria adolescência no cinema, Lucas tocou num nervo essencial do seu público. Depois que o filme foi lançado, recebeu cartas como esta, de um cinéfilo de 18 anos de idade: "Eu não sabia o que era ser adolescente, e agora eu sei". Outro fã escreveu: "Tenho 16 anos e estou chapado o tempo todo e não tinha me dado conta de que ser jovem pode ser tão divertido". Lucas percebeu que estava no caminho certo. Coisas que eram importantes para ele como adolescente – ter o próprio carro ou ver garotas sorrindo para você no corredor – eram importantes para outros que não tinham crescido com ele ou perto dele. Lucas tinha descoberto um microcosmo para uma geração inteira.

Willard Huyck e Gloria Katz, coautores de *Loucuras*, ainda se surpreendem com a resposta. "O mais incrível desse filme é ele ser tão americano e, ainda assim, universal", diz Katz. "Não é tão ingênuo quanto parece. Nós o estilizamos de um jeito que lhe deu uma qualidade mítica, e depois ficamos livres para brincar com os personagens. Milner, outrora um pistoleiro, se recusa a aceitar que está mais velho e que não pode se arrastar em corridas para sempre. Curt, o intelectual, vacila para aceitar a mudança e vai para a universidade, aconteça o que acontecer. Steve, o perfeito jovem americano, é incapaz de escapar do passado e começar uma nova vida. Ele vai ficar na pequena cidade e virar agente de seguros. Terry, the Toad, vai fazer a mais simples e complexa mudança ao conseguir um carro e uma garota, os dois polos gêmeos da adolescência americana.

São personagens, com certeza. Steve é representante de classe, loiro e atlético; Curt é o cérebro, cita poemas e faz brincadeiras; Milner é o adepto da brilhantina, o cabelo em forma de topete e cigarros enfiados sob a manga da camisa enrolada; Toad é o nerd, alvo das piadas de todos, portador envergonhado de "sarna".

"É sobre todo moleque com quem você tenha ido para a escola, é sobre tudo o que aconteceu ou não aconteceu com você, ou que você fantasia ou se lembra de ter acontecido", afirma Ned Tanen, o presidente da Universal Studios, o único executivo de estúdio que teve interesse em apostar na produção de *Loucuras* e a pessoa que quase impediu o filme de ser lançado.

A lapidação dos personagens de *Loucuras* é espantosa, uma vez que eles são vistos quase que exclusivamente nas ruas, nos carros e nas hamburguerias. O estabelecimento filmado e cenário recorrente do filme é o Mel's Drive-In, o equivalente para adolescentes ao posto de gasolina, onde os motoristas, não o carro deles, se reabastecem de comida, música e garotas.

A ênfase nas garotas é sempre presente. As personagens femininas de *Loucuras* são construídas através da percepção adolescente do seu criador do sexo masculino. Elas não são nem "boas" garotas, nem "más". Laurie, a namorada de Steve e irmã de Curt, é uma boa menina. Ela se recusa a lhe dar "algo que o faça se lembrar dela" (um eufemismo universitário para sexo) antes que ele vá para a faculdade, e, em parte por causa disso, Steve não vai nunca. Debbie, em contraposição, está mais do que disposta a mostrar tudo em troca de uma bebedeira, o que Toad tenta obter de maneira angustiante.

Dois outros personagens femininos são evocados em *Loucuras*. Carol é uma molequinha que acaba de descobrir a feminilidade. Ela flerta com Milner, mas precisa estar em casa por volta das 22 horas, pois é muito nova ainda para namorar. A motorista loira sem nome do T-bird branco (Suzanne Somers no seu primeiro papel no cinema) é a deusa do sexo com a qual Lucas sonhou durante a própria adolescência. Ela representa a ilusão da beleza que não pode ser encontrada numa pessoa real. Curt nunca se conecta com ela e esta permanece uma voz sem corpo ao telefone.

É uma deferência para Cindy Williams, Candy Clark e Mackenzie Phillips, que interpretam Laurie, Debbie e Carol, respectivamente, e para a corroteirista Gloria Katz, que as garotas de *Graffiti* tenham um ponto de vista sobre tudo. Lucas vê isso diferentemente. "As mulheres do filme são fortes assim porque eu quis que elas fossem", afirma. Lucas admite que ele sempre teve problemas para desenvolver papéis femininos nos seus filmes – ele pode torná-las fortes e independentes, mas parece não ter ideia do que possam pensar e sentir (testemunha princesa Leia em *Star Wars*). Numa cena num banheiro de escola, montada durante uma dança no ginásio local, as garotas só têm dois assuntos de conversação: a aparência e os homens.

Se há erotismo em *Loucuras*, ele é esbanjado nas estrelas coadjuvantes do filme: os carros. Lucas faz amor com os seus automóveis, perseguindo-os enquanto zanzam para cima e para baixo na avenida. O diálogo reflete sua afeição. Quando Steve confia seu carro a Toad, ele promete "amá-lo e protegê-lo até que a morte nos separe". "A máquina", ele afirma, "é até melhor que o Superfleck Moonbird de Darryl Starbird". Talvez o público não possa entender a descrição, mas é poesia de estrada.

O cenário noturno também idealiza *Loucuras*, conferindo-lhe um clima de loucura que parece apropriado para a última e mais longa noite da adolescência. Zunindo de eletricidade, trespassado por uma sucessão interminável de faróis, o filme apresenta um mundo povoado principalmente por adolescentes. Os únicos adultos do filme são, aliás, bufões, como o policial cuja radiopatrulha é separada do seu chassi numa travessura requintada, ou figuras de desenho animado, como os membros da loja Moose, que oferecem a Curt uma palestra de despedida sobre as virtudes do trabalho duro. Lucas inclui até mesmo uma fantasia mordaz: Curt caminha pelos corredores vazios do edifício onde passou quatro anos cruciais da sua vida e se dirige até o seu velho armário. Mas a combinação foi *alterada*. Se isso não significa que a infância dele ficou para trás, o que mais pode significar?

Há um adulto cuja presença é crucial em *Loucuras*: Wolfman Jack. O lendário *disc jockey* se tornou famoso no final dos anos 1950 na XERB, uma emissora de rádio mexicana de 250 mil watts, cujo sinal era suficientemente potente para ir de Nova York até Los Angeles. O Wolfman era um enigma delicioso para os seus ouvintes; eles não sabiam dizer se ele era branco ou negro, se tinha 30 ou 70 anos, se era humano ou animal. Não importava se o seu verdadeiro nome era Bob Smith e se ele vinha do Brooklyn. Era o bandido das ondas do rádio, o amigo secreto de milhões de ouvintes anônimos. Em *Loucuras*, o Wolfman efetivamente uiva em segundo plano, gritando: "Vou fazer com que todos os seus sonhos se tornem realidade, docinho!". Quando Curt encontra com ele já no final do filme, o jovem é surpreendido: "Deus, sempre o ouvi, mas você não é nem um pouco como eu esperava". Wolfman o encara, olhos bem postos por trás de uma cabeça enfeitada com uma peruca e um queixo de cabra. "Você vai descobrir que isso se aplica a um monte de gente", responde calmamente.

Wolfman está lá porque a música está. *Loucuras de verão* é um musical na sua definição menos tradicional. As pessoas não param para cantar e dançar, mas a nota sugestiva do início do rock 'n' roll começa antes dos créditos iniciais e termina somente quando o título final se desfaz. A música dá unidade ao filme.

Na cena inicial descrita no roteiro original de *Loucuras*, uma luz âmbar e um zunido elétrico dominam a tela, dando lugar progressivamente a um gigantesco número 11. A estática se faz ouvir e então uma grande faixa vertical vermelha cobre a tela, avançando e recuando sobre outros números. Vozes, trechos de música e mais estática se misturam, até nos darmos conta de que estamos vendo o rádio de um carro. O rádio envolve *Loucuras de verão*, transformando-se na metáfora para o encontro dos personagens e tocando a vida uns dos outros, agrupando-os e, em seguida, separando-os. "O rádio cria uma fantasia que não existe de forma alguma, a não ser nas nossas cabeças",[7] disse Lucas à revista *Seventeen* na época em que o filme foi lançado; ele sabia que es-

---

[7] George Lucas em entrevista para a *Seventeen* intitulada "On Location", de Edwin Miller (19 mar. 1973): 53.

tava conversando com o público certo. A tensão da abertura de "Rock Around the Clock" imediatamente sacode os espectadores ao lhes trazer à lembrança emoções que associam à música. A música acompanha e faz contraponto à ação na tela, somando uma série de reminiscências da vida dos espectadores.

A trilha sonora de *Loucuras* também captura o ponto de transição para uma nova fase do rock, quando a Surf Music dos Beach Boys suplanta Buddy Holly. "O rock 'n' roll tem despencado ladeira abaixo desde que Buddy Holly morreu", Milner se queixa junto a Carol, que nem sabe quem foi Holly, o pioneiro do rock. "Vamos nos jogar no rock 'n' roll até morrer, doçura!", urra Wolfman – uma era musical também morreu na tela.

A força de união do filme são os anos 1950, a cola da nostalgia agregando uma geração inteira. Embora a loucura dessa época tenha passado depois do lançamento de *Loucuras de verão* (especialmente na televisão com *Happy Days*, *Laverne and Shirley* e outras séries menores), Lucas mexeu com algo mais profundo que meras lembranças. "Por que as coisas não podem ficar do jeito que estão?", ele anotou nas suas considerações preliminares acerca de *Loucuras*. Os adolescentes, em particular, não têm recursos para mudanças – suas vidas são uma torrente de desejos conflitantes e emoções. Ao introduzir um quarteto de símbolos para ilustrar as diferentes reações que os adolescentes têm ao crescer, Lucas produz um documento abrangente a respeito de uma situação específica, numa noite em que tudo e qualquer coisa podem acontecer. A mudança de Steve é malsucedida, Curts aceita a mudança, Milner a recusa e Tarry a falseia. Que outras alternativas existem? A abordagem do filme parece simplista, mas a agonia da decisão é bem real para um jovem de 16 anos. Lucas lembrou-se da própria angústia, e foi capaz de projetá-la na telona.

As referências a Modesto são fartas em *Loucuras de verão*, a começar no tocante à avenida Ramona, onde Carol vive e Lucas cresceu. O circuito da vadiagem, Mel's Drive-In, os Pharaohs (a ortografia foi mudada para proteger o culpado), Burguer City, a emissora de rádio – todos têm antecedentes na vida real nas ruas agitadas da noite em Modesto, no final dos anos 1950 e início dos anos 1960.

Como muitos escritores, Lucas baseou seus personagens em gente que conheceu, incluindo ele próprio. Walter Murch disse que os quatro principais personagens masculinos de *Loucuras* decorrem de diferentes aspectos da personalidade de Lucas – é como se ele tivesse pegado um martelo e atingido a própria imagem, quebrando-a em quatro partes bem definidas. Lucas contesta uma interpretação tão literal. "Eu era realmente só Toad e Curt. Eu era o cara tímido no colegial e quando fiz o curso técnico me tornei uma espécie de Curt". Lucas ansiava por se tornar um Milner quando estava no colegial; o personagem é baseado em Alan Grant (embora o nome seja uma referência a John Milius).

O personagem que Lucas mais sentiu dificuldade para escrever foi o de Steve – o representante de classe/ atleta de sucesso/ bom aluno –, que não tinha base alguma na personalidade de George. "Bill e Gloria o puxaram realmente para longe do fogo", diz Lucas. Não obstante, o filme é uma fiel recriação de Modesto, até mesmo nos diálogos: "Esmerilha", a respeito do motorista triturar a embreagem durante uma troca de marcha; "Tire suas sarnas de cima de mim", a interlocução típica entre uma boa garota e um menino mau; "pronto para zoar", uma maneira de "cair na farra". A parte final de *Loucuras* segue de perto a própria vida de Lucas. O filme chega ao seu clímax com um inflamado acidente de carros de corrida, que quase matou o rival de Milner, Bob Falfa (interpretado por Harrison Ford) e sua passageira, Laurie. Trêmulos, os jovens tropeçam para longe da cena do acidente, pouco antes de o carro de Falfa explodir com uma fúria encharcada de gasolina – e assim como em 1962, quando Lucas sofreu seu acidente de carro, todos ficam gratos porque ninguém perdeu a vida.

****

```
Pai, você sabe que vai fazer hoje de manhã a mesma coisa
 que fez ontem de manhã. E manhã, fará exatamente o que
 fez hoje de manhã. E só quero fazer algo uma única vez.

            George Lucas
```

****

George permaneceu no hospital duas semanas depois do seu acidente. Em seguida, recebeu orientação para se recuperar em casa até o final do verão, com exceção das visitas diárias ao hospital apenas para a fisioterapia. A viagem com John Plummer à Europa foi cancelada, e o seu Fiat foi rebocado até um ferro-velho. O diploma de conclusão de curso foi encaminhado para o seu quarto de hospital três dias depois do acidente. George brincou dizendo que a única razão de ele ter tirado o diploma era que os professores estavam com pena dele.

O acidente colocou um ponto final ao sonho de seguir a carreira de piloto que George havia acalentado. A única opção em aberto para ele, naquele momento, era fazer um curso técnico, já que suas notas não eram suficientemente boas para seguir um curso superior de quatro anos. Isso queria dizer Modesto Junior College, o campus local que tinha uma boa reputação acadêmica. George estava determinado a fazer o curso – pela primeira vez na sua vida adulta, começou a estudar. Chegou a cair de sono sobre os livros, mas, aos poucos, o trabalho foi ficando mais fácil, pois estava estudando o que queria estudar: sociologia, antropologia, literatura, até mesmo redação criativa. "Essas eram as coisas nas quais estava interessado, e que me estimularam. Era muito difícil e eu não tinha o conhecimento de que precisava – não sabia nem mesmo escrever corretamente".

Lucas também começou a ler: *Admirável mundo novo*, de Aldous Huxley, *1984*, de George Orwell, e livros de aventura de Jules Verne que ele tinha ignorado durante a infância. Gastou horas debruçado sobre estudos antropológicos, tentando entender como funciona uma cultura. "Se eu tivesse estudado sociologia na sexta série, eu teria sido bem mais feliz", Lucas afirma. Suas notas refletiram seu novo interesse: A em astronomia, B em discurso, sociologia e história da arte. A maioria das suas notas era C, mas isso representava uma grande melhora em relação aos D do colegial. No dia 9 de junho de 1964, Lucas obteve o certificado de conclusão em artes – o garoto sem mérito algum tinha se formado num curso técnico.

Lucas descobriu outros interesses depois do acidente. Em lugar de pilotar carros, começou a filmá-los com a câmera de 8 milímetros que o pai lhe havia dado. Vinha fazendo imagens estáticas das corridas desde o colegial e a produção de filmes parecia uma extensão natural. À medida que começou a se interessar por cinema (ele correspondia à sua fascinação por arte e pintura), tornou-se um entendedor de filme como meio de expressão. Assistiu a filmes de arte em Berkeley e estudou livros sobre cinema.

John Plummer estava frequentando, na época, a Universidade do Sul da Califórnia em Los Angeles, uma das mais respeitadas escolas particulares do país. Plummer disse a Lucas que não era tão difícil entrar na USC, como indicava a reputação do estabelecimento, e sugeriu a escola de cinema por causa do seu acesso particularmente fácil. Lucas tinha planejado fazer uma faculdade de quatro anos e sentiu que seria mais fácil ir para uma escola do estado, onde poderia estudar inglês e sociologia. Ele se aplicou e foi aceito na Universidade Estadual de São Francisco para o primeiro ano, a começar a partir do outono de 1964, mas nunca se apresentou.

Graças a Alan Grant, Lucas se tornou próximo de Haskell Wexler, importante cameraman de Hollywood e aficionado por corridas. Wexler pegou gosto pelo garoto magro e esquisito, cuja cabeça estava explodindo de ideias. Chegou ao ponto de ligar para amigos da escola de cinema da USC para lhes dizer para prestarem atenção em Lucas. "Pelo amor de Deus, mantenha um olho nesse rapaz", disse Wexler a um membro do corpo docente. "Ele tem vocação". Mas Wexler não colocou Lucas dentro da USC, como diz a lenda. Lucas tinha feito um requerimento à escola de Cinema antes de encontrar Wexler, e para seu espanto e do seu pai, foi aceito.

A decisão de ir para a USC não se deu sem problemas. "Eu não fiquei contente de saber que ele queria entrar no negócio do cinema", conta George pai com seu típico desdenho. Aceitar a faculdade foi fácil, ele deliberou, mas por que essa com todos esses professores crânios e liberais? E para que, pelo amor de Deus, estudar cinema, se isso não é melhor do que estudar arte? Essa não era uma ocupação para um jovem carreirista. Como os estudos de cinema poderiam preparar George para ser um homem de negócios? A discussão acerca da faculdade coroou uma relação cada vez mais tensa entre Lucas pai e filho, e ela fermentou por quase vinte anos.

****

Ele é um homem agora, não é mais um filho, está em pé de igualdade.[8]

George Lucas descrevendo Luke Skywalker depois do seu duelo com Darth Vader em Star Wars: O retorno de Jedi

****

Não é incomum que o filho único de uma família dominada por mulheres tenha uma relação tensa com o pai.[9] As expectativas são grandes e a realidade pode frequentemente se revelar decepcionante, sobretudo quando

---

[8] George Lucas numa conferência acerca de *O retorno de Jedi*.

[9] "Loucuras de verão é a história da vida dele", de Judy Klemesrud (*Nova York Times*. 7 out. 1973), foi útil para redigir essa parte.

o pai é determinado e se fez sozinho na vida. Lucas lembra de o pai ser sempre muito austero. "Ele era o chefe, aquele que a gente teme", rememora. Mas ele também percebia um senso de justiça subliminar por trás das críticas, e uma disciplina que era dura, mas nunca ditatorial.

O velho Lucas sempre foi um homem popular em Modesto, conhecido pelo seu senso de humor e sua sagacidade empresarial. George Frankenstein, que trabalhou na empresa de material de escritório de Lucas enquanto esteve no colégio, lembra de George pai: "Ele era *difícil* de lidar. Cara, te digo, se você atrasava quinze minutos ou uma conta estava errada, ele te pendurava no varal para secar. Quer dizer, ele gritava e esperneava boa parte do dia na L. M. Morris para manter tudo funcionando". Quando voltava para casa, Lucas esperava o mesmo tipo de obediência. George pai sempre tinha a sensação de que seu filho maquinava por trás das suas costas para conseguir o que queria da mãe. Chegava a renegar seus costumes para dizer não ao filho. "Eu pensava que ele não deveria receber tudo o que pedia só porque tinha pedido". Ele contou ao pequeno "Georgie" histórias a respeito dos tempos difíceis nos campos de óleo onde cresceu e dos tempos mais difíceis ainda durante a Depressão. Havia nisso uma moral, e ele queria que George a aprendesse.

A presença dominadora do pai legou ao jovem George um objetivo imperioso: "Ser capaz de fazer algo sozinho e ver que ficou do jeito que eu imaginei. Eu sempre tive uma antipatia básica por figuras de autoridade, medo e ressentimento dos adultos". A figura de autoridade de maior destaque para qualquer criança é geralmente o pai – George se lembra de sentir "uma raiva incrível" dele durante a infância.

George pai não ajudava quando fazia questão de cortar o cabelo de George a zero, todo verão. O ritual anual era uma humilhação para George e lhe rendeu o apelido de Butch. John Plummer fazia o possível para evitar George pai – ele tinha medo dele até o último fio de cabelo. "Toda vez que o senhor Lucas se aproximava, você simplesmente se escondia", lembra Plummer.

Mas as crianças apreciavam o outro lado da personalidade de George pai: seu senso de humor excêntrico. Ele falava através de rimas e palavras de duplo sentido e piadas prontas sobre casquinhas de sorvete talhadas na madeira. "Ele era muito engraçado, um brincalhão", Frankenstein lembra. Exatamente o oposto do filho, de quem ninguém se lembra de ver rindo na infância.

Numa cidade pequena, um meio conservador, George pai pertencia à ala ultradireita no tocante às suas crenças políticas. "Ele é conservador, um tipo de self-made man, com um monte de preconceitos que eram extremamente irritantes", diz Lucas. "Aprendi muito cedo a não discutir política com o meu pai". Mesmo quando foi cumprimentado pelo fato de seu filho ter sido convidado para encontrar o presidente Carter, na Casa Branca, George pai rosnou: "Se fosse qualquer outro que não fosse o Carter, teríamos um orgulho dos diabos".

É muito fácil comparar a relação de amor/ódio de George com o pai a Darth Vader e Luke Skywalker. A despeito da sua obsessão pela conformidade, George pai deu aos filhos muita liberdade e independência desde que aceitassem assumir a responsabilidade pelos seus atos. George pai percebeu logo que o filho ia fazer as coisas do seu jeito, e nada que ele dissesse faria diferença.

Os dois Lucas nunca foram realmente próximos, e o consequente vazio incomodava George. Ele o preencheu com pessoas amigáveis que faziam as vezes de irmãos mais velhos, como Alan Grant, do qual teve estímulo, apoio e ensinamentos. "Essa é uma das formas de aprender", Lucas explica. "Você se liga a alguém mais velho e sábio que você, aprende tudo o que ele tem para ensinar e segue para realizar o que deseja". A fórmula se repetiu em um estágio que Lucas fez mais tarde ao trabalhar sob direção de Francis Coppola e na devoção de Lucas a Yoda, o mestre Jedi.

Os conflitos entre pai e filho aumentaram à medida que George se tornou suficientemente apto a trabalhar na L. M. Morris. Seu trabalho como entregador durante o verão exigia que ele se arrastasse entre resmas de papéis pesados quando o calor em Modesto atingia o seu ponto máximo, e que depois voltasse à loja para limpar os banheiros, passar uma vassoura e fechá-la. George pai estava furioso com o filho. Ele chamou George Frankenstein e lhe ofereceu o trabalho, dizendo: "O maldito moleque não quer nem trabalhar para mim, mesmo depois que eu lhe montei um negócio".

George sabia que seu pai pensava que ele não chegaria a lugar algum. Antes do acidente, quando lhe disse que estava pensando em participar do Art Center em Los Angeles, um tremendo bate-boca surgiu. "Meu pai pensou que eu ia virar um *beatnik*. Ele ainda tinha esperanças de que eu tocasse o negócio", Lucas recorda. "É uma das poucas vezes em que me lembro de ter realmente berrado com o meu pai, gritando que não ia entrar na empresa, independentemente do que dissesse". George lembra de George pai fitá-lo e dizer: "Bem, você vai voltar em alguns anos". Encarando de igual para igual seu pai, mais alto que ele, o jovem George respondeu alto: "Eu nunca vou voltar, e a bem da verdade, vou ser milionário antes de completar 30 anos". Até hoje, Lucas não sabe de onde veio a promessa. "É uma das coisas que me chocou ter dito naquela época. Saiu do nada. Mas, na verdade, aconteceu". Uma jura havia sido feita, e Lucas tinha doze anos pela frente para cumpri-la. Ele conseguiu, como George pai testemunha:

"Quando eu era jovem, nós tínhamos coisas fora do catálogo da Sears. Eu dizia isso ao George, e ele apenas ouvia e forçava um sorriso. Eu disse a ele que o que eu mais queria era uma locomotiva a vapor. Ninguém jamais quis algo tanto quanto eu queria essa locomotiva a vapor, e tinha certeza de que eu a teria um dia, de alguma forma. Bem, eu nunca a ganhei. Cerca de dez anos atrás, tivemos aquela coisa toda de Natal em família e uma das crianças me trouxe uma caixa, e dentro dela havia a locomotiva a vapor. Fiquei com lágrimas nos olhos, mas George nunca disse uma palavra a respeito, apenas forçou um sorriso na minha direção, como um gambá sobre uma carroça de lixo. Com o olhar, ele me disse: 'Você não achou que eu estava ouvindo, não é?'"

Embora George tenha tirado a designação Jr. do seu nome, seu pai enxerga o sucesso do filho como uma realização conjunta. "Ele é tão orgulhoso, ele só tem elogios para o George. Você nunca imaginaria que eles tiveram uma palavra atravessada", conta Wendy. Sob alguns aspectos, o crédito deve ser dividido. O empreendedor antiquado da pequena cidade conservadora transmitiu seus valores ao filho, que os enxertou em um negócio de 1 bilhão de dólares. "A forma como meu pai me educou me deu boa parte do bom senso que uso para me virar no mundo dos negócios", Lucas reconhece. "Ele também me legou um forte conjunto de regras morais e princípios e um exemplo de honestidade e justiça".

"Você conheceu George pai?", perguntou Tom Pollock, o advogado de Hollywood de Lucas desde 1972. "Eu não o entendia até me encontrar com o pai dele e gastar um tempo conversando sobre o filho. É quando a gente se dá conta de que George *é* o seu pai, assim como a maioria de nós somos". Pollock se refere a um medo de longa data de Lucas em relação aos degenerados da cidade grande: os banqueiros, os advogados, os intelectuais, os depravados. O velho Lucas se referia a Hollywood como a "Cidade do Pecado".

Muitos jovens diretores de cinema da atualidade tiveram uma infância reprimida ou difícil. Martin Scorsese e John Milius sofreram crises de asma severas. Francis Coppola contraiu poliomielite, que o manteve acamado durante dois anos. Steven Spielberg e Lucas eram de pequena estatura e franzinos. É comum que uma criança com limitações físicas canalize sua energia não usada em uma vida fantasiosa particularmente vívida. Lucas não vê nada de errado nisso. "Eu tinha uma vida boa quando era garoto, uma infância normal, dura, reprimida, cheia de medos e trepidações por todo lado. Mas, de modo geral, eu gostei dela, era boa".

Como muita gente que se deu bem no mundo do entretenimento, e, em particular, na indústria do cinema, Lucas mantém um olhar arregalado de espanto sobre a sua infância. "Quando você está com o George, ele parece interessado em coisas muito simples", afirma Carroll Ballard, diretor de *O Corcel Negro* e amigo de Lucas há mais de dez anos. "Ele ainda vive na infância de certa forma. Consegue voltar a ela, a relembra vividamente e a compartilha. Consegue dar sentido àquelas coisas e as vende. Mas ele também é um homem do mundo, um cara que realmente entende de dinheiro, que é calculista e focado nos negócios. É uma combinação muito interessante das duas coisas".

Ambas as qualidades emergiram em Lucas enquanto crescia em Modesto. O que ele rotula, não sarcasticamente, como sua "educação à la Norman Rockwell", também contém sua fórmula de sucesso. Em *Loucuras*, ele se inspirou na sua adolescência; em *Star Wars*, ele viu suas fantasias de criança se tornarem realidade. Até mesmo *THX* reflete a próxima etapa da sua vida, a fuga de Modesto. Mas Modesto nunca deixou George Lucas. Ela está permanentemente consagrada, tanto em celuloide quanto na sua imaginação. Bruno Bettelheim, em um ensaio sobre o poder do cinema na sociedade atual, discute a importância de Yoda em *O Império contra-ataca* como a reencarnação do urso de pelúcia da infância para o qual nos voltamos em busca de consolo. "Qualquer visão do futuro", escreve Bettelheim, "está realmente baseada em visões do passado, pois isso é tudo o que conhecemos de fato".[10]

---

[10] Em "The Art of Moving Pictures" (*Harper's*, outubro de 1981): 82.

O que é espantoso em George Lucas é que ninguém acreditava no futuro dele. "George é uma grande inspiração para os pais", afirma a sua irmã Kate. "Ninguém acreditava que ele fosse fazer qualquer coisa. Era um zero à esquerda. É um grande exemplo para que os pais não percam a calma. Estou simplesmente estupefata que uma pessoa tão desarticulada possa ter se tornado tão articulada".

3

A realidade termina aqui

> Fazer cinema é como fazer sexo.
> Você começa e depois se interessa
> em fazer cada vez melhor.[1]
> *Norman Mailer*

Chegar até a Universidade do Sul da Califórnia (USC) foi um marco na vida de George Lucas – finalmente estava em uma escola de verdade. Lucas marcou um gol em benefício próprio na USC que parecia impossível de atingir: ele queria se tornar um cineasta profissional, seja lá o que isso significasse.

A decisão dele foi saudada com ceticismo pela família e pelos amigos: "Todos os meus amigos me caçoaram e advertiram: 'Você é louco, vai acabar virando um entregador de ingressos na Disneylândia. Não vai conseguir nunca'". Não é que George quisesse ser o próximo John Ford ou Orson Welles – ele nem sequer sabia quem eram eles. Estava apenas seguindo o seu instinto, prestando atenção na voz interna que tinha ouvido desde o acidente, dois anos antes. "Achei que era melhor tentar fazer o que o meu coração dizia ser certo", diz.

Lucas precisou convencer o pai a ajudá-lo com as despesas da USC. O velho Lucas tinha sentimentos ambivalentes em relação à educação superior. Era uma meta que muitos homens da sua geração não tinham conseguido atingir, e se tornou imperioso que seus descendentes fizessem uma faculdade. Mas, na cidade pequena, permanecia uma certa desconfiança em relação ao mundo acadêmico, um preconceito inerente contra os liberais e simpatizantes do comunismo "que poluía a mente de jovens homens e mulheres inocentes."

---

[1] Em *The Film Director as Superstar*, de Joseph Gelmis (Nova York: Doubleday, 1970).

Uma escola de cinema, aos olhos de George pai, era uma instituição ainda mais pervertida. "Eu briguei com ele. Não queria que fosse para aquela droga do mercado de cinema", Lucas pai conta. Mas ele disse a George que se colocasse em prática o mesmo trabalho ético que o havia guiado desde a infância, estava tudo certo, e, em seguida, ele lhe fez uma proposta interessante: ele iria *contratar* George para ir à faculdade, pagando-lhe um salário (uma bolsa de estudo) e mais 200 dólares por mês para as despesas. A escola deveria ser considerada um emprego, e ele esperava que George trabalhasse. Se ele não se desse bem na USC, a L. M. Morris estava esperando por ele.

Lucas entrou no primeiro ano da USC, dando sequência aos seus dois anos na Modesto Junior College. No seu íntimo, tinha dúvidas quanto às suas habilidades acadêmicas. Pensava que o seu QI não passasse de 90 e temia não ser suficientemente inteligente. "Eu estava um pouco arrebatado com a coisa toda", lembra. "Quando por fim entrei, tudo se organizou na minha cabeça". Era a primeira estadia fora de casa mais prolongada do garoto de 20 anos, diferentemente das suas viagens para a Disneylândia e das pistas de corrida de carro.

Lucas percebeu que teria de se esfolar de tanto trabalhar para ficar por cima. Odiava estudar e escrever relatórios. "Não fosse a autodisciplina que me manteve sentado à mesa, meu trabalho nunca teria sido feito. Sentia que havia muitos garotos que não tinham percebido isso, e eles, tipo, tinham jogado fora suas vidas e um dia se deram conta de que estavam com 25 anos e não tinham feito grande coisa". Essa é a versão do darwinismo de Lucas, a sobrevivência daqueles que se empenham mais. No verão que precedeu sua entrada na USC, sentado numa praia em Malibu e tendo devaneios a respeito do seu futuro, Lucas leu um panfleto, *The Dynamics of Change* (A dinâmica da mudança), publicado pela Kaiser Aluminum Company. Ele continua uma lista de realizações de jovens famosos, de Alexandre, o Grande a Thomas Edison. Lucas recorda: "Fiquei muito sensibilizado com aquilo ao perceber que boa parte das coisas realmente significativas que tinham acontecido na história vinha de pessoas com menos de 30 anos". Ao perguntar a si mesmo "o que você fez ultimamente?", Lucas decidiu colocar a mão na massa. Ele tinha dez anos pela frente para isso.

Seu cronômetro estava certo. "Parte da história se abriu como um zíper e alguns de nós conseguiram se meter lá dentro. Depois ela se retraiu, fechando-se novamente", diz Lucas. O sistema de entrar na indústria de filme desmoronou na década de 1950, com o advento da televisão e a deterioração da maioria dos estúdios de cinema. Nos anos 1930 e 1940, muitos filhos acompanhavam frequentemente seus pais nos sindicatos profissionais da indústria, aprendendo o ofício nos mesmos estúdios. Quando a produção de filmes em Hollywood chegou a um impasse e se deslocou para a Europa no final dos anos 1950, os estúdios demitiram centenas de trabalhadores, em geral os mais jovens. Em meados dos anos 1960, a média de idade da mão de obra de Hollywood era de 55 anos, e não havia ninguém sendo treinado no lugar dessa geração.

A ideia de formar egressos da escola de cinema que tomou conta de Hollywood era uma condenação para a maioria do corpo docente que conduzia cursos de cinema na USC, na Universidade da Califórnia, em Los Angeles, e na Universidade de Nova York. Os alunos eram treinados para produzir documentários e filmes educativos, não fitas para Hollywood.

O curso de cinema da USC era o mais antigo e também o mais abrangente do país. E ele *parecia* mesmo ser o mais antigo – as aulas tinham lugar em frágeis galpões construídos com a madeira serrada excedente da Primeira Guerra Mundial, com um brazão com os dizeres: "A realidade termina aqui". Mesmo com todo o seu desdém com Hollywood, a USC invocou a indústria do cinema para montar a estrutura do seu curso. Foi a primeira escola a organizar cursos específicos de roteirização, direção, câmera, iluminação, sonorização e edição. Cada disciplina refletia um departamento do estúdio. O ponto culminante desse treinamento era a oportunidade de produzir um filme de quinze minutos usando como elenco os alunos e o equipamento e o filme fornecidos pela universidade. A USC formou mais de 5 mil estudantes de cinema e de TV desde 1929, e 80% desses seguiram uma carreira profissional na indústria – embora a maioria tenha tido apenas empregos modestos. De várias formas, frequentar a UScinema (como é popularmente escrito de maneira abreviada) representa um aprendizado de quatro anos na indústria do cinema.

Lucas se apresentou na USC depois de passar o verão em Los Angeles à procura de um emprego: "Bati à porta de todas as empresas cinematográficas de fundo de quintal do Ventura Boulevard, centenas delas, indo de porta em porta. Em cada uma em que entrei, disse que estava procurando emprego e que faria qualquer coisa. Sem chance". O que devem ter sentido essas empresas de pequena importância ao se darem conta de que aquele garoto magro a quem dispensaram rapidamente fez um filme, *Loucuras de verão*, que vendeu o equivalente a 117 milhões de dólares em ingressos? Poderiam ter contado com ele por 75 dólares por semana. Lucas pode não ter achado trabalho, mas entrou efetivamente na USC um pouco mais experiente que alguns de seus colegas de escola, pois sabia o quanto o mercado lá fora era difícil.

O conceito de estudante de cinema jovem e antenado não existia em 1964. Os cinquenta (ou quase isso) estudantes de cinema de período integral da USC eram tratados como os párias de *Clube dos cafajestes* do campus, desprezados de ponta a ponta e considerados artistas esquisitões pelos demais alunos. Dentro do departamento de cinema (a televisão não fazia parte do currículo nem do nome da escola até 1977, o que é característico da postura tradicional da USC), havia outros obstáculos a superar. O currículo rígido incluía a história do cinema, teoria e aulas técnicas. O modelo usado era o do cineasta enquanto artista, não como um diretor de Hollywood. "Os professores entravam na sala e diziam: 'Bom dia, isto é edição, e embora estejamos aqui para lhes ensinar os fundamentos da edição, vocês nunca vão usar isso porque nunca vão atingir os escalões superiores da indústria'", lembra Howard Kazanjian, outro aluno da USC.

Esperava-se que um aluno passasse da roteirização para o planejamento da produção, para a direção, para a gravação de som e edição e, finalmente, à crítica, até ser capaz de fazer o seu próprio curta-metragem. "Muito poucos filmes são feitos por um só cara", afirma o professor de sonorização da USC, Ken Mura, resumindo a filosofia da escola de cinema. A última etapa do processo era o 480 Workshop, um curso de graduação que exigia a formação de grupos de estudantes para fazer dois filmes de quinze minutos no decorrer de um semestre. Um deles deveria ser produzido até o estágio de uma primeira cópia grosseira, e o outro precisava ser um trabalho acabado. Havia regras rigorosas limitando o custo do filme, seu escopo e pretensão. Muitos estudantes ficaram aliviados em poder culpar as regras pelo seu fracasso. Não Lucas.

"O departamento [os professores] nunca nos ensinou muito além do básico", ele explica. "Abriam as portas, mas nós tínhamos de entrar e descobrir por nossa própria conta. Nós aprendemos coisas infinitamente mais rápido do que as aulas nos ensinavam. Isso era necessário para podermos acompanhar o que estava acontecendo". Lucas acredita que as regras existiam para serem quebradas. "Eu quebrei todas elas – todos nós fizemos isso. Sempre que eu quebrava as regras, fazia um bom filme, por isso a faculdade não tinha muito o que fazer a respeito. Eles ficavam presos entre o fato de que se tratava do melhor filme da classe e o fato de que eu tinha quebrado as regras. Tinham de relevar".

Lucas não marcou presença de pronto no seu primeiro ano na USC. "Basicamente, George era uma pessoa que você não percebia", afirma Ken Mura, que deu aulas na USC durante mais de 25 anos. "Ele não se destacava na multidão". Lucas tentou se misturar ao meio, como tinha feito ao longo da sua vida escolar anterior. Matthew Robbins, que entrou na USC com um diploma da Universidade Johns Hopkins, em Baltimore, lembra-se do pavor que Lucas tinha do intelectualismo da Costa Leste. "Ele tinha uma desconfiança profundamente arraigada e muito medo dos refugiados eruditos da Ivy League". Hal Barwood, que se tornou o cineasta sócio de Robbins, lembra-se de Lucas como "aquele garotinho que pesava cerca de 60 quilos em um casaco esportivo desproporcional, com os ombros mais largos cerca de 10 centímetros e um pequeno pesponto prateado correndo por todo ele. Parecia com o Buddy Holly ou algo assim".

Lucas tinha de espremer dois anos de cursos de cinema genéricos no seu primeiro ano na USC se quisesse trabalhar em um projeto cinematográfico sênior no ano seguinte. Ele nunca tinha se incomodado em viver em um dormitório e logo encontrou uma casa de madeira de três andares na Portola Drive, nas colinas acima de Beverly Hills. Assim tinha seu próprio cantinho, ainda que fosse uma velha casa usada que custava apenas 80 dólares por mês. O pai dele torceu o nariz diante da despesa extra, mas Lucas disse que preferia ficar sem comida a ter de sair daquele lugar. No começo, ele viveu sozinho, sendo que o último andar era ocupado por uma sala de estar, um quarto e um banheiro. A cozinha, juntamente com outro quarto e banheiro, ficava no segundo andar, e havia uma garagem embaixo. Não havia escada cimentada; o único acesso entre os andares era uma escada industrial. Lucas transformou o barzinho numa sala de projeção e fez do segundo quarto seu escritório. A falta de dinheiro o forçou, finalmente, a aceitar um companheiro de quarto, e Randal Kleiser, recém-chegado de Rosemont, Pensilvânia, se mudou para lá. Eles não podiam ser mais diferentes. Kleiser era garoto-propaganda da

Pepsi-Cola naquele tempo e seu rosto estava sorrindo na metade dos cartazes de Los Angeles.

Lucas fez a longa viagem até o campus da USC a bordo de um Camaro prateado que ele comprou depois do seu curso técnico. Não tinha abandonado sua paixão pela velocidade, ainda que o acidente o refreasse e ele não tivesse mais o destemor dos pilotos. Lucas permaneceu um maníaco por carros, mas, finalmente, começou a crescer na USC. Desenvolveu uma qualidade que lhe faltava: a autoconfiança. "George se deu bem com as pessoas mais do que nunca enquanto esteve na escola de cinema", lembra John Plummer, que se manteve próximo do amigo na USC, onde ele era um consultor de negócios. "Isso veio da confiança que tinha no que estava fazendo. Era a primeira vez que ele virava um líder". Lucas considera sua passagem pela USC um dos períodos mais felizes da sua vida, "uma fase em que desabrochei. Quando fui para lá, não sabia nada. A faculdade me ajudou a focar no cinema, e eu adorei fazer isso. Eles me ajudaram a ser o que sou hoje".

****

Fazer filmes é um aprendizado para a vida.
Robert Watts

****

Nos anos 1960, muitos estudantes universitários piraram com drogas. Lucas pirou com o cinema: "De repente, minha vida inteira era o cinema – cada hora de vigília. Tudo era novo, organizado e excitante". Sempre atraído pelas artes populares como a televisão e os gibis, Lucas encontrou uma nova mídia através da qual ele podia expressar sua imaginação. Fazer filmes, constatou, "era como ser capaz de cimentar sonhos no concreto e desenterrá-los uma centena de anos mais tarde e dizer: 'Oh, isso é o que se sonhava naqueles tempos'". O interesse de Lucas pelo cinema começou no curso técnico, quando ele e Plummer viajaram para a parte descolada de São Francisco, North Beach. Eles passaram horas intermináveis devorando o trabalho de diretores europeus como Fellini e Bergman, e de cineastas underground como Jonas Mekas. "Eu estava igualmente interessado em todos os tipos de filmes e todos os tipos de cineastas", explica Lucas. Mas só quando chegou à USC que se deu conta de que fazer cinema também era um negócio e um meio de ganhar a vida. Ele disse a si mesmo: "Bem, isso é ótimo. Eu sempre posso conseguir um emprego dirigindo comerciais".

Um clima de mistério e de reverência estava associado ao estudo do cinema na USC nos anos 1960. O cinema era mágico. "Você podia estar à toa em um quarto onde estava passando um filme, e daí você via algo que o surpreendia, que simplesmente mudava a sua vida", lembra John Milius. Lucas projetou trilhas sonoras para os seus filmes de estudante que imediatamente chamavam atenção: "Em qualquer lugar que você projetasse um filme na sala de projeção principal, você podia ouvi-lo em todo o departamento. Quando havia um filme de real interesse sonoro, o departamento todo se precipitava para dentro, para ver o que era. Eu tentei fazer filmes que soassem bem enquanto você fosse de uma classe para outra".

Lucas rapidamente passou a acreditar que o diretor é a principal força criativa por trás do filme: "É uma ferramenta de diretor, não há como discutir isso. O roteirista fornece elementos importantes, mas o produto final é, em última análise, deixado nas mãos do diretor". Lucas admirava alguns diretores pela visão que tinham, um estilo individual que dominava as contribuições feitas pelo roteirista, o elenco, o editor e a equipe técnica. Os anos que passou na USC coincidiram com o advento da teoria do *auteur*, em francês, que credita ao diretor a autoria final de um filme. O autorismo surgiu com a Nouvelle Vague francesa no início dos anos 1960, conduzido por críticos transformados em diretores de cinema como François Truffaut e Jean-Luc Godard. Seus filmes extremamente pessoais renderam homenagem a diretores como John Ford, Howard Hawks e Alfred Hitchcock. Na USC, os filmes americanos eram frequentemente descartados como mero entretenimento popular. Mas um diretor como Godard era um herói cinematográfico. "Eu *amava* o estilo dos filmes de Godard", Lucas lembra. "O grafismo, seu senso de humor, a maneira como descrevia o mundo – ele era muito cinematográfico".

Stanley Kubrick (*Dr. Fantástico*), Orson Welles (*Cidadão Kane*) e Richard Lester são outros diretores cujo trabalho influenciou Lucas durante seu período de formação na USC. Os dois filmes de Lester que apresentaram os Beatles, *A Hard Day's Night* e *Help!*, o surpreenderam com sua edição virtuosa: as imagens corriam umas dentro das outras, aceleradas e refreadas – Lester transformou a continuidade cinematográfica num trunfo. Lucas percebeu que não havia limites para fazer um filme. Apresentado aos filmes do diretor

Akira Kurosawa (*Os sete samurais*), Lucas admirou o senso de composição formal e a textura dos japoneses e, por vezes, os incorporou aos seus próprios filmes, especialmente na celebração da vitória final em *Star Wars*. Lucas ficou tão obcecado por filmes que acompanhá-lo ao cinema havia se tornado uma experiência árdua. John Plummer se lembra: "George começava por apontar todas as questões técnicas, cada erro que o diretor ou o cameraman fazia. Chegou um ponto em que ele podia arruinar um filme para mim".

Como um obeso que não consegue parar de comer, Lucas se empanturrou de cinema. Ele e os amigos assistiam a nada menos que cinco filmes nos fins de semana. Os seus filmes prediletos continuavam sendo os curtas produzidos pelo National Film Board do Canadá, em especial *2187*, um filme abstrato montado a partir de um noticiário com imagens e som justapostos fora de contexto. Na metade do filme, um homem acorda e pergunta: "Você é 2187, não é mesmo?", e sorri, o único diálogo do filme. Lucas adorou: "Pensei, esse é o tipo de cinema que eu quero fazer – um tipo de filme bem incomum e abstrato. Era a minha cara e acho que esse é um motivo para eu ter começado a batizar a maioria dos meus filmes (de estudante) com números. Eu assisti essa fita umas vinte ou trinta vezes".

Lucas encontrou sua vocação na escola de cinema. De repente, o que ele ia fazer ficou claro para ele, e a mudança foi dramática. George se tornou um workaholic que insistia em fazer tudo sozinho. "Ele ficou muito independente e veio com o slogan 'se você quer fazer, *faça*'", lembra Plummer. "Este era um cara que nunca havia tido nenhum norte, e agora, subitamente, ele tinha se aprumado e passou a se dedicar a uma única coisa, o cinema".

Lucas se levou tão a sério que, perto do final do seu primeiro ano na USC, contraiu uma mononucleose, em consequência de passar as noites acordado para editar filmes, subsistindo à base de barras de Hershey's, biscoitos recheados de chocolate e coca-cola da lanchonete da irmandade do cinema DKA. Amigos próximos, como Matthew Robbins, pensam que a determinação de Lucas de ter sucesso na USC veio de uma pressão silenciosa por parte do pai. Lucas afirma que ele estava só se divertindo. Até mesmo as drogas, onipresentes nos campus universitários em meados dos anos 1960, não conseguiram distraí-lo. "Eu tinha todo aquele entusiasmo juvenil e estava ocupado demais para me meter com drogas", explica. "Depois de um tempo, pude ver que era uma má ideia, de qualquer modo. Tenho vários amigos que usavam drogas e vi o que elas causavam. Isso me deixou muito triste".

Lucas estava motivado, ao contrário, por todo o tipo de conhecimento que podia criar no cinema, se quisesse. "Ele entendeu que a escola de cinema era a sua única chance de explorar suas ideias à sua maneira, mesmo errando, se preciso", explica Dave Johnson. "A maioria dos outros garotos agia com segurança. Mas George queria explorar todos os aspectos do cinema".

★★★★

```
Deus, às vezes minha vida é como um romance de Jacqueline
    Susann - todos esses personagens vão para Hollywood
                    e viram estrelas.
```
Randal Kleiser
★★★★

Lucas não estava sozinho no seu desejo de consumir cinema. Por uma feliz coincidência ou predeterminação, um grupo de cineastas emergiu das escolas de cinema em meados dos anos 1960, no equivalente, em termos de cinema, ao grupo de escritores dos anos 1920. Em lugar de F. Scott Fitzgerald, Ernest Hemingway e Gertrude Stein, os cineastas da USC reuniam pessoas como George Lucas, John Milius e Randal Kleiser. Ao sul de Los Angeles, em Long Beach State, Steven Spielberg criou seu próprio curso de cinema e fez um curta de 20 minutos que lhe rendeu um emprego na Universal Studios. Na cidade de Los Angeles, Francis Coppola, Carroll Ballard e B. W. Norton Jr. estavam começando suas carreiras na Universidade da Califórnia em Los Angeles (UCLA). Coppola se tornou um herói no mundo do cinema estudantil quando *A noite é perversa*, supostamente a sua tese de mestrado na UCLA, foi aproveitado em estúdio. Por todo o país, Brian de Palma fazia documentários na Universidade Columbia e Martin Scorsese surpreendia seus professores da escola de cinema da Universidade de Nova York com os seus filmes estudantis angustiantes.

Mas em nenhum outro lugar a aurora do renascimento de jovens cineastas foi mais rápida do que na USC. Entre 1965 e 1970, os seguintes estudantes se formaram e constituíram o núcleo da "máfia" da USC e da nova Hollywood: Lucas, o produtor e roteirista Hal Barwood e o diretor e roteirista Matthew Robbins (*O dragão e o feiticeiro*); o diretor Randal Kleiser (*Grease*); o diretor e roteirista John

Milius (*Conan, o bárbaro*); o diretor de fotografia Caleb Deschanel (*O pequeno mágico*); o editor Walter Murch (*Apocalypse Now*); o produtor Howard Kazanjian (*O retorno de Jedi*); o produtor Bill Couturié (*Twice Upon a Time*); o diretor Robert Dalva (*O Corcel Negro*); o produtor Chuck Braverman (vários especiais de TV e documentários); o produtor e roteirista Bob Gale e o diretor e roteirista Bob Zemeckis (*Carros usados*); John Carpenter (*Halloween*); o diretor e roteirista Willard Huyck (*French postcards*); o roteirista Dan O'Bannon (*Alien*); o compositor Basil Poledouris (*A lagoa azul*) e o roteirista David S. Ward (*Golpe de mestre*).

"Era um grupo abençoado", afirma Verna Fields, que deu a Lucas seu primeiro emprego de editor e mais tarde editou *Loucuras de verão* para ele. "Nunca vi tanta gente com tanto talento num mesmo lugar e ao mesmo tempo". Alguns dos integrantes acreditam que a descrição da "classe abençoada" vai um pouco longe demais. John Milius afirma: "É basicamente um mito. Mas havia definitivamente... *alguma coisa* acontecendo ali".

Lucas sempre achou que a vida dele coincidiu com alguns períodos--chave da história cultural americana: ser um adolescente nos anos 1950, um estudante no colegial nos anos 1960, um jovem cineasta antenado nos anos 1970. A exemplo de alguém que depende da sua vida íntima para se inspirar, Lucas percebeu a sociedade crescendo com ele. Sentiu-se afortunado por ter estado na USC durante toda a agitação.

Os integrantes da "máfia" da USC até hoje se referem a si próprios como os *Dirty Dozen* – a dúzia suja –, em referência ao filme de Robert Aldrich sobre um grupo de condenados transformados em comandos. "Nós realmente sentíamos que fazíamos parte de um determinado grupo seleto em vias de fazer filmes", afirma Caleb Deschanel. O único critério para se tornar membro era passar na prova crucial imposta pelos outros alunos. "Se você assistisse a um filme estudantil e dissesse: 'Deus, esse filme é muito chato', você nunca se ligava àquele cara", explica Walter Murch. "Mas se você assistisse a um filme emocionante, você virava amigo da figura. Essa era a forma como nós ficávamos juntos". Os rapazes (não havia uma única mulher entre eles) que na juventude tinham sonhado em fazer seus próprios filmes ou programas de TV, agora tinham essa oportunidade. Grafismo, ritmo e movimento, em lugar de ideias e conteúdo, faziam parte do aparato criativo ao chegar na USC – o legado de uma infância diante da TV.

A despeito da experiência em comum e dos interesses do grupo, um saudável clima de competição aflorou. Lucas lembra: "A única questão a respeito de estar numa escola de cinema naquela época era o fato de que isso não levava a lugar nenhum. A gente se concentrava mais no que estava fazendo e nas pessoas com quem a gente estava do que em pensar 'Nossa!, se eu fizer esse tipo de filme, alguém vai ver e eu posso conseguir um emprego'. Essa era uma possibilidade tão remota que a gente não estruturava a vida em torno dela. O foco eram os filmes que as pessoas faziam". Todo mundo trazia ideias para filmes, e ninguém se preocupava se alguém aproveitasse uma, desde que o filme resultante fosse bom. Lucas é conhecido por ser um excelente colaborador por causa da satisfação que manifestava em compartilhar ideias na USC. "Um dos maiores problemas que os jovens cineastas têm é que eles pensam que tudo é monumental", diz. "Estava claro no departamento que ideias custam barato e isso ajudava a evitar que tudo fosse santificado. Nós nos divertimos muito".

A "480 class" era o rito de iniciação na UScinema. Cinco alunos formaram uma equipe: o diretor e roteirista, o cameraman, o editor, o sonoplasta e o gerente de produção, classificados por ordem decrescente de prestígio. Lucas, como qualquer outro com meio neurônio e alguma ambição, queria ser o diretor. Ao contrário da maioria dos estudantes, ele invariavelmente ocupava a função. A lealdade à equipe era grande – os membros do grupo trabalhavam de forma intercambiável nas produções uns dos outros, mas quando integravam equipes rivais, a amizade não contava mais. "Chegávamos ao extremo de manter o equipamento longe das mãos de outras equipes", Robbins lembra. "Escondíamos a câmera e falsificávamos gravações do prazo que ficamos com ela só para ganhar mais tempo". O melhor meio de conseguir um prazo maior era trabalhar à noite – os alunos pulavam um muro para alcançar o complexo cinematográfico e sumiam antes que alguém chegasse de manhã. Editar durante a noite era essencial porque a escola só facultava aos estudantes duas horas por dia nas moviolas, que ficavam muito próximas umas das outras, todas bramindo. Se um aluno não descobria como fazer filmes de maneira astuta, ele não sobrevivia no curso por muito tempo. "Você ia embora e virava qualquer outra coisa", afirma Deschanel, "menos um cineasta".

Havia um grande senso de camaradagem masculina entre os membros do grupo. Uma vez, eles colocaram lentes de aumento no pátio do complexo cinematográfico para ver as garotas do dormitório vizinho se arrumando para dormir. Foi o mais próximo que chegaram da coedição na USC. Lucas apreciava ser o subversivo do campus, gostava da sua imagem de rebelde contra o Império acadêmico. "Olhando para trás, me vejo numa espécie de batalha", afirma Hal Barwood. "Todo mundo pulou nas trincheiras, eles tocaram a corneta, e você saltava e corria na direção das linhas inimigas. Havia fumaça e poeira e, por fim, se olhava em volta e poucos ainda estavam por lá, e a gente dizia: 'Meu deus, você conseguiu! Fantástico!'".

Lucas conhecia seus amigos através de seus filmes. Por mais diferentes que os filmes fossem, os amigos eram basicamente os mesmos: sexo masculino, branco, classe média e aproximadamente da mesma idade. "George fez alguns amigos na USC e decidiu que eles eram tudo o que precisava para o resto da vida", observa Willard Huyck, um desses amigos. De fato, Lucas não fez muitos amigos novos depois da universidade.

As amizades de George dos tempos da USC são de longa data, mas não necessariamente profundas. Marcia Lucas sente que os laços do seu marido com a escola de cinema eram mais profissionais que pessoais, uma opinião que pode ter sido influenciada pela sua atitude possessiva em relação a George: "O relacionamento de George com os seus amigos estava mais na linha de fazer filmes. Todos eles eram jovens batalhando. Eu nunca senti que George tivesse algum tipo de relacionamento muito próximo, íntimo, companheiro com esses caras". Lucas não era o tipo de ir tomar uma cerveja com os rapazes, mas há um motivo para ele ter continuado gostando da turma da USC: "Tenho uma tendência a ser excessivamente leal às pessoas. É preciso muito para me fazer desistir". Miki Herman, que trabalha para Lucas como produtor associado, lembra-se das sessões de mixagem de som para *Star Wars* no início de 1977. "Lucas se sentava ali durante horas e todos os seus amigos iam chegando. Era como um clube de homens – ele realmente confiava neles e eles se divertiam um bocado. Eram todos como um bando de meninos".

Lucas não se tornou o centro das atenções pela força de sua personalidade. Seus amigos perceberam sua compreensão instintiva do cinema. Lucas também fez uso da sua habilidade especial para se encaixar em qualquer grupo social. Fez amizade com Walter Murch, Matthew Robbins e Caleb Deschanel, já graduados na Johns Hopkins, enquanto era próximo também de John Milius, que foi suspenso por ter dado um soco no nariz de um professor.

(Os outros membros do grupo fizeram greve até que Milius fosse reintegrado ao programa de cinema.) Até mesmo Randal Kleiser, o modelo esporádico que queria atuar em filmes e dirigir filmes de luau, era atraído pelo entusiasmo e *expertise* de Lucas. Este se dava bem com todo mundo – exceto com os incompetentes. Ele não via nenhuma utilidade neles e reclamava publicamente da presença deles: "Estava realmente indignado com o processo democrático de produção de filmes, no qual ajudávamos o aluno que não conseguia fazê-lo. Estava mais para competir, para ver quem conseguia fazer melhor e primeiro. Se eles não conseguiam dar conta do recado, não deveriam estar lá".

Lucas era o oposto de incompetente, ganhou a reputação de superar todo e qualquer obstáculo que a USC colocasse em seu caminho. "George se adaptava e assumia", explica Hal Barwood. "Ele meio que adotava a causa, pegava a bandeira e corria para o topo do edifício". Milius, impagável pelas suas analogias militares, compara Lucas ao general George Marshall, o diplomata em tempo de guerra com um coração benevolente. "George tem um olhar que vai ajudar a determinar o formato do mundo", diz Milius. Quanto a nós, vamos determinar apenas o formato das nossas batalhas individuais. Ele é um material de primeiríssima". Walter Murch lembra da primeira vez que encontrou Lucas, na sala escura da USC, onde Murch estava trabalhando num trabalho da aula de fotografia. Lucas já tinha participado daquele programa durante um ano e não hesitou em sugerir que Murch estivesse desenvolvendo seu filme do jeito errado. "Quem é esse peste? Saia daqui! O que você sabe?", Murch se lembra de ter dito. Era o começo de uma longa amizade.

O rapaz tímido, franzino, de tênis e óculos pesados, que em breve adquiriu a reputação de ser um jovem cineasta genial, era ainda melhor para agregar vários aspectos da tecnologia. Ninguém mais conseguia chegar perto das suas habilidades com imagens gráficas. Lucas é mais modesto em relação aos dons que possui: "O bom senso é a melhor forma de fazer, creio. Marcia acha que isso é ser muito centrado. Numa dada circunstância, parece que eu tenho a resposta correta que frustra os demais". Quando chegou a hora de ele ser aceito na irmandade de cinema Delta Kappa Alpha (DKA), o ressentimento que outros alunos sentiam por Lucas aflorou. O presidente da irmandade, Howard Kazanjian, nomeou Lucas, mas outros membros acusaram que ele era um bajulador e que não era verdadeiramente sério em relação ao cinema – ele parecia se divertir demais. Kazanjian ameaçou demitir-se caso Lucas não fosse autorizado a se juntar a eles, uma manobra que funcionou. Kazanjian não sabia ainda que a sua amizade seria recompensada mais de uma década depois, quando Lucas o contratou como produtor de *E a festa acabou*.

Os integrantes da DKA estavam certos, em parte – Lucas não era um tipo sério. "Era um sujeito doido", relembra Matthew Robbins. "Excêntrico, com um senso de humor de pateta". George Lucas um palhaço? Parece ser o adjetivo menos provável a atribuir a um jovem rapaz sério e empenhado numa missão. Lucas pode ter levado a vida mais na flauta naqueles tempos, mas "pateta" não é a palavra que vem a Randal Kleiser quando lhe pedem para descrever seu companheiro de quarto: "'Vamos lá', eu costumava dizer. 'Fique animado com *alguma coisa*!'".

As amizades de Lucas na USC também incluíam Christopher Lewis, filho da atriz Loretta Young. O pai de Lewis era produtor e diretor numa companhia de cinema religiosa chamada Father Peyton's Family Theater, e os dois estudantes usavam com frequência o equipamento de edição do estúdio da empresa em Hollywood. Lucas e Lewis chegaram a abrir sua própria produtora, a Sunrise Productions, nos seus últimos anos de estudo, mas ela não rendeu nada. Graças a Lewis, Lucas foi apresentado ao estilo de vida pelo qual Kleiser ansiava: jantares, limusines e estrelas de Hollywood. Mas a incursão de Lucas na Hollywood Babylon não o distraiu. Robbins se lembra de Lucas ter dito: "Eu serei o maior sucesso ou o maior fracasso de Hollywood", uma observação que o surpreendeu "pois me pareceu que, estando tão envolvido com Hollywood, Lucas se encontrava muito à minha frente. Fazer longas-metragens estava apenas começando a despontar na minha mente como algo que podia realmente ser interessante. E eis que George já estava tentando fazer longas".

****

Não tente – faça. Faça ou não faça. Não existe tentar.
Yoda em Star Wars: O Império contra-ataca

****

George Lucas queria fazer apenas uma coisa enquanto estudava cinema na USC: filmes. Alunos de cinema são raramente capazes de terminar um projeto, mas Lucas nunca teve esse problema. Ele se fechava num pequeno quarto e voltava algumas horas depois com um filme editado. Não conseguia entender por que todos os outros se queixavam de não ter filme em quantidade suficiente, ou tempo, ou uma equipe grande o bastante. "Eu apenas comecei a fazer filmes", ele diz. "Se eu tinha 4,8 metros de filme, eu fazia um filme de 4,8 metros de duração. Nada podia me deter".

A filosofia na USC era aprender as regras antes de quebrá-las, uma orientação que Lucas escolheu ignorar em nome da sua convicção pessoal de que o cinema nada mais era do que fazer experimentos com as regras. Fred Roos, que fez o lançamento de *Loucuras de verão* para Lucas e produziu *Apocalypse now* para Francis Coppola, afirma que o impacto da sua geração de cineastas "decorre de algo básico nas escolas de cinema, que é não gostar da maneira como o sistema funciona. A saída era ter sua própria atitude, não ser responsivo. É isso que se resume tudo". Com toda a sua rebeldia, Lucas era admirado pelos seus professores pela sua disciplina e prodigioso rendimento. "Nós achamos que ali estava um garoto que podia não focar o topo, mas que se tornaria conhecido em documentários e coisas assim", afirma Dave Johnson.

Lucas se surpreendia com a facilidade com a qual dominava as aulas. Havia assimilado o exemplo dado por George pai. "Talento sem trabalho duro não te leva muito longe", ele prega hoje, um refrão do qual seu pai se orgulharia. "Penso que a coisa mais importante é trabalhar duro, e se você tem talento, vai dar resultado. É *possível* fazer algo com muito trabalho – isso é disciplina. Se você se dedicar o tempo suficiente, mais cedo ou mais tarde vai dar sorte e ter a sua oportunidade". Lucas acredita que ele não é um dos melhores roteiristas (Milius é) ou o melhor profissional de animação (Barwood é). Mas acha que seu talento é uma mistura de habilidade e instinto e hesita em questioná-lo mais profundamente porque é algo muito natural. "Mas eu tive de trabalhar duro para adquirir as habilidades para produzir filmes – elas são todas ensinadas. Depois disso, enquanto estive na escola de cinema, tive muita confiança de que eu ia conseguir".

Dotado de um natural senso de composição cinematográfica, a força de Lucas consistia em fazer com que o pouco que tinha à disposição para trabalhar seus filmes de estudante parecesse muito na tela. "Ele entendeu muito bem o uso da câmera e do som porque tinha um senso de estrutura e continuidade visual", lembra Dave Johnson. Mas apesar de suas aparentes habilidades, havia inconvenientes na postura de Lucas para dirigir, segundo

Johnson. "Seu ponto forte era projetar e construir histórias, mas a sua atitude era 'deixar um outro lidar com as pessoas'. Olhe para os seus filmes de escola – são todos a respeito de coisas e fatos. Pessoas são apenas objetos".

Dando-se conta dessa fraqueza ao cuidar dos personagens, Lucas usou o ritmo para disfarçar. "Não invista numa tomada que está ficando chata. Mantenha as coisas definidas e interessantes, com ênfase na ação e no diálogo. Mantenha o movimento, mantenha o ritmo fluindo" é como o editor-assistente de Lucas, Duwayne Dunham, descreve a filosofia de George. Movimento, ação, diálogos simples e um ritmo implacável são qualidades encontradas nos gibis e nos seriados de televisão. Dunham explica: "Não há nada que esteja escrito em um pedaço de papel. Acredito que as cenas já estão editadas na cabeça dele quando se refere a elas – você quase consegue vê-las se movimentando na cabeça dele". No cinema, o ritmo é criado através da edição. Um personagem pode correr num filme durante duas horas, mas sem um close no corpo ou sem cortes para mostrar a sua evolução, a ilusão do movimento não existe. É o editor, aprendeu Lucas, que determina em última análise o que o espectador vê.

Lucas adorava editar – ele ficava horas correndo longas fitas de celuloide entre os dedos com uma luva branca, fazendo seus cortes com um lápis de cera, o cheiro da cola de emenda dominando o cubículo onde trabalhava. Para Lucas, roteirizar ou gravar um filme não permitia controlar o produto final – editar, sim. Oferecia um meio de manipular as percepções do público. "Sou um bom editor porque tenho uma ideia do que as pessoas gostam", ele declara. Com a metade do tempo para editar, Lucas podia fazer o dobro dos outros alunos. "George tem um relógio interno que também edita", afirma Dunham. "Assim que a cena se torna chata, bingo! Você já está fora dela!".

Quando Steven Spielberg viu os filmes de escola de Lucas pela primeira vez, ficou encantado com a forma como estavam editados. "George traz vida aos recursos visuais através da montagem", diz Spielberg. "Isso o torna ímpar na nossa geração, já que a maioria de nós o faz diferentemente, com a composição e o posicionamento da câmera". Ao projetar o filme na sua cabeça e saber quantos quadros cada sequência necessita, o editor Lucas ajuda o diretor Lucas. Editar também dá a George um *feedback* imediato. O relacionamento de Lucas com sua máquina de edição (desde que ele evoluiu das antiquadas moviolas para uma poderosa KEM de alta tecnologia) é simbiótico. "Ele se sente mais à vontade e consciente de si próprio atrás de sua máquina de edição de imagens do que em qualquer outro lugar do mundo", afirma a assistente executiva Jane Bay. "Ele é como um pianista virtuoso sentado ao piano, uma pessoa totalmente íntima de seu instrumento".

O senso visual sofisticado de Lucas potencializa suas habilidades para editar. Ele e o pessoal do Industrial Light & Magic (ILM) exibem frequentemente efeitos especiais de cinema na sala de projeção. O ILM é constituído de profissionais treinados a detectar mínimas falhas num segmento de filme de dez segundos, e, ainda assim, Lucas enxerga invariavelmente uma porção de "lixo" que os outros não viram na sequência. "É quase um talento fisiológico", afirma Tom Smith, empresário do ILM. "Seus olhos são muito sensíveis. Sua capacidade é algo que os editores desenvolvem. Mas George vai além – ele pode ver algo errado num segundo, e sabe se podemos ou não corrigir isso".

Longe de ser surpreendente, Walt Disney tinha a mesma habilidade. No seu livro a respeito da Disney, *Life with Walt*, Charles Snow lembra da vez em que os associados da Disney tentaram enganá-lo inserindo um simples enquadramento de uma mulher completamente nua num carretel de desenho animado.[2] O filme corre diante do olho nu a uma velocidade de 24 quadros por segundo, mas, a meio caminho da apresentação, Disney gritou para que o projecionista parasse. Ele pediu para saber o que diabos a imagem de uma mulher nua estava fazendo no meio de um desenho animado de Mickey Mouse.

Lucas refinou suas habilidades de edição porque ele era muito ruim na roteirização. Concentrou-se nos filmes visuais, nos exercícios abstratos, nos documentários e no tom poético cinematográfico que podiam ser construídos mais numa sala de edição do que numa máquina de escrever. "Minha impressão naquela época era que os roteiros eram para os passarinhos", lembra. "Eu desprezava o enredo e os personagens. Não queria fazer nada com eles". Lucas ainda tem dificuldade em reconhecer suas habilidades na narrativa. "Não estou convencido de ser bom nisso", diz com modéstia peculiar. Mas geralmente se queixa mais dos seus pontos fortes que das suas vulnerabilidades. "Quando lamenta uma fragilidade em determinada área, é porque ele sente uma grande satisfação trabalhando nessa área e se sente forte nela", diz Steven Spielberg.

---

[2] A observação de Charles Snow encontra-se em *Walt: Backstage Adventures With Disney* (Los Angeles: Communication Creativity, 1979).

"Quando George *é* ineficiente em algum ponto, ele simplesmente não fala a respeito".

A insistência de Lucas de cultivar nos seus filmes uma simplicidade em termos de enredo e personagens limitou o seu trabalho. Colegas como Irvin Kershner, diretor de *Star Wars: O Império contra-ataca*, admiram o feeling instintivo de Lucas para o drama e suas habilidades como editor, mas sentem que ele não confia suficientemente no público. "Ele tem medo que eles se cansem, então corta logo a cena", afirma Kershner. Lucas gosta de dizer que as únicas partes de um filme que realmente contam são os cinco primeiros minutos e os últimos vinte minutos; o que acontece no meio é "encheção de linguiça". Se há ação suficiente, ele acredita que ninguém vai perceber que os personagens não estão redondos o bastante e profundos como deveriam estar.

★★★★

Eu queria fazer filmes abstratos que fossem cheios de emoção, e ainda quero.

George Lucas

★★★★

Filmes estudantis representam para um diretor de longa-metragem o mesmo que os trabalhos em revistas literárias universitárias para um escritor.[3] Eles fornecem algumas pistas e sinais, mas geralmente não são interessantes. Os primeiros filmes de George Lucas são uma exceção, não somente por mostrar para qual direção ele estava apontando enquanto cineasta, mas por oferecer uma prévia dos temas e do estilo dos seus longa-metragem. O virtuosismo dos filmes que Lucas fez na faculdade funcionou como um farol, vertendo luz sobre o talento dele e atraindo a atenção geral.

Havia dois tipos de tarefas cinematográficas na USC: pequenos exercícios em preto e branco que os alunos tinham cinco semanas para completar e que deveriam ser filmados no interior de três blocos do campus, e os projetos maiores, de dez semanas. Poucos alunos eram capazes de completar o projeto de cinco semanas e era uma luta conseguir entregar qualquer coisa parecida com um filme acabado em dez semanas. Lucas acelerou a tarefa das cinco

---

[3] Alguns dos comentários de Lucas a respeito da USC foram feitos durante entrevistas para o *Los Angeles Times*.

semanas e ainda achou tempo para fazer um trailer do filme mais longo. Ele trabalhou como um louco, ajudando a escrever roteiros, editando o som e a música, fotografando os filmes e completando a tempo o formulário de perguntas do departamento de projeção. Quando Matthew Robbins chegou à USC, Lucas já era uma lenda, embora estivesse lá havia apenas um ano. "Os filmes dele eram a coisa mais eletrizante que você já tinha visto", lembra ele.

Lucas tomou aulas de grafismo e de animação na USC porque a ideia de criar emoções através de um plano de fundo o encantou tremendamente. Seu primeiro filme formal foi feito em 1965 numa aula de animação dada por Herb Kosower – a tarefa consistia em usar imagens estáticas para transmitir a ilusão de movimento e sentimentos. Tradicionalmente, os alunos filmavam uma série de imagens estáticas, mas Lucas tentou algo diferente. Ele folheou edições antigas da revista *Life*, escolhendo um número igual de imagens violentas e pacíficas. Em seguida, desenvolveu uma trilha sonora para o filme, sendo que ninguém antes havia tentado cuidar desse detalhe. *Look at Life* tem um minuto de duração e combina uma montagem de imagens antiguerra com uma música no estilo jazz caribenho bem marcada e trechos de noticiários.

"O curta teve um efeito drástico sobre o departamento naquele momento", Lucas lembra. "Ninguém ali, nem mesmo os professores, jamais tinham visto algo parecido". Lucas consolidou seu estilo de filmar desde o começo: um ritmo acelerado (uma nova foto aparecia a cada cinco quadros, ou a cada oitavo de segundo), uma dependência do som para transmitir emoção e um estilo espontâneo com considerável impacto dramático. *Look at Life* ganhou vários prêmios nos festivais de cinema estudantil que estavam brotando em todo o país. Lucas se sentia orgulhoso: "Deixou a minha marca no departamento. Isso foi quando desenvolvi de repente muitas novas amizades e os professores disseram 'oh!, temos algo aqui'. Quando fiz esse filme, percebi que podia sobrepujar qualquer um. Foi quando entendi que aquelas ideias loucas que eu tinha podiam funcionar mesmo. Era a fusão da exposição dos meus curtas de vanguarda em São Francisco e da minha experiência na escola de cinema".

O segundo filme de Lucas, feito com o colega de escola Paul Golding, é *Herbie*, uma série de reflexos de luz sobre um carro polido e lustrado que espelha faróis dianteiros se aproximando e, em seguida, desaparecendo numa rua movimentada. O título vem de uma composição de jazz de autoria do saxofonista tenor Herbie Hancock. O grafismo abstrato do filme é impressionante e fez com que a estrela de Lucas brilhasse ainda mais dentro do departamento. Embora mostrasse sinais de que estava se tornando um cineasta talentoso, ele não seguiu as primeiras aulas formais de edição, câmera e gravação sonora até 1965, seu segundo ano. Escolheu um tema político para seu longa – *Freiheit* –, o termo para liberdade em alemão. "Eu estava com raiva naquela época, e envolvido em todas as causas", admite. "O assunto dizia respeito a todos nós e éramos pré-hippies barbudos e esquisitos".

Freiheit estrelou com Randal Kleiser como um estudante em fuga através da fronteira entre a Alemanha do Leste e do Oeste. Pela primeira vez, o tema da fuga, que domina todo o trabalho de Lucas, foi articulado. O filme foi fotografado nas colinas acima da colônia de Malibu, à beira-mar, e mostra Kleiser correndo em meio à vegetação rasteira enquanto tiros e sons de uma luta se fazem ouvir à distância. Balas atingem Kleiser e a voz de um locutor entoa: "Vale a pena morrer pela liberdade". Um soldado armado, interpretado por Christopher Lewis, aparece por cima do corpo imóvel de Kleiser e o filme termina com uma advertência sinistra: "Sem liberdade, estamos mortos". De forma crua, *Freiheit* apresenta a filosofia que permeia os filmes de Lucas: devemos escapar de uma rotina de vida sufocante, aceitando a responsabilidade pelas nossas ações bem como as suas consequências. Isso é tão verdadeiro para o jovem estudante alemão quanto para *THX 1138* e para Luke Skywalker.

Kleiser lembra que Lucas não gostou dos alunos da USC que acharam que era necessário morrer pelo seu país para defender a democracia. "George queria dar um depoimento mostrando quão fácil é dizer isso, mas como as pessoas acabam sendo mortas na realidade", explica Kleiser. Mel Sloan, que dava a aula para a qual Lucas produziu *Freiheit*, afirma que o conflito do Vietnã teve um forte impacto sobre toda a turma da USC: "Eles tiveram de crescer de uma maneira diferente dos outros alunos, porque essa era a primeira vez que nós estávamos envolvidos numa guerra impopular. Penso que isso influenciou o tipo de filme que eles fizeram e a seriedade com que abordaram o seu trabalho".

À medida que a sua formatura se aproximava, Lucas se precipitou sobre o que ele temia que fosse seu último filme de escola, uma fita que ainda lhe toca o coração, uma corrida de automóveis. Ele escreveu o roteiro, dirigiu e editou *1:42:08*, cujo subtítulo é *A Man and His Car* (um homem e seu carro). O curta é surpreendente pela sua singularidade. Baseia-se em um carro de corrida lustroso, amarelo, que tem sua velocidade cronometrada ao fazer voltas em torno de uma pista de corrida. O único som é a incessante rotação do motor do veículo, mas a força do filme vem da eficácia da edição. "Há uma beleza gráfica inerente a um carro em alta velocidade", Lucas escreveu na época, e o filme comprova isso. Lucas decidiu fazer *1:42:08* (o título se baseia na duração da corrida) a cores, uma técnica estritamente proibida na USC. Ele também planejou filmá-lo na Willow Springs Raceway, ao norte de Los Angeles, numa violação frontal do regulamento que exigia que os filmes estudantis fossem filmados nas proximidades do campus. Enquanto filmava, Lucas conheceu o elenco e a equipe de um filme com tema similar, *Grand Prix*, estrelando James Garner. O jovem diretor ficou surpreso com o contraste entre uma equipe de 14 pessoas, extraordinariamente grande para uma produção na USC, e o contingente de Hollywood com 120 membros. O elenco do estúdio e a equipe se retiraram para os seus camarins desmontáveis no final do dia de filmagens, enquanto Lucas e sua equipe se dirigiram para seus sacos de dormir infláveis.

1:42:08 não teve o impacto dos filmes anteriores de Lucas, mas ainda assim agradou. "Era interessante para mim porque eu me interessava por carros e pelo impacto visual de uma pessoa indo contra o relógio", diz a respeito da produção, que foi criticada por ter sido estruturada pobremente. Filmar *1:42:08* deu a Lucas o primeiro sabor de dirigir uma equipe. Para a sua surpresa, ele gostou.

Lucas dirigiu dois outros filmes quando voltou para a USC em 1967 como aluno formado. *Anyone Lived in a Pretty How Town* foi feito com Paul Golding e é baseado num poema de E. E. Cummings. O filme é colorido e no formato *widescreen*, outra novidade na USC. Lucas estava determinado a fazer *Anyone* em cinco semanas, não em dez, mesmo com os seus amigos dizendo que seria impossível – seriam necessários dez dias apenas para mandar processar o filme a cores num laboratório externo. A pressa com que Lucas e Golding fizeram *Anyone* fica evidente. É o menos simpático e menos impressionante dos filmes estudantis de George. A história se refere a um fotógrafo que tira fotos de um jovem casal, transformando-as em imagens estanques durante o processo. Na exibição das cinco semanas de trabalho, George apresentou um copião – nenhuma das outras equipes sequer tinha terminado a versão inicial. Lucas mostrou que podia fazer um filme sob pressão de tempo e apresentá-lo dentro do cronograma e do orçamento (seu gasto pessoal total era de cerca de 40 dólares).

 O filme da USC mais interessante de Lucas é um projeto de dez semanas denominado *The Emperor*. O documentário de vinte minutos é prenúncio de *Loucuras de verão* e tem um título de abertura anunciando "Rádio é uma fantasia". A estrela do filme é Bob Hudson, um locutor de rádio da emissora KBLA, de Burbank, em meados dos anos 1960. Um homem de meia-idade egocêntrico e grandalhão, Hudson, transmite um interminável monólogo, sarcástico e escatológico. Estão intercalados em *The Emperor* (o pseudônimo Hudson foi dado por ele mesmo) closes sensuais de lindas garotas fazendo observações sugestivas a respeito do DJ; tomadas de helicóptero e a nível do solo dos engarrafamentos nas estradas da Califórnia do Sul; sequências em *slow motion* de hippies cabeludos se divertindo em comunidades; entrevistas de rua com ouvintes falando de Hudson e comerciais exaltando as virtudes de fumar banana e colocando à venda um rinoceronte usado. Surpreendentemente, a mistura de estilos e técnicas funcionou: *The Emperor* é divertido, engraçado e, às vezes, tocante.

 Lucas rememora: "Sempre me interessei pelo fenômeno do rádio e originalmente queria fazer um filme sobre Wolfman Jack, mas não sabia onde ele estava. Achava graça no fato de as pessoas terem uma relação com um DJ que elas nunca tinham visto, mas de quem se sentiam muito próximas por estar com ele todos os dias. Para muitos garotos, é o único amigo que eles têm". O mesmo tema é explorado em *Loucuras de verão* com o verdadeiro Wolfman Jack, mas Lucas teve com *The Emperor* uma liberdade de ação que ele nunca mais desfrutou. "George usou *The Emperor* para aquilo que a experiência deveria ser", concorda Mel Sloan, da USC. "Ele estava tentando fazer algo que ele nunca poderia fazer profissionalmente".

 Wendy Lucas assistiu a alguns dos filmes de George nas exibições da USC, que eram abertas ao público, mas ela não ficou impressionada. "Eram muito abstratos para mim", lamenta. O árbitro final deu um parecer favorável, contudo. George pai e Dorothy foram para Los Angeles para uma exibição e se viram "cercados por jovens cabeludos hippies", lembra o velho Lucas. "Toda vez que um dos filmes de George ia começar, os garotos diziam: 'Veja esse, é um filme do George', e nossos ouvidos se aguçavam. Fomos até o carro e em todo o campus eles estavam comentando sobre os filmes do Lucas! Eu tinha sido contra essa ideia de ele ir para a escola de cinema desde o primeiro dia, mas nós concluímos que ele tinha finalmente encontrado seu nicho. Enquanto dirigia de volta para casa, eu disse a Dorothy: 'Acho que apostamos nosso dinheiro no cavalo certo'".

***

Pense apenas nos tipos de animais que eles serão quando voltarem!

Comentário acerca da partida dos paraquedistas militares do Screaming Eagle para o Vietnã na primeira cena de Apocalypse Now, de John Milius

***

Depois de receber da USC o seu bacharelado em artes na área de cinema, em 6 de agosto de 1966, Lucas se defrontou com um futuro inquietante. A Guerra do Vietnã turvou seus planos. Se ele tivesse sorte o bastante para conseguir um emprego na indústria do cinema, o alistamento poderia rapidamente enviá-lo para o sudeste da Ásia. Lucas se considerava politicamente ativo nos anos 1960: ele defendeu os direitos civis, foi contra a Guerra do Vietnã e Lyndon Johnson, e a favor de todas as causas liberais corretas. A USC tinha uma grande população militar no campus. Marinha, Força Aérea e oficiais do Exército estavam aprendendo, na escola de cinema, as técnicas básicas para se fazer um documentário. Vários alunos da Força Aérea disseram a Lucas que com as suas habilidades e um diploma universitário ele facilmente poderia se tornar um oficial da unidade de serviços fotográficos. Lucas imaginou que ele também poderia tentar se alistar na Força Aérea, indicando que não tinha tanto compromisso assim com a política antibelicista. Pelo menos, pensou, seria um assunto para se escrever ou fazer filmes mais tarde.

Quando Lucas tentou se juntar à Força Aérea, no entanto, ele foi rejeitado – não por motivo de saúde, mas porque tinha ficha na polícia. Todas as multas por velocidade o assombraram novamente. Não era um registro criminal, portanto ainda poderia se alistar, mas estava impedido de se tornar um oficial da unidade de fotografia. Confrontado com a probabilidade de enfrentar missões de combate durante quatro anos, Lucas abandonou o escritório de recrutamento. "Eu não estava tão entusiasmado a respeito, para início de conversa", ele disse. "Estava apenas fazendo isso por desespero".

Na sua obsessão pelo cinema, Lucas considerou voar para o Canadá com amigos como Matthew Robbins – afinal, eles eram grandes fãs do National Film Board do Canadá. Mas depois de conversar com alguns alunos da USC que foram para lá para evitar o alistamento e já estavam com saudades de casa, Lucas rejeitou a opção. Por fim, o alistamento o apanhou. Resignando-se ao inevitável, Lucas seguiu para o centro da cidade de Los Angeles para o exame médico. Para a sua surpresa, não foi aceito – tinha diabetes. Ficou aliviado por não ir para o Exército, pois odiava a ideia de o governo "nos alinhar para o bloco do açougueiro". Ele então era um homem livre com 22 anos de idade, mas sobrecarregado por uma doença incurável para o resto da vida. "Lembro quando ele descobriu que tinha diabetes", afirma John Plummer. "Ficou muito abalado. Isso o assustava. Pensava que tinha se safado daquela vez com o acidente, mas tudo voltou".

Lucas se sentiu perdido, sem propósito na vida: "Minha vida inteira havia sido planejada em torno do fato de que eu ia passar dois anos em algum lugar, brigando na lama, na esperança de ser designado para algo razoável, e usando a experiência para escrever a respeito alguns anos mais tarde. O que eu ia fazer?". Ele voltou para Modesto, onde o marido da sua irmã Kate, Roland Nyegaard, trabalhava como médico. Roland repetiu os exames que a força aérea tinha feito e, efetivamente, George apresentou a clássica curva diabética no teste de tolerância à glicose. Roland lhe prescreveu Orinase, uma nova droga milagrosa que tinha substituído a insulina na gestão do diabetes leve. Se George usasse a medicação regularmente, evitasse o açúcar e o amido (incluindo o álcool) e cuidasse bem de si mesmo, provavelmente não teria de começar a tomar injeções de insulina antes dos 40 anos, idade em que o diabetes pode se tornar um problema mais sério.

A pior prescrição para Lucas era ter de se abster do chocolate, um vício que tinha desenvolvido na infância devorando biscoitos de chocolate da Till, barras da Hershey's e galões de milk-shake de chocolate. Lucas por vezes trapaceou na dieta, mas a doença reforçou a sua imagem de bom rapaz: ele não fuma, não bebe, não usa drogas e nem come doces. Para os amigos, Lucas parece quase não ter vícios.

Era muito tarde naquele momento para dar início à pós-graduação, no outono de 1966, então George bateu de porta em porta, procurando um emprego na indústria do cinema. Munido de um diploma de cinema da USC e de um impressionante portfólio de filmes estudantis, ele rapidamente encontrou emprego como assistente de maquinista (um integrante da equipe que carrega objetos e equipamentos) em um documentário para a United States Information Agency (USIA), que estava injetando milhões de dólares em propagandas educacionais. Vários alunos da USC foram contratados para fazer filmagens em outros documentários da USIA. Robert Dalva, um dos amigos de Lucas do departamento de cinema, estava trabalhando em um filme sobre a viagem do presidente Johnson ao Extremo Oriente. A veterana editora de cinema Verna Fields, uma das raras mulheres em um meio dominado pelos homens, precisava de ajuda suplementar, e Dalva recomendou Lucas.

Fields contratou Lucas no início de 1967, bem quando ele estava voltando para a pós-graduação na USC. Embora odiasse fazer isso, ele teve de pedir aos pais que o sustentassem um pouco mais. Para a sua surpresa, o pai imediatamente consentiu. Assim como Obi-Wan Kenobi assistiria Luke em seus momentos de maior necessidade, George pai continuou sendo um benfeitor para o filho andarilho. Ele lembrou dos elogios que tinha ouvido a respeito do rapaz durante as projeções de cinema estudantil e era suficientemente honesto para admitir seu erro de julgamento anterior. Sentia que George estava seguindo uma trajetória da qual não deveria ser desviado. Se pagasse mais algumas dívidas poderia ajudar o filho a seguir em frente, George pai estava mais do que feliz em fazê-lo.

Sentindo-se culpado por sua dependência da família, Lucas se tornou professor assistente no curso da USC para os alunos de cinema da Marinha. Lecionava à noite e trabalhava durante o dia no projeto da USIA. Fields frequentemente encontrava Lucas dormindo na moviola na sala de estar da sua casa de subúrbio – ele trabalhava a noite toda preparando a aula para a Marinha e durante o dia desmaiava de exaustão.

Lucas rapidamente mostrou suas habilidades como editor, mas reagiu mal às restrições que a agência governamental impôs ao seu trabalho. Os editores tinham de descartar as filmagens da careca do presidente Johnson e do perfil proeminente da primeira-dama. Politicamente, as filmagens tinham de ser coerentes com a política externa americana, e Lucas foi criticado pela forma como editou a visita de Johnson à Coreia do Sul. "Eles se opuseram por motivos políticos. Disseram que eu fiz com que os sul-coreanos parecessem um pouco fascistas demais". Lucas estava suficientemente irritado para abandonar uma eventual carreira como editor: "Percebi que não queria outras pessoas me dizendo como editar um filme. *Eu* queria decidir. Eu realmente queria ser responsável pelo que estava sendo dito em um filme". A única maneira de dar a última palavra era fazer o filme ele mesmo. A ideia de se tornar um cineasta independente – roteirizando, filmando e editando seus filmes sozinho – começou a se mostrar muito atraente.

Fields fazia muitos negócios com as bibliotecas de cinema de Hollywood e contratou uma editora-assistente chamada Marcia Griffin, da Sandler Films, para ajudar na sobreprodução de filmes da USIA. Deixados juntos numa pequena sala de edição, Lucas e Griffin se entreolharam cautelosamente, um intimidado pelo outro, mas sem querer deixar transparecer este sentimento. "Marcia tinha muito desprezo pelo resto de nós", George lembra, "porque éramos todos estudantes de cinema. Ela era a única profissional de verdade ali dentro". Do lado dela, Marcia se sentia intelectualmente inferior. Havia feito faculdade à noite enquanto trabalhava, mas nunca tinha se formado. Finalmente, Lucas convidou a moreninha bonita e atrevida para a exibição do filme de um amigo na sede do American Film Institute, em Beverly Hills. "Não era uma paquera de verdade", George explica. "Mas essa foi a primeira vez que ficamos sozinhos".

★★★★

Por trás de cada homem bem-sucedido há uma mulher admirável.[4]

Frank Capra

★★★★

No começo, eles formavam um casal improvável. Ela era uma mulher focada na profissão, que sabia se virar, tinha emergido de uma infância monoparental e estava determinada a conseguir sucesso financeiro pelos próprios meios. Ele era um estudante tímido, um tanto desastrado, perdido no seu mundo particular de produção de filmes. Uma das poucas coisas que George Lucas e Marcia Griffin tinham em comum era a cidade natal de Modesto e a paixão pelo cinema. Embora trabalhassem na mesma sala da ampla casa

---

[4] Comentário de Frank Capra associado a Marcia Lucas por Lucille, mulher de Capra.

de Verna Fields, no San Fernando Valley, passaram-se meses antes que eles tivessem uma conversa séria e semanas depois disso que Lucas a pediu em namoro. O relacionamento em si era incomum. "Quando entrei na escola de cinema, parei com muitas coisas", explica Lucas. "Eu não tinha tempo para lidar com questões sociais porque eu raramente tinha contato com alguém – eu estava sempre trabalhando".

Lucas nunca teve namoradas estáveis na faculdade, contentando-se com encontros ocasionais de uma noite. Mesmo depois de sair com Marcia, ele não se sentiu apaixonado por ela. "Não é que eu a vi na sala de edição e disse: 'Vou ganhar essa garota'. Era mais algo na linha 'essa é mais uma garota e nós vamos nos divertir!' Eu certamente nunca pensei que ia me casar com Marcia". Lucas nunca encontrou uma mulher com quem se sentisse confortável. Seus relacionamentos normalmente duravam somente por alguns poucos encontros, algumas sessões na cama e depois definhavam. "Penso que minha relação com as mulheres não é muito complexa", admite. "Até eu encontrar a Marcia, era apenas atração animalesca".

O ambiente informal na casa de Fields contribuiu para o fortalecimento de uma amizade. Marcia e George trabalhavam juntos porque ele era um editor minimamente experiente e ela era a assistente com mais experiência. Marcia sabia mais de técnica de edição que George, mas o trabalho dela consistia em ajudá-lo. Frequentemente, ela lançava um olhar por cima do ombro dele e ficava impressionada com o que via: "Ele era tão quieto e falava tão pouco, mas parecia ser realmente talentoso e concentrado, uma pessoa centrada. Eu tinha saído para o mundo agitado da produção comercial e lá estava aquele cara descontraído que trabalhava na moviola bem devagar e cuidadosamente. Ele segurava o filme com tanta *veneração*".

Marcia apreciava estar com George. Ele parecia tão feliz, cantarolando e acompanhando com o pé a música que tocava do rádio na sala de edição. Quando uma das outras editoras lhe perguntou o que ela achava daquele jovem estudante tímido, ela se apressou em responder: "Acho o George tão bonitinho. Se ao menos ele não fosse tão baixinho". Marcia achava que era maior e mais pesada que George, que era tão magro quanto pequeno (atualmente ele é alguns centímetros mais alto). Ela adorava o nariz dele, seu rosto bonito, com belos traços. Mas era muito difícil conversar com Lucas. Podia discutir sobre os filmes em que estava trabalhando, mas raramente falava de questões pessoais.

Os encontros deles eram geralmente no cinema – dois filmes aos sábados, um à tarde e o outro logo depois do jantar. A maioria das outras garotas com quem Lucas saiu não era do meio cinematográfico, e elas, inevitavelmente, queriam fazer o que ele julgava ser "coisas estúpidas". A vida social de Hollywood se apagou tanto para George quanto para Marcia, que passavam o tempo em seus respectivos apartamentos, discutindo a respeito da indústria do cinema. George era o cineasta rebelde e idealista disposto a abandonar a máquina de Hollywood, enquanto Marcia estava empenhada em fazer seu caminho pela tortuosa escada do profissionalismo até se tornar uma editora.

Mas Lucas e Griffin se viram finalmente atraídos um pelo outro. Talvez tenha sido a atração de personalidades diferentes, a extrovertida Marcia, o reservado George, embora presumivelmente "a atração animal" tenha tido algo a ver também. "Marcia e eu nos dávamos muito bem", afirma Lucas, ainda parecendo surpreso. "Éramos determinados e nenhum de nós tiraria algo do outro. Eu gostava disso. Eu não poderia gostar de alguém que pudesse ficar para trás". Lucas também respeitava Marcia como editora, a etapa da produção de cinema que mais mexia com ele. "Começou a fazer parte da minha vida, e da vida da Marcia também. Esse é um dos motivos pelos quais nosso relacionamento funciona – nós amamos a mesma coisa".

A relação afetiva era curiosa em função de suas experiências divergentes. Marcia tinha crescido na camada inferior da classe média, nos subúrbios de North Hollywood em San Fernando Valley, Los Angeles. Era uma pestezinha da Força Aérea, nascida em Modesto somente porque havia o hospital perto da base da Força Aérea de Stockton, onde seu pai estava alocado durante a guerra. Griffin, um militar de carreira, teve um casamento com várias separações com a mãe de Marcia, até que se divorciou finalmente quando Marcia completou 2 anos. Mae Griffin levou suas duas filhas para North Hollywood, onde passaram a viver com os pais dela. Depois que o avô de Marcia faleceu, os Griffin precisaram se mudar para um pequeno apartamento nas vizinhanças, e Mae passou a trabalhar como balconista numa seguradora local. A ajuda financeira não vinha fácil do pai de Marcia, que se casou novamente e foi enviado para uma base na Flórida; Marcia nunca o viu enquanto crescia. Ela define aquele tempo como "uma vida dura": dois vestidos novos ao ano, um na Páscoa e outro no Natal – o resto das suas roupas eram dadas pelos primos. "Não foi uma época triste, ruim", Marcia lembra. "Tínhamos muito amor e uma família acolhedora. Mas do ponto de vista econômico era realmente difícil para a minha mãe".

Na sua tenra adolescência, Marcia foi à Flórida para viver com o pai e a nova família dele. O arranjo durou dois anos, mas não chegou a funcionar de verdade. Ela sempre esteve consciente da sua falta de condições materiais em um bairro onde a maioria das crianças vivia em belas casas com piscinas, e não em apartamentos apertados. Marcia compensou suas deficiências econômicas investindo nela mesma: "Desenvolvi uma personalidade legal e era divertida". Ela voltou para North Hollywood para terminar o ensino médio e, em seguida, quis ir para a faculdade.

Marcia sentia a responsabilidade de ajudar financeiramente a mãe e começou a trabalhar de dia e a ir à escola à noite. Conseguiu um emprego numa empresa de hipoteca bancária no centro da cidade de Los Angeles e frequentou as aulas de química no Los Angeles City College. Um namorado que trabalhava para um museu de Hollywood quis contratá-la para catalogar a memorabilia de filmes doados. Mas a única maneira de conseguir o emprego era solicitando ao escritório do Departamento de Empregos da Califórnia um trabalho como bibliotecária. Em lugar do emprego no museu, Marcia foi encaminhada para a biblioteca da Sandler Film, que estava procurando por um aprendiz de biblioteca de cinema, e não exigia experiência. O emprego pagava menos do que ela estava ganhando no banco, apenas 50 dólares por semana, mas ela ficou com ele. "Foi assim que eu comecei a trabalhar com cinema. Eu acabei me encaixando no meio", ela conta.

Era um trabalho duro. Marcia registrava os pedidos de filmagens que os produtores requeriam, tais como a cena de um Ford modelo 1940 virando à esquerda em uma estrada à noite. Se o material atendia à cena, ela encomendava o negativo pedido, um trabalho altamente técnico que Marcia logo dominou. Ela também se viu tragada pela gratificante tarefa de editar.

Não era fácil para uma mulher ambiciosa entrar na indústria do cinema em meados dos anos 1960. Quanto mais prestigiado fosse o trabalho de editor, o mais provável era um homem assumi-lo. Marcia abriu seu caminho até se tornar assistente de editor quando tinha 20 anos, mas havia uma longa batalha pela frente. Nunca perdeu de vista o fato de que um editor de comerciais podia ganhar 400 dólares por semana. Sabia que seu aprendizado podia durar pelo menos oito anos e estava pronta para o desafio. Para incrementar suas habilidades, editou trailers e filmes promocionais. "Teria cortado filmes de graça porque eu gostava muito de fazer isso", explica. Mas o progresso era lento. À Marcia foi dito que garotas não podiam levantar containers com 250 metros de filme e que os editores usavam uma linguagem chula que não convinha aos ouvidos de uma jovem. "Eu pensava ser um osso duro de roer, mas eu não sabia o que me esperava do outro lado", ela conta em retrospectiva.

O trabalho para o qual Verna Fields contratou Marcia era muito parecido, embora num ritmo mais calmo. Na medida em que seu relacionamento com Lucas começou a florescer, Marcia passou a questionar seus próprios objetivos. George queria ir para São Francisco e fazer filmes de vanguarda. "Eu vou fazer cinema e nós podemos fazer alguma coisa juntos", ele disse à Marcia. "Vamos fazê-los juntos e vendê-los por lá. E provavelmente será muito difícil". Marcia quis correr o risco porque já tinha aprendido algo a respeito de George: "Cada coisa tem um sentido para um fim. George sempre planejou as coisas com muita antecedência. Sempre refletiu sobre o que pode acontecer em um ano ou dois e calcula todas as possibilidades de maneira a poder lidar com a situação, se por acaso ela se apresentar. Ele é muito bom em aproveitar todas as opções".

George manteve silêncio sobre o seu novo relacionamento, dizendo aos pais apenas que tinha encontrado uma garota que queria preparar o seu jantar quase todas as noites. Quando os Lucas vieram para a exibição do filme estudantil, eles finalmente conheceram Marcia. "No mesmo instante em que os vi juntos, soube que era isso", Dorothy explica. Naquele Dia de Ação de Graças, George levou Marcia de volta a Modesto para apresentá-la formalmente à família. "Ele foi muito, muito aberto quando esteve com a família", lembra Marcia. "Estava mais aberto do que jamais tinha presenciado. Estava aberto comigo, mas tão logo ficamos só nós dois e a nossa intimidade, ele ficou de novo muito calado". Marcia ficou particularmente tocada com um comentário que ela ouviu George fazer ao seu cunhado Roland: "Sabe, Marcia é a única pessoa que eu conheci que pode me fazer falar mais alto", disse George. Roland olhou para ele e abriu um sorriso. "Isso é ótimo, garoto. Parabéns, você deve estar apaixonado". Marcia tinha passado pelo mais importante teste de aceitação de George – ela agora fazia parte da família dele. "Creio que a família é um aspecto muito importante do tecido social, é básico", ele diz. Havia agora duas pessoas que podiam deixar George Lucas com raiva: o pai dele e sua futura esposa.

Os amigos de George ficaram aturdidos ao conhecer Marcia. "Ela era de cair o queixo", lembra John Milius. "Todos nós ficamos nos perguntando como o pequeno George tinha conseguido uma garota tão linda. E inteligente, também, obcecada por cinema. E ela era uma editora melhor que ele". John Plummer achou que Marcia era "bonita de doer", mas também de temperamento forte e dominadora. Ele não conseguia nem imaginar o que uma pessoa tão reservada quanto George estava fazendo com um pequeno dínamo como ela. Marcia entendeu o que mantinha seu relacionamento com George bem equilibrado: "Queríamos nos completar, então procuramos alguém que fosse forte onde éramos fracos". George concorda, registrando: "Marcia e eu somos muito diferentes e também muito parecidos. Digo preto, ela diz branco. Mas temos gostos, história de vida, sentimentos a respeito das coisas e filosofias semelhantes".

Apenas Marcia é suficientemente corajosa para encarar Lucas numa disputa de igual para igual e, ocasionalmente, sair vencedora. Ela é perfeitamente ciente dos vários papéis que desempenha em relação ao seu marido obstinado, criativo e, por vezes, repressivo: "Não penso que George seja realmente próximo e íntimo de alguém a não ser eu. Sempre pensei que quando se é casada, é preciso ser esposa, mãe, confidente e amante, e é o que eu tenho sido para ele. Sou a única pessoa com quem ele fala sobre certas coisas". Se Marcia é, em alguns momentos, alvo da sua raiva descabida, ela também vê uma dimensão da personalidade de Lucas que quase nunca é mostrada publicamente: "Ele é tão bonitinho, divertido e bobinho, e eu sou a única pessoa que já viu esse lado dele. Gostaria que mais gente visse, mas ele não quer mostrar para ninguém".

Marcia diz que a timidez é a única manifestação da insegurança de Lucas. "Ele é totalmente confiante e está completamente no controle", ela se maravilha. "Sou capaz de sentir inveja e ciúme – eu senti essas emoções ao longo da vida, e penso que são emoções normais. Mas são sensações que o George não sente. Eu sinceramente nunca o vi sentir inveja ou ciúmes de alguém". Não que Lucas seja um santo – Marcia, diz ele, está mais ciente que a maioria das pessoas da sua natureza maquiavélica. "Tenho de admitir que eu consigo

85

manejar as coisas para que elas saiam à minha maneira – às vezes quando todo mundo é contra", diz ele.

George e Marcia também dividem um sentido do que é certo ou errado. Os amigos dizem que são decentes, sensatos e honestos, adjetivos que não são muitas vezes associados às pessoas de sucesso na indústria do cinema. As crenças que compartilham os mantiveram juntos através dos anos 1960 e 1970, duas das décadas mais difíceis para jovens casais. "A devoção de George a Marcia é inigualável a qualquer outro casal", diz Miki Herman. Ela se lembra de trabalhar em *Star Wars* e ver os olhos de Lucas presos com devoção a uma foto de Marcia que ele guardava na parte interna da sua pasta.

"Sempre pensei que sou otimista porque sou extrovertida", afirma Marcia. "E sempre achei que George é mais introvertido, quieto e pessimista". Marcia e George equilibram um ao outro – ela suplanta a agressividade que lhe falta, e a gentileza dele tempera a sua abrasividade.

****

George é o tipo de fenômeno que só acontece uma vez na vida. Estou convencido de que ele é um gênio porque progrediu muito rapidamente. Entende o cinema, e isso foi corroborado pelo que vi desde que ele foi embora daqui.

Dave Johnson

****

Lucas ainda tinha uma meta a cumprir antes de abandonar Los Angeles e seguir para o norte com Marcia.[5] Ele nunca tinha liderado uma reunião para discutir ideias sobre um filme no qual pudesse mostrar seu impressionante talento. Numa festa na casa de Herb Kosower no outono de 1966, ele fez alusão à ideia que tinha tido para um filme estudantil que Matthew Robbins e Walter Murch poderiam usar. "A ideia esteve fermentando na minha cabeça durante muito tempo", disse George. "Estava baseada no conceito de que vi-

---

[5] As informações complementares referentes a essa parte vieram da coluna de Charles Champlin, "A Critic at Large", no *Los Angeles Times* (13 nov. 1967). Walter Murch discutiu essa época em entrevista a Betty Spence, no *Los Angeles Times* (30 ago. 1981), intitulada "Walter Murch: Virtuous of Sound".

víamos no futuro e que poderíamos usar as coisas disponíveis para fazer um filme futurista". Murch e Lucas escreveram uma página e um quarto de script a respeito de alguém fugindo de uma civilização subterrânea e emergindo de uma tampa de bueiro no final, mas Robbins e Murch perderam o entusiasmo. Gene Peters, seu antigo instrutor de câmera, achou um meio para fazer isso.

Desde os idos de 1940, a USC patrocinava um programa de treinamento de cineastas navais. Os trainees eram, em geral, alistados para quem o estudo era uma boa desculpa para devorar garotas com os olhos e beber cerveja. O corpo docente e os alunos da USC não gostavam do pessoal da Marinha por causa da abordagem pouco criativa com a qual faziam filmes. A solução encontrada por Peters era que Lucas dirigisse o filme usando os integrantes do meio naval como elenco e equipe. Lucas gostou da ideia. Sabia que a Marinha dava aos seus alunos uma quantidade ilimitada de filme colorido, além do laboratório para processá-lo. George teria acesso a todo o equipamento de que precisava.

Os estudantes navais não estavam contentes de ver um garoto magricela de cavanhaque e óculos de intelectual se apresentando como instrutor deles para o próximo semestre. Havia um antagonismo frontal de metade dos marinheiros, que eram duas vezes mais velhos e mais fortes que Lucas. George dividiu a classe em dois grupos. Pegou um grupo para fazer o filme dele e o oficial superior da Marinha pegou os demais estudantes para outro projeto. "Eu queria trabalhar isso de uma forma que fosse compreensível para eles, isto é, à maneira de uma competição", explica Lucas.

Embora a aula tratasse prioritariamente de iluminação em cinema, Lucas orientou o seu grupo, dizendo-lhes que eles não teriam de trabalhar a luz em nenhuma cena – ele lhes mostraria como fazer um filme usando apenas fontes de luz natural. Como George imaginava, a disputa se transformou numa séria contenda de machos, com a equipe naval empenhada em fazer um pequeno script para um grande filme de quinze minutos. "Em uma semana, aqueles estudantes navais durões estavam lambendo as botas de George", admira-se Dave Johnson. "Não entendo como um cara acanhado como ele pode fazer essas coisas! Mas estavam em volta dele como cachorrinhos". Lucas tinha autorização naval para acessar as locações, o que, de outro modo, lhe seria negado: o departamento de ciência da computação da USC, um estacionamento subterrâneo na UCLA e os aeroportos de Los Angeles e Van Nuys.

O ritmo era exaustivo – Lucas trabalhava durante a semana na casa de Verna Fields editando as imagens do presidente Johnson, e à noite e nos fins de semana dirigia *THX 1138: 4EB*, a mais importante homenagem ao seu filme predileto, *2187*. A história era essencialmente a mesma que ele e Murch tinham concatenado: a fuga de um indivíduo de uma sociedade futurista construída a partir da realidade de 1967. Lucas mixou imagens de vídeo, distorceu sinais de áudio e fez com que o personagem principal buscasse uma alma gêmea. O filme contém uma surpreendente inovação para um trabalho de escola: desenhos computadorizados e números correndo na parte inferior da tela, marcando eletronicamente os minutos até *THX* conseguir escapar. Lucas ofereceu uma visão mecanicista do futuro (e do presente), simbolizada por uma cena poderosa da mente de *THX* sendo eletronicamente invadida, como um sistema de radar de um avião.

Lucas editou o filme na moviola de Fields, algumas vezes trabalhando até às 3, 4 horas da manhã. Ele também dublou a incomum trilha sonora das gravações de áudio distorcidas. Depois de doze semanas, o filme estava pronto. "Não esperava que ficasse tão bom", Lucas afirma modestamente, mas ele sabia exatamente o que tinha feito: *THX* tinha panorâmicas, ilustrações sofisticadas e um processo ótico de cinema nunca visto antes em filmes de escola. O lugar onde o filme foi exibido para alunos virou um hospício, os aplausos começando quando o título de abertura explodiu na tela: o logo da USC passando do amarelo para o vermelho sangue.

Hollywood também ficou sabendo. O crítico de cinema do *Los Angeles Times*, Charles Champlin, ouviu falar de *THX 1138: 4EB* nas fofocas da indústria do cinema. "Era uma época em que havia muita gente boa na USC, mas *THX* era um estupendo trabalho de escola. Não era um drama brilhante que envolvesse os telespectadores, mas todo o sentido de paranoia e de liberdade em um mundo sombrio, incerto, era muito impressionante. Estava claro que Lucas era alguém em quem prestar atenção". Ned Tanen, então produtor executivo da Universal Studios, teve uma reação similar: "Você assistia o filme e dizia: 'Jesus, quem diabos fez *isso*? Não sei de onde ele roubou as sequências, mas é alguém muito especial'". Tanen deixou anotado que deveria descobrir quem era o cineasta e manter os olhos nele.

Os alunos de Cinema de outras escolas também assistiram às projeções de *THX*. Um jovem cineasta que estava se formando em Inglês na Long Beach

A realidade termina aqui

State apareceu para assistir uma exibição no Royce Hall da UCLA e foi apresentado à Lucas. Steven Spielberg afirma: "Ele me lembrava um pouco uma versão de cientista louco da Walt Disney. Era tão despretensioso quando o vi pela primeira vez que não consegui associá-lo de imediato à força de *THX*, que realmente mexeu comigo e me influenciou. Eu nunca tinha visto um filme criado por um colega que não fosse dessa terra – *THX* criou um mundo que não existia antes de George projetá-lo. Era difícil acreditar que alguém conhecesse esse lado da câmera tão bem quanto eu".

Entusiasmado com o sucesso, Lucas agarrou uma oportunidade de ouro – uma passagem para Hollywood. Uma bolsa de estudos estava sendo oferecida para alunos pela Columbia Pictures e pelo produtor Carl Foreman (*Os canhões de Navarone*) para trabalhar na produção de *O ouro de MacKenna*, uma aventura no faroeste estrelada por Gregory Peck, Omar Sharif, Telly Savalas e Lee J. Cobb, com o veterano diretor J. Lee Thompson. Dois alunos da USC e outros dois da UCLA seriam escolhidos para dirigir curtas da produção de *O ouro de MacKenna* nas locações situadas no deserto de Utah e Arizona. Não havia gente jovem em lugar algum na indústria em 1967. Foreman pagou por todo o equipamento e filme usado pelos alunos e lhes deu 150 dólares por semana para despesas extras. Em troca, queria quatro filmes promocionais de *O ouro de MacKenna* que pudessem ser exibidos em salas de cinema e na televisão.

Lucas esperava descobrir o que significava Hollywood: "Eu não tinha muita ideia do que era aquele lugar. Achei que ver com os meus próprios olhos e descobrir por que eu não gostava tanto era melhor do que falar da boca para fora". Mas ele teria outros motivos, segundo Marcia: "George queria ser diretor. Um dos motivos de ele ter seguido o projeto de Foreman era aprender a dirigir e com sorte causar boa impressão nele".

Lucas e Chuck Braverman da USC e David Wyles e David MacDougal da UCLA foram escolhidos para o programa, depois de sucessivas exibições de seus filmes pela comissão de seleção de cada escola. (Foreman havia ficado particularmente impressionado com *THX*.) Viajaram para Page, no Arizona, onde passaram a operar nas suas próprias unidades independentes, sem supervisão direta alguma. Os alunos tinham sua própria caminhonete, câmera e grua, e horário livre. Cada um deveria produzir um filme de 16 milímetros com duração de dez minutos que tivesse alguma relação com *O ouro de MacKenna*. "Qualquer postura ou abordagem que quiserem, crítica ou de aprovação", disse-lhes Foreman.

Lucas estava animado com o dinheiro – ele imaginou poder viver com 25 dólares do seu salário semanal e guardar 125 dólares (ao voltar para Los Angeles, ele teria 800 dólares guardados). Os alunos logo escolheram assuntos para os seus filmes: Braverman fez uma pequena produção sobre Foreman; MacDougal escolheu o diretor Thompson e Wyles escolheu os domadores de cavalo, integrantes da equipe encarregados dos equinos em cena. Lucas teve uma ideia diferente. Queria fazer um filme a respeito de *alguém*, queria fazer uma sinfonia poética visual. Foreman, que dava a aprovação de cada script, disse a Lucas para tentar outra coisa, mas George não arredou. "Pensei que a coisa toda era uma artimanha para conseguir uma porção de documentários baratos, produzidos debaixo dos panos, e que ele estava fazendo isso sob o disfarce de uma bolsa de estudos", afirma. "Bem, se eles queriam dar uma bolsa para fazer um filme, então eu queria fazer o filme. Não ia fazer nenhum filme promocional para anunciar *O ouro de MacKenna*. Eu era um garoto muito hostil naquela época".

Lucas se retirou e fez o seu poema sobre o deserto. Foreman lembra que outros estudantes achavam que George era um solitário. "Havia ressentimento porque pensavam que ele os estava esnobando", diz Foreman. "Os demais estavam todos ajudando uns aos outros, funcionando como uma equipe, mas Lucas estava trabalhando sozinho". Na verdade, Lucas afirma que se dava bem com os colegas, especialmente com MacDougal. Ainda apaixonado pelos números, apelidou seu filme de *6-18-67*, o dia em que terminou de filmá-lo. Um exercício solitário, o filme começa com imagens mal focadas da vida dos animais selvagens no deserto e apresenta uma sensibilidade aguda diante das imagens e dos sons da região inóspita. Há o zunido sobrenatural de linhas de energia e transformadores gigantes, o lento movimento das lâminas de um moinho de água e as imagens ritmadas de nuvens varrendo uma paisagem. O contraste entre a realidade da natureza e o artifício criado pela equipe de filmagem (que só é vista nas longas tomadas da câmera sob um guarda-chuva) está claramente estabelecido. O filme termina com um glorioso pôr do sol.

Foreman mudou de opinião quando finalmente viu *6-18-67*: "Uma série de coisas estavam acontecendo no deserto e nós não estávamos dando atenção a elas. A vida estava na nossa frente, e continuou depois de nós, e é isso o que o filme de George mostra".

Lucas não deu atenção ao que viu de Hollywood. Embora tenha apreciado trabalhar com Foreman, ele achou que a ideia de fazer um filme como *O ouro de MacKenna* era insana. "Nós nunca tínhamos tido tanta fartura, zilhões de dólares sendo gastos a cada cinco minutos nessa coisa imensa, desengonçada. Era incompreensível para nós, porque fazíamos filmes com 3 mil dólares, ver esse desperdício incrível – isso era o pior de Hollywood". Lucas também se deu conta do quanto estava apaixonado por Marcia, com quem havia começado a viver antes de seguir para o Arizona. Ele lhe escreveu em junho de 1967: "Esse filme será sobre você, porque seja lá o que for que eu filme, eu finjo e desejo que ele seja você".[6]

Foreman estava particularmente impressionado diante de uma observação que Lucas lhe fez uma tarde, no set de *O ouro de MacKenna*. O elenco e a equipe estavam sentados depois do intervalo para o almoço, esperando o sol despontar por trás das nuvens. Lucas acenou para Foreman e disse: "Estou aqui desde as 11 da manhã e todo mundo está esperando o sol. Mas ninguém ensaiou a cena. Penso que vão ensaiar quando a luz estiver boa, mas eles não vão estar prontos para gravar e vão perder a luz". Foreman ficou mortificado – o rapaz tinha razão. O produtor se aproximou discretamente do diretor Thompson e lhe perguntou se ele tinha ensaiado a cena. Não, segundo Thompson, eles não tinham. Foreman lhe sugeriu que o fizesse, e Thompson concordou que era uma boa ideia. "Eu estava embaraçado e, ao mesmo tempo, impressionado", lembra Foreman. "Aquele diretor não tinha feito o que esse garoto sabia fazer".

Lucas sentiu que tinha realizado algo no Arizona e estava realmente fazendo acontecer por sua conta, pela primeira vez. Sua confiança foi posteriormente impulsionada por uma série de prêmios que ele ganhou no National Student Film Festival. A maior vitrine de trabalhos estudantis estava na sua terceira edição em 1967 quando Lucas emplacou filmes em três categorias: *THX 1138: 4EB* na categoria drama, *The Emperor* na de documentários e *6-18-67* na de filmes experimentais. Os juízes inicialmente votaram dando a Lucas o primeiro prêmio nas três categorias; ele teria dado uma lavada, exceto pelo fato de não ter concorrido com um filme de animação, prêmio que foi

---

[6] De uma carta de George Lucas para Marcia Lucas do set de *O ouro de MacKenna*, no Arizona (23 jun. 1967).

dado a John Milius por *Marcello, I'm So Bored*, que Lucas editou. Os juízes reconsideraram, todavia, a decisão de premiar tantas vezes um único aluno, então eles decidiram conferir o prêmio da categoria drama a *THX*, e a menção honrosa aos demais filmes. Lucas e Milius, juntamente com o ganhador do ano anterior Martin Scorsese, da Universidade de Nova York, apareceram num artigo na revista *Time*, do qual Milius ainda lembra com alegria. A matéria mostrava-o sentado diante de uma máquina de edição. "Eu nem conseguia operar uma droga dessas", ele diz gargalhando. "George fez todas as edições dos meus filmes".

Lucas decidiu dar a Hollywood mais uma oportunidade. Antes de ir para o Arizona para as filmagens de *O ouro de MacKenna*, participou de uma competição por uma bolsa de estudos oferecida pela Warner Bros. Ela permitia a um estudante acompanhar o trabalho em um estúdio durante seis meses, escolhendo um departamento especial para trabalhar. Os finalistas foram Lucas e Walter Murch, e, na tarde da última entrevista, eles se sentaram no pátio da USC à espera de uma decisão. Murch lembra: "Nós fizemos um tipo de acordo à maneira de Huck Finn e Tom Sawyer, segundo o qual fosse quem fosse o vencedor da bolsa de estudos, se alguma coisa saísse dela, um ajudaria o outro com a grana. A ideia de que isso *renderia* algo era tão remota que nós não levamos muito a sério".

Lucas ganhou, com a pretensão de trabalhar no estúdio de animação da Warner, famosa pelos desenhos animados Pernalonga e Looney Tunes. Mas o departamento foi fechado, vítima da depressão econômica em Hollywood, nos anos 1960. Apenas uma produção foi filmada no set de Burbank, o musical chamado *O caminho do arco-íris*, baseado no espetáculo popular da Broadway com o mesmo nome. O diretor era um jovem barbudo chamado Francis Coppola, não muito mais velho que Lucas, uma lenda na comunidade do cinema estudantil. Lucas evoca: "Francis Coppola dirigiu seu primeiro filme como aluno da UCLA e agora, Jesus, ele tinha um longa para dirigir! Ele lançou ondas de choque sobre o mundo do cinema estudantil porque ninguém mais tinha feito igual. Era um grande lance!". Lucas começou a gravitar em torno do set de *O caminho do arco-íris* e ficou impressionado com a autoconfiança de Coppola. Este conta: "Eu estava trabalhando no espetáculo e lá estava aquele garoto magrinho, observando pelo segundo dia consecutivo da mesma maneira que no primeiro dia. Você sempre se sente desconfortável quando tem um estranho te olhando, então fui até ele e lhe perguntei quem era". Lucas explicou a sua situação e perguntou a Coppola se podia trabalhar com ele.

"Começamos uma conversa e uma amizade", diz Coppola. A amizade deles atravessou os anos e teve consequências vitais e drásticas na vida dos dois e na de milhões de cinéfilos.

4

Lidando com Coppola

> Ele é um dos melhores. Ludibriou o Império em várias ocasiões, e fez algumas transações bem rápido. Um dos seus problemas é que ele aposta pesado e é quando perde a maior parte do seu dinheiro. Ele é duro e afiado, só que, de alguma forma, nunca consegue juntar o suficiente para ter poder... É levemente autodestrutivo e meio que gosta de estar à beira de uma catástrofe... Você pode encontrá-lo e ele pode ter 10 bilhões de dólares e, da próxima vez que o vir, ele estará com dívidas até o pescoço.
> George Lucas descrevendo Han Solo

O dia em que George Lucas entrou no set da Warner Bros. para dar início ao seu aprendizado com Francis Coppola em *O caminho do arco-íris* foi o dia em que Jack Warner limpou o seu escritório e saiu. O respeitável estúdio, aberto em 1922 por Harry, Jack, Albert e Sam Warner, tinha sido vendido para a Seven Arts, apressando a partida do último dos magnatas. *O caminho do arco-íris* era o último filme encomendado na administração Warner. Lucas se tornou um dos primeiros novos empregados da Warner Bros.-Seven Arts, assinando contrato em 31 de julho de 1967, para ser o assistente administrativo de Coppola. Recebeu pouco mais de 3 mil dólares por seis meses de trabalho.

O estúdio de Burbank, equipado de sucatas e locações de ruas do Velho Oeste, parecia uma cidade fantasma quando Lucas chegou. A produção do filme

O caminho do arco-íris era a única atividade. Visitando o departamento de animação, Lucas encontrou um executivo solitário sentado à sua gigantesca mesa, esperando o telefone tocar. A velha Hollywood tinha morrido. Parecia mais do que natural a Lucas gravitar na direção de uma nova Hollywood, na pessoa de Coppola, o único homem do set com uma barba, um diploma universitário de Cinema e uma certidão de nascimento com menos de 50 anos. Era um encontro fatídico: Coppola se tornaria a maior influência na carreira de Lucas.

Lucas tinha 22 anos naquela época, Coppola apenas cinco anos a mais, mas as semelhanças paravam aí. Coppola era corpulento, violento e sem rodeios, um contraste marcante em relação ao taciturno e retraído Lucas. Ron Colby, assistente de Coppola, lembra de Lucas "sentado com sua calça de sarja preta, camiseta branca e tênis branco, dia após dia. Tinha um pequeno cavanhaque e parecia um engenheiro de segunda categoria. Estava sempre lá, calmamente observando, olhando, e ouvindo".

Coppola passou a gostar imediatamente do jovem rapaz tímido: "Eu estava muito grato por ter alguém da minha geração em volta, para discutir o que eu estava tentando fazer em oposição ao que eu era capaz de fazer. Eu me dei conta rapidamente da sua inteligência aguçada". Lucas tinha suas razões para se ligar a Coppola. Ele esperava transmitir boa impressão às pessoas que julgava que poderiam ajudá-lo. Seu plano original era passar seis meses na Warner Bros., voltar à USC para concluir o mestrado e, em seguida, se mudar para São Francisco para dirigir comerciais e filmes educativos, fazendo filmes pessoais de vanguarda no tempo livre. Lucas deixou para si, no entanto, uma saída de emergência. Carl Foreman tinha respondido favoravelmente à sua sugestão de transformar *THX* num longa e havia aconselhado George a redigir um *plot* que ele tentaria colocar na Columbia Pictures.

Depois de observar durante duas semanas Coppola brigando por *O caminho do arco-íris*, que estrelava Fred Astaire, Petula Clark e um bando de anões gordos em trajes de leprechau, Lucas sentiu que já tinha visto o bastante. Pensou que, se pudesse furtar filme em quantidade suficiente, poderia fazer o seu próprio pequeno filme enquanto estivesse na Warner. Coppola se sentiu ultrajado diante da ideia de George se afastar da sua produção. "O que você quer dizer, você está indo embora? Não o estou entretendo suficientemente? Você já aprendeu tudo o que tinha para aprender assessorando-me diretamente?", Coppola urrou.

"Não há nada para fazer aqui", Lucas respondeu, lacônico como sempre. Explicou seus planos para *THX*, mas Coppola se apressou em avisá-lo que os estúdios só tirariam vantagem de um cineasta jovem. "Francis estava começando a mexer seus pauzinhos como magnata", lembra Lucas, um dos primeiros diretores contratados por ele. Coppola ofereceu a Lucas um emprego fixo em *O caminho do arco-íris* e no próximo filme que estava planejando, *Caminhos mal traçados*, e prometeu ajudar no roteiro de *THX*. George aceitou.

Ron Colby se lembra de ver Lucas e Coppola juntos: "George era literalmente a metade de Francis – a metade do tamanho, a metade da barba, metade em todas as dimensões". Não era difícil ofuscar Lucas – ele era facilmente esquecido, com tendência a desaparecer em segundo plano. George tinha consciência de não possuir a eloquência verborrágica de Coppola para transitar e lidar com os donos do poder de Hollywood.

Caminhos mal traçados era um pequeno filme pessoal sobre uma dona de casa (Shirley Knight) que deixava para trás a vida suburbana ao dirigir seu carro através do país. Pelo caminho, dava carona a um mochileiro com problemas mentais (James Caan, em seu filme de estreia). Coppola começou a fazer as filmagens sem ter nenhum acordo com algum estúdio que o financiasse e lançasse. "Francis tinha uma tendência para simplesmente *fazer* as coisas", Lucas afirma. Coppola escreveu o roteiro em algumas semanas enquanto ainda dirigia *O caminho do arco-íris*. Lucas e outros "Coppolités" obedientemente se dirigiram para Nova York naquele dia de Ação de Graças para filmar as sequências de flashback dos jogos de futebol de Caan na Universidade Hofstra, a faculdade que Coppola estudou. George foi assistente do cameraman, diretor de arte, produtor executivo e fez a maior parte das gravações de som. Isso era fazer cinema *de verdade*!

Coppola estava vivendo o sonho que George sempre nutriu. Lá estava um homem que tinha tido uma ideia para um filme, o roteirizou e dirigiu, e, em seguida, o fez da forma como queria, sem um diretor de estúdio ou um produtor, *ninguém*, para lhe dizer o que fazer do ponto de vista artístico. Lucas estava irremediavelmente mordido pela ideia de fazer um filme pessoal. Havia também algo de aventureiro e travesso em varrer o país inteiro com uma caravana de caminhões e carros, invadindo lugares e seus hotéis baratos de beira de estrada, promovendo arte como um exército promoveria uma guerra. Compartilhar com quatro integrantes da equipe um quarto trouxe de volta a Lucas às lembranças de seus dias de corrida de carro, o período predileto (e romântico) da sua vida. Ele se tornou o garoto de produção das sextas-feiras, a caixa de ressonância oficial do fluxo de ideias emanando constantemente da fértil imaginação de Coppola.

Francis também garantiu que George trabalhasse no roteiro do seu *THX*, que Coppola pretendia levar à Warner Bros. como parte de um conjunto de ideias. Para provar suas boas intenções, Coppola adiantou 3 mil dólares da Warner Bros.-Seven Arts pela opção do *THX*. O pagamento também se tornou um salário para George trabalhar em *Caminhos mal traçados*. Lucas ri ao se lembrar disso: "Eu estava ganhando dinheiro para escrever o roteiro em lugar de estar trabalhando no filme, então, na verdade, Francis tinha um integrante da sua equipe desocupado".

Lucas não se incomodava de trabalhar de graça. Estava impressionado diante do respeito que Coppola atribuía à liberdade de criação e do seu entusiasmo pelo conceito de um por todos e todos por um na produção cinematográfica. Coppola até distribuiu "certificados não oficiais resgatáveis em troca de certificados originais garantindo 1% do lucro líquido do filme" para cada integrante do elenco e da equipe. (Não havia lucro líquido.) As tensões aumentaram. Os 23 integrantes da equipe de *Caminhos mal traçados* tiveram de se adaptar a longos períodos de tempo nos hotéis de Howard Johnson, no meio do nada. "Era muito estressante", lembra Lucas. Coppola havia estipulado que nenhuma esposa ou namorada poderia acompanhar o grupo, mas o diretor excluiu a si próprio da restrição. Lucas lembra de se sentar no quarto de um motel em Blue Ball, Pensilvânia, que não tinha nem telefone, nem TV, nem restaurante, enquanto Coppola passava o fim de semana em Nova York. "Eu fiquei um pouco nervoso com isso", afirma. "Francis ficava falando aquelas coisas todas sobre um por todos e todos por um e de repente ia para Nova York transar. Ele achava que tinha o direito de fazer aquilo, e eu disse a ele que não era justo. Nos metemos numa grande discussão por causa daquilo".

Se havia problemas no paraíso, eles logo se dispersavam. Lucas estava vivendo a melhor fase da sua vida, e Coppola sabia disso. "Nós nos divertimos muito durante a viagem, a bem da verdade", rememora Lucas. "Era difícil, mas para nós, jovens brincalhões, era bom demais". A experiência parecia ser um excelente material para um documentário. Coppola estava fazendo um pequeno filme intimista sobre pessoas reais. Lucas decidiu fazer um pequeno filme intimista de *cinéma réalité*[1] acerca das pessoas que estavam fazendo *Caminhos mal traçados*. *Filmmaker*, o documentário decorrente, foi concebido como depoimento pessoal sobre as tensões diárias e o estresse de uma produção cinematográfica em constante movimento. Lucas achou uma câmera sem uso e perguntou a Coppola se ele poderia fazer um pequeno filme sobre o que acontecia fora da cena. A ideia intrigou Coppola, que gostava de estar na frente da câmera quase tanto quanto atrás dela. Ele pagou o filme de Lucas por fora do orçamento do filme, pelas imagens estáticas, e deu a George um sinal para ir em frente.

Mas Lucas teve de fazer seu documentário sem atrapalhar. Outros problemas também surgiram. "George não conseguia carregar uma câmera de 16 milímetros por muito tempo", afirma Mona Skager, outra sócia de Coppola que trabalhou em *Caminhos mal traçados*. Skager viu muitas vezes Lucas no chão, filmando através de mesas com tampo de vidro. "Era basicamente porque a câmera era muito pesada", ela lembra com uma risada. Lucas era o homem faz-tudo, a câmera e o gravador prontos para funcionar. Bolou um meio de preparar seu equipamento de modo que ele pudesse correr para a câmera, erguê-la e começar imediatamente a rodar.

Lucas tinha apenas 12 mil dólares para fazer *Filmmaker*, não mais do que um documentário profissional de meia hora. Tentou filmar sem um medidor de luz, testando se conseguiria aferir a luz disponível a olhos nus. Coppola era tolerante em relação ao seu assistente ambicioso, embora de vez em quando fechasse a cara para a câmera quando ela invadia a sua privacidade. Lucas não tinha medo de filmar alguns confrontos tensos entre Coppola e a atriz Shirley Knight, mas, no fim, ele reprovou a maior parte das filmagens. "Decidi ser discreto", Lucas diz com um sorriso. "Não queria destruir a carreira de quem quer que fosse".

---

[1] *Cinéma réalité* ou *cinéma verité* (cinema verdade) foi um termo cunhado no começo dos anos 1960 por Edgar Morin e Jean Rouch quando saíram com uma câmera na rua perguntando a pessoas comuns sobre a vida, felicidade e outros assuntos cotidianos. O objetivo era extrair ao máximo a verdade em cinema. O filme *Crônicas de um verão* (1961) da dupla ficou conhecido como marco inicial do *cinéma verité*. Hoje pode parecer absurdamente óbvio, mas, na época, a busca deste realismo foi como uma inovação nunca antes vista. (N. R. T.)

Filmmaker ainda é um dos melhores documentários sobre a produção de um filme, tão arejado e perspicaz quanto o era em 1968. Com o subtítulo *Um diário segundo George Lucas*, o filme de trinta minutos tem a fluidez e o detalhismo de uma matéria investigativa associados à noção cinemática de movimento, uma vez que a equipe de *Caminhos mal traçados* foi de uma locação para outra. O Coppola visto no filme é mais magro que o atual dissidente do cinema, mas a sua angústia a respeito do que ele enxerga como uma tentativa de destruir sua visão artística não mudou: "Estou cansado de ser uma âncora quando vejo o meu mundo desmoronar", ele afirma em determinado momento. Coppola aparece em *Filmmaker* como um profeta de fim do mundo para um sistema de estúdios jurássico – durante uma animada conversa ao telefone com um executivo da Warner Bros., Coppola urra: "O sistema vai ruir sob o seu próprio peso! Eu não posso fracassar junto!".

A presença de Coppola domina *Filmmaker*, embora em determinado momento ele aparente desaparecer do filme. Durante um giro pela Região Sudoeste, os integrantes barbudos da equipe, incluindo Lucas, tiveram de raspar a barba e cortar o cabelo[2] – era 1968, apesar de tudo. Sem o seu emaranhado de pelos de barba pretos, Coppola estava irreconhecível, e Lucas teve de acrescentar uma narração em off para explicar essa súbita transformação. "Foi uma cena maravilhosa", afirma Walter Murch. "Ninguém sabia quem era ele ou prestava atenção ao que Francis dizia quando estava sem barba. Era como o cabelo de Sansão". Lucas também captou a espontaneidade com a qual Coppola fez *Caminhos mal traçados*. O diretor é mostrado reescrevendo freneticamente cenas para incluir um desfile patriótico que a equipe descobriu em Chattanooga, no Tennessee. Acometido por uma gripe, Coppola descreve como teve de continuar correndo até a sala de espera da estação rodoviária enquanto filmava o desfile. Gastou tanto tempo ali que decidiu filmar uma cena crucial na estação Greyhound. Isso estava longe de ser o que se ensinava nas escolas de cinema.

A última cena de *Filmmaker* mostra o elenco e a equipe numa pose diante da caravana de caminhões com objetos cenográficos e equipamentos,

---

[2] A geração de Coppola e George Lucas chegou em Hollywood firmando um contraste de ideias, costumes e formas de se vestir. A ideia de raspar a barba e cortar os cabelos foi uma estratégia momentânea bolada pelo grupo para tornar a presença deles na comunidade tradicional de Hollywood menos agressiva. (N. R. T.)

parecendo uma trupe teatral do século XIX voltando para casa depois de uma turnê pelo interior. De pé em cima de um dos caminhões, visto pela primeira vez no filme, encontra-se George Lucas, usando uma camiseta branca e carregando a câmera que parece maior que ele. Inexplicavelmente, Lucas se destaca do cenário, um estranho presságio do que estava para acontecer.

Lucas e Marcia editaram *Filmmaker* na casa deles em Portola Drive. Quando terminaram, o filme parecia ser de um profissional, e não o trabalho de apenas mais um graduando em cinema. *Filmmaker* ainda é usado[3] nas aulas da USC como exemplo de um documentário de melhor qualidade. Lucas estava orgulhoso dele também – *Filmmaker* era o seu mais ambicioso esforço até aquela data, e deu certo. O documentário também ajudou a alavancar a sua carreira.

★★★★

Há um desacordo entre o jeito que as coisas estão e a maneira como acho que deveriam estar.
Francis Coppola, em uma coletiva de imprensa, em fevereiro de 1981

★★★★

Se há uma grande influência na maneira como George Lucas vive, ela vem de Francis Coppola. Através de um misto de amizade e rivalidade, eles entrelaçaram suas carreiras e personalidades numa estranha e por vezes triste saga. "Minha vida é uma espécie de reação à vida de Francis", Lucas diz – ele é francamente emotivo a esse respeito. Coppola é impulsivo e ousado, Lucas é cauteloso e conservador, o instinto gregário de Coppola encontra um contraponto na reserva de Lucas. "Sou a antítese dele", Lucas afirma a respeito do homem que ele tanto admira quanto guarda ressentimento.

O passado deles não poderia ser mais diferente. Lucas veio do norte, mudou-se para a Califórnia. Coppola cresceu no seio de uma família italiana de artistas ciganos em Nova York, o pai dele, Carmine, era um compositor e músico instável e talentoso. Lucas foi apelidado de "o garoto de 70 anos de idade" por Coppola, que enxergava a si próprio como um adolescente de 16 anos. Ainda assim, foi Lucas quem ganhou milhões reformulando sua infância

---

[3] Pelo menos foi até 1983. (N. E.)

e Coppola quem conseguiu menos sucesso financeiro com filmes contendo "mensagens" maduras. "Todos os diretores têm egos e são inseguros", de acordo com Lucas. "Mas de todas as pessoas que conheço, Francis tem o maior ego e a maior insegurança".

Francis se tornou o conselheiro de George e seu amigo mais próximo na indústria do cinema. Sua influência era total, ele até inspirou Lucas a deixar crescer a barba, fazendo dele um Sansão Jr. Coppola disse certa vez a Lucas: "Se você deixar crescer a barba, as pessoas vão te respeitar mais". Lucas admirava Coppola ao ponto de cultuá-lo como herói, mas nunca se dobrou diante dele um segundo sequer. "George costumava dizer: 'Estou observando Francis e tentando aprender com todos os seus erros'", lembra Richard Tong, o contador de Coppola e depois de Lucas.

Era difícil para um jovem cineasta resistir a Coppola no final dos anos 1960 – Francis era o último Svengali de Hollywood, atraindo jovens talentos para o seu lado com uma facilidade hipnótica. "Francis ocupa um espaço muito grande na vida de George e também na minha", explica Carroll Ballard. "Nós lhe devemos o fato de estarmos fazendo cinema hoje, mas ele também exerceu um grande jogo de poder sobre nós com o qual ainda estamos sofrendo". Coppola sempre gerou fortes emoções entre seus amigos e inimigos. Alguns o chamam de maluco adorável, outros o consideram megalomaníaco. John Milius afirma: "Como Talleyrand disse de Napoleão: 'Ele é tão grande quanto um homem pode ser, sem virtudes'". Para Willard Huyck e Gloria Katz, "estar com Francis é cansativo. Toda vez que trabalhamos com ele, precisamos ficar de repouso por uma semana".

Ninguém discute o talento de Coppola, sua força de vontade ou determinação. Atingido pela pólio na tenra idade, ele cresceu sonhando em fazer seus pequenos filmes particulares e angariar alguma popularidade. Os seus sonhos se tornaram realidade no início dos anos 1960, quando se tornou aprendiz de Roger Corman, um produtor de filmes de baixo orçamento que atuava como conselheiro e explorador extraoficial da indústria do cinema. Finalmente, Coppola dirigiu um filme, *Demência 13*, na Irlanda. Ele escreveu o roteiro em três noites. Coppola não tinha medo de trabalhar em Hollywood, por isso que ele assumiu *O caminho do arco-íris*. Trabalhou dentro do sistema apenas para poder assumi-lo, todavia. Coppola não queria eliminar os magnatas do cinema – ele queria substituí-los.

Coppola foi o primeiro personagem genuíno de Hollywood que Lucas encontrou. "Ele tinha carisma para muito além da lógica. Agora posso ver que tipo de homens eram os grandes cesares da história, o magnetismo deles. Essa é a razão de eu tolerar Francis tanto quanto tolero. Sou fascinado pelo modo como trabalha e pelo fato de as pessoas o seguirem tão cegamente", Lucas diz. Desde o início do relacionamento deles, George e Francis eram uma dupla incomum: o expansivo ítalo-americano mais velho, abraçando todo mundo à frente, cercando-se de pessoas estimulantes. E o tímido caipira da cidade pequena, feroz na sua determinação de ser bem-sucedido em seus próprios termos. O relacionamento deles prosperou porque eram opostos – Francis adorava estar sob os holofotes e George não se importava de ficar na sua sombra.

Coppola compara sua relação com Lucas (e agora suas respectivas companhias cinematográficas) com a rivalidade entre o cinema estudantil da UCLA e da USC, os poetas sentimentais *versus* os tecnocratas frios. Lucas sabia que Coppola carecia da sofisticação técnica que ele e Walter Murch trouxeram à edição de cinema. Lucas disse certa vez a Murch: "Francis tem muito talento, mas precisa de *nós*. Ele é muito bom com os atores e a questão da dramaticidade, mas os filmes dele precisam de outras coisas que nós fazemos bem". Ao associar suas habilidades, Lucas e Coppola formaram um time de primeira. "Havia um equilíbrio", Coppola afirmou na época em que ele e Lucas trabalharam bastante juntos. "Juntos, podemos fazer mais do que qualquer um de nós sozinho. Sempre podemos fantasiar com o que poderia ser *Star Wars* se eu o tivesse produzido, ou como seria *Apocalypse Now* se ele fosse o produtor".

Lucas concorda que ele e Coppola "eram duas metades de um todo. Eu estava sempre colocando o pé no freio e ele estava sempre pisando no acelerador. Estava bom para mim porque ele me soltava e me fazia ter mais oportunidades. Percebi que você pode pular do penhasco e sobreviver 99% das vezes. Em 1% das vezes, Francis não fazia acontecer, mas dava um jeito de parecer que tinha conseguido". Coppola nunca deixava Lucas esquecer quem era o sócio mais importante na relação entre eles, contudo. Coppola gostava de pensar nele mesmo como um equivalente a Don Corleone na vida real, o personagem de Marlon Brando em *O poderoso chefão*, ao ponto de imprimir em caixas de fósforos "Francis Ford Coppola: o poderoso chefão". Deborah Fine, que trabalhou com Coppola nos tempos do Zoetrope, explica: "Francis adora a ideia de que é o mentor e o criador das pessoas a quem ajudou no início da carreira, sendo George um deles. E ele não gosta de deixar a ideia de lado uma vez que elas estão de pé e têm sucesso. Francis adora a ideia de que elas estão em dívida para *sempre*, afinal, ele lhes deu um começo".

Ciente disso, Lucas manteve cuidadosamente sua independência em relação a Coppola. A complexa relação que evoluiu era constituída tanto de gratidão como de ressentimento, sendo compartilhada pela maioria dos protegidos de Coppola. "Em algum ponto do percurso, Francis começou a se preocupar com a competição, então ele decidiu se tornar nosso pai e dirigir nosso futuro", afirma Carroll Ballard. "Penso que ele acha que nós somos todos muito ingratos, uns imbecis ambiciosos por abandoná-lo depois que ele nos ajudou a começar". Lucas comenta a impressão que Coppola lhe dá, de que "as pessoas desaparecem quando saem do quarto. Ele não tem nenhuma noção de que elas vivem a vida delas depois de deixá-lo. Ele acha incrível que as pessoas fizessem coisas que ele não quer que elas façam, já que ele controla tudo e que elas estão ali para *servi-lo*".

Quem defende Coppola enxerga suas qualidades de *O poderoso chefão* numa perspectiva mais positiva. Ron Colby insiste que "se não fosse Francis, *THX* nunca teria chegado a lugar algum, em nenhum momento, enquanto longa-metragem de importância, especialmente sendo George o diretor. O fato de George ter tido a oportunidade de dirigir só pode ser atribuído a Francis. George teria terminado fazendo filmes documentários para Northrup e Sperry-Rand ao menos durante uma década antes de ter a chance de fazer qualquer coisa, se muito".

Comentários como o de Colby arrepiam o cabelo de Lucas e o deixam na defensiva e irritado. "Minha impressão era e ainda é que se eu estava destinado a fazer filmes, eu ia fazer. Eu ia fazer *THX* com Francis ou sem ele. Francis me ajudou e me deu uma chance, mas, ao mesmo tempo, fez um monte de dinheiro em cima de mim. Francis tem tendência a ver uma passeata desfilando pelas ruas e correr na frente com uma bandeira e virar líder". Lucas prefere ele próprio liderando suas passeatas. A competitividade de Coppola sempre o incomodou, e como ele mesmo observa: "Tenho muitos amigos bastante competitivos".

Mas as semelhanças entre os dois homens frequentemente superam as diferenças. Ambos retiveram uma qualidade infantil que tornou os filmes deles visionários. Também dividem a paixão pela tecnologia e pelas invenções, brinquedos de adultos que são os equivalentes aos trenzinhos com os quais um e outro brincaram na infância. Bunny Alsup, secretária de Lucas durante a produção de *Loucuras de verão*, lembra de um jantar de natal na casa dos Lucas do qual os Coppola participaram. Lucas apareceu com seu velho trenzinho Lionel e ele e Francis passaram horas fazendo a composição correr pela pista. "Era curioso ver George e Francis literalmente no chão, brincando com brinquedos", Alsup recorda. Os brinquedos simplesmente se tornaram mais caros: sistemas eletrônicos de edição, animação computadorizada e transferências de filme para vídeo. Lucas e Coppola estavam batendo na mesma tecla, mesmo sem saber.

Os dois jovens iniciantes dividiram uma sensação inebriante de rebelião em Hollywood no socialmente turbulento final dos anos 1960. "Nós entrávamos no refeitório e todo mundo ficava horrorizado porque éramos todos um monte de barba e cabelo", lembra Mona Skager a respeito da época em que acompanhava Francis e George no almoço. Coppola pode não ter sido o revolucionário que parecia ser, todavia. O ressentimento de Lucas por causa da atitude que ele teve durante as filmagens de *Caminhos mal traçados* foi o início de uma divergência moral a respeito do jeito correto de tratar as pessoas. Lucas pensava que elas deveriam ser tratadas dignamente, incentivando a autoestima e promovendo a independência. Coppola acreditava que o líder deveria ser recompensado pela sua perspicácia e *expertise* e que os menos talentosos simplesmente deveriam aceitar esse sistema de valores.

A diferença básica entre Coppola e Lucas se deve ao fato de George querer redefinir as regras do jogo e Francis querer assumir o jogo. Coppola é como um general brilhante, um motivador e um líder de pessoas, enquanto Lucas é o suboficial envolvido com detalhes e estratégia. Hoje, Lucas dirige sua companhia como se fizesse parte da Global Fortune 500 enquanto a Zoetrope Studios de Coppola se parece com um teatro conduzido por um diretor louco[4]. "Francis e George são as pessoas mais opostas que podem existir", afirma Haskell Wexler. É o visionário *versus* o pragmático e até mesmo os filmes deles refletem isso: os de Coppola são óperas cinematográficas, interpretadas numa grandiosa e gloriosa escala. Lucas percebe seus filmes como entretenimento bobo e espetáculos de segundo escalão. Há pouca afetação em Lucas,

---

[4] George Lucas e Francis Coppola continuam dois cineastas e empresários diferentes. O direcionamento das duas empresas permanece como o descrito acima. Lucas, embora diga que é um cineasta independente, explora habilmente o cinema como comércio. E a Zoetrope de Coppola tem ambições mais artísticas e alternativas. (N. R. T.)

ao passo que ele se lembra de estar muito ciente de Coppola inflar *Caminhos mal traçados* na Film Art.

"Francis adora desafiar a gravidade", Lucas observa. "É por isso que nem sempre nos demos bem. Eu estava do outro lado, observando a realidade e dizendo que íamos cair. Sempre tive medo desse lado do Francis e ainda tenho. É muito além do que eu possa compreender".

Outra explicação para o crescente abismo entre Coppola e Lucas era uma diferença básica no estilo de vida. George e Marcia Lucas são pessoas quietas que jantam em casa na maioria das vezes, têm pouco entretenimento e viajam apenas ocasionalmente. Quanto a Coppola, Marcia ironicamente observa, "nunca há um momento de tédio. Há sempre dez, vinte ou trinta pessoas em volta, com alguém sentado ao piano e tocando num canto da sala, algumas crianças dançando por perto naquele canto e os intelectuais tendo uma profunda discussão a respeito de arte em outro canto do aposento. A vida é simplesmente um constante estado de agitação". Marcia sente que por todo o seu sucesso e prestígio, Coppola carece do sentimento sereno de certeza que Lucas tem. Coppola sabe disso: "Eu faço da minha vida uma bagunça e George, acima de tudo, tem pavor de ser envolvido em algo assim. Ele quer que a vida dele seja ordenada".

★★★★

É um tanto romântico, como crianças catando laranjas em um velho filme de Jane Powell.[5]

Francis Coppola a respeito do casamento de George e Marcia Lucas

★★★★

Enquanto George estava com Coppola, primeiro em *O caminho do arco-íris* e depois em *Caminhos mal traçados*, Marcia continuou trabalhando em produtoras comerciais. De volta a Nova York para o início das filmagens de *Caminhos mal traçados*, George sentiu a falta dela mais do que nunca, e ela finalmente foi se encontrar com ele. "Foi tão maravilhoso, romântico e emocionante nos vermos em Nova York porque ficamos tanto tempo separados", Marcia lembra. Ao pegar o trem para a próxima locação, em Garden City, em Long Island, num dia chuvoso de fevereiro de 1967, Lucas fez o pedido de casamento. Marcia

---

[5] Em "Star Wars", na *Time* (30 maio 1977): 28.

aceitou e eles decidiram se casar tão logo *Caminhos mal traçados* acabasse. "Eu estava começando a ver onde minha vida ia dar", Lucas diz. "A carreira de Marcia estava em Los Angeles e eu respeitei isso. Eu não queria que ela desistisse disso e viesse arrastada para São Francisco por mim, a menos que houvesse algum compromisso de ficar ao meu lado".

O novo vínculo foi testado semanas mais tarde. A equipe de *Caminhos mal traçados* ia se estabelecer em Ogallala, em Nebrasca, por cinco semanas, e o editor Barry Malkin precisava de ajuda para organizar as filmagens. Lucas havia mencionado a Coppola que sua namorada era uma boa assistente de edição e Francis concordou em contratá-la. Muito animado, George ligou para Marcia com a notícia, apenas para se confrontar com a incerteza dela. Haskell Wexler queria que Marcia fosse para Chicago para ser editora-assistente do filme *Medium Cool*. Marcia se viu em um dilema: se ela fosse para Chicago, ela teria seu primeiro crédito em um longa-metragem, e *Medium Cool* aparentava ser um trabalho de seis a nove meses. George estava lhe oferecendo apenas cinco semanas de trabalho em Nebrasca. Quando a equipe voltasse a Los Angeles, os serviços dela não seriam mais necessários.

"Eu realmente vou precisar pensar na questão", Marcia disse a George. "Você não quer estar comigo? Não sente a minha falta?", ele perguntou. Anos mais tarde, Marcia refletiu a respeito da decisão de encontrar com Lucas em Nebrasca, que foi contra todos os seus desejos. "Eu era pobre, certo? Segurança financeira era muito importante para mim. Eu queria fazer as coisas do meu jeito. Mas nós estávamos comprometidos, estávamos perdidamente apaixonados, então decidi ir". Aconteceu que quando ela voltou para casa, ainda pôde trabalhar como editora-assistente no filme *Medium Cool*, e acabou conseguindo o crédito no final das contas. Conquistou o melhor dos dois mundos.

No dia 22 de fevereiro de 1969, George Walton Lucas Jr. e Marcia Lou Griffin se casaram na United First Methodist Church, em Pacific Grove, ao sul de Monterey, na Califórnia. A mãe de Marcia, Mae, estava lá, bem como os pais de George, suas irmãs e uma amostragem representativa dos seus companheiros de Hollywood, incluindo Coppola, Walter Murch, Hal Barwood, Matthew Robbins e até mesmo Verna Fields. John Plummer foi o padrinho de George. Imediatamente depois da cerimônia, os recém-casados partiram para Big Sur em uma lua de mel ao norte da Califórnia. Visitaram Marin County e decidiram se instalar ali. Marcia encontrou uma casa no topo de uma colina em Mill Valley por apenas 120 dólares por mês. "Estávamos realmente felizes e muito otimistas", Lucas lembra. A casa era pequena, mas George não se importava. "Por causa do nosso estilo de vida, havia apenas dois aposentos que usávamos, a cozinha e o quarto. Estávamos em um ou no outro", explica.

Marcia estava contente de estar em São Francisco, embora sua família e amigos estivessem na Califórnia do Sul. Ela tinha esperanças de encontrar trabalho rapidamente, mas nenhuma oferta apareceu e logo começou a se sentir solitária e com saudades de casa. Marcia estava pronta para ter um filho, mas George rejeitou a ideia. Estavam casados havia pouco tempo, ele não tinha uma renda estável e não tinha certeza se conseguiria uma oportunidade de dirigir um longa. "Ele não queria ter essa responsabilidade adicional naquele momento porque poderia ser forçado a pegar um trabalho que não queria", explica Marcia.

Marcia tentou se ocupar da melhor forma que pôde. Cuidava da pequena casa deles e encorajou George quando ele e Coppola deram início à difícil tarefa de montar o estúdio American Zoetrope. Os Lucas eram o espelho da vida doméstica – os pais de George lembram de uma visita do filho e da nova nora durante a qual George ficava dando ordens a Marcia de brincadeira. "Esposa, faça isso, faça aquilo", ele comandava. "Ele estava só brincando, mas tinham uma relação maravilhosa", Dorothy Lucas explica, a voz cheia de contentamento. "Marcia estragava demais George enquanto ele estava fazendo filmes. Ela lhe levava café da manhã na cama depois que ele tinha passado a noite trabalhando até tarde".

A oportunidade de Marcia chegou finalmente. Michael Ritchie, outro diretor de Hollywood que tinha se mudado para São Francisco, lhe ofereceu um trabalho como editora-assistente em *O candidato*, que estrelava um jovem ator chamado Robert Redford. Ritchie achou que Marcia era hábil, confiável e criativa e a recomendou ao seu amigo, o diretor Martin Scorsese. Marcia se tornou editora nos filmes de Scorsese, *Alice não mora mais aqui* e *Taxi Driver*. Ambos os trabalhos eram difíceis, em função da grande quantidade de filmagens que Scorsese fez, mas Marcia ganhou mais confiança em relação às suas habilidades como editora quando os filmes foram lançados, para o delírio dos críticos. O único inconveniente era trabalhar em Los Angeles enquanto George estava em Mill Valley. Embora Scorsese filmasse geralmente em Nova York, todo o trabalho de edição e pós-produção era feito em Hollywood.

"O que Marcia estava fazendo era muito difícil", afirma Willard Huyck, que, junto com a mulher, Gloria Katz, estava entre os amigos mais próximos dos Lucas. "George não estava ficando furioso nem nada, mas não estava muito feliz com a situação". Gloria concorda: "Esse era, na verdade, um grande passo para George, ele estava tomando consciência da situação". Não fazia parte da tradição da família Lucas permitir que uma mulher construísse uma carreira independente, só dela. George odiava cozinhar e limpar na ausência de Marcia e rapidamente contratou uma empregada. Ele estava feliz em ver sua esposa trabalhar, mas a frustração em relação à própria carreira estava crescendo. O sonho do American Zoetrope tinha virado realidade – e estava começando a se tornar um pesadelo.

****

O principal objetivo da companhia é empreender nos vários campos da produção cinematográfica, colaborando com os mais dotados e jovens talentos, usando as técnicas e os equipamentos mais modernos possíveis.[6]
Do anúncio da formação de American Zoetrope

****

A visão era muito romântica: uma comunidade de cinema composta de participantes com 30 anos de idade ou menos, dividindo ideias e equipamento no isolamento verdejante de Marin County, estabelecendo uma alternativa pacífica ao desperdício inútil de Hollywood. A meta era criar um refúgio no qual os contratos seriam imorais e os agentes irrelevantes, uma base rural acolhedora, não uma reflexão esterilizada do vazio de Los Angeles. Um Camelot onde cineastas jovens e sem experiência poderiam seguir a filosofia consoante a Santo Francis Coppola: "O cinema é a forma de expressão definitiva".

O sonho teve sua origem no mais improvável dos lugares, o Lakeway Lodge em Ogallala, em Nebrasca, durante as filmagens de *Caminhos mal traçados*. Coppola, seu elenco e sua equipe estavam discutindo uma ideia simples: os filmes podem ser feitos em qualquer lugar. Você não deve estar sob a prote-

---

[6] De um texto de divulgação veiculado pela Zoetrope Studios a respeito de sua formação em 1969.

ção de um grande estúdio. Os vereadores de Ogallala, aproveitando seu breve flerte com Hollywood, ofereceram de bom grado transformar um armazém de grãos abandonado em um set de som. Por mais estúpido que parecesse, o plano acrescentou vigor às ideias compartilhadas por Lucas e Coppola. "Começamos a fantasiar com a ideia de ir a São Francisco para produzirmos filmes livremente como havíamos feito com *Caminhos mal traçados*. Era um bom lugar para viver e criar uma tradição de arte e boemia", Francis afirma.

Lucas sentia falta do clima de camaradagem que havia na escola de cinema e via Zoetrope como uma forma de reunir membros e reviver o clima existente nas dependências da UScinema. Ele passou a defender plenamente isso ao substituir Coppola no fórum de professores de Inglês de ensino médio em São Francisco, sobre "O filme e sua relação com a palavra impressa", em 1968. É difícil pensar numa escolha pior do que George Lucas para tratar da relação entre qualquer coisa e a palavra impressa, especialmente diante de oitocentos professores de Inglês. Mas a presença dele se mostrou fortuita já que John Korty, o único cineasta que estava de fato vivendo em São Francisco em 1968 também estava presente no painel. Korty tinha começado como diretor de documentários e havia se mudado para Stinson Beach, uma área particularmente isolada de Marin County, em 1964. Ali, ele fez três longas em quatro anos por um valor total de 250 mil dólares – *The Crazy-Quilt*, *Funnyman* e *A corrente da vida* –, que o transformaram num dos diretores independentes mais bem-sucedidos do país.

Lucas estava maravilhado enquanto Korty evocava sua carreira de dissidente. Tão logo o seminário terminou, puxou Korty até um telefone público e lhe disse que devia falar com Coppola. Quando George localizou Francis em Ogallala, ele estava tão agitado que mal conseguia falar. "Francis, você precisa falar com John Korty", ele gritou ao telefone. "Ele *está fazendo* o que nós andamos falando". Coppola, Lucas e Ron Colby concordaram em encontrar com Korty no seu estúdio da Stinson Beach no dia 4 de julho, quando *Caminhos mal traçados* estivesse concluído, e, sem dúvida, reapareceram na porta do grande celeiro vermelho no Dia da Independência. "Eles ficaram de queixo caído", Korty rememora a reação dos seus hóspedes diante das instalações bem equipadas. "Disseram que era exatamente o que queriam. Não imaginavam que alguém pudesse realizá-lo de fato".

Depois de despachar *Caminhos mal traçados* à Warner Bros., Coppola e Colby visitaram a Lanterna Films, um pequeno estúdio cinematográfico na Dinamarca que tinha uma das mais completas coleções de lanternas mágicas e outros projetores de cinema primitivos. O estúdio se encontrava a 80 quilômetros de Copenhagen, e ocupava uma bela mansão numa área verde. Os quartos haviam sido transformados em salas de edição com o que havia de mais novo em termos de equipamento e, em um celeiro ao lado da casa, havia instalações para mixagem de som.

Coppola e Colby almoçaram no amplo gramado e decidiram que aquele era o ambiente que recriariam em Marin County. Coppola estava particularmente impressionado com o equipamento caro que viu na Lanterna: "Eu tinha essa ideia de que a nova tecnologia seria o ingrediente mágico que nos ajudaria a ter sucesso. Nós tínhamos uma noção ingênua de que seria o equipamento que poderia nos dar meios de produzir. Claro, aprendemos mais tarde que não era uma questão de equipamento, mas de dinheiro". Atingido pelo vírus da tecnologia, Coppola parou numa feira de cinema em Colônia, na Alemanha, onde adquiriu impulsivamente um estúdio completo de mixagem de áudio por quase 80 mil dólares. Ele não tinha o dinheiro, não tinha lugar para colocar o equipamento quando chegou, e também não tinha nenhum filme para mixar.

Em junho de 1969, Coppola, George Lucas, Ron Colby e Mona Skager desembarcaram em São Francisco para procurar uma casa grande, de estilo vitoriano, que pudesse duplicar as dependências do Lanterna. O nome da companhia refletia a influência do Lanterna também: um Zoetrope é um aparelho que projeta imagens em movimento quando se gira o seu cilindro. Coppola tinha ganhado um de presente. A raiz grega de Zoetrope significa "movimento vital" e Coppola sentiu que esse era o símbolo perfeito para a sua empresa jovem e dinâmica. Junto com John Korty, os recém-chegados vasculharam as pequenas cidades de Marin, Ross, Inverness e Tomales Bay, em busca de um local adequado e um pouco de sorte. As ofertas por três casas caíram por água abaixo e Coppola começou a se sentir incomodado – o equipamento chegaria em breve da Alemanha.

Logo começaram os desentendimentos entre Coppola e Lucas a respeito das instalações e da filosofia da nova empresa. Coppola queria que a Zoetrope fosse um estúdio autônomo, dotado de pistas de pouso para helicópteros e estacionamentos para caminhonetes de produção móvel. Lucas queria "uma casinha bacana para trabalhar nela". Coppola estava, todavia, colocando o dinheiro da venda da sua casa e da aplicação de alguns ativos que tinha. Quando um armazém ficou vago no centro de São Francisco, Coppola imediatamente assinou uma locação de longo prazo. American Zoetrope nascia, não no bucólico esplendor de Marin County, mas em um loft de armazém na Folsom Street, 827. Não era a Lanterna Films.

Ainda assim, o objetivo tinha sido alcançado. "Queríamos nos afastar de tudo o que tínhamos visto da atmosfera opressiva de Hollywood", explica Ron Colby. "Parecia ser uma boa ideia sair fora e ser autônomo. Não haveria aquela sensação de ter de mostrar a cara na firma todos os dias. De qualquer modo, era a nossa firma". Coppola acreditava que Zoetrope seria a nova elite do mercado de cinema. Lucas achou que era um reagrupamento de *Os doze condenados*. Convidou John Milius, Matthew Robbins, Hal Barwood, Willard Huyck, Gloria Katz e Walter Murch a correr o risco com ele.

Lucas não estava satisfeito com o edifício sombrio – esperava algo mais rústico. Mas adorava a ideia de uma confraria de cineastas afastada da sordidez moral de Los Angeles. O equipamento de edição em breve chegou da Alemanha, em meio à obra grande de renovação que estava sendo feita no armazém, e foi montado no hall de entrada. Lucas lembra dos primeiros dias da Zoetrope: "Era como tentar montar uma bicicleta para o Natal antes que as crianças acordassem dali a uma hora – você tem de juntar tudo rápido, as coisas dão errado, e não há manual de instruções".

Lucas tinha sugerido dar o nome de Transamerican Sprocket Works à companhia, mas Francis tinha planos de abrir o capital e queria que o nome estivesse no topo da lista da Bolsa de Valores de Nova York. Também achava que a sugestão de George era muito bizarra e afastaria investidores em potencial. Não que os investidores estivessem formando fila quando os documentos da American Zoetrope foram preenchidos, em 14 de novembro de 1969. Único acionista da empresa, Coppola também era seu presidente, Lucas era vice-presidente e Mona Skager, secretária-tesoureira. Havia um conselho administrativo incomum: Coppola borbulhando de entusiasmo, Skager friamente cética e Lucas – "uma pessoa muito doce, tímida, bem-intencionada, um tanto despretensiosa", Skager lembra. Ninguém tinha muito dinheiro, embora esperavam receber assim que *Caminhos mal traçados* fosse entregue à Warner Bros. Os marceneiros trabalharam lado a lado com os editores de som, montando escritórios separados de igual tamanho para Coppola, Lucas e Korty, que virou o primeiro inquilino oficial da Zoetrope. Quando a obra foi concluída, Zoetrope se parecia de fato com um mini-estúdio, onde só faltava um laboratório de revelação de filme. A sensação de realização era inebriante. "Éramos todos, penso eu, cineastas independentes reunindo nossos recursos", afirma Korty.

A filosofia democrática de Coppola importunou Lucas quando a Zoetrope começou a atrair outros cineastas. "Francis teria dado uma câmera ao cara que limpa o chão se ele tivesse expressado o desejo de usar uma", afirma George, exagerando apenas um pouco. Lucas sentia que Coppola explorava os alunos formados na escola por causa da ânsia deles de aprender e estava se ressentindo, em particular, da determinação compulsiva de Coppola de assinar contratos de longa duração com a comunidade de cineastas da Zoetrope. O cara que certa vez tinha dito que "contrato" era uma palavra suja, tinha passado da água para o vinho. Coppola costumava pensar que Roger Corman tinha errado em não prender jovens cineastas a um contrato e segurá-los, para contar no fim com grandes diretores trabalhando por quase nada. "Francis via Zoetrope como uma espécie de Easy River[7] alternativo, onde ele poderia fazer a mesma coisa: conseguir um monte de jovens talentos por quase nada, fazer esses filmes, esperar que um deles tivesse sucesso e eventualmente construir um estúdio dessa forma", Lucas afirma.

Apesar das reservas de Lucas, o entusiasmo de Coppola era contagiante. A mensagem por trás das fofocas da USC e da UCLA era que a Zoetrope era onde o futuro estava ganhando forma. A verdadeira força de Coppola era fazer acordos. Ele tirou ideias para sete projetos de cinema para a Warner Bros., um deles sendo uma versão em longa-metragem para *THX*. O estúdio era agora propriedade de um conglomerado de estacionamentos, o Kinney Services, e um ex-agente de nome Ted Ashley era o encarregado. Como sempre, Coppola tentou cavar seu caminho até um acordo. Enviou um telegrama para o assistente de Ashley, John Calley, anunciando que tinha um filme pronto para despachar e pedindo que a Warner depositasse o dinheiro. Na

---

[7] Easy River era um apartamento na periferia de Los Angeles onde Coppola, Lucas, Milius, De Palma e outros jovens cineastas se reuniam para conversar sobre seus projetos na década de 1960. (N. R. T.)

verdade, *THX* ainda estava no estágio de rascunho, mas o estúdio aceitou pagar 3,5 milhões de dólares para desenvolver cinco scripts, incluindo *THX*. Ashley também impôs uma difícil barganha – qualquer dinheiro gasto deveria ser reembolsado por Coppola e a Zoetrope se os roteiros e os filmes não atendessem as expectativas. Se um só filme tivesse sucesso comercial, todo mundo se daria bem. A Warner estava preocupada a respeito de *THX 1138*, mas Coppola lhes garantiu que o filme pareceria bem produzido mesmo com seu orçamento tendo sido projetado abaixo de 1 milhão de dólares.

THX continuava fascinando Lucas mesmo depois que ele concluiu a versão estudantil em 1967. Ele sabia que um longa tinha de ser diferente do filme estudantil tanto na temática quanto no escopo, ainda que se mantivesse dentro do seu orçamento modesto. (Coppola encorajou Lucas a tentar algo diferente, embora algumas das suas próprias ideias fossem bizarras: Francis escreveu para George de Londres dizendo que tinha descoberto um novo processo 3-D com o qual fazer *THX*). Coppola não tinha planos de pagar por um roteiro, de forma que ele deu a Lucas uma valiosa aula na disciplina: se ele queria continuar na indústria do cinema, tinha de aprender a escrever.

"Então eu fiz o roteiro e o apresentei a Francis e disse: 'Isso está horrível'", Lucas lembra. "Ele o leu e respondeu: 'Você tem razão'". Coppola tentou reescrever o roteiro, mas ele e Lucas não compartilhavam o mesmo conceito a respeito do filme. Warner Bros. não gostou do script tampouco, então Coppola desistiu e contratou Oliver Hailey[8] para trabalhar com Lucas. Eles tinham conferências diárias, mas quando Hailey entregou seu roteiro, não era o filme que Lucas queria fazer.

Quando Walter Murch chegou em São Francisco para editar os efeitos sonoros de *Caminhos mal traçados*, Lucas resolveu o problema. Ele e Murch estavam acostumados a trabalhar juntos e Murch ofereceu um insight diferente à imaginação visual de Lucas. Prepararam um novo roteiro. "Nós só jogamos tudo para cima e ficamos observando como ia cair", Murch lembra com um sorriso. Havia camadas temáticas no filme. Lucas explica: "Em um certo sentido, estávamos fazendo um tipo de filme com duas dimensões e um visual gráfico fixo. Em seguida, planejamos criar uma percepção auditiva

---

[8] Oliver Hailey se tornou um roteirista de cinema e televisão bem-sucedido que faleceu em 1993. (N. E.)

com a trilha sonora e uma percepção dramática baseada nisso". George queria fazer experimentos com a estética do filme. Já que ele ia construir uma sociedade imaginária, poderia muito bem se divertir criando as suas regras, ainda que elas nem sempre fizessem sentido: "Eu não queria alterar as coisas para a conveniência do drama", Lucas explica. Essa não era uma afirmação destinada a tornar os executivos do estúdio felizes.

Naquele momento, parecia que *THX* nunca sairia do papel. Lucas procurou John Milius e lhe propôs que voltassem a trabalhar no projeto sobre o Vietnã que eles tinham discutido na escola. Lucas e Milius começaram a trabalhar em um roteiro para *Apocalypse Now*. Mas Coppola ainda não tinha desistido de *THX*. Preparou uma impressionante exibição dos desenhos gráficos de Lucas e apresentou aos executivos da Warner Bros. algumas filmagens da versão estudantil. Também elaborou um orçamento extremamente acessível para o filme, meros 777 777,77 dólares (o número sete era o da sorte para Coppola). Para impressionar ainda mais a Warner Bros., Coppola incluiu o filme de Lucas sobre o Vietnã na negociação, um filme com o qual Coppola não tinha nenhum vínculo à exceção do fato de Lucas lhe ter falado a respeito.

Quando a Warner acenou positivamente para os dois projetos, Coppola correu para contar a Lucas as boas novas. "Eu fiquei chocado", lembra George. "Estava ótimo no que diz respeito a *THX*, mas Francis sequer me tinha perguntado ou falado a respeito de *Apocalypse Now* – ele simplesmente saiu e fez um acordo sobre o filme. Mas tudo indicava que Zoetrope seria uma grande empresa e que nós, jovens cineastas, íamos dominar o mundo, então eu fiquei satisfeito". Coppola estava orgulhoso do seu protegido, cuja habilidade e talento estavam respondendo ao seu estímulo. Também sabia que com um filme por fazer, a Zoetrope estava no mercado.

Lucas não ficou com a melhor parte do negócio em Hollywood. Ele recebeu apenas 15 mil dólares por roteirizar e dirigir *THX 1138*, embora Coppola lhe tivesse prometido que seu salário chegaria a 25 mil dólares com *Apocalypse Now*. George pai e Dorothy ficaram atordoados quando ouviram que a Warner Bros. estava dando ao pequeno Georgie quase 1 milhão de dólares para fazer um filme. "Nós desligamos o telefone e dissemos: 'Meu Deus, eles estão dando a um garoto de 23 anos todo esse dinheiro!'", lembra Dorothy.

Lucas reconheceu a oportunidade: "Percebi que talvez não tivesse outra chance de fazer esse filme totalmente bizarro sem uma supervisão de verdade. Uma vez que ficou pronto, pensei que eles nunca mais me deixariam entrar no mercado de cinema". George não estava totalmente sem supervisão durante a produção de *THX* no entanto; Warner Bros. insistiu, e Coppola concordou, que um produtor seria contratado, alguém para assegurar que Lucas estava filmando de acordo com o orçamento alocado e o cronograma.

Lawrence Sturhahn, que tinha trabalhado em *Agora você é um homem* com Coppola, foi contratado, para o grande descontentamento de Lucas. "Sturhahn foi designado para *THX* e, com isso, George já tinha alguém para odiar", explica Matthew Robbins. "Francis sentiu que seria preciso achar um produtor oposto ao diretor, e isso funcionou perfeitamente". Talvez para Coppola, mas não para Lucas. Ele se ressentia de Sturhahn, que passava a maior parte do tempo ao telefone. Lucas queria que um produtor o ajudasse com a logística do filme, mas o que ele conseguiu era alguém satisfeito em deixá-lo fazer todo o trabalho. Lucas não apreciou seu primeiro contato com a burocracia de um estúdio de Hollywood. "Quanto mais ele tinha de lidar com gente crescida, menos gostava", afirma Matthew Robbins.

Lucas cresceu rápido durante a produção de *THX*. Ele tinha um cronograma de apenas dez semanas de filmagens, o mesmo prazo que precisou para fazer a versão estudantil. Usou a equipe local porque Coppola não queria arcar com os altos custos do laboratório de Hollywood. Lucas sequer conseguiu integrar o Directors Guild[9] porque a taxa de matrícula era muito alta. Mas a mente dele estava borbulhando de ideias.

George tinha decidido rodar *THX* em techniscope, um processo cinematográfico antigo que tinha aprendido a usar na USC e que utiliza metade do filme e dos recursos que um filme com formato *widescreen* com lentes de câmeras normais usa. Um filme em techniscope seria mais barato e poderia ser montado rapidamente, duas exigências para a produção de *THX*. Lucas planejou usar a luz existente sempre que possível, de modo que pudesse entrar e sair das locações depressa. Cada aspecto de *THX* foi minuciosamente preparado e cada cena era virtualmente editada no filme antes de ser gravada.

O enredo de *THX 1138* foi elaborado a partir da versão estudantil, embora o cenário ainda fosse um mundo subterrâneo, controlado por computador, povoado por cidadãos permanentemente sedados com tranquilizantes.

---

[9] Sindicato de Diretores de Cinema Norte-Americano. (N. R. T.)

"Trabalhe duro, aumente a produção, previna acidentes e seja feliz", era a filosofia reinante, articulada por OMM, o deus privado de emoções do futuro. As drogas eram suficientemente eficazes para eliminar atos sexuais e a maioria das suas distinções – homens e mulheres tinham a cabeça raspada e usavam roupas brancas idênticas. Robôs policiais com rostos de metal polido e cassetetes faziam cumprir as rígidas leis, enquanto os adeptos de OMM monitoravam todos com telas de televisão bidirecionais inspiradas na obra de George Orwell, *1984*.

Os principais personagens são *THX* 1138 e LUH 3417 (a predileção de Lucas por números ainda persistia), companheiros de quarto que sentem os primeiros sinais da sexualidade. Abstendo-se da medicação, eles fazem amor e concebem uma criança. O comportamento anormal de *THX* é relatado por SEN, seu supervisor invejoso que quer *THX* como seu próprio companheiro de quarto. *THX* é julgado e considerado culpado por evasão de drogas e perversão sexual.

O cenário principal do filme é em White Limbo, a penitenciária para onde *THX* é levado. Ela não tem fronteiras, a não ser o medo dos detentos, e ninguém jamais escapou. *THX* se torna o primeiro a fazê-lo ao simplesmente caminhar pelo limbo, onde é acompanhado por um holograma preto, uma imagem realista que parece verdadeira, mas é eletrônica. Juntos, roubam poderosos carros e pilotam através dos túneis subterrâneos da civilização, à frente da polícia robotizada. O holograma é morto durante um violento acidente, mas *THX* foge dos que o perseguem, se defende durante um ataque de anões peludos que vivem na superestrutura (eles evoluem na forma dos Jawas em *Star Wars*) e descobre uma escada levando à superfície. A cena final é com *THX* congelado diante de uma coluna de luz cegante enquanto o sol nasce, lançando os primeiros raios sobre o seu novo mundo.

Lucas gosta de colocar nascer do sol e pôr do sol nos seus filmes porque dão ao público um sentido de tempo real. Depois de uma exibição de *THX 1138*, Jim Bloom, se dirigiu a George e a Walter Murch e lhes perguntou qual era o significado do nascer do sol na última cena. "George e Walter olharam para mim, e depois se entreolharam, e George me olhou novamente e disse: 'Bem, é apenas um nascer do sol'. E nada mais".

Com restrições de tempo e de dinheiro em relação a *THX*, Lucas usou as locações existentes que exigiam poucas modificações. Filmou tanto quanto pôde cada sequência, usando uma câmera para os closes, uma segunda para o plano mestre de cena inteira, e, por vezes, uma terceira câmera para algum outro ângulo. Lucas raramente filmava uma cena várias vezes – ocasionalmente, ele podia filmar os ensaios e revelá-los. "Tenho um estilo documental, apenas monto todas as câmeras e rodo a cena", Lucas afirma. "Gosto que os atores interpretem uns em função dos outros, e não da câmera, por isso coloco as câmeras num canto, onde elas não vão ser intrusivas". Lucas e sua equipe delimitaram a área de São Francisco, usando como principal locação o túnel em vias de conclusão do metrô da cidade.

Dirigir um filme significa lidar com centenas de questões todos os dias, algo estranho a Lucas. Ele não conseguia acreditar que tinha uma profissão que exigia interação com numerosos grupos de estrangeiros. Lucas contou certa vez a Walter Murch que seu estado emocional enquanto dirigia um filme era semelhante a olhar a agulha de um medidor de som. A agulha se mexe para frente e para trás à medida que se grava uma cena de perseguição ruidosa ou uma conversa íntima. O que acontecia dentro dele, Lucas afirma, "é que a agulha começa no zero e dois dias depois de filmar ela está no vermelho – e fica ali, no vermelho". Ainda assim, ele buscou ser distante e quieto, o que intimidou o elenco e a equipe. "Não sou muito bom com pessoas, nunca fui", admite Lucas. "É um ponto fraco em mim".

Coppola estava ciente das deficiências de Lucas. Disse a Ron Colby para escolher cuidadosamente para o elenco do filme artistas capazes de cuidar do seu próprio desempenho. O veterano ator britânico Donald Pleasence foi contratado para fazer o difícil SEN, enquanto o papel principal foi para Robert Duvall, que Lucas já conhecia desde *Caminhos mal traçados*. A atriz de São Francisco, Maggie McOmie, interpretou LUH e o elenco também incluiu os comediantes Marshall Efron e David Ogden Stiers, mais tarde coadjuvante na série *M*A*S*H*, no papel do major Charles Emerson Winchester.

"Estava inculcado em mim que a primeira coisa a fazer quando se dirige um filme é conseguir os melhores atores para dirigir, gente que seja boa para o papel e também bacana", afirma Lucas. "Minha vida é curta demais para acrescentar problemas com o elenco". Os papéis femininos eram mais difíceis porque McOmie e as outras mulheres precisavam raspar a cabeça. (Acabou sendo um problema conseguir gente que raspasse a cabeça. No fim, Colby pegou extras no Synanon, um programa local de reabilitação para drogados.) Havia também cenas de sexo razoavelmente explícitas entre *THX* e *LUH*, que Lucas filmou em ambiente fechado no pequeno estúdio local.

THX tinha outros problemas. O equipamento era primário, quase rudimentar. Um integrante da equipe, Ted Moehnke, enrolava seus acessórios e efeitos especiais em duas latas de lixo da Sears. Lucas ficou surpreso ao descobrir que os profissionais não eram melhores que os estudantes de cinema. "Eles ainda rodam o filme no sentido contrário e estragam tudo", diz. "Só no mercado profissional você paga por isso – tubos de dinheiro. Que realização foi para mim e para os meus amigos". O que a equipe não tinha de experiência, tinha de entusiasmo, e Lucas se divertiu muito como diretor de *THX*.

"Foi o único filme que eu realmente gostei de fazer", afirma melancolicamente. "É sempre uma grande emoção fazer o seu primeiro filme porque você ainda não chegou na outra ponta, que contém toda a desaprovação, a angústia e o fracasso. Você nem imagina que isso possa ocorrer com você porque você não sabe o que pode dar errado. Tudo é diversão". Coppola aparecia no set de vez em quando, frequentemente acompanhado de um executivo da Warner ou de alguma visita de Hollywood. *THX* era a sua vitrine, a prova de que a Zoetrope estava trabalhando. Lucas ficou até mais determinado a fazer o filme dentro do prazo e do orçamento, para validar a confiança que Francis tinha nele.

A arma secreta de Lucas era sua capacidade de improvisar. Ele construiu um set miniaturizado sozinho usando partes de um modelo e uma variedade de fogos de artifício de 10 dólares para criar explosões. Lucas tinha uma ideia definida de como cada cena deveria ser. Quando uma sequência importante de *THX* pediu um quarto cheio de vidros de embriões humanos, Ted Moehnke combinou com a Universidade da California para conseguir o molde de um embrião morto em troca de uma peça de equipamento médico necessária, que a Zoetrope doou à universidade. Ele preencheu o molde com látex e produziu embriões em meio às obras no armazém da Zoetrope.

No final das filmagens, Coppola decidiu fazer uma sessão de terapia em grupo junto com os produtores, o diretor e a equipe. George ouviu com impaciência a equipe reclamar que ele nunca conversava com eles, confiava neles, brincava com eles, ou se relacionava de alguma maneira pessoal. "Foi uma dessas sessões de terapia cheias de dengos", George afirma bufando. "Felizmente eles ainda não tinham inventado as banheiras de hidromassagem, ou estaríamos numa delas". Mas as críticas o tocaram. Lucas sabia que teria de se confrontar com as suas dificuldades de comunicação interpessoal, ainda que isso arruinasse muito do seu prazer em fazer filmes. "Ser um diretor é um trabalho que drena muito", está convencido. "É como ser o chefe de uma grande família, e você tem de dar atenção a cada criança". Esbanjar atenção com artistas inseguros não era o que Lucas concebia como diversão.

THX era difícil de filmar: também era complicado de entender. O curta era quase ininteligível – embora Lucas e Murch tivessem melhorado muito o roteiro do longa. *THX* é o filme mais complexo de Lucas, sua única tentativa de criar um filme em forma de "mensagem" que ele esperava que pudesse induzir as pessoas a avaliarem suas próprias vidas. Infelizmente, a mensagem é por vezes tão confusa quanto os miolos de *THX* depois de eles terem sido fritos pelos controladores de mentes.

Os temas são familiares: a relação entre o homem e a máquina, a necessidade de escapar de um ambiente repressivo e a aceitação da responsabilidade nas relações e em termos morais mais amplos. Lucas não estava tentando fazer um remake de *Admirável mundo novo* ou de *1984*, estava apenas sugerindo que as pessoas não têm de participar de uma sociedade repressiva – "Você pode simplesmente cair fora". Essa também era a filosofia predominante nos campi universitários no final dos anos 1960. Lucas tinha atingido a psicologia de massa da sua geração, mas infelizmente, em 1968, aquele grupo não podia transformar um estranho filme sobre fatos científicos em um sucesso de bilheteria.

O conteúdo político de *THX* é incomum à luz da reputação de Lucas de ser um cineasta não controverso, interessado apenas no público de cinema de entretenimento. Ron Colby, que trabalhou em *THX*, se lembra de ter ficado bravo diante da resposta enfadada de Lucas para as lutas políticas do final dos anos 1960. Lucas descreve suas convicções daquela época como sendo "de centro-esquerda". "A principal questão da minha vida é que eu queria fazer filmes", ele explica. "Eu não queria a distração das causas, mesmo acreditando nelas". Essa é exatamente a crítica apresentada a maior parte das vezes a Lucas, que ele exclui o mundo real dos seus filmes, optando, ao contrário, por uma fantasia inofensiva. Mas *THX 1138* é tão político quanto qualquer outro filme americano lançado por um grande estúdio no final dos anos 1960. Lucas retrata um governo repressivo que seda seus cidadãos, cria suas futuras gerações em laboratório e relega às minorias o status de não humanos. "A sociedade moderna é uma coisa podre e, por Deus, se você for inteligente, vai se mandar agora e fugir. Tentar uma civilização alternativa acima do solo, longe do esgoto no qual você se enxerga", é a íntegra da mensagem que ele apresentava em *THX*. Não exatamente o teor das fantasias de criança.

THX demonstra que os problemas não são resolvidos conversando sobre eles – nas sequências da White Limbo, os prisioneiros gastam todo o seu tempo discutindo o *conceito* de liberdade, mas não fazem nada a respeito. *THX alcança* a liberdade andando no infinito branco, ele entra em ação e aceita as consequências, o que pode incluir morrer. "Eu sentia que a sociedade tinha chegado a um ponto em que tudo estava sendo falado e nada estava sendo feito", Lucas explica. "Eu ainda sinto isso".

Que tipo de solução fugir pode oferecer, todavia? Lucas parece abraçar a homilia hippie: "Turn on, tune in, and drop out", embora *THX* carregue uma forte mensagem contra as drogas ao equiparar a sedação à repressão. Uma vez que *THX* passa pelo desmame das drogas por causa do seu amor por LUH, ele percebe que pode abandonar tanto o vazio quanto o seu medo. "O medo do desconhecido é o que mantém as pessoas na linha", acredita Lucas, um conceito que ele coloca para uma melhor utilização em *Star Wars*. "Você tem de assumir a responsabilidade pelas coisas como são, e por mudá-las".

THX também contém as únicas sequências eróticas dos filmes de Lucas, incluindo um striptease televisionado de uma negra rechonchuda. O canal muda e *THX* assiste passivamente a um homem sendo brutalmente espancado por dois robôs policiais. "Penso que a violência pode ser algo terapeuticamente positivo [nos filmes], se corretamente conduzida", Lucas afirma. "Se eu a manuseio corretamente ou não, não sei dizer", ele acrescenta. A indecisão de Lucas a respeito da violência em *THX* está refletida em uma cena na qual dois "médicos" fazem experimentos com os reflexos nervosos de *THX*. Um bate-papo eletrônico trivial se segue enquanto *THX* é empurrado como uma boneca espasmódica, torturada por sondas eletrônicas. Apesar do desconforto que o sadismo possa causar no público, Lucas considera ser essa uma das cenas mais engraçadas do filme, e sua predileta – é a sua revanche aos procedimentos médicos aos quais foi submetido em decorrência do seu acidente de carro.

As cenas de sexo eram suficientemente explícitas para garantir uma referência ao filme em uma revista de cinema levemente pornográfica intitulada *Adam Film World*. Ao descrever as sessões de sexo entre LUH e THX, a revista malícia: "Parece que o bom e velho jogo do sexo leva diretamente ao orgasmo físico dos tempos de outrora, e você fica sabendo que eles nunca mais vão voltar àquela coisa mental futurista".[10] Lucas reclama que ele até deixou as cenas mais quentes fora do filme a pedido de Robert Duvall.

"Eu não sou puritano", Lucas se defende com orgulho. "O fato de eu ter me tornado bastante conhecido com filmes para criança parece me empurrar para um nicho pudico, mas não é assim". O casamento de Lucas com Marcia ocorreu pouco antes de *THX* ser rodado, e o filme reflete tanto a sua atração física quanto a convicção de que é preciso amor para sobreviver. A relação de amor entre LUH e *THX* é genuinamente comovente, dado que a fama do filme é ser frio e mecânico.

A relação mais perturbadora em *THX 1138* é a que acontece entre *THX* e SEN, o supervisor que parece ter intenções sexuais em relação a *THX*. Interpretado por Donald Pleasence, SEN apresenta características homossexuais numa sociedade assexuada. Lucas insiste que o homossexualismo não existe no mundo de *THX*, e que, mesmo se existisse, ele não projetou que SEN seria gay. Mas reconhece que até mesmo Pleasence teve dificuldade para entender seu personagem. Lucas justifica o que ficou incompreensível em *THX* afirmando que queria fazer o equivalente a um filme em língua estrangeira, no qual o público não entenderia os padrões sociais que está assistindo até que o filme terminasse.

Ao ser lançado, *THX* foi considerado um filme sombrio, depressivo, bem de acordo com a personalidade de seu criador. "Naquele tempo, George era bem mais negativo, uma pessoa sombria", diz Bill Neil, cunhado de Coppola, que trabalhou em *THX*. Até mesmo seus admiradores consideram o filme austero e sem emoções. ("O fato de se tratar de uma sociedade sem emoções não me deu muito com o que trabalhar", Lucas afirma.) Mas a destreza com que *THX* foi feito ofereceu inquestionável evidência das habilidades de Lucas como cineasta.

O visual em *THX* é sofisticado para um jovem diretor em seu primeiro longa com um orçamento apertado. As cenas de multidão com centenas de

---

[10] Da *Adam Film World* (Vol. 2, nº 6, 1979).

mortos-vivos calvos, vestidos de branco, correndo pelos corredores da cidade, são assustadoras e eficazes, como também o são as sequências da White Limbo. Lucas rodou uma emocionante cena de perseguição com THX e o robô policial sobre bicicletas a jato, que funciona por causa do ritmo. Até mesmo os efeitos sonoros que Walter Murch projetou e gravou eram revolucionários para a época. Eles permitiram que o público entendesse que estava entrando em um mundo diferente. THX é um dos poucos filmes de ficção científica que parece mais *do* futuro do que *sobre* o futuro.

Nem todo mundo apreciou o desafio. Marcia Lucas não gostou de THX, à exceção do visual. Ele nunca funcionou com ela do ponto de vista dramático: "Como espectadora assistindo o filme, não me senti emocionalmente envolvida. E eu gosto de estar emocionalmente envolvida com os filmes". Muitos amigos de Lucas sentiram que o filme não tinha um enredo suficientemente forte e que THX deixou o público mais deprimido do que esperançoso.

Os críticos foram gentis de modo geral, mas o diretor se irritou ao ler as críticas às suas motivações e intenções: "Os críticos são os vândalos do nosso tempo, como grafiteiros que sujam as paredes. Você percebe que eles gastam duas horas por dia vendo um filme uma vez e outras duas horas escrevendo a respeito – passam menos de um dia de toda uma vida pensando naquele filme em particular, embora os cineastas passem pelo menos dois ou três anos planejando e rodando um filme. Eu digo basicamente: 'Para o inferno com os críticos'". O que mais incomodou Lucas a respeito da reação dos críticos com a THX é que ele passou a ser visto com um cara insensível, uma etiqueta que ele rejeita até hoje. "Eu tenho emoções, e eu não sou aquele tipo de cara bizarro, ligado em ficção científica", afirma.

Lucas aprendeu com as críticas e a reação popular a THX que, se ele queria mudar o mundo, mostrar o quanto a sociedade pode ser estúpida e horrorosa não era a melhor forma de agir. O público gosta de histórias positivas, não invectivas negativas. Era um erro que ele não repetiria.

Os problemas de Lucas com THX começaram quando ele terminou o filme. Coppola lhe deu um ano para trabalhar na pós-produção, o que Lucas fez no sótão e quarto adicional da sua casa em Mill Valley. George e Marcia editavam o dia todo, em seguida vinha Walter Murch e editava o som a noite inteira. Às 6 horas da manhã, Lucas e Murch mudavam de turno. George alcançou quase tudo o que queria com o seu primeiro filme: conseguiu escrever, dirigir, editar e controlar sua imaginação, uma experiência totalmente "sob controle" que ele adorou. Por todos esses motivos, ele ainda considera *THX* seu filme mais satisfatório em termos de objetivos pessoais.

A falta de experiência de Lucas em relação a Hollywood terminou quando *THX 1138* foi entregue à Warner Bros. Coppola foi à casa de Mill Valley uma noite antes de levar o filme para Burbank. Murch lhe mostrou um carretel e tudo o que Coppola murmurou foi: "Estranho, estranho".

A afirmação era profética. Quando Ashley e sua equipe de gestores viram *THX*, eles ficaram intrigados com o seu imaginário abstrato, a trilha sonora sinistra e o enredo incompreensível. Ashley estava convencido de que o filme era um esqueleto e ordenou a Coppola e a Lucas que entregassem o negativo a Rudi Fehr, um veterano editor contratado da Warner. (Foi dito que era a primeira vez que o estúdio pegava um filme do seu diretor e produtor.) "Eles estavam com a faca e o queijo na mão, tinham o filme", comenta Coppola a respeito da sua rendição diante de Ashley e companhia. Ele esperou voltar para São Francisco para contar a Lucas as más notícias.

Eram notícias ruins, de fato. Coppola tinha conseguido os próximos sete projetos da American Zoetrope na esteira de *THX*, dois dos quais ele ia fazer pessoalmente mais tarde, *Apocalypse Now* e *A conversação*. Ashley estava tão chateado depois de assistir a *THX* que cancelou o negócio todo com a Zoetrope, recusando-se a considerar os méritos dos outros roteiros. Aquele dia ficou conhecido como a Quinta Negra, um golpe do qual a Zoetrope nunca se recuperou. Lucas estava devastado: o filme dele tinha sido ridicularizado e foi tirado dele, e sentiu-se responsável pela morte da Zoetrope. Coppola foi para a Europa para lamber suas feridas. Como Lucas não podia segui-lo, sua raiva da Warner Bros. ferveu internamente. Fehr cortou apenas quatro minutos de *THX*, basicamente cenas na White Limbo e algumas tentativas de fazer graça, mas o atentado à sua liberdade criativa atingiu George.

"Os cortes não tornaram o filme melhor; eles não tiveram nenhum efeito sobre ele", disse. "Era um tipo de filme muito pessoal, e eu acho que eles não tinham o direito de entrar e simplesmente cortar arbitrariamente, por uma questão de capricho. Não sou bom com figuras de autoridade de todo modo, então me senti totalmente ultrajado". Coppola insiste que *THX* mal foi editado, mas para Lucas, eles poderiam muito bem ter picado o filme inteiro em pequenos pedaços. Foram necessários onze anos para que ele voltasse a falar com Ted Ashley. Durante as negociações para lançar *Indiana Jones e os caçadores da arca perdida*, Ashley precisou pedir desculpas e admitir que ele estava errado antes que Lucas o perdoasse. (Mesmo assim, a Paramount Pictures lançou *Indiana Jones*.) A respeito da reconciliação que ele promoveu entre Lucas e Ashley, o advogado Tom Pollock afirma: "Foi extraoficial, fora dos escritórios".

THX 1138 começou bem em relação aos seus compromissos comerciais, mas os negócios logo despencaram e a fita foi relegada ao status de filme cult, sendo exibida à meia-noite em apresentações em cinemas de arte. No fim, ele rendeu 945 mil dólares, e parte das vendas de ingressos voltou à Warner Bros. através dos donos de salas de exibição, mas, mesmo assim, ele terminou no vermelho. A Warner Bros. relançou o filme depois do sucesso de *Star Wars*, com a restauração das cenas extirpadas, mas *THX* novamente fracassou junto ao grande público. Ele continua sendo a grande falha comercial de Lucas e, ao mesmo tempo, seu filme predileto. A experiência foi frustrante e edificante para Lucas, que passou praticamente dois anos fazendo um filme muito pessoal, que foi despejado no mercado sem muito cuidado. Marcia Lucas enxerga apenas um lado positivo para a provação pessoal que ela e George enfrentaram: "Dirigir aquele filme foi uma coisa importante para George. Era um avanço. Agora, ele era realmente um cineasta".

5

Dançando em volta do relógio

> Zoetrope nunca deixou de valer 10 centavos. Só agora, uma geração depois, todas essas pessoas têm carreiras bem-sucedidas.
> *Agente Jeff Berg*

No dia 21 de novembro de 1969, dois trabalhadores chegaram ao estúdio da Warner Bros. trazendo uma caixa preta que parecia um caixão. Eles fizeram muita força para carregá-la pela escadaria circular até o escritório do presidente da Warner, Ted Ashley. Dentro da caixa havia sete roteiros com encadernações pretas extravagantes, o logo da Zoetrope em relevo e um projetor antigo que simbolizava o sonho do cinema novo. Em apenas algumas horas, a caixa preta voltou para o pé da escada. Ashley tinha rejeitado seu conteúdo e com isso sepultou os planos de Francis Coppola, George Lucas e o grupo de jovens cineastas que eles tinham trazido de São Francisco.

Lucas e Coppola estavam mais do que devastados pela sumária demissão da Warner – eram legalmente responsáveis por quase 300 mil dólares, o dinheiro que o estúdio tinha gasto para desenvolver os roteiros. Em meio ao desmoronamento da Zoetrope como organização, havia incerteza quanto à liderança de Coppola. As contas se amontoavam, o equipamento estava desaparecendo, contadores deram uma olhada nos relatórios da companhia e se afastaram. Lucas entrou em pânico – essa era exatamente a situação para a qual o pai dele o havia alertado, tipos criativos e loucos gastando dinheiro como se não houvesse amanhã, sem se incomodar com preocupações em relação às consequências financeiras.

Divergências internas também atormentavam a Zoetrope. Numerosos cineastas socialmente ativos tinham se juntado à companhia e formado um sindicato radical que processou o usual sindicato de São Francisco por sua jurisdição sobre as produções da Zoetrope. Lucas se opôs veementemente à transformação da Zoetrope em um campo de batalha político e, aos poucos, foi se desligando da companhia. O assunto foi finalmente resolvido, mas ele custou a Coppola e à Zoetrope 40 mil dólares em taxas. Coppola tem lembranças particularmente desagradáveis dessa época: "A Zoetrope foi pega lisa. Todo mundo a usou, ninguém contribuiu, e chegou uma hora que eu estava literalmente protelando que as autoridades colocassem uma corrente na porta". Até mesmo pessoas leais como John Korty foram embora quando o aluguel do escritório disparou de 200 dólares para mil dólares por mês enquanto Coppola tentava desesperadamente levantar dinheiro.

Típico exemplo de desperdício da Zoetrope foi o convite que Coppola enviou a George e a Marcia pedindo-lhes para participarem de uma recepção durante o San Francisco Film Festival em 1970. Impresso em papel sulfite fino e com o logo da Zoetrope em relevo, o convite trazia um recado pessoal de Coppola na parte inferior: "Essa carta custou 3 dólares para imprimir, digitar e enviar para você". Lucas odiava esse tipo de extravagância sem sentido e ela causou um rompimento profundo entre os dois homens. "George acabou desencorajado pela minha administração 'boêmia'", reconhece Coppola. "Eu tenho a habilidade do flautista para deixar fluir os sonhos de todo mundo, mas, no fim, eu estava vulnerável e perdi tudo. George estava preocupado em conseguir uma empresa que não caminhasse nem parecido com a minha".

No seu momento mais difícil, Coppola foi consultado pela Paramount Pictures para dirigir a versão em filme da novela chula de Mario Puzo sobre a máfia, *O poderoso chefão*. Coppola hesitou em voltar ao sistema de Hollywood, mas Lucas o incitou a pegar o trabalho, nem que fosse para pagar as dívidas da Zoetrope. Lucas havia aprendido os inconvenientes de ser o protegido de um mestre que, às vezes, tropeçava.

Outros integrantes da Zoetrope também sentiam que estavam numa montanha-russa em termos de altas expectativas e resultados deprimentes. "Foram anos maravilhosos e eu aprendi muito", afirma a bibliotecária Deborah Fine. "Mas pessoalmente eles eram muito duros comigo. Ao trabalhar para Francis, é encrenca pura se você sentir que não está sendo pago convenientemente ou que as suas condições de trabalho não são boas. Há 1 milhão de pessoas na esquina que beijariam o chão para trabalhar para ele de graça".

Ainda que Lucas nunca tenha ficado numa posição similar, ele sabia exatamente o que *não* devia fazer. Manteve a amizade com Coppola e o ajudou na montagem cinematográfica das cenas das brigas entre gangues em *O poderoso chefão*. Mas ele procurou trabalho em outros lugares também. O documentarista David Maysles contratou Lucas como cameraman para o infame concerto dos Rolling Stones no Altamont Speedway, fora de São Francisco, em 1969. Talvez tenha sido Lucas quem filmou o esfaqueamento mortal de um frequentador por um Hell's Angel, mas ele diz não se lembrar. O evento não lhe causou impressões especiais.

Durante esse período, Lucas conheceu Gary Kurtz, que havia frequentado a UScinema e tinha trabalhado em alguns filmes de Roger Corman. Ele serviu durante quatro anos numa unidade de fotografia da Marinha, embora fosse um quacre[1] e se recusasse a carregar uma arma. Kurtz era um homem barbudo, cerimonioso, que fez Lucas se sentir extrovertido. Fizeram amizade e Kurtz aceitou produzir o filme de Lucas e de Milius sobre a Guerra do Vietnã.

Lucas continuou a passos largos em seus ambiciosos planos profissionais, a despeito do natimorto *THX 1138*. Ele tinha apreciado dirigir longas e não estava mais interessado em filmes industriais e comerciais. Mas para o seu segundo filme, ele teria de fazer algo mais profissional e, odeia admitir, mais comercial. Havia adquirido os acessórios que um diretor promissor precisava: um advogado, Tom Pollock, e um agente, um jovem diplomado na Berkeley de nome Jeff Berg. Ele entrou na Creative Management Associates, uma das novas crias das agências de talento de Hollywood, que também representava os amigos de Lucas, John Milius, os Huyck e Matthew Robbins.

Lucas queria fazer um filme que dissipasse sua imagem de maníaco por tecnologia e cineasta frio, mecânico, desprovido de calor e humor. O meio era um filme de rock 'n' roll no qual a música seria tão importante quanto a história e os personagens. Lucas achava que não era um bom contador de histórias, mas não tinha de se preocupar com *Loucuras de verão* – as músicas bastavam,

---

[1] É o nome dado a vários grupos religiosos com origem comum num movimento protestante britânico do século XVII. A denominação quacre é chamada de quakerismo, Sociedade Religiosa dos Amigos (em inglês: Religious Society of Friends), ou simplesmente Sociedade dos Amigos ou Amigos. Eles são conhecidos pela defesa do pacifismo e da simplicidade. (N. E.)

estimulando uma onda de lembranças no público. O que era mais comercial que a trilha sonora com os quarenta maiores sucessos?

Lucas sabia que uma boa ideia de filme não bastava. Se um estúdio não desse importância para o conceito, era melhor ter um segundo engatilhado, a respeito do qual poderia estar igualmente entusiasmado. Durante muito tempo, Lucas sonhou em fazer um filme sobre o espaço, que evocaria os seriados de Flash Gordon e Buck Rogers que assistia na TV durante a infância. Ele tentou adquirir os direitos cinematográficos dos livros sobre Flash Gordon, de Alex Raymond, mas descobriu que o diretor italiano Federico Fellini já os tinha comprado. (No fim, *Flash Gordon* foi feito pelo produtor Dino De Laurentiis em 1980, com resultados de venda insignificantes.) Obrigado a trabalhar com sua própria história, Lucas decidiu pesquisar os contos mitológicos e de fadas para eventuais ideias, mas se concentrou primeiro no seu musical.

THX não tinha estimulado a autoconfiança de Lucas como escritor, mas ele se empenhou com o esqueleto de uma história em cinco páginas a respeito de quatro jovens no limiar da idade adulta que seguem caminhos distintos. Jeff Berg a ofereceu aos principais estúdios, onde houve uma falta de entusiasmo unânime. A maioria dos executivos achou que a ideia era bizarra e que os direitos musicais custariam uma fortuna. Um dos poucos executivos que pareceu interessado foi o vice-presidente de produção da United Artists, David Chasman. Mas ele também achou o projeto arriscado, e abriu mão.

Irritado com a demora, Lucas decidiu ir à Europa para o Festival de Cannes, onde *THX* havia sido escolhido para o Director's Fortnight, uma nova vitrine de jovens cineastas. Marcia tinha acabado um trabalho como editora assistente de *O candidato* para Michael Ritchie e ansiava por férias. Haveria uma escala em Nova York antes do voo para Londres e Lucas decidiu apostar no superior de Chasman, o presidente da United Artists, David Picker, que ficava em Nova York. Talvez se ele advogasse em favor do seu caso pessoalmente, Lucas pensou, Picker poderia ver algum potencial em *Loucuras de verão*, o título ao qual George tinha chegado durante uma viagem de fim de semana a Modesto.

Antes que George e Marcia viajassem, Lucas assistiu *THX* junto com Milius e Robbins no cinema Hollywood Boulevard – a primeira vez que George assistiu o seu filme em meio ao público pagante. O coração dele batia forte quando se sentou, mas a resposta foi entusiasta: "Eles adoraram – pularam e riram em todos os momentos certos. Eu estava *realmente* me sentindo ótimo. Eu não me importava se tinha tido sucesso ou não, porque eu nunca pensei que seria um sucesso. Mas finalmente eu estava sentado num cinema, com o meu filme e o público, e eles gostaram. Isso bastava para mim". Não era o bastante para a Warner Bros. – o estúdio não tinha intenção alguma de mandar Lucas para Cannes. As economias de George e Marcia somavam 2 mil dólares, mas Lucas declarou: "Mas que droga, nós vamos". E assim foram eles, mochilas e sacos de dormir em plena cidade. Seriam suas primeiras e únicas férias nos próximos sete anos.

David Picker foi surpreendentemente receptivo à ideia de Lucas quando eles se encontraram em Nova York. Ele perguntou se o jovem cineasta tinha outros projetos em mente, e quando ouviu um apanhado resumido do que acabaria sendo *Star Wars*, sugeriu um possível acordo para dois filmes. Picker concordou em ler o curto roteiro de *Loucuras de verão* e de chamar Lucas quando tivesse uma decisão.

Lucas recebeu um telefonema de Picker em Londres no seu 26º aniversário. Alguém ia fazer o seu filme! Mas Picker foi suficientemente cauteloso para estruturar o acordo de forma que o lucro resultante de um filme pudesse ser aplicado em caso de possíveis perdas do outro. Picker também insistiu para que Lucas melhorasse a história e chegasse a um roteiro final, pelo qual a United Artists pagaria 10 mil dólares. Lucas sabia que precisava de ajuda e chamou Willard Huyck e Gloria Katz, que tinham um diploma da escola de cinema rival e dos quais tinha se tornado amigo próximo.

Lucas havia pedido a Gary Kurtz para que produzisse *Loucuras* se e quando ele tivesse um contrato, e Kurtz começou a procurar um novo roteirista. George lembrou de um antigo colega de classe, Richard Walters, e ele combinou de receber um primeiro esboço do roteiro quando voltasse da Europa. Em Cannes, Lucas encontrou-se com Picker na suíte executiva do elegante Carlton Hotel e fechou o acordo sobre *Star Wars*, que George descreveu como sendo "aquele grande treco de ciência-ficção-aventura no espaço-Flash Gordon". Como gratificação, Picker deixou para Lucas seus ingressos reservados para as *premières* dos filmes de Cannes, e George e Marcia acompanharam o festival em grande estilo.

THX 1138 despontou como um dos sucessos tardios de Cannes, lotando suas duas apresentações. Uma coletiva de imprensa foi agendada para que os críticos franceses pudessem conhecer o jovem diretor inovador, mas, como de costume, Lucas nunca soube nada a respeito. "Eu mal conseguia entrar em uma sala de cinema exibindo o meu próprio filme, o que dizer de uma coletiva de imprensa", ele lembra com uma gargalhada. "Mas por um bom número de anos, os franceses pensaram que eu era um esnobe". George e Marcia compraram um Eurailpass e passaram o verão no seu próprio Grand Tour, cobrindo o circuito de corridas europeu, de Le Mans até o Grand Prix de Mônaco.

De volta, Lucas mal podia esperar para ler o roteiro de Walter. Como não podia deixar de ser, ficou desapontado. O roteiro não refletia suas ideias de forma alguma: a versão de Walter era manifestamente sexual e Lucas a considerava de mau gosto. Ele ficou ainda mais aborrecido quando descobriu que Kurtz tinha aceitado dar a Walter o pagamento integral de 10 mil dólares mesmo para um primeiro rascunho. Lucas naquele momento tinha um contrato, não tinha um roteiro, nem os 10 mil dólares, e apenas 500 dólares no banco.

Lucas recebeu ofertas para dirigir outros filmes depois de *THX*. A Tomorrow Entertainment, uma produtora independente, cujo interesse por *Loucuras* Jeff Berg havia tentado atrair, queria que Lucas fizesse um filme de diversão de baixo custo, *Lady Ice*, estrelando Donald Sutherland. Quanto mais Lucas recusava as ofertas dos produtores, mais ele era procurado, até que a oferta chegou a 100 mil dólares e 15% do lucro líquido do filme. Era tentador – Lucas estava desesperado atrás de dinheiro vivo para desenvolver um novo roteiro para *Loucuras*. Ele teve uma longa conversa com Marcia antes de decidir dizer não. A decisão era um divisor de águas – Lucas estava determinado a se manter fiel aos seus pontos de vista e não se deixar desviar dos seus objetivos. Michael Ritchie ficou impressionado com a independência de Lucas. "Todos nós tivemos de fazer filmes que não queríamos fazer", Ritchie assinala. "George nunca fez".

A decisão de Lucas de deixar passar *Lady Ice* (o filme foi finalmente dirigido por Tom Gries e provou ser um desastre de bilheteria) pareceu ainda mais louca quando a United Artists desistiu do acordo em torno de *Loucuras* e *Star Wars*. Picker não ficou impressionado com o roteiro que o próprio Lucas escreveu apressadamente depois de rejeitar o de Walter e se recusar a invocar a segunda fase do contrato, que mobilizava recursos adicionais para refazê-lo. Se Lucas quisesse trabalhar *Loucuras* com o seu próprio dinheiro,

Picker disse que a United Artists ficaria feliz em dar outra olhada nele. Se não, o acordo estava desfeito. Lucas ficou furioso – ele achou que o estúdio era muito miserável para pagar por uma reescrita. Voltou para a máquina de escrever e desovou outros dois rascunhos de *Loucuras de verão*. Eles foram apresentados a todos os estúdios em Hollywood.

Lucas estava ficando desesperado. Ele e Marcia estavam cheios de dívidas, tendo emprestado várias centenas de dólares dos pais de George, de outros parentes e amigos. Como o pai, George odiava dever dinheiro, mesmo a membros da família. Tom Pollock tinha criado uma empresa para contratar os serviços de Lucas como diretor e assim reduzir a sua carga tributária. Lucas a denominou Lucasfilm Ltd., não porque soasse bem na língua inglesa – ele simplesmente gostava da aliteração e da inclusão do seu próprio nome, uma reveladora ponta de vaidade para um homem supostamente modesto.

Ninguém parecia interessado nos serviços de Lucas como diretor ou como empresa. Ele ainda estava brigando com suas ideias para *Star Wars* quando encontrou Ralph McQuarrie, ilustrador da NASA, que o ajudou a ordenar suas ideias. Mas Lucas sentiu que não estava fazendo progressos. Havia sido o primeiro do grupo dele a fazer um longa e agora parecia que seria o último a fazer um segundo. A carreira dele já estava encerrada?

★★★★

Fazer um filme é atravessar um circo, uma campanha militar, um pesadelo, uma orgia e uma brisa.[2]
Norman Mailer

★★★★

Lucas nunca perdeu a convicção de que já era hora de lançar um filme como *Loucuras de verão*. Falando num encontro do Rotary Club de Modesto a pedido do seu pai depois que o filme estava pronto, Lucas disse aos homens de negócios da cidade: "Decidi que era o momento de fazer um filme na hora em que as pessoas se sentiram melhor saindo do cinema do que quando entraram. Estava ficando deprimente ir ao cinema". Para a diversão do público da sua cidade natal, Lucas acrescentou que tinha passado quatro anos cruzando a 10th

---

[2] Em *The Film Director as Superstar*, de Joseph Gelmis (Nova York: Doubleday, 1970).

Street em Modesto, tempo que seu pai considerou inútil. "Fiz *Loucuras de verão* para provar que ele estava errado", Lucas disse, brincando apenas em parte.

Obter financiamento de algum estúdio para *Loucuras* estava se mostrando difícil. O fato de *THX* não ter sido um sucesso de bilheteria tinha marcado Lucas como um diretor não comercial e o conceito incomum por trás de *Loucuras* dificilmente tranquilizava os executivos de estúdio conservadores. No roteiro que fez para o filme, Lucas destacou a palavra "musical" com letras de forma e, como parte da apresentação, incluiu "*Loucuras de verão* é um MUSICAL. Ele tem canções e danças, mas não é um musical no sentido tradicional do termo porque os personagens do filme nem cantam nem dançam". O silêncio da parte da 20th Century Fox, MGM, Paramount e American International Pictures era tumular. Até mesmo os amigos achavam que Lucas estava fazendo "um filme para crianças estúpidas". Apenas Marcia estava firmemente do lado dele.

Poucos executivos se deram ao trabalho de ler o resumo inteiro da história e assim não acompanharam a ideia de Lucas. A música não era o problema de *Loucuras de verão*, era a solução. Os estudos técnicos de George em antropologia e sociologia o haviam conscientizado de que a cultura dos anos 1950 que o havia alimentado estava desaparecendo rapidamente na socialmente turbulenta década 1960. Em vez de sair por aí, a juventude estava ficando chapada de maconha. Lucas sabia que se ele pudesse recriar essa época, atingiria a geração que estava se tornando o esteio do público de cinema.

Bill Huyck e Gloria Katz tinham concluído o filme deles e estavam ansiosos para começar a trabalhar em *Loucuras*. Lucas definiu a estrutura do enredo, um arranjo complexo em que cada personagem se envolvia em várias subtramas, bem como a linha principal da história. Calculou que cada cena se desenvolveria na duração de uma música popular, cerca de dois minutos e meio, ou duas páginas e meia de roteiro. Se *Loucuras* tivesse uma duração de noventa minutos, seriam necessárias 48 cenas ou doze para cada personagem importante. Os Huyck ficaram confusos no começo, mas, assim que começaram a escrever, perceberam que o objetivo de Lucas era manter a história em constante movimento. Cada subtrama acrescentava ímpeto e contribuía para a conclusão do filme.

A principal tarefa dos Huyck era dar vida aos quatro protótipos que Lucas havia criado: Curt, o rebelde; Steve, o cidadão impassível; Terry, o nerd; e Milner, o rei das estradas. "Eles eram recortes de papelão no meu roteiro, não pessoas", admite Lucas. "Bill e Gloria trouxeram 100% de melhoras com uma combinação de perspicácia, charme e personagens mordazes, despachados e cheios de ímpeto. Os Huyck escreviam rápido, fechando dez páginas por dia, que Lucas reescrevia e depois devolvia a eles para mais uma revisão. *Loucuras de verão* foi desenhado a partir da própria adolescência de Lucas em Modesto, mas Huyck e Katz tiveram alguns problemas relativos à história – ambos tinham crescido na Califórnia do Sul. "Um hambúrguer em Modesto é o mesmo que um hambúrguer em San Fernando Valley", Huyck explica.

Ao mesclar suas experiências individuais na escola, os Huyck e Lucas alcançaram uma colaboração bem-sucedida. Lucas criou a maior parte dos nomes dos personagens e serviu parcialmente como modelo para Terry, Curt e Milner. Os Huyck imaginaram *Loucuras* acontecendo numa noite surreal que não acabava mais, mas Lucas insistiu para que o filme estivesse ancorado na realidade e lhe conferiu imediatismo e profundidade. Lucas tomou as decisões do último roteiro – até mesmo os Huyck não estavam autorizados a mexer na ideia dele. Bill e Gloria não se sentiam confiantes em relação ao material, de maneira que havia alguns conflitos de ordem criativa. Huyck lembra: "Pensamos que não ia dar em nada. Era apenas um pequeno filme, e isso facilitava as coisas. Nós estávamos nos divertindo".

Havia um desentendimento a respeito do fim de *Loucuras*. Lucas insistia para que a imagem final fosse um cartão detalhando o destino dos personagens, inclusive a morte de Milner e o desaparecimento de Terry no Vietnã. Os Huyck achavam esse final deprimente e não conseguiam acreditar que Lucas havia planejado incluir apenas os personagens masculinos. "Ficamos chateados com isso e realmente brigamos com ele", lembra Huyck. "Dissemos: 'George, se você quer um *postscript*, você deveria pelo menos falar do destino das garotas'". Lucas argumentava que fazer menção às garotas significava acrescentar mais um cartão, o que ele sentia que prolongaria o final. "Era puramente uma decisão cinematográfica", ele enfatiza. "É um filme sobre quatro caras". Em retrospectiva, ele reconhece que deveria ter adicionado as mulheres. Um final só com os homens deu aos críticos, como Pauline Kael, a oportunidade de acusar Lucas de ser machista, uma acusação que ele rebate calorosamente. "É apenas um problema costumeiro de sacrificar o conteúdo à forma", explica.

Lucas desvalorizou sua própria contribuição para o roteiro final de *Loucuras*, mas seu senso de humor "meio retardado" peculiar fica claro quando Terry tenta comprar bebidas para impressionar Debbie. Ele pede para várias pessoas que estão entrando numa loja de bebidas que façam a compra para ele, mas algo sempre dá errado: um empresário o intimida e um bêbado o trapaceia, esgueirando-se pela porta dos fundos. Quando Terry entra na loja, não tem coragem para pedir a bebida. Finalmente, um jovem rapaz aceita fazer a compra e joga a garrafa para Terry enquanto foge da loja que ele acaba de assaltar. A cena é uma das mais engraçadas do filme, mas acontece muito rápido, como se Lucas estivesse embaraçado de revelar seu lado "bobão".

Jeff Berg fez uma última tentativa para colocar o *Loucuras* reescrito na Universal Studios, onde um jovem produtor executivo chamado Ned Tanen havia iniciado uma sequência de filmes de pequeno orçamento como *Corrida sem fim* e *Quando nem um amante resolve*. Os filmes não renderam muito dinheiro, mas Tanen era quase o único executivo em Hollywood disposto a dar uma chance aos jovens talentos. Lembrava-se da versão estudantil de *THX* de Lucas e se encontrou com George, Berg e Pollock. Lucas veio armado com seu novo roteiro e um cassete com músicas escolhidas de sua ampla coleção de 45 rotações. Ele estava disposto a falar do projeto no qual acreditava – a timidez dele desapareceu e seu entusiasmo era contagiante. Depois de várias rodadas difíceis de negociação, a Universal aceitou financiar e lançar *Loucuras* com alguns adendos.

O estúdio orçou apenas 600 mil dólares para toda a produção, uma soma pequena mesmo para o início dos anos 1970. A Columbia Pictures tinha dispensado *Loucuras* porque estimava que os direitos musicais custariam 500 mil dólares. A Universal insistiu para que o orçamento de 600 mil dólares incluísse os direitos musicais, o salário do elenco, os honorários de 50 mil dólares de Lucas pelo roteiro e a direção – *tudo*. Berg conseguiu que o montante chegasse a 750 mil dólares, mas essa foi a única concessão da Universal. "Não creio que a questão fosse ser um bom acordo ou um mau acordo", afirma Berg. "Era *o* acordo".

Lucas escolheu Kurtz para produzir o filme, mas a Universal preferiu um produtor de mais destaque que pudesse garantir que as coisas não sairiam de controle. A lista de nomes que o estúdio aceitaria foi preparada, mas Lucas se sentiu confortável com apenas um: Francis Coppola. *O poderoso chefão* tinha acabado de colher elogios da crítica e a receita de bilheteria em circulação, e Coppola foi considerado como o novo salvador da indústria do cinema. Os executivos da Universal já podiam ver os textos publicitários anunciando *Loucuras*: "Do homem que lhe trouxe *O poderoso chefão*".

Tanen voou para São Francisco e implorou para Coppola para que produzisse o filme, dizendo-lhe que era a única maneira de Lucas ter permissão para dirigi-lo. Reunir-se com Francis era embaraçoso para George. Depois de Coppola ter falhado em apoiá-lo na sua briga com a Warner Bros. no tocante aos cortes de *THX*, Lucas tinha reduzido sua relação profissional com ele, embora permanecessem amigos pessoais próximos. George sabia que Francis estava magoado por ele não lhe ter levado *Loucuras* primeiro. "Quando eu tive de voltar e lhe pedir para produzir *Loucuras*, Francis ficou muito feliz", lembra Lucas. Coppola estava tão entusiasmado em relação ao filme que tentou conseguir seu próprio financiamento, mas foi malsucedido. Relutantemente, Coppola concordou com os termos da Universal, incluindo a insistência do estúdio de ele funcionar como produtor de linha, cuidando de todos os detalhes. Lucas sabia que Coppola o deixaria sozinho – Coppola não tinha intenção alguma de aparecer no set todos os dias.

A Universal também escolheu o segundo filme de Lucas, *Star Wars*, uma ideia que tinha atraído o interesse de Tanen. O executivo tinha o pressentimento de que apoiar Lucas provaria ser um investimento sagaz para o estúdio. "Havia algo incomparável em Lucas que eu não entendia", lembra Tanen. "A gente simplesmente sentia que algo de muito importante ia acontecer com ele".

Francis e a Universal de pronto quiseram mudar o título do filme[3] – eles temiam que *American Graffiti* soasse como um filme italiano que falava sobre pés. Coppola sugeriu *Rock Around the Block*, mas Lucas se recusou a abandonar *Graffiti*, que na opinião dele evocava lembranças de uma civilização passada.

A maior briga com a Universal era o orçamento. Lucas recebeu menos dinheiro para fazer *Loucuras* do que tinha ganhado para *THX* três anos antes

---

[3] Nos anos 1970, a cultura *graffiti* não era popular, nem tinha a mesma expressão de hoje, mas havia uma moda em efervescência: a dos sapatos italianos coloridos feitos em *graffiti*. A menção de que os produtores se equivocaram, associando *American Graffiti* com um filme italiano que falava sobre pés advém desta referência. (N. R. T.)

e pensou que teria de fazer o que chamou de um filme à la Sam Katzman, em referência ao famoso produtor de filmes de segundo escalão dos anos 1950, como *Ao balanço das horas*. Lucas queria dinheiro o bastante para garantir toda a gama de músicas, o elenco certo de jovens atores e a possibilidade de rodar em locações à noite. Também queria que a Universal lhe permitisse fazer a última edição do filme, de maneira que a infeliz experiência com *THX* não se repetisse. Mas ele não teve cacife para ganhar essa proposta, que não passou da esfera dos diretores de Hollywood. O que provaria ser uma cara omissão.

O acordo em torno de *Loucuras de verão* quase caiu por água abaixo quando chegou a hora de licenciar as músicas de rock 'n' roll. As músicas custavam quase 90 mil dólares, mais de 10% do orçamento inteiro, e a Universal pressionou Lucas a cortar a trilha sonora para cinco ou seis músicas. Ele recusou. Lucas tinha ciência de que, à exceção de Tanen que tinha 32 anos, ele estava brigando com uma geração de executivos de estúdio mais velha, para quem a ideia de atravessar noventa minutos de rock era insuportável. Lucas acreditava que ainda que o filme não tivesse sucesso, o público jovem faria uma procissão em torno dos clássicos do rock. Como sempre, sua intuição estava correta. As músicas clássicas de rock 'n' roll lançaram os espectadores de volta ao instante em que eles as ouviram pela primeira vez. Poucas pessoas cresceram em uma cidade como Modesto, mas todos escutavam a mesma música – Lucas tem o privilégio de fazer do específico algo genérico.

Lucas peneirou sua lista original, passando de oitenta músicas para 45, eliminando as de Elvis Presley. Kurtz conhecia Dennis Wilson, dos Beach Boys, de um filme que eles tinham feito juntos, e Wilson licenciou para a produção duas das músicas do grupo, "All Summer Long" e "Surfin' Safari" pela tarifa nominal. Tom Pollock negociou um acordo com os outros produtores musicais que proibiu um compositor de receber taxas de licença mais altas que outros. Era penoso para Lucas eliminar quase metade da sua seleção original, mas o sacrifício não foi bem recebido. Kurtz levou a lista para o chefe do departamento musical da Universal. "Ele quase teve um ataque cardíaco", lembra Kurtz. O estúdio estava temeroso o suficiente para responsabilizar Coppola pelos custos musicais – qualquer coisa além dos 90 mil dólares do orçamento deveria sair do bolso de Francis. Lucas se sentiu ameaçado, mas tinha de proteger as melhores músicas: "I Only Have Eyes for You", "See You in September", "Why Do Fools Fall in Love", "The Great Pretender", "Smoke

Gets in Your Eyes" e "Get a Job". Lucas apreciou a ironia da última música – ele finalmente tinha um emprego.

★★★★

É um trabalho pesado fazer um filme. É como ser médico: você trabalha horas a fio, horas difíceis, e é um trabalho emocional tenso. Se você realmente não gosta, não vale a pena.[4]

George Lucas

★★★★

A produção nº 05144 da Universal Studios, também conhecida como *Loucuras de verão*, começou a ser filmada em 26 de junho de 1972. Dez anos antes, George Lucas tinha estado numa cama de hospital em Modesto, lutando pela sua vida. Agora, havia recebido 28 dias de filmagens para recriar os quatro anos que haviam desembocado no seu fatídico acidente. Se ele filmasse das 9 horas da noite até as 5 horas da manhã em locações nas proximidades de Marin County, estimava poder dar conta do recado. Mas era imperativo que tudo estivesse organizado e pronto, uma tarefa que recaiu sobre Gary Kurtz. Ele era o "doutor faz-tudo", contente de deixar Lucas dirigir o filme enquanto atendia à miríade de problemas de filmagem.

Kurtz tinha trabalhado como técnico de laboratório, eletricista, roteirista, cameraman, diretor, editor, editor de som, produtor executivo e produtor associado: sua vasta experiência tranquilizou Lucas. George confiou a Kurtz a tarefa de tomar conta das questões que distraem um diretor, e Kurtz ficou feliz de ficar em segundo plano. "Ele fez o trabalho dele, eu fiz o meu, e nós nos complementamos um ao outro dessa forma", Lucas afirma, num breve resumo da relação entre eles. Kurtz era o para-choque do mundo externo para Lucas, responsável por amenizar egos irritados diante dos seus modos profissionais abrutalhados. Kurtz também não instruía Lucas a como fazer o filme – George não gostava de gente que lhe falasse o que fazer ou como fazer.

Fred Roos, um associado de longa data de Coppola, foi contratado para formar o elenco de *Loucuras*. Lucas sentia que era essencial povoar o filme

---

[4] George Lucas citado em "The George Lucas Saga", Parte III, de Kerry O'Quinn em *Starlog* (set. 1981): 54.

com atores que pudessem *se tornar* os personagens. Lucas, Kurtz e Roos procuraram talentos à maneira como Hollywood fazia antigamente, em busca de atores jovens, vigorosos, indo das escolas de Artes Dramáticas aos teatros comunitários da Bay Area. Por fim, George selecionou quatro ou cinco esperançosos para cada um dos principais papéis e os filmou em vídeo no estúdio de produção comercial de Haskell Wexler, em Hollywood. Ele foi um dos primeiros diretores a usar os testes de vídeos para avaliar seus atores.

Lucas queria um grupo de atores compatíveis – sem a química certa o filme não ia dar certo. Insistiu em acompanhar cada artista, demonstrando uma resistência que poucos diretores possuem. Roos e Lucas passaram por centenas de entrevistas, e este fazia minúsculas anotações em blocos amarelos que ninguém mais podia ler. No fim, ele se decidiu por um elenco.

E que elenco! *Loucuras de verão* apresentou mais artistas do que qualquer outra produção de Hollywood daquela época – a leitura dos créditos do tipo "quem é quem" dos atores de cinema e televisão dos anos 1970 e 1980: Richard Dreyfuss, Harrison Ford, Cindy Williams, Suzanne Somers, Ron Howard, Mackenzie Phillips, Candy Clark, Paul Le Mat, Charles Martin Smith, Bo Hopkins, Kathleen Quinlan, Kay Lenz – a lista é espantosa. Fred Roos apenas encolhe os ombros para explicar: "Eu apontei o dedo para uma fileira inteira de jovens promissores que eu achei que tinham futuro, mas ninguém esperava que esse elenco fizesse o que eles fizeram".

Lucas nem sempre entrevia o potencial talento de cada membro do elenco. Precisou ser convencido a contratar a garota de 12 anos de idade Mackenzie Phillips como Carol – a legislação referente ao trabalho infantil na Califórnia limitava o número de horas que ela poderia trabalhar e Kurtz precisou se tornar seu tutor oficial durante a produção. Charlie Martin Smith foi uma escolha de última hora quando a seleção original de Lucas ficou horrível no videoteipe. A namorada de Steve, Laurie, havia sido originalmente concebida loira, não a morena interpretada por Cindy Williams. Lucas simplesmente transferiu sua queda por loiras para o personagem da Teen Angel, que não tinha fala. Roos selecionou uma antiga modelo chamada Suzanne Somers – *Loucuras* foi seu primeiro emprego como atriz profissional.

Cindy Williams, uma boa amiga de Roos, tinha 25 anos e se desesperou ao ganhar o papel. Ela apareceu no teste "vestida realmente como uma estudante" e ficou com o papel de Laurie. Ron Howard tinha 18 anos, mas ainda carregava a reputação de ser um ator infantil por causa dos longos anos como Opie em *The Andy Griffith Show*. Ninguém pensou em contratá-lo como um adolescente. Paul Le Mat, outrora boxeador profissional, havia perdido o papel no filme de John Huston *Cidade das ilusões*, mas ele era exatamente o perfil que Lucas estava procurando para interpretar Milner, com uma camiseta e um maço de cigarro enrolado na manga. Harrison Ford era um batalhador que ganhou a maior parte de sua renda como carpinteiro, construindo e consertando casas para a comunidade de Hollywood. Richard Dreyfuss, um ator de Nova York arrogante que ainda não tinha aparecido em nenhum filme, parecia uma escolha improvável para retratar um adolescente de uma pequena cidade da Califórnia, mas Lucas gostou dele imediatamente e lhe ofereceu escolher entre dois papéis, Curt ou Terry. Dreyfuss escolheu Curt porque, assim como Lucas, ele sempre fantasiou ser o cara que tem uma resposta para tudo na ponta da língua.

Lucas não se impressionou muito nos testes. Cindy Williams achou que ele parecia ser seu irmãozinho. Roos fez a maioria das cenas com fala, enquanto Lucas assentia, sorria e murmurava: "Ok, legal". Lucas sabia que teria de escolher seu elenco cuidadosamente porque os atores estavam todos interpretando aspectos dele próprio. E no conjunto, se deu bem com eles. Lucas teve sorte como diretor: "Tive elencos maravilhosos com quem era divertido trabalhar e que me aturaram sem muita queixa". Mas ele mantém uma distância cuidadosa entre ele e os atores. Sabe que precisam da sua aprovação e retorno, mas ele também reconhece que é incapaz de dar isso – simplesmente não é da natureza dele.

Lucas tentou o melhor que pôde interpretar o papel do diretor preocupado. Quando Cindy Williams terminava uma cena, perguntava frequentemente a Lucas como ela tinha se saído. Lucas, parecendo assustado, normalmente murmurava: "Ótimo. Incrível". Tranquilizada, Williams trabalhava com renovada confiança – até que Dreyfuss e Le Mat lhe deram a informação de que Lucas disse a mesma coisa para eles. Era a *única* resposta dele.

Os atores apreciavam sua liberdade. Lucas fez com que sentissem que estavam contribuindo para o filme. Eles podiam mudar sua fala desde que tomassem cuidado para não mudar o conceito por trás da cena. Dreyfuss veio com a ideia de tentar desbloquear seu velho armário do colegial, para depois descobrir que a combinação tinha sido mudada, uma cena que Lucas usou em *Loucuras*. Williams lembra que, acima de tudo, George parecia grato que todos estivessem dando o seu melhor: "Ele estava feliz de conseguir o que quer que pudesse de nós, como um garoto no seu primeiro namoro". Dreyfuss provocava Lucas o tempo todo por causa do seu comportamento taciturno. "George, você não vai calar a boca?", dizia Dreyfuss com sarcasmo. "Eu não consegui uma palavra no final das contas".

Lucas não tinha tempo para falar. Ele não era uma pessoa da noite, mas precisou se tornar uma para filmar *Loucuras*. Já que todas as ações tinham lugar depois do pôr do sol, ele não podia começar a filmar antes das 9 horas da noite, quando a escuridão parece convincente num filme. Ele tinha de parar às 5 horas da manhã, quando os primeiros raios do sol apareciam. Lucas teve problemas para se acostumar a dormir durante o dia e trabalhar à noite. Cochilava duas ou três horas antes de ver as filmagens da noite anterior. E fazia anotações de edição para Marcia e Verna Fields, que estavam editando *Loucuras*. Depois do jantar, Lucas planejava as gravações da noite até que estivesse suficientemente escuro para começar a rodar.

Loucuras não começou da melhor maneira. Um dia antes que as filmagens começassem, um dos principais integrantes da equipe foi preso por cultivar maconha. A primeira noite de filmagens foi programada em San Rafael, uma agradável cidadezinha em Marin, não longe da casa de Lucas em Mill Valley, onde outras más notícias aguardavam o grupo. Lucas não pôde pegar as câmeras montadas nos carros e não rodou sua primeira cena antes das duas horas da manhã. Ele já tinha perdido meia noite da sua agenda apertada.

Lucas pretendia filmar a maior parte das cenas externas em San Rafael, ainda que a cidade lhe cobrasse 300 dólares por noite para bloquear a principal via pública comercial. Quando o elenco e a equipe se reuniram para a segunda noite de gravações, a polícia lhes disse para irem para casa – a cidade tinha revogado a permissão. O dono de um bar tinha se queixado que o filme tinha prejudicado seu negócio ao bloquear a rua, e ele tinha ameaçado processar a cidade se isso acontecesse novamente. Kurtz finalmente chegou a um acordo: *Loucuras* filmaria por mais três noites em San Rafael e depois sairia para Petaluma, uma cidade a 32 quilômetros ao norte que Lucas havia excluído porque achou que pareceria muito escura no filme. Havia ainda uma cena crucial para filmar naquela noite e George sentiu a pressão de ter de compensar o tempo perdido.

Uma hora depois de as filmagens estarem em curso, Lucas ouviu o barulho de carros de bombeiros, um efeito sonoro que não estava no roteiro. Um restaurante estava em chamas e os caminhões de bombeiros rugiram na direção do alarme de incêndio, as sirenes gemendo. Lucas viu seu cronograma de filmagens cuidadosamente planejado se perder na fumaça. Tentou filmar em meio ao engarrafamento, gravando nas ruas de trás com alguns dos carros antigos dos anos 1950 que ele havia recrutado de todo o Norte da Califórnia. Enquanto Lucas se sentava atrás da câmera em um caminhão para filmar o Deuce Coupe de Milner, o assistente de cameraman escorregou do trailer e foi atropelado pelo carro. Barney Coangelo foi levado às pressas para o hospital e embora não estivesse seriamente machucado, sua lesão atingiu a equipe e o diretor. Lucas se perguntou o que mais podia dar errado. "Eu imaginava que aquele filme seria um desastre. Estava estampado no meu rosto", lembra.

A mudança para Petaluma custou a Lucas mais 15 mil dólares, mas a produção seguiu sem problemas para a cidade famosa pelos seus ranchos de frango. Desesperado para recuperar o tempo perdido, Lucas listou as cenas que planejava filmar e, em seguida, eliminou cinco das menos importantes. Fez o mínimo de filmagens de que precisava para editar *Loucuras*. Lucas estava ficando fisicamente doente em função do número de horas que gastava no filme – tinha dores de cabeça frequentes, enjoos e era propenso a resfriados. Coppola ficou preocupado e disse a George para não se preocupar tanto com a agenda e o orçamento. "Tome quanto tempo quiser", Coppola avisou. Com os olhos turvos pela falta de sono, Lucas estalou de volta: "Francis, eu *não* vou fazer isso, por Deus! Se esse filme vai ser um fiasco, ao menos será entregue na hora certa!".

Outros problemas surgiram. Numa tentativa de economizar dinheiro, Lucas tinha contratado dois *cameramen* com pouca experiência com longas – ele achou que poderia vigiar a fotografia ele mesmo. Mas drasticamente subestimou suas responsabilidades como diretor e logo percebeu que precisava de ajuda profissional. Coppola pediu a Kaskell Wexler vir ajudar Lucas; eles não conseguiriam lhe pagar um salário (não havia mais dinheiro sobrando no orçamento), mas Coppola sugeriu dar a Haskell uma porcentagem dos eventuais lucros de *Loucuras*. O dinheiro não importava para Wexler, que apareceu no set todas as noites embora estivesse filmando comerciais durante o dia em Los Angeles. "Acho que queria um pouco de aventura", Wexler lembra com um sorriso.

Depois do jantar, Wexler viajou de Los Angeles para São Francisco, onde um helicóptero o esperava para levá-lo para Sausalito, do outro lado da baía. Ali um táxi o apanhou para conduzi-lo a Petaluma. Como Lucas, ele somente dormiu por duas ou três horas, mas suas energias foram recarregadas com o entusiasmo no set. Lucas queria que *Loucuras* tivesse a aparência feia do neon de um jukebox barulhento, um efeito nada fácil de conseguir. Wexler teve de conceber formas de iluminar os atores enquanto eles estavam *dentro* dos seus automóveis, perambulando pelas ruas. Comprou luzes para envenenar os carros, que dão um brilho suave, e as fixou por cima e por baixo da parte interna dos tetos dos carros. Usou os faróis dianteiros de um caminhão com suspensão levantada para dar a ilusão de luzes passando sobre o rosto dos atores.

A equipe de *Loucuras* fez o que pôde por Lucas, mas o diretor nunca deu a entender o que pensava. Nunca arrancou os cabelos, nem gritou ou pisou em ninguém, embora perdesse a paciência ocasionalmente. Numa manhã cedo, assim que o sol despontou e Lucas se apressou a rodar sua última cena da noite, um homem barulhento entrou bem no meio de uma cena dramática. "Cara, eu fiquei enfurecido", Lucas lembra. "Comecei a gritar e a urrar e o elenco inteiro ficou paralisado e disse: 'Meu Deus, ele gritou'. A turma estava surpresa. Isso nunca tinha acontecido antes, e era um grande evento".

Lucas teve outra explosão de raiva que refletia a pressão que sentia. Estava filmando uma cena com Ron Howard e uma garçonete que estava tentando seduzi-lo no Mel's Drive-In. Grande defensor do detalhismo, Lucas insistiu para que o responsável pela produção achasse uma autêntica garrafa de Coca-Cola dos anos 1960. Quase na hora de ordenar a "ação", Lucas percebeu que a garrafa era nova. Ele explodiu, despedindo o cara no local. Quando terminaram as gravações de *Loucuras*, o elenco presenteou George com uma garrafa de Coca-Cola antiga, com os dizeres especiais: "Engarrafada em Modesto, Califórnia".

Qualquer filme cuja única requisição da produção fosse um simples sutiã podia esperar ter seus momentos de turbulência. Jim Bloom, um jovem assistente de produção, havia contado quatrocentos carros populares do final dos anos 1950 e início dos anos 1960, incluindo o Deuce Coupe 1932 de Milner, alguns Studebakers, Chevys, Fords e Mercurys e um Thunderbird branco ano 1956 para Teen Angel. Bloom ofereceu aos proprietários dos carros 25 dólares a noite para que trouxessem seus automóveis, mas os proprietários não eram facilmente separados das suas máquinas gringas, envenenadas e empetecadas. Quando não estavam embasbacados, os maníacos por carros faziam corridas de *drag race* pelas ruas secundárias de Petaluma, virando latas de cerveja e agindo como a versão na vida real de seus colegas ficcionais de *Loucuras*.

Apesar do ambiente carnavalesco, Lucas conseguiu filmar seis a dez páginas do roteiro, ou quinze a vinte tomadas de câmera, por noite. Era um ritmo acelerado para os padrões de Hollywood, para os quais cinco a dez tomadas de câmera é considerado um passo rápido. Lucas padeceu das armadilhas costumeiras das locações de filmagem: câmeras emperraram e caíram dos seus tripés, explodiram juntas e engrenagens dos carros, e uma fina chuva arruinou completamente uma noite de gravações. O avião que devia levar Curt para a faculdade no final do filme teve um pneu furado durante a decolagem e não saiu do chão. Algumas das dificuldades que Lucas encontrou eram cômicas. Kurtz, um vegetariano vitalício, contratou um bufê de alimentos orgânicos para a produção. Mas os motoristas da equipe e outros membros ameaçaram abandonar o filme se não lhes servissem carne no jantar. Kurtz precisou fechar com outro bufê e o grupo de filmagem se dividiu em dois, os carnívoros e os vegetarianos. Paul Le Mat jantou uma refeição vegetariana com Lucas uma noite, pouco antes de filmar uma das suas mais importantes cenas na pele de Milner. Imediatamente depois de comer, Le Mat ficou muito doente e foi levado às pressas para o hospital. Ele era alérgico a nozes, que haviam sido usadas numa salada Waldorf. Le Mat passou a comer no grupo da carne depois disso.

Lucas não achava fácil lidar com esses percalços apenas com três horas de sono. Uma lembrança marcante dos atores de *Loucuras* é de George cair no sono na traseira do caminhão de filmagens, embrulhado na jaqueta de Gary Kurtz, que era quatro tamanhos acima do dele. "Ninguém podia dizer se eu estava acordado ou dormindo", Lucas diz em sua própria defesa. Mas ele sempre conseguia acordar no final da cena, a tempo de dizer: "Corta" ou: "Bem, por que não tentamos mais uma vez?". A última frase havia se tornado o hino dos atores de *Loucuras*, o slogan com o qual Cindy Williams define "um grande acampamento de verão onde estávamos todos trabalhando contra o relógio e nos divertindo". Harrison Ford, o mais velho dos atores principais, serviu como "vovô" do grupo, embora por vezes ele despertava mais problemas do que evitava.

Ford, Le Mat e Bo Hopkins eram os líderes do caos bem-humorado que acompanhou as filmagens de *Loucuras*. Eles tomaram muita cerveja enquanto esperavam entre as gravações das suas cenas nos carros, urinaram nas máquinas de fazer gelo do motel e promoveram corridas até o símbolo do Holiday Inn, que ficava no topo do prédio. Lucas lembra de um dos atores ateando fogo no seu quarto numa tarde. Outra vez, Le Mat jogou Dreyfuss na piscina do hotel, abrindo um talho na testa do ator um dia antes de seus closes serem filmados. Lucas teve outros problemas com Dreyfuss – Richard não queria usar bermuda e a camisa berrante que Lucas havia escolhido para Curt. Lucas apelidou sua camisa de "teste padrão" – "Sempre que Haskell tinha de ajustar suas câmeras, ele me colocava na frente dele usando aquela camisa".

Lucas demonstrou a mesma habilidade técnica para dirigir *Loucuras* que havia tido com *THX*. Coppola visitou o set uma noite quando Lucas estava produzindo cenas após cenas, gravando e revelando as primeiras tomadas, fazendo tudo numa correria eficiente. Coppola, que havia passado dias e mais dias projetando os ângulos de câmera usados em *O poderoso chefão*, estava surpreso com o vertiginoso ritmo de Lucas. "Eu não medi esforços para obter composições interessantes para *O poderoso chefão*, e o garoto aqui chega, monta a câmera, coloca todo mundo contra a parede e simplesmente filma", Francis se queixou. Em lugar de gravar de ângulos intrincados, Lucas se concentrou em fazer seus atores sentirem que eles eram parte da cena. Sua melhor cartada ainda era sua sofisticação visual, mas ele estava aprendendo mais sobre a dramaturgia das cenas em lugar de apenas seu grafismo e estrutura.

A principal preocupação de Lucas era com o dinheiro. Ned Tanen lembra que uma das manobras com os carros não funcionou de pronto, e ele recebeu um telefonema urgente de Kurtz pedindo 5 mil dólares a mais para resgatá-lo. "Eu literalmente não tinha autoridade para lhe dar o dinheiro", Tanen lembra. "Então, eu lhe disse para ir em frente e fazer sem dar explicações". A pressão financeira era constante e aguda. Lucas se recusa a apresentar desculpas para *Loucuras*, embora ele saiba que com mais tempo e dinheiro ele poderia ter feito um filme melhor acabado. "É o que está na tela que conta", diz. "O trabalho no cinema é fazer o impossível todos os dias, e você se vê compelido a deixar o campo o tempo todo. O trabalho do diretor é avançar aos socos – você simplesmente vai fazendo até que o filme esteja terminado". Confidencialmente, Lucas considera *Loucuras* cru. Mas a sua falta de sofisticação técnica não diminui o prazer do público.

Loucuras de verão está repleto de brincadeiras particulares entre Lucas e seus amigos. O Deuce Coupe de Milner tem placas onde se lê *THX 1138*. No filme, a sala de cinema local está exibindo *Demência 13*, o primeiro longa-metragem dirigido por Francis Coppola. No fim da produção, Lucas já estava com humor para brincadeiras. Ele ainda tinha de filmar o apoteótico acidente de carro que se segue à corrida de *drag racer* entre Milner e Bob Falfa, interpretado por Harrison Ford. A elaborada acrobacia com o carro pedia que o veículo de Falfa saísse da estrada e rodopiasse várias vezes, explodindo logo depois que os dublês de Ford e Cindy Williams saíssem tropeçando. A primeira tentativa para a façanha falhou porque a haste do eixo do carro quebrou. No último dia de filmagens, 4 de agosto de 1972, a façanha com o carro novamente não deu certo, desta vez quase causando uma tragédia.

Dois operadores de câmera estavam deitados na estrada com suas câmeras ao nível do chão para filmar o carro de Falfa enquanto ele roncava na direção deles e, em seguida, saía da estrada. Desta vez, o carro não saiu – ele foi direto para as câmeras. "Nós todos pensamos que aqueles dois rapazes estavam mortos, sem brincadeira!", lembra Richard Dreyfuss. "Aquele carro não atingiu a câmera por alguns centímetros, e o cameraman se safou com ela! Estávamos todos nos borrando nas calças naquela hora". Alguns dias depois, Lucas levou *quatro* câmeras para a estrada vicinal deserta e filmou a acrobacia. Quando voltou para o escritório da produção, com *Loucuras* finalmente no bolso, Ned Tanen da Universal estava lá para parabenizá-lo. "Você realmente não gosta de fazer isso, não é?", Tanen perguntou a Lucas, que parecia totalmente exausto. George balançou a cabeça. "Vou terminá-lo, mas eu nunca mais quero ter de passar por isso de novo".

****
É como pegar sua garotinha e lhe cortar um dedo. "É só um dedo, não é um grande drama", eles dizem. Mas para mim, é apenas um exercício de poder arbitrário. E me irrita imensamente.[5]
George Lucas sobre a edição de Loucuras de verão pela Universal
****

Lucas foi felizardo de sobreviver a *Loucuras de verão*. Gary Kurtz afirma que, se as filmagens tivessem continuado por mais tempo, "estaríamos todos mortos". Kurtz estava tão sobrecarregado de trabalho que as suas costas se despedaçaram: durante algumas semanas, ficou mancando com a ajuda de uma bengala. Lucas estava ansioso para a edição do filme, ainda que não tivesse força para isso. Ele juntou uns vinte minutos de cenas montadas do filme para rodar na festa do elenco em comemoração ao final das gravações. Quando as luzes se acenderam, Harrison Ford virou para Cindy Williams e gritou: "Isso é fantástico!

George queria que Marcia editasse *Loucuras*, mas a Universal pressionou para ter um editor mais experiente. Antiga empregadora de Lucas, Verna Fields tinha acabado de cortar outro filme de um jovem cineasta para o estúdio, *Louca escapada* de Steven Spielberg, e a Universal estava satisfeita com o resultado. Lucas, esperando que Fields pudesse ser um amortecedor entre ele e o estúdio, concordou em contratá-la. Fields fez a edição durante dez semanas apenas, tempo suficiente para terminar o primeiro copião de *Loucuras*. Coppola tinha comprado uma casa em Mill Valley a pedido de Lucas e a garagem de dois andares atrás dela virou o estúdio de edição de *Loucuras*. Coppola trabalhava na casa contígua em *A conversação*, outro projeto da Zoetrope abandonado. Havia frequentes jogos de bocha italiana no gramado, ao lado de piqueniques e banhos de sol. "Foi o mais próximo que conseguimos chegar do sonho original", diz Coppola melancolicamente.

Todos os dias, Lucas olhava as filmagens de *Loucuras* e explicava o que ele queria para Marcia e Verna. Era a única hora que ele via e falava com a esposa durante o agitado período de pós-produção. George pediu a Walter Murch que se juntasse ao grupo como editor de som e juntos eles realizaram a

---

[5] Em entrevista para a *Rolling Stone*, por Jean Vallely (12 jun. 1980): 32.

árdua tarefa de cortar a música para que coubesse em cada cena. A música era estratégica para o impacto do filme, funcionando como contraponto e reforço para as clássicas situações adolescentes retratadas na tela. Lucas queria casar as músicas com as cenas, apoiando-se no clima e na melodia, e não na letra, para que a ação dos seus personagens não a imitasse.

O trabalho mais difícil era estabelecer o ritmo do filme, passando as sequências suavemente de um personagem a outro. Lucas planejou originalmente repetir uma progressão: Curt conduz a Terry, que leva a Milner, em seguida a Steve e de volta para Curt. Mas a estrutura se provou muito rígida, os personagens não tinham liberdade. Marcia e George discutiram a abordagem e finalmente a abandonaram. Quando a primeira edição de *Loucuras* estava finalmente concluída, todo mundo estava satisfeito: "Creio que tínhamos um filme e tanto", lembra Verna Fields. Mas com 165 minutos de filme, ele estava muito comprido. Os Lucas e Murch (Fields tinha ido trabalhar em outro filme) passaram os próximos seis meses aparando o filme. A história estava tão entrelaçada que remover uma ou duas cenas interrompia toda a fluidez do filme. Lucas se dava conta agora de como editar era de fato importante: "Você literalmente pode ter um filme que funciona bem até certo ponto e, em uma semana, você pode cortá-lo até um ponto em que absolutamente não funciona mais".

Essa descrição se aplicava à segunda versão de *Loucuras*, que era vinte minutos mais curta e simplesmente horrorosa. Marcia tinha escutado pacientemente George, mas agora ela ia assumir e habilmente cortar novamente o filme. Enquanto Marcia aparava e emendava, George e Walter melhoravam os conceitos sonoros que eles tinham inicialmente introduzido em *THX 1138*. Em *Loucuras*, o som estabeleceu humores e intensificou o clima. A trilha sonora sobrecarregou os efeitos sonoros de costume, mas Murch criou um alcance natural para os ruídos de fundo que deu ao filme uma rica textura.

Loucuras de verão foi finalmente ajustado para apenas 2 horas e estava pronto para ser apresentado ao estúdio. A Universal tinha deixado Lucas sozinho durante as gravações, a não ser pela ocasional visita de um executivo guiado por Coppola. Lucas queria uma plateia de jovens cuidadosamente selecionados para a prévia do filme em São Francisco. Ele odiava a ideia de uma *avant-première* repleta de tipos cínicos da indústria do cinema; ele queria aferir a verdadeira reação do público ao seu filme. A Universal nunca tinha visto

Loucuras, até mesmo Coppola tinha visto apenas partes dele. Todo mundo aguardava o começo de *Loucuras* com uma mistura de expectativa e apreensão.

A *avant-première* ocorreu no domingo 28 de janeiro de 1973, às 10 horas da manhã, no NorthPoint Theatre em São Francisco. Disseram a Lucas que ele era louco de fazer a prévia de uma comédia em um domingo pela manhã, mas ele imaginou que a Universal teria de ver o filme em alguma hora. Quando o logo da Lucasfilm surgiu na tela pela primeira vez, George e Dorothy Lucas abriram um sorriso orgulhoso em meio aos convidados, sem saber o que estavam prestes a testemunhar. Kurtz estava pronto para registrar em gravação a reação da plateia para ver quais cenas mais fariam rir.

A exibição de *Loucuras de verão* no NorthPoint se tornou parte dos anais do cinema moderno, um evento mítico que simboliza a diferença entre a velha e a nova Hollywood. Assim como o crime descrito no filme japonês *Rashomon*, dirigido pelo herói de Lucas, Akira Kurosawa, a *avant-première* de *Loucuras* foi vista por cada testemunha ocular sob um ângulo totalmente diferente. A comoção que se seguiu ao final do filme acrescentou à exibição uma qualidade mítica – aqueles que estavam presentes se orgulham do seu status especial, porque também integram uma lenda.

Não há controvérsia para a reação da plateia – eles adoraram. O filme se rompeu duas vezes nos dez primeiros minutos e o som não estava propriamente sincronizado, mas nada pôde refrear o entusiasmo no NorthPoint: mais de oitocentas pessoas riram, aclamaram, aplaudiram. Ned Tanen estava lá para representar a Universal. Ele havia tomado o avião para São Francisco naquela manhã junto com Hal Barwood, Matthew Robbins e Jeff Berg. Os três lembram que Tanen não estava no seu melhor dia – ele estava com dores de estômago e sua ansiedade em relação a *Loucuras* era palpável. "Ned não se sentou com a gente no avião e não dividiu um táxi até o cinema", recorda Robbins. "Ele estava furioso antes mesmo de ver o filme".

Quando os créditos finais desfilaram na tela, Tanen, muito pálido, saiu de seu assento e correu para a parte de trás do teatro, onde havia uma passagem mal-iluminada entre as cadeiras e a parede. Os aplausos continuaram enquanto Tanen e Gary Kurtz entravam na ruela atrás do NorthPoint. As palavras jorraram da boca do executivo furioso: "Não está num formato que se possa mostrar ao público", Tanen estalou. "É inapresentável!". Tanen repreendeu Kurtz por ter exibido publicamente o filme – ele deveria ter sido mostrado em particular ao estúdio primeiro. Agora, todo mundo sabia que tipo de filme era aquele. Kurtz permaneceu em silêncio, aturdido. Ele achava que *Loucuras* tinha sido um sucesso vibrante. Ele voltou para dentro do cinema, achou Lucas e rapidamente lhe murmurou que Tanen tinha odiado o filme.

Tanen retornou ao teatro quando as luzes foram acesas e a plateia começou a circular pelos corredores. A primeira pessoa com quem topou foi Francis Coppola, que lhe perguntou inocentemente se tinha gostado da fita. Ned respondeu que ele via muitos problemas em *Loucuras* e que o filme não estava nada bom. "Vocês me decepcionaram", disse a Coppola. "Eu briguei por vocês e vocês me decepcionaram". Tanen olhou para Lucas enquanto dizia isso e se lembra que George tinha uma expressão atordoada. "Eu estava em choque", Lucas confirma.

O pesadelo que Lucas tinha vivido com *THX* havia voltado – estava prestes a perder controle sobre um filme novamente. Coppola percebeu o sofrimento de Lucas e atacou Tanen. "Você deveria se ajoelhar e agradecer George por salvar o seu emprego", Coppola berrou. "Esse garoto se matou para fazer um filme para você. E o aprontou a tempo e de acordo com o cronograma. O mínimo que pode fazer é agradecê-lo por isso!". Tanen tentou explicar, mas não havia como parar Coppola, que discursou sobre a insensibilidade dele diante dos sentimentos de Lucas. Este olhava com assombro, deleitando-se com a interlocução entre o diretor de cinema líder dos Young Turk e um dos mais brilhantes jovens executivos de estúdio de Hollywood. A multidão em volta de Coppola e Tanen enquanto eles gritavam um com o outro incluía Barwood, Robbins, Berg, Michael Ritchie, Walter Murch e Marcia Lucas, todos eles estupefatos com a incomum manifestação de sentimentos.

Se Tanen não queria o filme, Coppola zombou, então *ele* ficaria feliz de comprá-lo. Coppola lembra ter oferecido um cheque assinado ali mesmo, por *Loucuras*, uma proposta que Tanen nega terminantemente ter sido feita. (Mona Skager observa: "Francis não leva consigo talões de cheque".) Mas Coppola propôs *de fato* comprar o filme. Ele estava dando a volta por cima da sua falta de coragem em encarar a Warner Bros. a propósito dos cortes em *THX*. "Esse filme vai ser um sucesso! Essa plateia adorou esse filme! Eu vi com os meus próprios olhos", Coppola gritava. O confronto ficou indelevelmente gravado na memória dos presentes. "Queria ter estado lá para ver com meus próprios olhos, porque é a melhor história a respeito de Hollywood desde o final dos anos 1940", afirma Steven Spielberg.

Kurtz tentou acalmar todos sugerindo a Tanen e a Lucas que se encontrassem no dia seguinte no estúdio da Zoetrope em São Francisco. Lucas e Kurtz fariam uma lista de possíveis mudanças baseadas na reação da plateia na *avant-première*, e Tanen poderia rever a fita, carretel por carretel, e fazer suas próprias sugestões. A manobra funcionou – na manhã seguinte, a atitude de Tanen estava bem mais amena. Lucas, no entanto, estava taciturno e deprimido, sentindo que já tinha perdido o controle sobre *Loucuras*. Tanen justificou sua reação inicial insistindo para que várias mudanças fossem feitas. Olhando para trás, Lucas e Tanen reconhecem e simpatizam com a reação um do outro. Lucas admite a pressão debaixo da qual Tanen trabalhava, e Tanen afirma que ele provavelmente não deveria ter tirado o filme de Lucas. " A vida é dura e todos nós fazemos coisas que não deveríamos", diz baixinho.

Depois da apresentação, Lucas voltou para casa e se queixou amargamente com Marcia. Realmente havia tentado dar ao estúdio um bom filme, e Tanen sequer reconhecia seus esforços. Ele não tinha que se defender, George afirma, porque estava certo e Tanen estava errado. Marcia foi mais realista: "George era um zé-ninguém que tinha dirigido um filmezinho de arte que não tinha dado nenhum trabalho. Não tinha o poder de fazer com que as pessoas o ouvissem". Marcia estava irritada com a falta de vontade de George de lutar pelo seu filme. Ela possuía confiança em *Loucuras*, mas George parecia não dividir isso. Lucas chamou seus pais e lhes perguntou até quando teria de comprometer suas convicções. "Só até o ponto em que você ainda se sentir confortável", respondeu George pai.

A reação básica de Lucas era fazer beicinho e ficar mal-humorado. Ele bradou e bufou na privacidade do seu escritório, mas deixou Kurtz conduzir as difíceis negociações com o estúdio. O desagrado de George em relação a confrontos sobrepujou mais uma vez a ofensa artística. Lucas passou o mês seguinte remixando e reeditando o filme, ignorando as sugestões de Tanen a menos que concordasse com elas. Ele e Kurtz levaram o filme para Los Angeles em março de 1973 para a aprovação de Tanen. Mas o executivo ficou irritado novamente ao ver a versão reeditada. Lucas tinha ignorado seus conselhos. Ou fazia as mudanças apontadas imediatamente, ou Tanen ameaçava encaminhar o filme para Bill Hornbeck, um editor veterano da Universal.

"Eu fiquei extremamente bravo", lembra Lucas. "E quando fico nervoso daquele jeito, fico muito quieto, de forma que todo mundo fica sabendo o quanto estou irritado. Francis grita. Eu sou exatamente o oposto". Lucas percebeu que estava num beco sem saída. Esperava ter ao menos uma impressão final da sua versão do filme, mas agora isso parecia impossível. A Universal, na verdade, estava reivindicando *Loucuras de verão*, e eles tinham o direito de fazer o que quisessem.

A contenda de Lucas com a Universal em torno de *Loucuras* coincidiu com uma greve convocada contra os estúdios de cinema pelo Writers Guild of America. Proibido de trabalhar no seu filme inédito ou de atravessar os piquetes na área da Universal em Studio City, Lucas se encontrou com Coppola e Kurtz no Sheraton Hotel, próximo da Universal. Eles pediram à Verna Fields para voltar a participar do filme e interceder a seu favor, imaginando que o estúdio confiava nela. Sentindo-se um pouco mais esperançosos, Lucas e Coppola voltaram para São Francisco, deixando Kurtz e Fields brigando com a Universal. Marcia acredita que Coppola deveria ter ficado e lutado pelo filme, mas Jeff Berg lembra que Francis fez lobby em nome da integridade de *Loucuras* de São Francisco.

Coppola reivindica que, em função da sua intervenção, os cortes que foram finalmente feitos em *Loucuras*, totalizando cerca de 4 minutos e meio de filmagens, foram mínimos. Eles incluem três cenas: uma mostrando um vendedor de carros usados fazendo um arremesso[6]; outra na qual Steve repreende um velho professor careta no baile da escola; e uma improvisação de "Some Enchanted Evening" interpretada por Harrison Ford. (Para usar a música, a Universal teria de obter a permissão de Richard Rodgers e de Oscar Hammerstein II, que deu uma olhada em *Loucuras* e recusou, indignado.) Tanen também queria cortar uma quarta cena, o comovente monólogo de Milners no ferro-velho de automóveis, mas Kurtz o dissuadiu. Todavia, Tanen estava inflexível quanto a cortar o vendedor e a canção.

Lucas era informado das mudanças de edição por telefone. A ideia de ceder à Universal o enfurecia, mesmo a 6 500 quilômetros de distância: "Eles simplesmente chegaram e colocaram uma marca de lápis na minha pintura e disseram: 'Hei, não se preocupe com isso. É só uma marca de lápis'". *Loucuras* era um divisor de águas para Lucas – ele jurou nunca mais perder o controle.

---

[6] Usualmente visto em jogos de beisebol. (N. E.)

Se os seus filmes não refletissem a sua ideia, então preferia não fazê-los nunca. Lucas considerava ser uma pessoa racional, capaz de aceitar críticas construtivas. Mas *sabia* que *Loucuras de verão* tinha funcionado com a plateia – ele tinha visto com seus próprios olhos.

Lucas reconheceu que as cenas do vendedor de carros usados e "Some Enchanted Evening" não eram cruciais para o filme, mas gostava delas. "Era comodismo, mas penso que a um cineasta deve se permitir algum comodismo desde que não destrua o filme inteiro", Lucas afirma. "Quero dizer, você tem que tirar algo disso". Lucas não se importava em relação a quão pequenas eram as alterações. Ele sentia que tinha sido tratado com leviandade e enganado e, no seu mundo moralmente justo, isso era imperdoável. Por baixo de seu exterior bem-educado, Lucas é uma pessoa altamente emocional, com raivas profundas. Não há gradações sutis em seu julgamento acerca de eventos em sua vida; ao contrário, as coisas estão sempre "infinitamente" melhores ou "infinitamente" piores. Metáforas tão extremadas refletem as fortes oscilações de sua personalidade. "Ele caracteriza as coisas como sendo totalmente escuras ou totalmente claras", afirma John Korty.

Assim, a mutilação de *Loucuras de verão* foi um horrível incidente para Lucas, que representou a perfídia e a grosseria de Hollywood. Ele deixou um ressentimento permanente que se aprofundou com o tempo. Ned Tanen afirma que ele e Lucas mantêm entre si um entendimento amigável, mas George feriu o executivo ao publicar comentários sobre os habitantes vulgares de Hollywood, presumivelmente incluindo Tanen como o primeiro deles. "Eu estava realmente muito irritado", Lucas afirmou à revista *Rolling Stone* a respeito dos cortes em *Loucuras*, em 1980, "e eu continuo irritado até hoje".[7]

Reeditar *Loucuras* não resolveu os problemas de Tanen. Ele ainda tinha de lidar com o estúdio para lançar um filme que era considerado uma grande dor de cabeça. Agendou outra *avant-première* para o dia 15 de maio de 1973, dessa vez no Writers Guild Theater, em Beverly Hills. Ele chamou Wolfman Jack, uma das estrelas do filme, e lhe pediu para encher o espaço de garotos. A maioria do elenco também participou da exibição, embora Richard Dreyfuss e Harrison Ford escaparam no meio da apresentação, cada qual embaraçado pela sua primeira performance na tela grande.

---

[7] "Era realmente...", Ibid, p. 34.

Todos os presentes adoraram o filme – muita gente lembra dele como a mais excitante prévia de Hollywood da qual já participaram. As pessoas gritavam, urravam, levantavam-se e aplaudiam nas cenas de abertura, cantando junto com a trilha sonora. Um participante o chamou de "uma manifestação de amor". Steven Spielberg já viu prévias excitantes dos seus próprios filmes, incluindo *Tubarão* e *Contatos imediatos do terceiro grau*, mas ele garante que a exibição de *Loucuras* foi a mais poderosa que ele já testemunhou. "Ela atingiu os acordes da nostalgia, pois era um aceno caloroso para o passado. Foi para a geração de George, a minha, a geração de todo mundo", explica. *Mesmo assim* Ned Tanen não gostava de *Loucuras*. Ao sair do cinema ao lado da sua companheira, Tanen parecia taciturno e ela lhe perguntou o que o estava incomodando. "Não achei o filme legal", Tanen respondeu com uma voz desanimada. A mulher olhou para ele com assombro: "É um filme tão bacana, você não conseguiu nem prestar atenção nele. Do que está falando?" Tanen suspirou e balançou a cabeça. "Sou basicamente maníaco-depressivo por natureza, então creio que não consegui entendê-lo", admitiu.

A Universal não podia mais ignorar que o público tinha adorado *Loucuras de verão*. O entusiasmo do estúdio aumentou quando a 20th Century Fox e a Paramount Pictures estenderam seus tentáculos para lançar *Loucuras* em caso de a Universal não estar mais interessada. A Universal entrou em pânico e decidiu lançá-lo imediatamente, o que significava despejar o filme em centenas de salas de exibição. Depois de protestos de Kurtz e de Coppola (Lucas ficou em São Francisco de mau humor), a Universal aceitou lançar o filme primeiro em Nova York e Los Angeles e, em seguida, por todo o país duas semanas depois.

O cinema que foi escolhido para a *première* em Los Angeles foi o Cinerama Dome em Hollywood, projetado para os filmes da Cinerama em *widescreen* no início dos anos 1960. Lucas havia filmado *Loucuras* em techniscope, e as imagens ampliadas da tela curva do Dome pareciam um comercial da Alka--Seltzer[8], lembra Tanen. "Eu estava desesperado para tirar o filme daquele cinema. Gritava e urrava com todo mundo. Fiquei na frente da tela agitando os

---

[8] Mesmo após mais de 85 anos, Alka-Seltzer é o alívio mais eficiente para milhões de consumidores no mundo inteiro para desconfortos estomacais e azia, se tornando um ícone da cultura americana. Suas características bolhinhas efervescentes são a forma mais rápida para eliminar desconfortos estomacais, causando uma sensação de total alívio. (N. E.)

braços e dizendo: 'Tirem essa maldita coisa daqui, está horrível!' O filme foi transferido para Westwood, o reduto dos jovens cinéfilos de Los Angeles situado perto do campus da UCLA.

Cindy Williams foi de carro até Westwood na noite em que *Loucuras de verão* foi exibido, em 1º de agosto de 1973. Ela ficou atordoada pelas longas filas serpenteando em torno do Avco Theater: "Nunca pensei que veria um filme com filas em volta da quadra!" *Loucuras* não estabeleceu recordes de bilheteria em sua primeira semana em Nova York e Los Angeles – isso foi antes da exibição de filmes de grande sucesso como *Star Wars*, *Superman* e *E.T.* Mas para a surpresa da Universal, o longa foi bem *em todos os lugares*: nas grandes e nas pequenas cidades, na Costa Leste e na Região Sudoeste, nos cinemas de arte de Nova York e na única tela de projeção de algumas cidades. Tanen surpreende-se diante do perene poder de atração do filme: "Ele não estourou, na verdade, nunca foi um tremendo sucesso. Simplesmente ficou nos cinemas por, digamos, dois anos. Houve festas de aniversário para ele. Apenas foi exibido de novo e de novo".

Foram necessários seis meses para que a Universal, Kurtz e Lucas percebessem o grande sucesso que tinham alcançado. *Loucuras* provou ser o investimento em cinema mais rentável que um estúdio de Hollywood já tinha feito. O custo direto do filme foi de 775 mil dólares e outros 500 mil dólares foram gastos com cópias, propaganda e publicidade. A Universal tirou pela locação do filme (a parte das vendas de ingresso que voltam ao distribuidor) 55 886 milhões de dólares. Para cada dólar investido, a Universal teve lucro de mais de 50 dólares, uma proporção que nem *Star Wars* conseguiu alcançar.

Atualmente, *Loucuras* permanece na 18ª posição do ranking[9] dos sucessos cinematográficos de todos os tempos da *Variety*, tendo vendido mais de 117 milhões de dólares em ingressos através do mundo. Ele teve menos sucesso fora dos Estados Unidos, o que não é surpresa. O filme conseguiu uma reputação cult na França, mas era americano demais para a maioria das plateias estrangeiras. Deu menos de 5 milhões de dólares de lucro fora dos Estados Unidos e do Canadá.

---

[9] Ao longo do tempo, este cenário mudou bastante. *Loucuras de verão*, em 2015, não tem posição nem entre as 100 maiores rendas de bilheteria da história. (N. R. T.)

À medida que o dinheiro entrava, a única pessoa infeliz era Coppola. Lucas sorri ao se lembrar como "Francis estava se martirizando pelo fato de que se tivesse financiado o filme do próprio bolso, teria feito 30 milhões de dólares no acordo. Ele nunca superou isso". Ninguém esperava que *Loucuras* saboreasse o sucesso que teve, muito menos Lucas: "Eu nunca me interessei em fazer dinheiro, apenas em fazer filmes. Fiquei rico e tive sucesso por acidente. A única coisa que me preocupava era que o estúdio pudesse perder dinheiro. Enquanto ficava empatado, sentia que tinha feito o meu trabalho. Acredite, eu não me programei para fazer um sucesso de bilheteria com *Loucuras*",

Mas é claro que Lucas *tinha* a intenção de fazer um filme comercial – foi graças a uma concepção consciente que ele deixou de abordar a estranheza esotérica de *THX 1138*. Ele e Jeff Berg haviam projetado que *Loucuras* poderia render o equivalente a 30 milhões de dólares. Richard Dreyfuss era um dos poucos que não tinha confiança no potencial de bilheteria do filme: "Pensava que ele não ia fazer *60 dólares*. Estou no registro como sendo o único nessa onda. Eu só achava que era um filme menor".

Os diretores de cinema costumam implorar pelos elogios que *Loucuras* recebeu. Tanen foi atingido pelo grande interesse da mídia em Lucas antes mesmo do lançamento do filme. "Por que ele está recebendo esse tipo de tratamento? Ele é mais um garoto fazendo um rito de passagem cinematográfico. Não foi o primeiro e, certamente, não será o último". Lucas colheu uma espécie de respeito venerável concedido a bem poucos diretores de ponta. Algo aconteceu com os críticos de Wichita ou de Filadélfia. Charles Champlin do *Los Angeles Times* lembra: "Era o tipo de filme pelo qual você gostaria de torcer".

As críticas favoráveis não significavam nada para Lucas por causa da crítica contundente do *San Francisco Chronicle*. Ele ficou machucado e embaraçado – o *Chronicle* era lido pelos seus pais, familiares e amigos. "Era a primeira vez que eu tinha um filme que achava bom, e, até onde isso dizia respeito à minha família e amigos, não passava de um fiasco, uma vez que era o único jornal que eles liam. Qualquer que tenha sido o triunfo, ele foi profundamente abafado", lembra Lucas. A maioria dos seus colegas adorou *Loucuras*, embora Haskell Wexler, que fez as imagens, achasse que ele se parecia com um programa de televisão. Os amigos de Lucas apreciaram acima de tudo as revelações que o filme fez sobre ele. Carol Titelman, que mais tarde trabalhou com Lucas, não gostou muito de *Loucuras*. Mas quando conheceu

George, ficou impressionada com o quanto ele parecia tímido e reprimido. "Deus, ele deve ter uma vida interior incrível para ter produzido esse filme louco, cheio de música, ação e paixão adolescente", ela ponderou.

O sucesso popular de *Loucuras* foi validado pelas séries anuais de premiações dos críticos. O filme foi indicado em 1973 para as categorias Melhor Filme, Melhor Direção (Lucas), Melhor Roteiro Original (os Huyck e Lucas), Melhor Atriz Coadjuvante (Candy Clark) e Melhor Edição (Marcia Lucas e Verna Fields) da Academy Award. Ele ganhou o prêmio de Melhor Roteiro das prestigiadas New York Film Critics Association e National Society of Film Critics. A Hollywood Foreign Press Association conferiu a *Loucuras* o Globo de Ouro como Melhor Filme de Comédia do Ano. Quando as indicações da Academy Award foram anunciadas no dia 4 de janeiro de 1974, Lucas recebeu um telegrama do presidente da Universal, Sidney Sheinberg, o superior de Ned Tanen: "Eu pessoalmente considero o filme um clássico norte-americano". Lucas não se deixou amolecer.

Ele nunca esperou que *Loucuras* ganhasse nenhum prêmio da Academy Award, e ele não ficou surpreso quando isso não aconteceu. Até que *Noivo neurótico, noiva nervosa* ganhasse de *Star Wars*, quatro anos mais tarde, uma comédia contemporânea nunca tinha conquistado o Oscar de Melhor Filme. *Loucuras* era, como descreve Lucas, "um filme um tanto menor, provinciano, para ninguém, bem-sucedido, mas ainda assim menor e com orçamento limitado", um candidato improvável para o reconhecimento ao Oscar. O filme que recebeu o prêmio de 1973 foi *Golpe de mestre*, uma fita comercial com orçamento abastado e grandes estrelas (Robert Redford e Paul Newman), mais de acordo com a tradição de Hollywood. Lucas ficou levemente desapontado, Kurtz um pouco mais e Marcia chorou. Ela queria muito ganhar. George simplesmente não se importava.

****

Passar do cineasta batalhador, morto de fome, ao incrivelmente bem-sucedido no prazo de uns dois anos é uma experiência muito forte, e não necessariamente boa.
George Lucas

****

Poucas pessoas estavam menos preparadas para o sucesso quanto George e Marcia Lucas. Somados, os salários deles não passavam de 20 mil dólares ao ano, antes de fazer *Loucuras*, e durante o longo processo de desenvolvimento do filme, seus parcos recursos foram esticados ao máximo. O contador Richard Tong preparou as declarações fiscais dos Lucas em 1973, que consistiam dos honorários de Lucas como diretor (50 mil dólares), os dois salários com impostos retidos na fonte de Marcia pelo seu trabalho de edição, e alguns juros sobre a poupança no banco. Lucasfilm era a produtora de George, mas seus serviços de direção eram locados à Universal e a *Loucuras de verão* através de uma companhia separada, na qual ele era o único acionista, para efeitos fiscais.

Por ocasião do lançamento de *Loucuras*, Lucas estava completamente quebrado. Tinha pegado emprestado dinheiro dos pais, de Coppola e dos seus advogados Doug Ferguson e Tom Pollock. Em seguida veio o dilúvio de lucro, e George e Marcia não sabiam como reagir. "Parte disso era devido a ter quebrado completamente depois de ter sido tão pobre por tanto tempo", explica George. "Foi preciso muito tempo até eu perceber que eu podia comprar coisas". Ele e Marcia gostavam do estilo de vida modesto deles – vivendo numa casa pequena, ao volante de um Camaro prata, usando jeans azuis unissex e camisetas simples.

Agora, para a surpresa de George, a promessa que um dia havia feito, de se tornar milionário aos 30 anos de idade, estava cumprida, dois anos antes do previsto.

Seus amigos mais próximos perceberam poucas mudanças óbvias em Lucas. John Milius fez quase 90 mil dólares por ano escrevendo roteiros originais e reformulando outros para os estúdios de cinema. Coppola fez milhões com *O poderoso chefão*. Barwood e Robbins foram bem com seus vários projetos. O sucesso dos seus amigos coincidiu com o período no qual Lucas estava se debatendo. "Penso que isso lhe deu um verdadeiro desejo de ser rico", acredita Milius.

A divisão final da renda de *Loucuras* a favor de Lucas foi de mais de 7 milhões de dólares, depois de pagar impostos federais e municipais, ele e Marcia ficaram com quase 4 milhões de dólares em dinheiro vivo. Marcia não conseguia acreditar – esse era o choro longínquo de uma infância com dois vestidos novos ao ano. George imediatamente quitou seus empréstimos pendentes, e teve especial orgulho em devolver 2 mil dólares aos seus pais. George pai estava em pé de forma tão ereta e dura que parecia que ia tombar para trás – seu pequeno Georgie tinha ganhado dez vezes mais que o maldito custo do seu filme!

Aderindo à filosofia econômica provinciana do seu pai, Lucas escolheu os investimentos mais conservadores para a bonança financeira: terras, títulos municipais isentos de impostos, poupança. Fez alguns investimentos no mercado de ações, mas logo o abandonou depois de conseguir uma pequena renda. Lucas tinha agora seu pé-de-meia, uma garantia que ele e Marcia nunca seriam pobres. Ele também tinha dinheiro para garantir que sua liberdade artística nunca mais seria violada.

O ônus da riqueza teve um efeito negligenciável sobre as atividades empresariais de Lucas também. Lucy Wilson foi contratada como primeira escriturária da Lucasfilm em 1974, agora que havia livros para guardar. Uma de suas tarefas era descontar cheques para George. "Ele costumava guardar os cheques por um tempo na sua carteira e a única maneira de eu acompanhar seus pagamentos era ver que ele tinha 50 dólares e, em seguida, ficava com um monte de 100 dólares", Wilson lembra. Lucas não tinha ideia de quanto dinheiro havia nas suas contas bancárias e se recusava em acompanhar seu talão de cheques. "O dinheiro parecia não lhe importar", Wilson diz.

Lucas fez uma compra importante: uma casa em estilo vitoriano em Marin que representava sua versão do sonho da Zoetrope. Ele e Marcia haviam saído de Mill Valley para a pequena cidade de San Anselmo, em Marin, onde *Loucuras* foi lançado. A nova casa deles na Medway Street era pequena, e Lucas queria um escritório separado em que ele pudesse trabalhar em *Star Wars*. Marcia descobriu em Marin um local velho e em más condições para venda, uma casa com estrutura de madeira construída em 1869. Lucas a adquiriu por 150 mil dólares em dezembro de 1973 e construiu uma sala de projeção nos fundos. Os quartos foram transformados em escritórios, que amigos como Barwood e Robbins, Michael Ritchie e Carroll Ballard ocupavam em troca de um pequeno aluguel ou de graça. A equipe da Lucasfilm – George, Gary Kurtz, Bunny Alsup e Lucy Wilson – também se mudou para Parkhouse, que foi o nome que Marcia deu ao imóvel decadente.

Intimamente, George gostava do seu sucesso recém-conquistado. John Korty lembra que "havia um tipo de doce revanchismo em ter estado na arena de Hollywood e ter feito coisas melhores do que eles jamais fizeram, e depois voltar com 7 milhões de dólares e dizer: danem-se!

Lucas tinha uma noção particular do sucesso segundo os padrões de Hollywood. Ele repartiu a riqueza proporcionada por *Loucuras* com as pessoas que ele achava que tinham contribuído. Fazer diferentemente teria sido imoral, acreditava ele. Deu um carro novo ao seu secretário Bunny Alsup, ao diretor de elenco Fred Roos e aos editores Verna Fields e Walter Murch, bem como 10 mil dólares em dinheiro vivo e presentes a outros membros da equipe. Pequenos "acertos" financeiros (porcentagens sobre a renda líquida do filme depois das deduções do estúdio pela produção e distribuição da fita) foram dados aos Huyck, a Gary Kurtz e a Tom Pollock. Diz a lenda, que Lucas fez doze milionários ao distribuir esses acertos por *Loucuras de verão*, mas o número está mais perto dos três ou quatro. Seja como for, quantos cineastas de 28 anos conseguem se vangloriar de algo?

Os beneficiários da generosidade de Lucas ficaram surpresos, mais que tudo, pelo espírito que permeou a entrega. Lucas dividiu um décimo entre os principais integrantes do elenco e deu 1% ao cinegrafista Haskell Wexler, que não tinha recebido salário algum. (Coppola lhe deu mais 2%.) "Meu ponto de vista é que ainda que George soubesse que ele ia ser o grande sucesso que foi, teria distribuído a quantia", afirma Wexler. Richard Dreyfuss ficou com seu salário de 5 mil dólares, acrescido de quase 70 mil dólares que recebeu. "Todos eram tão mercenários naquele mundo podre e aí estava um presente gratuito, um grande gesto mesmo".

Nem todos estavam satisfeitos, no entanto. Lucas se queixou ao seu contador Richard Tong que alguns dos que ganharam carros lamentaram não ter recebido no lugar dinheiro vivo. George ficou perturbado pela ganância de algumas pessoas e disse a Tong que ele nunca mais faria isso. "Achei que ele queria dizer que seria a última vez que ele ia dividir os ganhos", Tong afirma com uma gargalhada. "Mas não, ele simplesmente quis dizer que não daria mais carros".

Lucas ficou surpreso com a ingratidão de algumas pessoas que se beneficiaram da sua generosidade, mas ficou chateado com a relutância de Coppola em aceitar o que ele acreditava ser sua obrigação. Eles tinham concordado em dividir a retorno financeiro de *Loucuras* pela metade, cada qual tirando 20%. Da sua metade, Coppola tinha de dar ao produtor Gary Kurtz 5%. Da parte recebida por Lucas vieram acertos para Huyck e Katz, os atores e Pollock. Coppola resistiu à ideia de dividir seus lucros com Kurtz desde o começo. Ele não tinha contratado Gary – Lucas tinha – e Francis achava que George tinha de cuidar disso. O desacordo chegou ao seu clímax na questão dos valores devidos a Wexler, que se juntou à equipe de *Loucuras* depois que o rendimento inicial foi acertado. Coppola, que planejava fazer seu próximo filme com Wexler, propôs dar a Haskell 3%: ele pagaria dois e Lucas pagaria o 1% remanescente. Quando o dinheiro começou a entrar, Lucas prontamente pagou sua parte, mas Coppola empacou para dar parte dos lucros a Kurtz e Wexler. Lucas o acusou de renegar sua promessa, e só depois de intensas negociações Kurtz e Wexler foram pagos por Coppola. Coppola recebeu ao todo 13% da renda de *Loucuras*, somando quase 3 milhões de dólares. Lucas terminou com 15% da renda e impressões bem definidas a respeito do comportamento de Coppola. "Francis estava questionando minha honestidade", diz Lucas a respeito da disputa sobre o que estava sendo devido a quem. "Ele pensava que eu agia do mesmo jeito que ele. Acusou-me de ser como ele e isso me irritou".

A argumentação não era a respeito da divisão de prejuízos – havia dinheiro suficiente vindo de *Loucuras* para tornar os dois homens ricos. Mas a disputa reflete o relacionamento incomum entre Coppola e Lucas – cada um acreditava estar com a razão e que o outro estava equivocado.O desentendimento a respeito da divisão de lucros revela a essência de cada homem: o senso de obrigação moral de George e a atitude de *laissez-faire* de Coppola. "Não era uma coisa do outro mundo", comenta Lucas a respeito das recriminações pós-*Loucuras*. "Mas esse foi um dos motivos que nos levou ao distanciamento, mais do que qualquer outra coisa".

O sonho tinha terminado. Coppola se sentiu excluído de *Loucuras* por Lucas – não havia lugar para Francis no filme de George. Lucas tinha admitido que Coppola produzisse *Loucuras* apenas por causa da insistência da Universal. Por causa disso, Coppola acha que Lucas queria ganhar mais dinheiro do filme. Lucas enxerga as coisas de outra maneira, convencido de que Francis precisava dominá-lo, se não durante a realização do longa ao menos na divisão dos estragos. Lucas costumava racionalizar o comportamento de Coppola partindo do princípio que Francis simplesmente não sabia agir diferentemente. Mas depois da argumentação que se seguiu a *Loucuras*, Lucas considerou Coppola imoral. Esse tipo de comportamento *simplesmente não estava certo*.

★★★★

> Eu tive uma relação volátil com Francis. E isso acontecia dos dois lados, como se fôssemos casados e fôssemos nos separar. É uma relação tão próxima quanto a que eu tive com qualquer outra pessoa.
> *George Lucas*

★★★★

O divórcio, quando veio, foi sofrido. Desde a época na USC, Lucas queria fazer um filme sobre o bizarro circo que a mídia tinha montado em torno da Guerra do Vietnã. John Milius também tinha trabalhado nessaa ideia na USC, indo ao ponto de entrevistar veteranos que voltaram e lhe contaram histórias fantásticas e cheias de cores. "Surf e bombas" virou o tema do filme que Lucas e Milius discutiram durante anos. *Apocalypse Now*, título dado ao projeto, era reflexo da posição política de direita de Milius, sobre dar um pontapé no inimigo, quer isso se justificasse ou não. Lucas enxergou o filme como um *Dr. Fantástico* atualizado, a tentativa de matar uma formiga com uma marreta, só para descobrir que ela está ganhando.

Lucas propôs a Milius que o objetivo do filme fosse uma jornada até o seu propósito. Milius vislumbrava uma viagem de helicóptero, mas Lucas propôs um simples passeio de barco por um rio. Um oficial da inteligência é abandonado com uma missão secreta de acabar com um comandante das Forças Especiais que perdeu a cabeça e "virou nativo".

Apocalypse Now foi um dos primeiros projetos que Lucas mencionou a Coppola durante a formação da Zoetrope, mas ele foi descartado pela Warner Bros. com os demais roteiros da Black Thursday. Depois que Coppola reembolsou à Warner o dinheiro para desenvolvê-lo, ele se apropriou dos direitos de todos os projetos da Zoetrope. Lucas permaneceu determinado a tirar *Apocalypse* do papel e depois terminar *Loucuras de verão*, chegou a um acordo para desenvolvê-lo com a Columbia Pictures. Gary Kurtz fez uma viagem às Filipinas para localizar locações. Ele e Lucas estavam convencidos de que *Apocalypse* poderia ser feito de maneira mais econômica se usassem câmeras de

16 milímetros no padrão documentário, soldados de verdade como extras e um orçamento de menos de 2 milhões de dólares. Enquanto Kurtz estava fora, Lucas e Milius trabalharam no roteiro do filme e logo Milius estava com ele pronto.

Lucas se sentia frustrado no esforço de colocar *Star Wars* em um formato gerenciável e viu *Apocalypse* como o próximo passo lógico da sua carreira. Ele procurou Coppola no início de 1973 e lhe disse: "Tenho a oportunidade de fazer esse [filme], Francis". Mas se era para fazer *Apocalypse*, seria com Coppola na produção e dono de 25% da renda, duas vezes mais que Lucas, que dividia seus 25% com Milius. Isso não parecia justo para George, que ainda estava magoado com as discussões em torno do lucro de *Loucuras*. "Eu não poderia ter feito o filme sob essas condições", Lucas diz, por isso ele se voltou para *Star Wars*.

Um ano mais tarde, Coppola aproximou-se de Lucas a propósito de *Apocalypse*. Francis teve a ideia de que se o filme fosse lançado simultaneamente ao bicentenário americano, ele teria um enorme impacto. Era o ano de 1974 e Francis estava pronto. Com George dirigindo novamente, eles poderiam fazer melhor do que haviam feito com *Loucuras*. Mas Lucas, que tinha acabado de fechar seu acordo com a 20th Century Fox em relação ao *Star Wars*, sentiu que precisava terminar o que estava fazendo no momento. Primeiro Lucas ficou surpreso e depois furioso quando Coppola insistiu, oferecendo-lhe honorários pela direção de 25 mil dólares e 10% sobre o lucro, o negócio acordado cerca de seis anos antes para o segundo projeto de Lucas para a Zoetrope. Lucas estava sendo pago em 150 mil dólares para escrever e dirigir *Star Wars*. Lucas pediu a Coppola que esperasse até que *Star Wars* estivesse terminado – ele queria muito dirigir *Apocalypse*. Mas Francis estava inflexível quanto ao filme sair em 1976. Coppola lembra: "Em um determinado momento, eu apenas disse: 'Que diabos, eu estou com ele [*Apocalypse*]. Deixe-me fazê-lo, apenas para tirá-lo de cima da mesa". Lucas estava cansado de tantos aborrecimentos com alguém de quem gostava e ao mesmo tempo odiava. "Se você quer fazê-lo, vá em frente", George disse, resignado. Francis tentou fazer com que Milius dirigisse *Apocalypse*, mas John também rejeitou as condições desvantajosas. Por fim, Coppola dirigiu o filme.

A produção de *Apocalypse Now* tomou mais de dois anos, custou 36 milhões de dólares e quase acabou com a mente e o espírito de Coppola. Francis

6

A concepção de *Star Wars*

> Tenho uma sensação ruim
> a respeito disso.
> *Sentimento frequentemente*
> *expresso em* Star Wars
> *por Luke Skywalker,*
> *Han Solo e C-3PO*

O tempo estava horrível na Tunísia. George Lucas odiava os ventos lancinantes e o frio intenso do deserto do Saara. Em 26 de março de 1976, um dia depois do início da produção de *Star Wars*, choveu. Não chovera no inverno tunisiano em cinquenta anos. Havia buracos de lama em todo lugar e a primeira locação era para ser o leito *seco* de um rio, o Chott Djerid.[1]

---

[1] A pesquisa complementar para esse capítulo incluiu a correspondência pessoal entre George e Marcia Lucas em outubro e novembro de 1975, bem como os cadernos particulares de Lucas. Informações adicionais sobre Marcia Lucas foram tiradas de "The New Hollywood", de Daphne Davis em *Playgirl* (set. 1975): 109. Os livros e filmes que influenciaram Lucas durante esse período foram examinados e forneceram dados a respeito da evolução de *Star Wars*. Incluem "John Carter of Mars", o 11º "Martian Tales" (contos marcianos) de Edgard Rice Burroughs, da revista *Amazing Stories* de 1941 e 1943. *The Iron Men of Mongo*, livro sobre Flash Gordon escrito por Alex Raymond, adaptado por Con Steffanson, também exerceu forte influência sobre Lucas. As aventuras da série cinematográfica de Flash Gordon foram assistidas; *Space Soldiers Conquer the Universe* (1934) foi particularmente interessante. *The Uses of Enchantment: The Meaning and Importance of Fairy Tales*, de Bruno Bettelheim (Nova York: Random House, 1975) teve grande influência sobre o modo de pensar de Lucas, bem como *The Hero with a Thousand Faces*, de Joseph Campbell (Nova York: Pantheon, 1949). As aventuras de Carlos Castaneda com um indígena místico yaqui em *Tales of Power* (Nova York: Simon & Schuster, 1974) foi uma influência crucial para a Força.

Os problemas de Lucas apenas começavam. Os dois atores da cena inicial estavam em apuros. Antony Daniels dentro de C-3PO, era um robô polido em ouro cuja ação era realmente testada pela primeira vez. Daniels estava machucado por causa das bordas de plástico afiadas do traje mal-ajustado, e ele se mexia com dificuldade. Kenny Baker ocupava um "droid" de 90 centímetros de altura chamado R2-D2. Não deu nada certo.

Os controles eletrônicos de R2-D2 foram concebidos para lhe permitir se arrastar para frente, virar e se mexer lateralmente, mas eles apenas conseguiram captar sinais de rádio tunisianos. Baker, 90 centímetros, 20 centímetros mais alto, podia fazer bem pouco para controlar o robô. Seus cotovelos estavam presos nas laterais, mal permitindo que alcançasse os interruptores que ativavam suas luzes e o acionavam. Havia tanto barulho dentro de R2-D2 que Baker não conseguiu ouvir Lucas ordenando "Corte". Um integrante da equipe teve de bater na sua lata com um martelo para detê-lo. Lucas finalmente tirou Baker e puxou o R2-D2 vazio pela areia com um arame fino. O robô tombou imediatamente. "Tudo estava dando errado o tempo todo", Lucas resmungou. "Típico".

Lucas tinha um cronograma apertado. Contratara um jato fretado para pegar o elenco e a equipe exatamente onze dias depois de chegarem ao Norte da África – se não estivessem prontos, a companhia aérea cobraria da produção mil dólares por hora em multas. De volta a Hollywood, a 20th Century Fox apostava quase 10 milhões de dólares que o cineasta de 31 anos de idade poderia oferecer "uma fantasia espacial" que se revelaria lucrativa, embora a forma final de *Star Wars* fosse indecifrável para todo mundo, à exceção de Lucas. O roteiro havia sido examinado pelas autoridades tunisianas, que o aprovaram depois de concluir que não havia implicações políticas na história.

A Tunísia possuía a arquitetura marroquina e os lugares que Lucas precisava para as suas cenas em Tatooine, o planeta deserto. Em Nefta e perto de Jerba, ele encontrou cúpulas brancas que se transformaram no complexo onde Luke Skywalker viveu com o tio Owen Lars e a tia Beru. No vilarejo de Matama, as pessoas vivem em cavernas profundas em um buraco aberto que as protege das frequentes tempestades de areia. Lucas gostou do aspecto de outro mundo que tinham as cavernas, e uma habitação submersa se tornou a moradia dos Lars. George enviou a Marcia uma foto dele mesmo na frente da caverna de Obi-Wan Kenobi e escreveu nela: "Você tem certeza de que Orson Welles começou assim?"

Orson Welles nunca enfrentou os infortúnios que esperavam por Lucas. Um dia inteiro foi gasto filmando R2-D2 movendo-se alguns metros. Os sets pré-fabricados na Inglaterra eram tão grandes que foram necessários quatro dias para que a equipe inglesa e tunisiana os transportassem através do deserto, da base da produção até Nefta. O sandcrawler no qual os Jawas transportavam C-3PO e R2-D2 tinha dois andares e dois metros e meio de comprimento. À noite, antes de tudo estar pronto para Lucas filmar a cena dos Jawas, uma tempestade de areia fortíssima assolou o deserto e quebrou o gigantesco andador em pedaços. Foi preciso um dia inteiro para montá-lo novamente e um dia suplementar para filmar a cena. O andador sobre areia foi depois transformado em um brutamontes queimado, o que tomou mais um dia. Mal houve tempo para desmontá-lo, embalá-lo e enviá-lo para a Inglaterra.

O vento era cruelmente frio no deserto e as lentes de câmera ficaram desgastadas com a areia. R2-D2, ainda incapaz de andar, foi montado em esquis da cor da areia e puxado por uma corda de fibra de vidro. O landspeeder de Luke, que devia fazê-lo deslizar sobre a areia, também nunca funcionou. Lucas filmou algumas longas tomadas da máquina sem uso, sabendo que teria de refazer as sequências ao voltar para casa.

George dirigiu seu elenco impiedosamente, deu o exemplo dormindo apenas quatro ou cinco horas por noite. Os óculos de proteção eram um acessório padrão, uma vez que as tempestades de areia irrompiam sem aviso. Aqueles que sobreviveram às temperaturas geladas e à lama padeceram de disenteria, um problema que persistiu ainda que o elenco estivesse abastecido de água engarrafada e alimentos enlatados.

Dos principais integrantes do elenco, apenas Mark Hamill e Alec Guinness já haviam feito a viagem. Havia também um grande grupo de Jawa, criaturas minúsculas cujos rostos estavam cobertos por peças de vestuário com capuz marrom, à exceção de dois olhos amarelos. Por trás dos figurinos, havia cinco crianças tunisianas, um anão inglês, outro franco-tunisiano e as duas filhas do produtor Gary Kurtz.

A Tunísia era a locação perfeita para *Star Wars*. "Era como estar de fato em Tatooine. Não há set sonoro e você realmente pode ficar absorto na ação", Hamill lembra. A despeito de todos os seus problemas, Lucas cumpriu o que se propôs a fazer: os personagens de C-3PO e R2-D2 estavam bem consolidados como equivalentes eletrônicos de Laurel e Hardy.

A equipe de *Star Wars* deixou artefatos em número suficiente para desnortear os futuros arqueólogos, incluindo alguns caminhões e gigantescos ossos do esqueleto de um bantha. O barranco rochoso onde R2-D2 foi eletrocutado pelos Jawa é oficialmente conhecido como o desfiladeiro de *Star Wars* – Lucas o usou novamente em *Indiana Jones e os caçadores da arca perdida*. E o minúsculo Matama, onde as pessoas vivem em buracos no chão, exibe uma pequena tabuleta no centro da cidade: "*Star Wars* foi filmado aqui".[2]

****

Cada ínfimo acordo que fizemos foi uma negociação em dólares por controle, porque isso era o que George sempre quis. Toda a história das negociações de Star Wars se baseava em dólares versus controle.

Tom Pollock

****

George Lucas estava pronto para se aposentar da direção cinematográfica depois dos rigores da produção de *Star Wars*. O desgaste físico que tomou conta dele não valia o retorno. Mas a ideia de uma fantasia espacial o atiçava – *THX 1138* havia aguçado o seu apetite pelo tipo de cinema que queria fazer. Antes de abandonar sua cadeira de diretor, queria fazer um grande filme com set sonoro, cenários elaborados e efeitos especiais fantásticos.

George havia esperado desde pequeno para ver uma história com romance, fantasia e aventura ambientada em algum tempo e lugar distantes. Mas Hollywood produziu um constante fluxo de filmes de ficção científica previsíveis, obsoletos e tolos, com ocasionais joias como *O planeta proibido*. Lucas percebeu corretamente um vazio no mercado cinematográfico: no final dos anos 1960 e começo dos 1970, o público estava cansado de sexo e violência nas telas, queria comédias e filmes de ação e aventura como os clássicos de Hollywood.

---

[2] De *Once Upon a Galaxy: A Journal of the Making of "The Empire Strikes Back"*, de Alan Arnold (Nova York: Ballantine, 1980).

Ao terminar a edição de *Loucuras de verão* em fevereiro de 1972, Lucas foi trabalhar imediatamente na sua ideia. Escreveu todas as manhãs e passou o resto do tempo fazendo buscas sobre contos de fadas, mitologia e psicologia social. Estava procurando um meio de misturar a moderna tecnologia e os elementos tradicionais das histórias que pudessem atrair e ter significado para crianças. "Tentava levantar contos de fadas, mitologia e religião em estado destilado, estudando a forma pura de ver como e por que eles tinham agradado", Lucas diz.

Ele se tornou um voraz leitor de ficção científica, devorando as novelas contemporâneas de Isaac Asimov e autores clássicos de ficção científica como Edgar Rice Burroughs e Alex Raymond. Como o "ambiente" de madeira e sucata que ele tinha construído quando criança, Lucas estava montando *Star Wars* do zero.

Como de costume, George teve dificuldade para colocar suas ideias no papel, então decidiu elaborar uma sinopse mais desenvolvida em lugar de um roteiro completo. Por volta de maio de 1973, tinha concluído um desconcertante resumo da trama em treze páginas. Escrito a mão num papel com pauta azul, ele contava "a história de Mace Windu, um reverenciado Jedi-Bendu de Opuchi, que tinha uma relação de parentesco com Usby C. J. Thape, aprendiz padawan dos famosos Jedi". Com isso como frase de abertura, não é de se surpreender que *Star Wars* tenha suscitado pouco entusiasmo. "Eu sabia mais a respeito da história com base no que George havia me contado do que em relação ao que estava naquela sinopse", afirma Jeff Berg.

A primeira sinopse se parece com o rascunho de um romance – é fascinante ver como alguns elementos são mantidos intactos e outros transformados radicalmente ou abandonados. Lucas situou sua história no século XXIII, um tempo em que os guerreiros Jedi-Templar, a exemplo de seus equivalentes medievais, juraram lealdade à Aliança dos Sistemas Independentes. Três localidades foram descritas: a selva, os planetas desertos e um mundo gasoso com uma cidade suspensa nas nuvens. Toda pessoa, animal e estrutura foram denominadas de maneira exótica e descrita detalhadamente.

A história era complicada: Leia Aguilae, uma princesa rebelde acompanhada da família e dos seus servos, foge de um soberano maldoso que passou a controlar a Aliança e se declarou imperador. General Luke Skywalker, um dos dois cavaleiros Jedi sobreviventes (junto com o seu amigo Annikin

Starkiller), conduz Leia por uma rota de fuga perigosa. No caminho, eles tomam como refém dois burocratas imperiais, o que acrescenta uma pitada de humor ao filme. Uma turma de rebeldes com dez garotos de idade entre 15 e 18 anos também se junta ao grupo. Acoçados pelas tropas imperiais, os rebeldes são perseguidos através do espaço e se escondem em um cinturão de asteroide. Em um cargueiro espacial roubado, eles finalmente escapam para a selva de um planeta, onde são atacados e a princesa, capturada. Os garotos, treinados pelo general Skywalker para voar em diabólicos aviões individuais de combate, libertam a princesa, envolvem-se no espaço em um duelo de armas a laser com a frota imperial e escapam de novo no espaço infinito. Na cena final, o general e seu pequeno grupo são recompensados com a princesa de volta em casa, onde ela revela sua identidade de "deusa". Os dois burocratas ficam bêbados e tropeçam na escuridão, "dando-se conta de que estavam se aventurando com semideuses".

Os personagens de *Star Wars* permaneceram surpreendentemente fiéis à sua criação, embora Skywalker tenha virado adolescente, bem como Leia. Dois "trabalhadores" chamados C-3PO e R2-D2 foram finalmente incorporados aos burocratas trapalhões para se transformarem nos robôs prediletos de Lucas. Também está presente na sinopse Han Solo, amigo dos cavaleiros Jedi, Chewbacca, um príncipe Wookiee do planeta selva, retratado como um "alienígena peludo gigante", e dois vilões, general Darth Vader e Valarium, o Cavaleiro Negro. Lucas também descreveu veículos lustrosos brancos, denominados landspeeders.

A resposta à sinopse de Lucas da parte do seu agente e advogado foi uma perplexidade respeitosa – Berg e Pollock não conseguiram entender uma só palavra dela, mas concordaram em ajudá-lo a vender o filme. Duas coisas eram importantes para Lucas em qualquer acordo com um estúdio: o controle sobre a criação, incluindo a edição final, e a propriedade dos direitos residuais. Lucas sabia que *Star Wars* era muito grande para um único filme – ele poderia fazer vários filmes a partir da sua densa história.

Star Wars precisava ser primeiro submetido à United Artists, que nunca tinha formalmente descartado a segunda parte do acordo sobre *Loucuras*, feito três anos antes. David Picker deu uma olhada na sinopse de Lucas e estimou que o filme custaria uma fortuna, e sem garantia alguma de que daria para fazer os efeitos especiais. Picker indeferiu o projeto.

Jeff Berg tinha negociado para que outro executivo de estúdio, Alan Ladd Jr., visse *Loucuras de verão* antes que estreasse. Uma cópia foi contrabandeada para ele na 20th Century Fox. Filho do famoso ator Alan Ladd, ele tinha a boa aparência do seu pai e havia entrado no mercado de cinema como agente no início dos anos 1960. Depois de breve período como produtor, Ladd passou a ser um dos muitos executivos de produção na Fox em 1973. Assim como seus pares, estava constantemente de olho em filmes de sucesso.

Ladd tinha ficado impressionado com as habilidades de Lucas na direção de *THX 1138*, uma atribuição pesada para um novato. No instante em que *Loucuras* iluminou a tela de cinema da Fox, Ladd soube que sua intuição estava correta: "Achei que era um filme incrível, senti que estava assistindo ao trabalho de um homem muito talentoso". Ladd se encontrou com Lucas, que lhe contou a história de *Star Wars*. Ladd não conseguiu entender o conceito, mas queria desesperadamente fazer negócio com George. Inclusive chegou ao ponto de perguntar se a Universal pretendia lançar *Loucuras* e seu interesse ajudou a induzir a Universal a agir.

Nesse encontro, Ladd e Lucas entraram em acordo a princípio, mas *Star Wars* tinha de ir para a Universal primeiro, que também o tinha como opção como parte do acordo em torno de *Loucuras*. "Estávamos totalmente convencidos que ele não ia vingar por lá, também, pois era bem no meio da fase mais raivosa de Ned", lembra Tom Pollock. "Ele não foi apresentado com entusiasmo". Também não foi recebido com entusiasmo – a Universal recusou-se a desenvolver *Star Wars* apenas um mês antes que *Loucuras* se tornasse o maior sucesso do estúdio em anos.

Ned Tanen não deve dormir bem depois de ter dispensado *Star Wars* (e tampouco David Picker, pelo mesmo motivo). Todo estúdio de cinema rejeita filmes que acabam se tornando grandes sucessos em outro lugar; a falha não é incomum, mas as consequências nesse caso foram muito graves. "Para que conste, eu não rejeitei *Star Wars*", declara Tanen com uma voz cansada de repetir a explicação. "A companhia rejeitou *Star Wars*. Eu passei um momento complicado tentando entender a sinopse. Gostaria de pedir à maioria das pessoas para visualizar o que significa C-3PO a partir da leitura da sinopse de treze páginas de *Star Wars*". A Universal só precisava pagar 25 mil dólares para desenvolver um roteiro a partir da sua sinopse obtusa, mas

O estúdio decidiu poupar o dinheiro. A decisão, por fim, lhe custou mais de 250 milhões de dólares.

Dez dias depois que a Universal disse não, Alan Ladd Jr. disse sim, em nome da 20th Century Fox Film Corporation. Seu sim foi registrado em um memorando de acordo, não em contrato.[3] Lucas recebeu 50 mil dólares para escrever e 100 mil dólares para dirigir. Gary Kurtz conseguiu mais 50 mil dólares para produzir *Star Wars*, e a própria companhia de Lucas, a Star Wars Corporation, ficou com 40% do lucro líquido do filme. Um orçamento inicial foi estabelecido em 3,5 milhões de dólares. Lucas sabia que *Star Wars* nunca poderia ser feito com tão pouco dinheiro, embora fosse cinco vezes mais do que o que tinha gasto com *Loucuras*. George estava preocupado que se Ladd soubesse quanto *Star Wars* realmente iria custar, ele voltaria atrás no acordo.

O memorando do acordo de *Star Wars*, um documento legal abreviado com dezessete páginas – o equivalente a um aperto de mão em Hollywood – tinha outro dispositivo crucial: todas as questões por resolver, inclusive os direitos residuais e de merchandising, teriam de ser negociados antes que o filme começasse a ser produzido. O memorando deu à Fox, financiadora e distribuidora do filme, todas as vantagens legais. Mas garantiu a Lucas a oportunidade de renegociar várias questões estratégicas.

Quando *Loucuras de verão* colheu elogios e bons negócios três semanas mais tarde, Ladd sentiu-se muito satisfeito. Havia apostado no seu instinto e isso tinha valido a pena. Ele gostara de Lucas imediatamente, achou-o inteligente, criativo e bem informado a respeito de cinema. Lucas descreveu *Star Wars* como um amálgama de *Buck Rogers, Capitão Blood* e *O falcão dos mares*, dois heróis de capa e espada de Errol Flynn. Ladd tinha crescido com as pessoas que tinham estrelado e feito esses filmes e queria apostar em Lucas.

O sucesso de *Loucuras* deu a George a oportunidade de renegociar seu contrato e realmente direcioná-lo para a Fox: Berg lhe disse que provavelmente conseguiria mais 50 mil dólares em salário bem como em lucro (não líquido) de *Star Wars*, antes de o estúdio subtrair seus custos de distribuição. Lucas poderia receber o que bem quisesse. De repente, ele era o cineasta mais aclamado de Hollywood. Mas George surpreendeu a todos ao não pedir mais

---

[3] Os montantes financeiros foram tirados dos relatórios anuais e demonstrações financeiras da Fox.

dinheiro. Havia aceitado o acordo com a Fox porque confiava em Ladd, que desde então havia se tornado chefe de produção do estúdio. Lucas apenas queria ter certeza de que *Star Wars* continuaria sendo *seu* filme: ele pediu controle, não dólares. Estava preparado para aceitar seu salário original, mas queria acertar tudo o que não havia ficado resolvido.

Lucas era agora levado a sério como diretor. Se ele não tomasse uma atitude rápida para garantir um controle criativo, talvez nunca mais teria a oportunidade de fazê-lo. Queria que *Star Wars* fosse produzido pela sua própria companhia, não pela Fox, de forma que pudesse acompanhar os custos imputados e deter os direitos de publicação sobre a novelização de *Star Wars* e quaisquer outros livros inspirados no filme. Queria os direitos musicais e a renda do álbum da trilha sonora. E, mais importante, queria controlar os direitos residuais.

Os executivos de assuntos comerciais da Fox não podiam acreditar nos que ouviam. Aquele garoto não estava pedindo os 500 mil dólares extras de adiantamento – e ele tinha direito a eles, dado o sucesso de *Loucuras de verão*. Em lugar disso, queria os "restos" das disposições do contrato. O merchandising era considerado inútil pelos estúdios de cinema – foram necessários dezoito meses para ver os brinquedos desenhados, manufaturados e distribuídos. Naquele tempo, um filme já tinha desaparecido normalmente das salas de exibição. Ninguém sabia o que seria a música, e os direitos residuais não significavam coisa alguma a menos que o filme fosse um grande sucesso. Com base na sinopse de treze páginas de Lucas, *Star Wars* não parecia ser o próximo sucesso de bilheteria.

O acordo foi fechado, com a Fox tendo economizado quase 600 mil dólares. Ladd concordou com a decisão e o contrato foi elaborado. Nem tudo aconteceu do jeito que Lucas desejava: ele queria a edição final e não a teve. Assim como a Warner e a Universal, a Fox tecnicamente poderia reeditar a fita. Queria a propriedade dos direitos residuais, mas teve de dar à Fox a primeira parte ao distribuir qualquer filme subsequentemente. E a Fox reteve a propriedade dos direitos autorais sobre *Star Wars*. Lucas tinha o direito de fazer seus próprios negócios de merchandising (sobre os quais a Fox mantinha um percentual), mas, em última análise, o estúdio detinha o roteiro, os personagens e o filme em si. Lucas optou pelo longo prazo, e ganhou; a Fox ficou com o curto prazo, e perdeu.

****
O roteiro é o que você sonhou – isso é o que deveria ser. O filme é com o que você acaba ficando.[4]
George Lucas
****

Quando o seu primeiro cheque no valor de 10 mil dólares chegou da 20th Century Fox, em setembro de 1973, Lucas ficou aliviado. *Loucuras* era um sucesso, mas seria preciso mais algum tempo para que a sua parte sobre os lucros começasse a pingar. Enquanto isso, a carreira de Marcia estava decolando. Depois que o filme foi lançado, Martin Scorsese lhe pediu para editar *Alice não mora mais aqui*, sua primeira oportunidade de conquistar reconhecimento sozinha. Na verdade, quase toda Hollywood presumiu que Verna Fields tinha editado *Loucuras*. Pensava-se que Marcia estava junto por ser a mulher de George. Enquanto Lucas estava escrevendo seu primeiro esboço de *Star Wars*, Marcia estava em Los Angeles, editando filmes para Scorsese e adorando isso.

George encorajava Marcia, mas não gostava de estar separado da mulher. Quando ela editou *Alice* na locação do filme no Arizona, ele foi até lá. Isolou-se em um quarto de hotel e esboçou ideias para *Star Wars*. Ele era financeiramente dependente da esposa; quase não tinha sobrado dinheiro do seu primeiro pagamento de 10 mil dólares da Fox, e ele não tinha um roteiro. Típico.

Os próximos dois anos foram os piores da vida de Lucas. "Ele não conseguia escrever aquela droga de roteiro", lembra Pollock. George estava permanentemente seduzido pela ideia de *THX*: "Eu era fascinado pela sociedade futurista, a ideia de foguetes e lasers vindos do alto sobre alguém com uma varinha. Os pequenos estavam ganhando e a tecnologia estava perdendo – eu gostava daquilo". Ele queria acrescentar heróis, vilões e outros elementos de contos de fadas. Mas a mensagem de que a tecnologia não pode substituir a espécie humana tinha de estar clara, o elemento humano deve finalmente prevalecer.

Durante muito tempo, Lucas se interessou pelo programa espacial e pela exploração do desconhecido. Esperava encantar crianças por meio de viagens espaciais com uma romântica história sobre o além. Lembrava do

---

[4] George Lucas em seu discurso no Rotary de Modesto (29 ago. 1973).

nó na garganta que sentia enquanto assistia os primeiros voos da NASA na TV – e queria retomar o impacto emocional que eles tinham tido sobre ele. *Star Wars* não havia sido concebido enquanto propaganda do programa espacial, insiste Lucas: "Havia uma sutil sugestão de que abrir a porta e ir para fora, qualquer que seja o risco, às vezes vale a pena". A premissa de *Star Wars*, segundo Lucas, é que "não há como evitar decisões difíceis".

George ficou durante muito tempo intrigado com a ideia de criar um conto de fadas moderno. Depois de ver a reação a *Loucuras de verão* por parte de uma geração perdida de adolescentes, ele estava mais convencido do que nunca de que a América (para não dizer o mundo) precisava de *Star Wars*. "Há uma geração inteira crescendo sem nenhum tipo de conto de fadas", diz Lucas. "E crianças precisam de contos de fadas – é uma coisa importante que a sociedade deve ter para elas". Lucas queria voltar aos valores mais tradicionais que tinham um apelo especial para a nossa sociedade desenraizada. Precisava de uma fábula atemporal que pudesse demonstrar, não pontificar sobre, as diferenças entre o certo e o errado, o bem e o mal, a responsabilidade e a indolência.

"Basicamente, George é a favor do bem e contra o mal, mas cada um tem a sua interpretação para o que isso significa", afirma Lawrence Kasdan. Ver a filosofia religiosa de Lucas revelada em *Star Wars* nos diz tanto sobre o homem quanto o filme. Patinhos feios são transformados em heróis, ratos do deserto viram feiticeiros sábios, um monstro do mal vem a ser pai do herói. Simples e essencial, *Star Wars* é um conto de fadas clássico. "Há muito tempo, em uma galáxia distante" é a versão de Lucas para "Era uma vez" e torna seu propósito claro. As crianças entendem a mensagem – sabem que terão de abandonar sua casa eventualmente, enfrentar riscos, submeter-se a testes, aprender a controlar as emoções e agir como adultos. O que não sabem é *como* fazer tudo isso. *Star Wars* mostra para elas.

Até mesmo os personagens de *Star Wars* são protótipos de contos de fadas. Luke é o tradicional jovem herói passando pela dolorosa etapa da adolescência, preso entre a infância e a maturidade. Ele passa por uma iniciação comum aos heróis mitológicos: é atingido por uma tragédia (a morte de sua tia e do seu tio), recebe uma missão a cumprir, na qual desafia forças sobrenaturais, e alcança uma vitória decisiva. No fim, a ameaça da aniquilação, essencial para a credibilidade dos contos de fada, é eliminada. As crianças percebem a vida como uma sequência de desafios e obstáculos sem fim, em que sempre parecem estar fazendo a coisa errada no momento errado, com consequências fatais no fim das contas. Luke divide essas impressões no começo, mas, no decorrer do filme, cresce e percebe seu potencial. É um feixe de esperança para crianças que temem ficar pequenas para sempre.

As crianças não são as únicas influenciadas por *Star Wars*. O público divide uma reação emocional inconsciente em relação ao filme – quando ele é tão popular quanto *Star Wars*, a emoção dividida se torna uma força cultural. As pessoas também viram o que queriam ver no filme. Por várias vezes, ele foi descrito como uma metáfora para os dogmas do cristianismo, do budismo, do judaismo e do Islã. Lucas queria instilar nas crianças a crença em um ser supremo – não um deus religioso, mas uma divindade universal que ele apelidou de "a Força", uma fonte de energia cósmica que integra e consome todo ser vivo.

A mensagem de *Star Wars* é religiosa: Deus não está morto, ele está aqui se você quiser que esteja. "As leis estão na verdade dentro de você", Lucas gosta de dizer, a Força reside dentro. O tema principal de *Star Wars*, assim como em qualquer filme de Lucas, é a aceitação da responsabilidade pessoal, "o fato de você não poder fugir do seu destino". O que Lucas parece dizer é que não podemos fugir do nosso chamado ou missão na vida, temos o dever de cumprir o que é esperado de nós. Trabalho pesado, sacrifício pessoal, amizade, lealdade e o compromisso com um propósito mais elevado: esses são os dogmas da fé de Lucas. "O que quero dizer é que há uma razão para esse filme ser tão popular", ele afirma. "Não é que eu estou alardeando algo que ninguém quer ouvir".

Lucas sabia o que tinha dado errado com *THX* e estava determinado a não repetir o erro. Não foi nada bom mostrar como as coisas eram horríveis. Ele tinha de dar esperança ao público, fazê-lo acreditar que as coisas vão ficar melhores. "Percebi que, para que um filme tenha impacto, você tem de abordar as coisas por vieses", Lucas afirma. "Encarar é o jeito atraente de fazer, mas não surte nenhum efeito, a menos que você tenha muita sorte. Quando você vai pelos lados, consegue influenciar as coisas mais sutilmente porque não as está atacando".

A chave para a abordagem transversal de Lucas era a Força, algo simultaneamente tangível e etéreo. Obi-Wan Kenobi a define como um campo de energia criado por todas as coisas vivas que interligam o universo. Quando uma pessoa morre, sua vida espiritual é drenada dela e incorporada a uma imensa força no céu. Os cavaleiros Jedi são treinados para sorver essa energia coletiva, que lhes confere o status de mágicos/ guerreiros.

A Força abraça as filosofias orientais passivas e a ética da responsabilidade e do autossacrifício judaico-cristão. A filosofia de Yoda é o budismo – ele diz a Luke que a Força pede que ele seja calmo, esteja em paz, e seja passivo, pois ela deveria ser usada para o conhecimento e a defesa, não para a ganância e a agressão. A Força requer otimismo, não o pessimismo que caracteriza Luke (e Lucas). Em *Loucuras de verão*, a adolescência era a Força – difícil de entender, mais difícil ainda de controlar. "Esse é um estágio perigoso para você, Luke", Ben adverte outro adolescente. "Você está agora mais suscetível às tentações do lado sombrio [da Força]". Para Lucas, a Força significa olhar para dentro de si, reconhecer seu potencial e os obstáculos que se encontram no seu caminho. Ele viveu exatamente esse tipo de introspecção depois do seu acidente de carro – foi a sua conversão religiosa e queria compartilhá-la com todo o mundo.

O conceito de Força de Lucas foi profundamente influenciado por *Porta para o infinito*, de Carlos Castaneda, numa descrição do feiticeiro ameríndio Don Juan, que usa a frase "força vital". Lucas o transformou em Ben Kenobi, o sábio que ajuda o herói em sua missão difícil. Lucas escolheu um símbolo forte para o lado sombrio da Força: Darth Vader é a personificação do mal e seu adepto. Seu objetivo é orientar Luke para o lado que é mais fácil, rápido e sedutor (assim como Hollywood). Ben adverte Luke que "a Força pode ter uma grande influência numa mente vulnerável". Mesmo quando é usada para o bem, a Força é viciante. Se usada em excesso, ela vai envolver o usuário e trazer à tona seu lado ruim, agressivo. Darth Vader pode ser o lendário monstro, mas Lucas deixa claro que ele pensa que o lado sombrio está em todos nós. Ele oferece redenção ao nosso pecado original, todavia. Vader não vence; Luke, sim.

★★★★

Estou simplesmente tentando vencer na vida, tentando seguir a ordem de Deus.
George Lucas

★★★★

Esses eram pensamentos edificantes para um jovem tratado agora com deferência pela imprensa e pela indústria do cinema por causa do sucesso de *Loucuras de verão*. Lucas era um herói, dizem, que estava salvando sozinho o mercado cinematográfico da extinção. O sucesso era ao mesmo tempo maravilhoso, louco e apavorante para George. Mas a tentação evocava a abnegação incutida pelo pai dele: a persuasão de Hollywood era melhor quando recusada, de maneira rápida e definitiva. Lucas pode ter comprado um carro e uma casa nova, mas estava determinado a manter a si mesmo, à família e à sua carreira alheios às sereias sedutoras de Los Angeles.

O jeito de fazer isso era através do trabalho. Lucas se confinou numa sala de redação que ele havia comprado nos fundos de Parkhouse. Passava oito horas por dia ali, cinco dias por semana, escrevendo rascunho atrás de rascunho. Era pior do que estar na escola. Suas feições suaves ficaram abatidas, os olhos castanhos por trás dos óculos de aro de tartaruga se turvaram e a barba desgrenhada não foi aparada. Sua sala de redação tinha decoração de bom gosto, com uma grande fotografia do pioneiro da edição de cinema Sergei Eisenstein numa parede e um pôster de *THX* encarando-o do outro lado do aposento. O prêmio que Lucas recebeu em 1941, uma jukebox da Wurlitzer nas cores rosa e roxo berrantes, parecendo uma bomba de gás de neon, se impunha no quarto. George tinha uma regra autoimposta: nada de música até que sua atribuição diária de preencher páginas de roteiro fosse cumprida. Alguns dias ele não escrevia nada e, na hora que usualmente ia embora, quando aparecia Walter Cronkite no *CBS Evening News*, ele saía batendo a porta atrás de si de tanta frustração.

Star Wars ordenou a vida de Lucas. Ele carregava um pequeno caderno de anotações no qual rabiscava nomes, ideias, ângulos de lugares – qualquer coisa que pipocasse na sua cabeça. Na primeira página de seu caderno, havia uma anotação rabiscada durante a mixagem de som de *Loucuras*. Walter Murch lhe tinha perguntado a respeito de R2, D2 (*reel* [carretel] 2, *dialogue* [diálogo] 2) do filme, e Lucas gostou do som da abreviação de R2-D2. Logo, seu caderno estava cheio de palavras secretas como Jawa, Wookiee e Aguilae.

Semanalmente, Lucas voltava da banca de jornais local com uma vasta coleção de revistas em quadrinho e de ficção científica. Marcia se perguntava o que estava acontecendo, mas George lhe dizia para não se preocupar, ele estava fazendo um filme que os garotos de 10 anos iam amar. Marcia ainda assim não entendia, mas como diz: "George sabe quem é o seu público". Lucas pensava em *Star Wars* como um "brinquedo de montar", situado num tempo que não era nem futuro nem passado. Era estratégico que o público não pensasse se tratar de ficção científica – *THX* tinha padecido com a publicidade em torno de ficção científica da Warner. Não obstante, ele minuciosamente pesquisou o tema de ficção científica desde Buck Rogers e Flash Gordon até a fita de Stanley Kubrick que foi divisor de águas, *2001: Uma odisseia no espaço*, de 1968. Lucas temia a habilidade técnica de Kubrick, mas o filme era muito obscuro e sombrio para o seu gosto. *Star Wars* teria heróis e heroínas, vilões e trapaceiros, robôs e romance. Lucas aprendeu de Kubrick que a credibilidade de um filme situado em outro lugar e tempo depende do ambiente que o roteirista/ diretor cria. Lucas pensava que *2001* era o filme de ficção científica definitivo, ele tinha de apresentar algo completamente diferente.

Lucas procurou em *todos os lugares* ideias para *Star Wars*, que é, ao mesmo tempo, uma imitação e original. A maior influência sobre *Star Wars* é *THX 1138*: os habitantes das conchas viraram os Jawa, os policiais robô foram transformados em tropas de choque, e OMM é uma versão benevolente do Imperador. THX, o herói que consegue escapar e encara as responsabilidades desconhecidas de uma nova existência, se tornou Luke Skywalker.

Lucas também se inspirou no seriado Flash Gordon que assistia quando criança, transplantando para *Star Wars* telas de vídeo, trajes medievais, ambientes de art déco e armas desintegradoras. O desempenho nos seriados era horrível e os efeitos especiais eram pobres e rudimentares, mas havia constantemente ação, uma característica que ele queria em *Star Wars*.

Lucas usou Ming, o maldoso governante dos Mongo nos livros de Flash Gordon, como outro modelo para o seu imperador. O *Iron Men of Mongo*, de Alex Raymond, descreve um homem de metal de um 1,5 metros, cor de cobre escuro, que é um servo treinado e se expressa com frases educadas. De *John Carter de Marte* vieram os banthas, bestas de carga de *Star Wars*. Lucas também incorporou no seu primeiro roteiro esboços de imensas aves voadoras descritas por Edgard Rice Burroughs. George assistiu dezenas de filmes antigos, desde *O planeta proibido* até *The Day the World Ended*, e leu romances de ficção científica contemporâneos como *Duna*, de Frank Herbert, e a saga *Lensman*, de E. E. "Doc" Smith.

Mas Lucas ainda tinha de escrever o roteiro, um processo angustiante: "Você bate a cabeça contra a parede e pensa: 'Por que não consigo fazer essa tarefa? Por que não sou mais esperto? Por que não consigo fazer o que todo mundo consegue?' Suas limitações criativas eram suas próprias limitações enquanto pessoa: a falta de habilidade para expressar emoções o aleijava como roteirista. *Loucuras* surgiu da sua experiência de vida, mas ele teve de inventar *Star Wars*. Estava tão tenso que frequentemente se sentia incapaz de escrever uma frase clara ou desenvolver uma simples linha de raciocínio. "Eu não solto facilmente minha raiva e meus medos", Lucas reconhece. Em contrapartida, sentiu dores no estômago e no peito e enxaquecas até que o roteiro ficasse pronto.

Lucas tentou todos os tipos de abordagem para escrever. Organizou o roteiro escrevendo muita descrição, um remendo de diálogo, em seguida mais descrição, na esperança de que as coisas se contrabalançassem. George era perfeccionista – todos os seus rascunhos de *Star Wars* (junto com os de *THX*, *Loucuras* e seus roteiros subsequentes) foram escritos a mão em papel com pauta azul e verde cuidadosamente escolhido. Lucy Wilson trouxe resmas de papel para o seu chefe, mas ele se queixou do número de linhas e da cor, e dissertou sobre a importância de conseguir o tipo de papel necessário. Ele usava somente lápis de ponta dura nº 2, o que tornava sua letra minúscula quase impossível de ler. A peculiaridade mais estranha de Lucas era retalhar o cabelo com um par de tesouras toda vez que se sentia frustrado. "Eu cheguei uma vez e a lata de lixo dele tinha uma tonelada de cabelo! Ele estava enlouquecido", lembra Wilson.

É uma bênção Lucas não ter ficado careca. Estava empenhado em criar um novo universo, uma realidade que não existia fora da imaginação dele. George estruturou sua história no tradicional estilo de Hollywood: um começo claro para introduzir os personagens, uma parte intermediária para estabelecer o conflito, e um final que o soluciona. Cada personagem tinha um propósito, e era prontamente identificável. Lucas queria que o seu cenário fosse totalmente diferente de qualquer outra coisa que o público de cinema tinha visto até então, ainda que permanecendo realista. O enredo e o formato eram importantes, mas ele não queria que interferissem nos seus propósitos. George cresceu diante da televisão, mas em última análise não a respeitava. *Kojak* estava muito longe dos Irmãos Grimm. Lucas acha que a

TV é amoral; seus únicos valores são os dos produtos que divulga. Prefere filmes, que, acredita, transmitem valores reais com dimensões abrangentes.

Lucas queria apresentar valores positivos ao público. Nos anos 1970, a religião tradicional estava fora de moda e a estrutura familiar estava se desintegrando. Não havia esteio moral. Lucas se lembra do quão protegido ele se sentia por ter crescido num casulo cultural dos anos 1950, um sentimento que ele queria comunicar em *Star Wars*.

"Eu queria fazer um filme de crianças que pudesse fortalecer a mitologia contemporânea e introduzir um tipo de moralidade básica", explica Lucas. "Ninguém está falando das coisas básicas, eles estão lidando com o abstrato. Todo mundo está esquecendo de dizer às crianças: 'Ei, isso está certo e isso está errado'". Lucas estava impondo seus valores para o resto do mundo, mas sentia que eram os valores *certos*.

****

A verdadeira arte de um guerreiro é dosar o terror e a admiração.
Don Juan em Porta para o infinito, de Carlos Castaneda.

****

Infundir uma estrutura moral em um filme dramático, fluido, era uma tarefa que Lucas temia. Ele tinha dúzias de elementos da história, não uma trama coesa. Seus personagens evoluíam e se adaptavam como proto-organismos. Ele podia decidir onde começar e onde terminar *Star Wars*. A moralidade era o menor de seus problemas.

O herói de *Star Wars* começa como um general idoso, um cavaleiro Jedi, mas Lucas percebeu que poderia haver um maior desenvolvimento do personagem se Skywalker fosse mais jovem e, aos poucos, se tornasse um Jedi. O personagem surgiu da própria dualidade de Lucas: o inocente, idealista, ingênuo combinado com o pessimista cínico (esse último se tornou Han Solo). A princesa Leia ocupou os primeiros esboços do roteiro, mas nunca foi a tradicional donzela em perigo. À medida que o personagem de Luke evoluiu, Leia retroagiu e ganhou um interesse afetivo por Han Solo para manter o público interessado nela. Lucas queria que a rivalidade sexual entre Han e

Luke por Leia reproduzisse o clássico ciúmes de Clark Gable e Leslie Howard por Vivien Leigh em *E o vento levou*.

Obi-Wan Kenobi e Darth Vader também começaram como um único personagem até Lucas separá-los em pai bom e pai maldoso. Vader se tornou mais máquina do que homem: sua força incrível e face coberta por uma armadura fizeram dele um símbolo perfeito da tecnologia predatória. Vader tinha de ser aterrorizante, mas ainda um homem – Lucas insistiu para que seus personagens permanecessem humanos. Ben Kenobi evoluiu de um velho general para um ermitão maluco do deserto, e, finalmente, no mestre Jedi muito sofrido e honrado interpretado por Alec Guinness.

Essas transformações vieram lentamente. Os primeiros rascunhos de roteiro de Lucas levaram um ano para ficarem prontos, em maio de 1974. A história opõe o Jedi Bendu, formado 100 mil anos antes como o Exército Imperial, aos maldosos Cavaleiros de Sith, uma seita de guerreiros sinistra. O herói é Anakin Starkiller, de 18 anos, procurado pelo seu irmão mais velho, Biggs, para ajudar a resgatar o pai deles, Kane. A família reunida se opõe ao regime fascista do Imperador e a filha de Kane, Leia, é enviada para uma distante galáxia para sua proteção.

Kane Starkiller e Luke Skywalker, um general no começo dos seus 70 anos, são os únicos sobreviventes Jedi – os demais foram cassados e exterminados pelos Cavaleiros de Sith. Starkiller e Skywalker compartilham a crença na "Força dos Outros", um vínculo místico entre os Jedi que lhe conferem poderes milagrosos. O inimigo dos Jedi é o Príncipe Valarium, o Cavaleiro Negro dos Sith, ajudado por um general alto, de aparência severa, chamado Darth Vader. Há ainda dois robôs desgastados e em construção, Artwo Detwo e C-3PO, ambos falantes, e pilotos rebeldes de 2,40 metros de altura e pele cinzenta chamados Wookiees, que vivem em um planeta selva. Han Solo faz uma breve aparição como um imenso monstro de pele verde, com guelras e sem nariz – é duvidoso que Harrison Ford teria tomado parte nessa forma.

Na versão final de Star Wars, a última parte apresenta a destruição da Estrela da Morte, a derradeira arma do Império. Os cavaleiros Jedi dão um grito de guerreiro samurai enquanto despacham seus inimigos com espadas a laser. O imperador é um oficial eleito corrompido pelo poder e subverte o processo democrático – Lucas o moldou a partir de Richard Nixon. Owen

Lars, mais tarde transformado no malfadado tio de Luke, era um antropólogo estudando os costumes singulares dos Wookiee.

Lucas sabia que o roteiro estava uma bagunça. Ele transformou os dois irmãos em Luke e Han Solo, Ben Kenobi surgiu de Kane Starkiller, e Vader virou o único vilão para todos os fins. Se Star Wars fosse ter o impacto emocional que Lucas esperava, os personagens tinham de dar impulso à história. George queria um filme que fosse fazer o público rir e chorar, duas das respostas mais difíceis de se obter.

Havia progresso quando o segundo roteiro ficou pronto, em 28 de janeiro de 1975. Ele tinha um título, *Adventures of the Starkiller, Episode One of the Star Wars* (*As Aventuras de Starkiller, Episódio I de Star Wars*) e estava ambientado na República Galáctica, em ebulição por causa de uma guerra civil e de uma "barbárie sem lei". Havia agora uma procura pelo Cristal Kyber, que controlava a "Força dos Outros", "um poderoso campo de energia que influenciava o destino de todas as criaturas vivas". O roteiro prometia: "Nos momentos de maior desespero virá um salvador, e ele será conhecido como 'O Filho dos Sóis'".

A Força agora tinha um lado bom chamado Ashla (reminiscente de Aslan, o leão, e símbolo de Cristo nas *Crônicas de Nárnia*, do autor C. S. Lewis) e o Bogan, ou "para-force", representando o mal. O Jedi-Bendu, conduzido pelo legendário Skywalker e seus doze filhos, controlava a Força Ashla, mas eles foram eliminados por Lord Vader, um cavaleiro com capuz preto de 2,1 metros de altura. Se Vader era o Diabo, Starkiller era Deus, completado com uma longa barba prateada, túnica branca flutuante e olhos penetrantes. Eles travaram uma luta amarga para controlar o Cristal Kyber, um pequeno objeto parecido com um diamante que intensificava o poder da Força, pelo bem ou pelo mal.

Luke Starkiller, agora um jovem rapaz, salva seu irmão mais velho Deak das garras de Vader. Leia é a filha de Owen Lars e sua esposa Beru e parece ser prima de Luke – juntos, eles visitam o túmulo da mãe dele, que morreu com o seu pai num planeta destruído pela Estrela da Morte. Han Solo se tornou um jovem pirata corelliano, antigamente um grumete; ele está corpulento, de barba e vestido de maneira extravagante, uma versão mal disfarçada de Francis Coppola. Han também tem uma namorada, um cruzamento entre um urso marrom e um porco da Guiné chamado Boma de 1,5 metro de altura. Chewbacca, a companheira Wookiee de 200 anos de idade de Han, tem presas de babuíno e grandes olhos amarelos e veste cartucheiras, uma jaqueta e calção de pano escuro. Os robôs começam a ter a sua forma definitiva, na medida em que ajudam Luke a procurar seu irmão – R2 agora emite um bip, e não fala mais.

Lucas reforçou sua narrativa com mais reviravoltas na trama e desenvolvimento dos personagens. Um navio de guerra imperial persegue um cruzador rebelde através do espaço na cena de abertura, introduzindo a ação imediatamente. Ben permanece um vidente sem nome que dá a Luke um conselho através de telepatia mental da Força. Os Jawas fazem sua estreia, e prontamente apagam R2-D2. Há uma batalha espacial bem maior no final, à medida que Luke visa a fraqueza da construção da Estrela da Morte. O roteiro termina com um teaser sobre o próximo capítulo da saga de Star Wars, no qual a família Lars é sequestrada e uma perigosa procura pela "princesa de Ondes" se inicia. Ele aparou sua história, misturou personagens e introduziu novos ambientes. Por fim, cortou seu primeiro roteiro pela metade: "Me fez muito mal cortar coisas que eu tinha gostado muito, então decidi que ia apenas postergá-las um pouco", explica. "Era a minha maneira racional de passar pelo roteiro e conseguir terminar aquela coisa".

George estava criando um mundo esotérico que só ele entendia. Começou mais uma vez com o meio da história. Tinha a maior parte da ação e estrelava Luke, o personagem a respeito do qual se sentia mais seguro. A primeira trilogia contou a história do jovem Ben Kenobi e do pai de Luke e se desenrolava vinte anos antes de Star Wars. Os últimos três filmes apresentavam Luke adulto e o último confronto entre os rebeldes e o Império. A saga inteira se estendeu por mais de cinquenta anos. C-3PO e R2-D2 são os únicos elementos comuns a todos os filmes.

Mesmo na sua forma reduzida, o roteiro ainda englobava dois filmes: a missão de resgate para salvar alguém de Darth Vader e a subsequente batalha para destruir a Estrela da Morte. "Eu me prendi à batalha aérea", admite Lucas, "porque era o ímpeto original de todo o projeto". Lucas também estava inquieto em relação ao uso de robôs no fio da sua narrativa. Nos primeiros rascunhos de Star Wars, eles dominavam as primeiras trinta páginas. Como o público reagiria diante de uma história na qual as pessoas ficavam em segundo plano?

George procurou os amigos para se aconselhar. Ele terminava o rascunho de um roteiro, deixava que todos o lessem e, em seguida, gravava comentários e críticas. Michael Ritchie, cujo escritório ficava em Parkhouse, ficou perplexo diante das primeiras versões de Star Wars. "Era muito difícil dizer sobre o que o cara estava falando", lembra. Matthew Robbins e Hal Barwood achavam que a sequência de abertura com os robôs significava a volta de Lucas como diretor mecânico. Desgostoso, George reescreveu o começo, introduzindo Luke mais cedo para garantir ao público a presença de um ser humano.

Lucas também mostrou Star Wars a Coppola, que teve a reação exatamente oposta. Francis gostava que George ousasse, por exemplo, fazendo de Leia uma princesa de 11 anos de idade. "George ficou assustado com algumas das suas próprias boas ideias", acredita Coppola. "Penso que, de alguma forma, ele se esquivou das suas inovações".

Outros amigos achavam que Lucas estava arruinando a carreira com a sua obsessiva confiança em Star Wars. Eles o instaram a desistir, ou pelo menos contratar um escritor profissional para terminá-lo.

A confiança de Marcia nunca oscilou – ela era, ao mesmo tempo, a crítica mais severa de George e sua fã mais ardente. Ela não tinha medo de dizer que não havia entendido algo em Star Wars ou de apontar trechos que a incomodavam. Lucas ficava irritado, mas sabia que Marcia estava expressando suas próprias suspeitas. "Sou muito dura", afirma Marcia, "mas eu só lhe digo o que ele já sabe".

Ela também era a única pessoa para quem Lucas podia desabafar sua frustração. "Um casamento onde as duas pessoas estão na mesma área e são muito fortes é um desafio. Você tem de passar por muitas mudanças", afirma George. As sugestões de Marcia estavam entre as poucas que Lucas levava a sério – ele não dava atenção às ideias criativas das pessoas que trabalhavam com ele, especialmente as secretárias. "O que se conclui dele é que é um porco chauvinista", diz Bunny Alsup com uma risada.

Lucas rejeita veementemente o status de chauvinista – isso o incomoda e magoa. Ele não anda por aí dizendo que o gênero feminino é inferior e já deu a mulheres mais cargos de gestão do que a maioria dos estúdios de Hollywood. Ele garante que ignora a opinião de pessoas por quem não tem respeito, sejam homens ou mulheres. "Só não quero o que imagino desvirtuado", diz.

Os comentários de Alsup podem ter traído a frustração dela em preparar os rascunhos do roteiro de *Star Wars*. Lucas nunca estudou grafia corretamente ou pontuação, e Alsup e Lucy Wilson estavam horrorizadas com a gramática dele. Havia geralmente quatro ou cinco erros ortográficos numa simples frase – Lucas escrevia Chewbacca de maneira diferente a cada vez. Por fim, Alsup inventou sua própria grafia para os nomes e lugares exóticos e os conferiu com George. Lucas ocasionalmente descrevia cenas para seus datilógrafos – ele era um contador de histórias nato e seu diálogo espontâneo era muito melhor que o texto. "Se eu tivesse recebido um roteiro de Star Wars tão diferente quanto ouvir George contá-lo, eu teria relutado em passá-lo para a tela também", afirma Alsup.

Lucas enviou a Alan Ladd Jr. o resumo de um segundo rascunho em 1º de maio de 1975. "The Star Wars" era agora o *Episódio IV* de Adventures of Luke Starkiller, "um cativante drama humano ambientado em um mundo de fantasia que paralisa a imaginação... uma história não só para crianças, mas para qualquer um que aprecia um grande conto de encantamento em escala épica... cheio de maravilhas e estranho terror, zelo moral e, mais que tudo, puro excitamento".

A terceira versão foi entregue em 1º de agosto de 1975. Luke tinha se tornado um menino de fazenda, filho do famoso último cavaleiro Jedi, Anakin Starkiller. Owen Lars é o amargo tio de Luke, que furta as economias do sobrinho para manter a fazenda produzindo. Um holograma da princesa Leia, agora com 16 anos, implora por ajuda ao entregar R2-D2 na fortaleza rebelde de um distante planeta, e contém os planos da temida Estrela da Morte. Luke procura o General Kenobi, amigo do seu pai, mas é capturado por pessoas feitas de areia.

Ben Kenobi, "um pobre velho homem e rato do deserto" salva Luke, mas tem de ser persuadido a ajudar os rebeldes. Eles encontram Han Solo, "um piloto estelar que lembra o estilo valentão de James Dean, um caubói em uma espaçonave: simples, sentimental e presunçoso". Solo e seu copiloto, um Wookiee chamado Chewbacca, aceitam transportar os dois passageiros e seus robôs até o planeta rebelde em seu cargueiro espacial, normalmente usado para contrabando.

O Cristal Kyber ainda é símbolo da Força, mas Lucas estabelece de maneira mais clara a dicotomia entre o bem e o mal: Darth Vader trajando negro *versus* Ben Kenobi de cabelos brancos. Pela primeira vez, a frase "Que a Força esteja com você" é ouvida, numa variação da sentença cristã "Que o Senhor esteja com você e com o seu espírito". Leia, que tem o poder de uma bruxa de controlar mentes, é capturada e torturada por Vader até ser resgatada por Han e Luke. Ben procura o Cristal Kyber e encontra Vader, com quem tem um feroz duelo com sabre de luz. Ben é ferido, mas salvo por Han e Luke a tempo de passar o poderoso cristal para Luke. Com sua ajuda (não a da Força), Luke ataca e destrói a Estrela da Morte.

O diálogo em *Star Wars* ainda estava cru e tinha clichês, faltando-lhe sagacidade ou perspicácia. Mas Lucas estava no caminho certo e sua quarta tentativa, concluída oito meses depois, apresentou grandes melhorias. Luke Skywalker residia no planeta deserto de Tatooine. Owen Lars era seu tio rude, quando não traiçoeiro, e o antigo irmão Biggs era agora um amigo mais velho e modelo, um diplomado da Academia Espacial e rebelde insipiente. (Biggs sobreviveu a cada rascunho do roteiro, apenas para terminar no chão de uma sala de edição durante a edição final do filme.)

O roteiro ainda não refletia o impacto visual dramático que Lucas queria. Três anos antes, quando ele concebeu inicialmente *Star Wars*, Lucas tinha conhecido Ralph McQuarrie, um ilustrador da Boeing Aircraft que tinha feito animações para as missões da Apollo no espaço. Ele ainda estava em Los Angeles, e Lucas o contatou.

Lucas deu a McQuarrie o terceiro rascunho do roteiro, páginas de revistas de desenho animado e ilustrações dos livros de Flash Gordon. Ele disse que queria um traço que fosse graficamente arrojado e altamente criativo. A McQuarrie foi encomendado pintar inicialmente cinco cenas: os dois robôs atravessando o deserto, o duelo com sabres de luz entre Ben e Vader, um assalto do stormtrooper portando uma blaster, o climático ataque à Estrela da Morte e um retrato de grupo com os principais personagens. Lucas tinha escolhido bem. McQuarrie adorava desenhar máquinas, na Boeing ele ilustrou o catálogo das peças. Ele atribuiu um estilo desinibido, relaxado ao seu trabalho e um incrível cuidado com os detalhes, qualidades que Lucas compartilhava e admirava. McQuarrie pensava que *Star Wars* seria difícil de fazer, mas a tarefa era divertida. Estava livre para inventar qualquer coisa que achasse apropriado, tendo George como seu colaborador criativo.

Lucas pediu pinturas acabadas em lugar dos corriqueiros esboços de produção em estado bruto – *Star Wars* tinha de ganhar vida visualmente. Ele queria que as pessoas olhassem e dissessem: "Jesus, isso parece ótimo, como se estivesse na tela de cinema", McQuarrie explica. Cada pintura media 55 por 25 centímetros e tinham um surpreendente impacto quando alinhadas uma ao lado da outra. "George gastou seu dinheiro sabiamente em *Star Wars* desenvolvendo a arte", afirma Miki Herman. "As ilustrações de Ralph McQuarrie venderam o filme à Fox".

As pinturas de McQuarrie também ajudaram Lucas a visualizar como suas criações ficariam na tela. Darth Vader era ameaçador com o seu manto preto esvoaçante? McQuarrie achou que não, ele queria que Vader estivesse pesadamente armado. Lucas deu a Vader armas, um manto e uma respiração mecânica rouca. O Chewbacca de McQuarrie era mais assustador que amigável, com olhos amarelos brilhantes e dentinhos afiados. Lucas atenuou o lado ameaçador da criatura e, por sugestão de McQuarrie, eliminou as roupas do Wookiee, mas deixou as cartucheiras atravessadas.

Lucas disse a McQuarrie que os robôs tinham de formar um time, ainda que se mantivessem distintos. George se referiu ao robô no clássico filme mudo *Metropolis* ao descrever a aparência metálica art déco que ele desejava para C-3PO. McQuarrie fez o robô totalmente articulado e adicionou o toque essencial de elegância. McQuarrie pensava que R2-D2 deveria ser bonitinho. Ele lhe deu três pernas, um topo giratório redondo sobre o seu corpo cilíndrico de metal e uma postura atarracada.

O outro aspecto crítico para o sucesso de *Star Wars* era o elenco. Como sempre, os personagens se inspiraram na personalidade de Lucas e ele sentia que era propriedade dele. Desejava atores pouco conhecidos que pudessem trazer frescor aos seus papéis, de forma que o público não se perguntasse quem estava por detrás dos trajes. A Fox queria pelo menos uma ou duas estrelas "rentáveis" nos papéis principais, artistas com comprovado poder de atração. Lucas ignorou o estúdio e agiu seguindo a mesma abordagem exaustiva de elenco que ele tinha usado em *Loucuras*. Entrevistou centenas de atores até achar aqueles com quem se sentia confortável, sem se preocupar se eram estrelas ou não. "Havia muita preocupação sobre isso na Fox", confirma Ladd. "Mas não tinha nenhuma demanda do estúdio para reter alguns nomes de lá. Quanto a mim, eu pensava: 'Quem pode interpretar Luke?'. Não conseguia pensar em ninguém". Ladd confiava no olho de Lucas para novos talentos: integrantes do elenco de *Loucuras* já estavam virando estrelas. Se a Fox ia apostar no roteiro e no diretor, ela podia então colocar tudo no rolo.

Marcia estava editando *Taxi Driver* para Scorsese em Los Angeles quando George foi para lá iniciar as entrevistas. Pela primeira vez, ela estava preocupada: "Eu sabia que ele ia ficar atento às garotas de 18 e 19 anos mais bonitas de Hollywood para a princesa Leia, e eu me senti insegura. Eu disse: 'George, você vai ser um rapaz bem comportado enquanto estiver lá?'". Marcia não tinha com o que se preocupar – Lucas tinha assimilado os ditames morais do seu pai, e ele e Marcia tinham prometido um ao outro contar qualquer infração que houvesse. Ambos sabiam perfeitamente que ter de falar de um caso era pior do que o caso em si. George não tinha planos de trair: "A primeira promessa que fiz quando entrei em um estúdio cinematográfico foi de nunca namorar uma atriz. Você é apenas um garoto divertido e alguém como a Playmate do mês vai vir atrás de você – a vida é muito curta para isso".

George juntou forças com o diretor Brian de Palma para minimizar a tensão de examinar centenas de esperançosos. De Palma estava preparando *Carrie, a estranha*, um filme de horror que exigia a mesma faixa etária que Lucas procurava. De Palma era falante e extrovertido e deixou Lucas sumir nos bastidores durante as entrevistas. Pelos dois meses seguintes, operando fora do velho Samuel Goldwyn Studios, eles viram entre trinta e quarenta atores por dia, e cada artista passou 5 minutos com os dois diretores. Lucas fez anotações de cada um e escreveu o nome daqueles que o impressionaram numa lista de chamada separada.

Entrevistas em massa são apelidadas de convocação da boiada, e Mark Hamill treme ao lembrar da experiência. "Havia gente literalmente em todos os lugares, de idade entre 16 e 35", ele se recorda. "Eles não iam nos deixar fazer uma leitura, você tinha que ter a aparência certa primeiro. Então, eu entrei e os dois estavam sentados ali. Brian disse: 'Então, conte-nos um pouco a seu respeito'. E eu comecei a ladainha. George não disse uma palavra. Pensei que ele era um empregado de Brian ou algo assim. Em quinze minutos, estava tudo terminado". Quase quinze atores foram convidados a voltar para gravar leituras em vídeo, incluindo Hamill. Lucas finalmente saiu com quatro trios para Luke, Leia e Han Solo, que ele misturou e recombinou na esperança de encontrar a química perfeita para a tela. Harrison Ford estava trabalhando como carpinteiro na Goldwyn Studios, instalando uma porta para o novo escritório de Francis Coppola, e viu George pela primeira vez desde *Loucuras*. Ford sabia de *Star Wars*, mas ele também sabia que Lucas havia dito que não queria usar ninguém de *Loucuras*. Lucas se sentiu confortável com Harrison, no entanto, e o fez ler as partes reservadas aos homens enquanto testava atrizes para o papel de Leia. Ford se sujeitou, mas logo ficou irritado por lhe pedirem para ler um texto que ele nunca poderia interpretar. Sua grosseria o ajudou a ganhar o papel de Han Solo.

No começo, Lucas tinha algumas ideias radicais para o elenco: considerou a estrela do cinema japonês Toshiro Mifune no papel de Ben Kenobi e pensou em uma garota eurasiana para interpretar Leia. Entrevistou vários atores negros para Han Solo e quase escolheu um jovem intérprete chamado Glynn Turman. Lucas estava ciente de que, se desenvolvesse o interesse afetivo entre Han e Leia, um romance inter-racial poderia causar problemas. "Não queria fazer *Adivinhe quem vem para jantar* naquele momento, então, eu recuei", ele reconhece.

Era difícil avaliar a eficácia de um ator longe das cenas e Lucas lhes pediu para fazerem audições. "O diálogo para o teste era mais difícil do que aquele que acabou sendo usado no filme", lembra Carrie Fisher, com 18 anos na época e uma das primeiras atrizes testadas. George não permitiu que os atores lessem um script inteiro antes de serem escolhidos para o filme. Cindy Williams fez um teste também, mas acabou rejeitada porque Lucas queria adolescentes. "Certo dia eu ouvi dizer que eles estavam procurando 'uma jovem Cindy Williams'", ela lembra. "Eu quase morri – toda atriz vive o horror antecipado de ouvir essas palavras".

Sobraram finalmente dois grupos. Em um deles estavam Christopher Walken na pele de Han Solo e Will Selzer como Luke. Uma antiga gata da *Penthouse* chamada Terri Nunn era uma possível Leia. O outro grupo era formado por Harrison Ford, Mark Hamill e Carrie Fisher. (Nick Nolte e William Katt foram rejeitados como Han Solo, assim como Amy Irving e Jodie Foster para Leia. De Palma levou para o elenco de *Carrie* Irving e Katt, e ambos se tornaram estrelas.) Fred Roos, cujo conselho Lucas pediu, fez lobby para Ford, que ele tinha usado no filme de Coppola, *A conversação*. Fisher foi dispensada por Lucas inicialmente, mas Roos o convenceu a chamá-la de novo para um teste em vídeo.

A filha de Debbie Raynolds e Eddie Fisher, Carrie, cresceu na sombra da notoriedade deles quando Fisher deixou Reynolds em troca de Elizabeth Taylor. Determinada a ser atriz, ela estudou no Royal Academy of Dramatic

Art de Londres, com o incentivo da mãe. Sua experiência no cinema era breve, mas Roos ficou impressionado com sua maturidade e conhecimento da vida. Lucas queria que Leia fosse uma princesa de 16 anos, no entanto, não uma mulher sofisticada, de voz rouca. Nunn ficava ótima na tela, mas tinha uma dureza que não combinava com Leia. Fisher ficou com o papel.

Sobrou Luke, o xará do criador. George tinha gostado de Mark Hamill de cara. Ele não lembrava que Hamill, de 19 anos, tinha passado por uma convocação da boiada similar em *Loucuras* e nunca foi além da primeira reunião. Desde então, Mark tinha feito mais de uma centena de aparições na TV, em tudo, desde novela até comerciais. Lucas também estava impressionado com Selzer, outro jovem ator com uma presença mais madura e intelectual, qualidades que Lucas sempre quis possuir. Hamill ganhou porque "era mais um garoto surpreso, o que eu queria que Luke fosse", diz George.

As escolhas de elenco de Lucas não eram populares. Ninguém no estúdio tinha ouvido falar daquelas pessoas, e mesmo Coppola sentiu que Lucas errou ao contratar atores sem experiência. "Reprovei o elenco de George, mas eu não tinha de me meter", Coppola afirma. "Creio que se eu tivesse sido convidado a me meter, como foi em *Loucuras*, ele teria tido um elenco diferente". A insinuação não formulada é que *Star Wars* deveria ter um elenco *melhor*, mas as ideias de Coppola eram irrelevantes. Lucas conscientemente isolou Francis do filme que marcava sua iniciação.

Lucas ainda tinha de definir os personagens de Ben Kenobi, os robôs, Chewbacca e Darth Vader. Ele sempre havia imaginado Obi-Wan sendo interpretado por alguém como Alec Guinness, e para a surpresa de Lucas, *Sir Alec* estava em Los Angeles em 1975, filmando *Assassinato por morte*.

Um roteiro não pedido chegou no camarim de Guinness certo dia, com o desenho de um jovem brandindo uma espada na capa. Guinness não tinha o hábito de ler roteiros que "caiam do céu", especialmente um conto de ficção científica bizarro com um diálogo "de bêbado", mas ele logo se viu envolvido pela história. Um almoço foi marcado com o jovem ousado que havia enviado o script. Quando Guinness se encontrou com Lucas, ficou surpreso com a sua juventude e impressionado com sua autoconfiança serena.

Lucas descreveu Obi-Wan como um homem de fina estirpe, pensativo e inteligente, bondoso e poderoso – um cruzamento entre Gandalf de *O senhor dos anéis* (J. R. R. Tolkien), e o samurai espadachim frequentemente interpretado por Toshiro Mifune. Ben também era um tipo de Dr. Dolittle do além, capaz de dialogar com robôs e Wookiees, capaz de influenciar padrões de pensamento e de discurso, e querendo cuspir aforismos pelo flash de um sabre de luz. Guinness não tinha intenção alguma de interpretar uma cabra velha tonta se escondendo em dunas de areia. Ele queria que Ben tivesse dignidade e insistiu em atenuar seus clichês metafísicos. Guinness ajudou Lucas a focar no conflito entre Ben e Darth Vader: eles discutiram meios de tornar os personagens tão simbólicos quanto reais. Ladd estava finalmente em condições de dar ao seu conselho administrativo um nome. "O próprio Guinness não incrementou a venda de ingressos, mas era legal que estivesse no filme", lembra.

Depois do sucesso de *Loucuras*, George pediu a Gary Kurtz que produzisse *Star Wars*. Lucas nunca pensou nele e em Kurtz formando um time, embora Kurtz contribuísse para gerenciar a Lucasfilm. Bunny Alsup acredita que a companhia poderia simplesmente se chamar Kurtzfilm, mas ignora o fato que George escrevia e dirigia os filmes, além de ter contratado Kurtz, é claro. "Além de produzir os filmes, Gary ajudava George em todos os aspectos da empresa", Alsup insiste.

Havia sido ideia de Kurtz filmar *Star Wars* na Inglaterra. A produção exigia pelo menos cinco e possivelmente sete estágios de som, mais do que o que estava disponível em Hollywood. Depois de procurar em estúdios de Paris, Roma e Londres, Kurtz encontrou o que precisava no Elstree Studios, a trinta minutos de carro de Londres. Ladd, que tinha produzido filmes na Inglaterra e sabia da potencial economia de recursos, deu sua aprovação.

Lucas e Kurtz viajaram para a Inglaterra em maio de 1975 por conta própria. *Star Wars* não tinha recebido nenhum dinheiro da Fox além dos honorários de Lucas pelo texto. (Os pagamentos de direção e produção não foram feitos até que se começasse a filmar.) Felizmente, Lucas tinha recebido seus primeiros cheques com a renda de *Loucuras de verão*, o que lhe permitiu seguir sem o dinheiro da Fox. Ele e Kurtz contrataram Colin Cantwell, que havia trabalhado em *2001*, no design dos modelos de aeronaves. Alex Tavoularis iniciou os primeiros rascunhos de storyboard (os desenhos para as sequências de efeitos especiais) a partir das pinturas de McQuarrie, enquanto este se ocupava em criar mais ilustrações.

Havia poucos especialistas para se ocuparem dos efeitos especiais de *Star Wars* – era uma arte abandonada em Hollywood. Kurtz havia supervisionado os efeitos rudimentares dos filmes de Roger Corman e logo captou o que Lucas procurava. "George queria aeronaves que fossem dirigidas como carros", lembra. "As pessoas as acionavam, dirigiam até algum lugar e não falavam sobre essa coisa incomum que estavam fazendo". O departamento de produção da Fox não acreditava que os efeitos pudessem ser produzidos dentro do prazo e do orçamento alocados. Lucas não se importava de usar modelos sobre varas – ele queria ver na tela um tipo diferente de viagem no espaço.

As câmeras controladas por computador haviam revolucionado as filmagens nos comerciais de TV nos anos 1970, mas ninguém as havia usado maciçamente em um filme de longa-metragem. Kurtz contratou John Dykstra, assistente de efeitos especiais em *2001* que tinha familiaridade com as novas câmeras. Parecendo um robusto urso no início dos seus 30 anos, Dykstra queria juntar um time de experts dos efeitos especiais que pudessem inventar seus próprios equipamentos e novos meios de usá-los. Kurtz achou um armazém abandonado num parque industrial de Van Nuys, um subúrbio de Los Angeles, e, em julho de 1975, a Industrial Light & Magic (ILM) foi criada como subsidiária da Lucasfilm.

★★★★

Fazer um filme é como um negócio da construção. Você enfrenta todas as probabilidades e todo mundo está aparentemente contra você.
George Lucas
★★★★

Quando *Star Wars* recebeu a aprovação da diretoria da Fox para o status de filme "a ser lançado", em dezembro de 1975, Lucas já tinha investido quase 1 milhão de dólares em recursos pessoais. Marcia deu sua bênção, apesar de que se a Fox pulasse fora, ela e George ficariam sem nada. "George assume enormes riscos", diz. "Ele é muito determinado. Investiu aquele dinheiro porque sabia que ia fazer o filme. Ele sabe o que quer e sabe como conseguir. Ele aposta, mas aposta nele mesmo e na sua habilidade de se superar".

A Fox queria apostar menos. Quando Lucas apresentou *Star Wars* pela primeira vez a Ladd, ele prometeu fazer o filme por 3,5 milhões de dólares. George e Gary montaram em seguida um verdadeiro orçamento, que ficou perto de 12 milhões de dólares. Depois que o acordo foi feito, eles mostraram o novo orçamento a Ladd, que respirou fundo e os encaminhou a Ray Gosnell, o executivo da Fox encarregado de supervisionar os filmes do estúdio. Gosnell queria que o orçamento fosse reduzido para 5,5 milhões de dólares, embora todos soubessem que essa cifra não fosse mais realista que a última estimativa. Lucas fez uma contraproposta de 10 milhões de dólares, mas a Fox insistiu que mais 10% teriam de ser tirados. Por fim, eles se acertaram em 8,5 milhões de dólares. Lucas podia sentir a tensão subindo: "Sabíamos que estávamos no teto e se uma ínfima coisa desse errado, o orçamento ia ser ultrapassado".

Lucas se ressentia das tentativas da Fox de espremê-lo financeiramente e não conseguia descobrir se o estúdio estava abandonando o projeto ou apenas apertando-o à tradicional maneira de Hollywood. "Eles assumiram que todo mundo estava gozando deles e afofando o orçamento, mas não estávamos", Lucas explica. "Nosso orçamento era real".

O confronto inevitável aconteceu em novembro de 1975, quando Ladd se encontrou com Lucas e Kurtz. A Fox queria parar todo o trabalho relacionado à *Star Wars* até que o orçamento detalhado fosse finalizado, incluindo os efeitos especiais. Lucas tinha aprendido com Coppola e *Caminhos mal traçados* que se ele continuasse a trabalhar, o estúdio eventualmente o reembolsaria. O dinheiro de Lucas proveniente de *Loucuras de verão* anulou a mais poderosa ferramenta de negociação da Fox, sua capacidade de interromper o fluxo de dólares. "Decidimos seguir adiante com o filme, fossem eles financiá-lo ou não", afirma Kurtz. "Isso os obrigou a tomarem alguns decisões rapidamente".

Uma vez garantida sua independência, Lucas foi para a Inglaterra contratar sua equipe, completar o elenco e terminar os últimos rascunhos do seu roteiro. Robert Watts era o produtor executivo do filme. O ruivo Welshman era outro veterano de *2001* e tinha vários contatos em toda a indústria do cinema britânico. A ele se somaram o designer de produção John Barry e seu assistente, o diretor de arte Norman Reynolds, que Lucas tinha conhecido em 1974 no set de *Lucky Lady*. O time de produção estava agora montado.

Escolher o elenco para os robôs era crucial – Lucas adorava suas criações metálicas. Ele faz pequenos sons de bipe como R2-D2, de acordo com Jane Bay, e sua atenção para com os detalhes está refletida na meiguice de C-3PO. O último papel exigia alguém bom de mímica que quisesse representar de maneira quase anônima. Antony Daniels, um ator de teatro de 29 anos, foi sugerido a Lucas. Eles se encontraram no escritório da Fox em Londres enquanto Lucas estava terminando uma audição com outro ator, que dava a impressão de ser um autômato, contraindo-se e contorcendo-se como um brinquedo velho. Daniels posicionou as pinturas de C-3PO e R2-D2 de McQuarrie numa paisagem desértica com duas luas no fundo e ficou magnetizado: "Eu realmente me identifiquei com aquela imagem", lembra Daniels. "Acho que era uma bela imagem e um bom personagem".

Percebendo o interesse do ator, Lucas explicou que C-3PO era simplesmente igual a uma pessoa e descreveu como o robô deveria andar, falar e se comportar. O entusiasmo de Lucas era contagiante, e Daniels sentiu um vínculo imediato com o jovem americano. No final do segundo encontro entre eles, Lucas ficou quieto. Daniels olhou para ele com uma expressão de preocupação. "Bem, posso interpretá-lo?", ele perguntou. Lucas sorriu, respondendo: "Claro". Ele já tinha tomado a decisão assim que viu pela primeira vez Daniels perto da pintura – ele reconheceu o cavalheiro sincero que queria para C-3PO.

A maior exigência para R2-D2 era que o ator fosse baixinho. (Muitas cenas exigiram a utilização do R2-D2 mecânico.) John Barry conhecia Kenny Baker, um ator de café-concerto inglês que era perfeito para o papel. Baker recusou o papel inicialmente, pois achou que ficaria desconfortável dentro de um aspirador de pó de metal. O personagem não tinha nenhuma fala, mas Lucas sabia que era essencial dar uma dimensão humana a R2. Baker finalmente aceitou ficar com o trabalho.

Darth Vader e Chewbacca exigiam atores maiores. Lucas antecipou a popularidade de Vader. "As pessoas geralmente adoram um bom cara do mal e esse tipo de poder é especialmente atraente para crianças. Elas têm seu próprio amigo Vader e se o pai dficultam o que elas querem fazer de alguma maneira, cuidado! O primeiro candidato era David Prowse, um levantador de pesos que tinha 2 metros de altura e tinha interpretado Frankenstein em filmes de horror britânicos baratos. Foi-lhe oferecido escolher entre Chewbacca e Vader e ele seguiu o conselho de que todo mundo sempre lembra do vilão, embora Lucas lhe tenha dito que sua voz com acento galês não era adequada para as falas de Vader. "Ele levou a coisa toda muito a sério – começou a acreditar que ele realmente era Darth Vader", Lucas lembra.

Lucas imaginou Chewbacca como uma mistura de urso grande, macaco e Indiana, o malamute do Alasca fêmea de Marcia. (Indiana também inspirou o nome, se não o visual, do principal personagem de *Indiana Jones e os caçadores da arca perdida*.) Chewbacca aflorou da imaginação de Lucas um dia quando Marcia e Indiana saíram de carro de casa. Sentado perto de Marcia no banco da frente, o cachorro parecia uma criatura gigantesca, peluda. Já o nome Wookiee tinha uma origem estranha. Durante a edição sonora de uma cena de perseguição de THX, o locutor de São Francisco, Terry McGovern, ofereceu vozes em off. Enquanto improvisava um diálogo secundário, McGovern soltou: "Acho que atropelei um Wookiee lá atrás". Rindo, Lucas perguntou o que era um Wookiee. "Eu não sei, eu inventei agora", respondeu McGovern. Lucas nunca esqueceu o nome, e esperou sete anos para usá-lo em *Star Wars*.

    Não era fácil encontrar alguém para passar doze horas por dia em um corpo feito de lã de angorá e pelo de iaque. Ralph McQuarrie deu a Chewbacca pernas enormes para suportar seus 7 metros de altura, e o possuidor de alguns dos maiores pés da Inglaterra (tamanho 49) era o porteiro de um hospital de Londres, Peter Mayhew. Com 2,05 metros, Mayhew preenchia as exigências físicas e tinha experiência como ator na pele de um gigante em *Simbad contra o olho do tigre*. Lucas lhe disse que Chewbacca era adorável, mesmo feroz, e tinha um coração de ouro. Isso agradou ao ator, esse era um animal que ele queria interpretar. Mayhew também gostou de Lucas: "Minha primeira impressão era de que ele era um cara comum", Mayhew lembra. "Ele não tinha a imagem de um diretor de Hollywood".

    Lucas fez algum progresso em relação ao seu roteiro enquanto esteve em Londres. Escreveu a Marcia várias cartas para evitar trabalhar no roteiro. O aquecedor do seu apartamento estava com defeito, o fogão não funcionava e ele estava sozinho. Numa carta de meados de novembro, ele lamentava: "Não vejo como conseguiremos começar o filme a tempo! Ainda há taaaaaanto a fazer... fico com dor de cabeça só de pensar".

    Lá pelo fim do ano, a Fox ainda não tinha dado o sinal verde para *Star Wars*. Lucas só podia esticar seu blefe econômico até ali, pois não tinha dinheiro para financiar o filme. Ele certamente não ia se voltar para Francis Coppola novamente e pedir ajuda. Lucas estava preso em um limbo peculiar de Hollywood: seu filme não era realmente um filme até que o estúdio dissesse que era, apesar de ter um roteiro, um elenco e uma equipe.

    Ladd ainda tinha preocupações em relação a *Star Wars*. Tinha sérias dúvidas se o filme poderia ser concluído a tempo para o lançamento projetado para o natal de 1976. E o orçamento estava crescendo. Lucas bateu pé que simplesmente não conseguiria fazer o filme com 8,5 milhões de dólares. Ele precisava de pelo menos 10 milhões, e Ladd precisava de uma aprovação do conselho extraordinário para dar o dinheiro. Quando Lucas chegou à página 160 do seu roteiro final, Ladd ficou ainda mais preocupado, já que o tamanho médio de um roteiro para um filme de duas horas era de 118 páginas. Ladd descobriu mais tarde que Lucas tinha planejado o segundo *Star Wars* – até mesmo a chamada acerca da filmagem das batalhas aéreas havia sido cuidadosamente programada no roteiro.

Na última hora, Lucas pediu a Bill Huyck e Gloria Katz para polir o diálogo em *Star Wars*. Os Huyck acrescentaram humor e vivacidade à história, particularmente às réplicas entre Han e Leia. Lucas aproveitou apenas 15% do que eles escreveram, mas o novo diálogo lhe deu a confiança para avançar. Lucas, muito grato, prometeu aos Huyck parte da renda de *Star Wars*.

Ladd tinha dificuldade para conseguir uma aprovação final do conselho de diretores da Fox, homens de negócios conservadores que tinham feito fortuna fora da indústria do cinema. Alguns membros do conselho odiavam tanto *Star Wars* que se recusavam a se referir a ele pelo nome, eles o chamavam de "aquele filme de ciência". Apesar da oposição ferrenha, Ladd finalmente conseguiu. *Star Wars* tinha sinal verde.

Star Wars apareceu em um momento decisivo para a Fox. A empresa, embora saudável para os padrões de Hollywood, tinha apenas 150 milhões de dólares em ativos e vendas anuais de 300 milhões de dólares. No ranking da *Fortune 500* das maiores corporações, a Fox estava em 492º lugar, e parecia madura para a aquisição de um conglomerado. Para prevenir essa possibilidade, o presidente Dennis Stanfill diversificou os ativos da Fox com um resort de esqui no Colorado, o famoso percurso de golfe Pebble Beach no norte da Califórnia e uma fábrica de engarrafamento de refrigerantes no Meio Oeste. Ladd tinha assumido o controle da divisão de cinema e suas três primeiras produções, incluindo *Star Wars*, estavam entrando no mercado no verão de 1976. O futuro da Fox dependia do seu destino.

Chris Kalabokes era um analista financeiro na Fox no final de 1975, responsável pela avaliação do custo dos filmes de estúdio versus seus ganhos potenciais. Quando o fôlder com o nome *Star Wars* chegou à sua mesa no início de dezembro, Kalabokes estava preparando o orçamento de 1977 e reconheceu o projeto. Aquele era o filme que tinha passado de 3,5 milhões de dólares para 10 milhões de dólares sem que sequer 1 metro de filme tivesse sido gravado.

Ele leu o conteúdo da pasta, que incluía uma breve sinopse do roteiro original de Lucas, não seu roteiro final. Esse *Star Wars* tinha Luke tentando salvar seu irmão, um Wookiee de duzentos anos pilotando uma aeronave e uma princesa de 12 anos de idade chamada Leia. "Meu Deus, vamos agora gastar 10 milhões de dólares em um filme que apresenta algo que parece com um bicho de pelúcia gigantesco?", Kalabokes se perguntou em voz alta. "Estamos baseando nossa renda nesse tipo de história?". Ele questionou como a empresa podia justificar a despesa.

Havia coisas que Kalabokes também tinha gostado em *Star Wars*: "O bem venceu e, no fim, todo mundo que tinha de ser salvo foi salvo, e os que eram do mal foram tratados de acordo". Ao fazer sua apresentação para o conselho da Fox, Kalabokes recomendou aprovar *Star Wars*, a bem dizendo: "Vejam, senhores, houve uma mordida [financeira] aqui, mas não há participante no lucro [bruto]. Lucas não tirou dinheiro desde o primeiro dólar. Ele está sendo pago com honorários, e bem poucos honorários. Tudo parece limpo. Não é loucura". Kalabokes lembra de ter estimado que *Star Wars* poderia render algo como 35 milhões de dólares à Fox. "Naquele momento", ele afirma, "isso parecia muito dinheiro".

7

Agonia e êxtase de *Star Wars*

> Quando você está dirigindo um filme, tem de acordar às 4 e meia [da manhã], tomar seu café às 5, sair do hotel às 6, dirigir até a locação durante uma hora, começar a filmar às 8 e acabar as filmagens por volta das 6. Daí você para, vai até o seu escritório e organiza o próximo dia de trabalho. Você volta para o hotel lá pelas 8 ou 9, com sorte come alguma coisinha, e daí você vai para o seu quarto e começa a preparar sua lição de casa, como vai filmar as cenas dos próximos dias, e então você deita para dormir. Na manhã seguinte, começa tudo de novo.
>
> George Lucas a respeito da produção de Star Wars

George Lucas viveu dessa maneira durante setenta dias, entre março e julho de 1976, num lugar onde não gostava, rodeado de pessoas que pensavam que ele era louco, consumido por premonições de desastres. Desse inferno pessoal surgiu *Star Wars*, um dos filmes mais bem-sucedidos jamais feitos, e que, àquela altura, ele dizia ser o último filme que iria dirigir.

O Elstree Studios era um dos estúdios cinematográficos mais antigos da Inglaterra.[1] Alfred Hitchcock dirigiu seus primeiros filmes no vasto complexo, localizado a 24 quilômetros de Londres, no subúrbio de Borehamwood, com 28 acres. Ele estava deserto havia dois anos quando Gary Kurtz o viu primeiro, em 1975. "Pesado, feio, frio, deprimente", é como Bunny Alsup recorda Elstree. "Mas eles não poderiam ter achado melhor locação para a privacidade. *Ninguém* andava por aquela rua".

Enquanto Kurtz estava buscando um estúdio para *Star Wars*, Lucas estava brigando com o seu roteiro, incapaz de resolver o destino de Obi-Wan Kenobi. Ben não tinha nada para fazer na segunda metade do filme, mas era um personagem importante demais para acabar como mera decoração. "O personagem permaneceu em volta como uma pulga atrás da orelha", Lucas afirma. Marcia veio então com uma solução: Por que não matá-lo? Ben poderia continuar aconselhando Luke espiritualmente, não com um corpo, mas tornando-se parte da Força.

De volta à Inglaterra, Lucas chamou Alec Guinness de lado e deu a notícia de que a partir da metade do filme, ele ia se tornar uma voz sem corpo. É um choque para qualquer ator saber que seu papel foi eliminado. Lucas tinha convencido Guinness que ele era a chave para a credibilidade do filme. Guinness ficou irritado. Ele chamou o seu agente e ameaçou abandonar o filme. "Eu não vou fazer esse filme", disse a Lucas, mal encobrindo sua raiva. Delicadas negociações se seguiram durante telefonemas interestaduais antes que Guinness aceitasse ficar. Por fim, ele perdoou Lucas, e quando o filme acabou, lhe mandou como presente uns copos de vidros em estilo vitoriano. "Este é apenas um pequeno sinal de estima para dizer o quanto eu gostei de trabalhar com você".

Lucas se confrontou com outros problemas em Elstree. Ele tinha nove estúdios repletos de cenários incluindo um modelo gigantesco em escala real da espaçonave de Han Solo Millennium Falcon. Havia sido construído por engenheiros marítimos no cais a 416 quilômetros a sudoeste de Londres e enviado em partes. Lucas andou quilômetros através dos cenários brilhantes de John Barry e, em seguida, ordenou que cada um deles ficasse sujo e encardido.

---

[1] Informações complementares sobre a EMI-Elstree Studios foram extraídas de *The Elstree Story*, um folheto promocional publicado pelo estúdio em 1981.

O diretor de arte Norman Reynolds lembra como a sua equipe ficou deprimida quando o brilhante R2-D2 azul e branco que eles tinham carinhosamente construído foi jogado na lama, chutado e cortado com uma serra. Luca queria uma atmosfera "orgânica" – "não futurista, projetada e perceptível". Os artistas tinham de conduzir *Star Wars*, não os cenários.

Para complementar a produção de pinturas de Ralph McQuarrie, o figurinista John Mollo reuniu livros sobre uniformes de guerra da Segunda Guerra Mundial e armaduras japonesas. Lucas queria que os figurinos em *Star Wars* fossem funcionais, não chamativos. Luke usava uma camisa rústica feita com um material de revestimento de cortinas, enquanto as roupas de Han Solo eram mais extravagantes, para combinar com o seu perfil traiçoeiro. A roupa original de Darth Vader consistia de um traje preto de motociclista, um capacete de estilo nazista, uma máscara de gás e um manto de monge que Mollo encontrou no departamento da Idade Média do estúdio. As roupas da princesa Leia eram vagamente medievais e lhe permitiam mover-se com facilidade nas sequências de ação.

Os robôs e Chewbacca pediam a assistência dos departamentos de maquiagem de Elstree. Antes de ir para a Tunísia, Anthony Daniels havia passado um dia pelado num quarto frio enquanto dois homens o cobriam de vaselina e gesso molhado. O primeiro molde do corpo ficou imperfeito, e Daniels teve de se submeter ao que chama de "experiência nojenta" uma segunda vez. O molde do corpo se transformou no modelo para o invólucro de C-3PO. George e Gary passaram horas ajoelhados na frente de Daniels, tentando conseguir aprontar C-3PO para o trabalho.

A equipe britânica de Lucas não sabia o que fazer com um filme que estrelava dois nacos de metal e um tapete vermelho que anda. "Essa era uma situação inusitada", explica o produtor executivo Robert Watts. "Nenhum de nós sabia onde estava se metendo. Isso consolidou uma camaradagem, embora não em toda a equipe". Lucas se deu bem com a maioria dos trabalhadores, mas suas relações se tornaram tensas com o seu cameraman, o diretor assistente, o designer de figurinos e o editor – elementos-chave do seu time de produção cinematográfica.

Lucas não inspirava exatamente confiança quando ele entrava devagar no set com seus tênis surrados, seus jeans e um suéter Shetland folgado com alguns buracos nele. Era quieto e modesto, diferente dos diretores de

Hollywood barulhentos e expansivos que normalmente trabalhavam na Inglaterra. A indiferença de George ofendia a equipe de *Star Wars*: os britânicos não gostavam de ser ignorados. Lucas conta: "A equipe não sabia o que eu estava fazendo, achavam que eu era doido". A equipe de *Star Wars* não se dava conta que a sua autoconfiança insolente intimidava Lucas. Os britânicos que trabalham na área de entretenimento estão convencidos que são os melhores do mundo. *Star Wars* marcou a primeira vez que George trabalhou com tanta gente forte, poderosa e experiente. Os membros da equipe britânica se orgulhavam da sua habilidade e se ressentiam do fato de um jovem figurão lhes dizer como deviam fazer seu trabalho.

 O confronto inevitável se deu com Gil Taylor, um cameraman veterano que filmou dois filmes que Lucas admirava muito, *Os reis do iê iê iê* e *Dr. Fantástico*. O uso das luzes existentes deu aos dois filmes um realismo que Lucas queria em *Star Wars*. George tinha desenvolvido um complexo esquema de cores para o seu filme: as sequências em Tatooine tinham cores orgânicas, sombras quentes em ouro e marrom como as partes polidas de C-3PO e, à medida que a batalha com o Império se aproximava, as cores mudaram para o preto, o branco e o cinza, as tonalidades da tecnologia do mal.

 Ao lado da iluminação natural, Lucas queria que *Star Wars* tivesse a atmosfera nebulosa de um conto de fadas. Taylor odiava as volumosas câmeras VistaVision que Lucas tinha encomendado e se recusou a usar as lentes de foco suave ou névoa. Lucas descobriu que os executivos da Fox tinham reclamado das filmagens com lentes de foco suave e disseram a Taylor para mudá-las. Lucas ficou furioso, não só com o estúdio, mas com o seu cameraman, que ele achou que o estava traindo. "Gil era um velho excêntrico que não tinha entendido o jeito de George", afirma Kurtz com ponderação característica. Taylor recusou ser intimidado por Lucas e reclamou abertamente quando Lucas mexeu nas luzes e nas câmeras ele mesmo, uma afronta a qualquer cinegrafista que se preze.

 Lucas queria demitir Taylor, mas deixou a decisão final para Gary Kurtz. Embora achasse que era o intérprete de Lucas para os assuntos de fora, Kurtz era tão reservado quanto ele com estranhos. Ambos disponibilizavam poucas informações, davam respostas sucintas a perguntas e raramente se socializavam com os seus colegas de trabalho. "A equipe ficou incomodada com nós dois", Lucas admite agora. "Acabei tendo de ser bacana com todo mundo, o que é muito difícil quando você não gosta de um monte de gente".

Talvez Gil Taylor devesse ser demitido, mas nem Lucas nem Kurtz queriam fazer isso. Gary não gostava de confrontos, tampouco, e estava convencido de que se Taylor fosse embora, a equipe inteira sairia de cena. A tensa situação se arrastou por toda a produção.

Os atores também sentiram uma hostilidade tácita do outro lado da câmera. Hamill, Ford e Fisher passavam horas nos corredores da Estrela da Morte e esse isolamento forçado finalmente os irritou. Carrie Fisher, em parte judia, inventou uma brincadeira na qual a palavra "Jew" era substituída pelo termo "you" em títulos de canções e letras: "Jew Light Up My Life", "Jew Made Me Love You[2]" e assim por diante. Hamill explica: "Se fizer isso uma ou duas vezes, é de mau gosto ou sem graça, mas se você fizer 35 vezes, vai rolar no chão". Um diretor assistente se queixou que os atores americanos estavam fazendo brincadeiras antissemitas e não estavam se comportando profissionalmente. Harrison Ford afirma: "O único desmancha-prazeres para a pura diversão nesse set era a atitude quase unânime da equipe inglesa que achava que éramos completamente dementes, especialmente George".

Depois de filmar dois dias na Inglaterra, Lucas ficou sabendo que não poderia trabalhar depois das 17h30min, tradicional horário de saída para as equipes de set. A questão de trabalhar além do expediente foi colocada para votação pela equipe (um costume no mercado inglês) e Lucas perdeu de lavada. Se ele estava ambientando uma filmagem às 16h30min e não terminasse a tempo, tinha de voltar àquele set no dia seguinte. Os atrasos rapidamente comprometeram o cronograma. "Eu poderia perder meio dia porque eles não me deixariam seguir por mais 45 minutos. Isso me deixou muito irritado", Lucas afirma, ainda raivoso.

Lucas se adaptou – deixou as gravações mais simples para o fim do dia. Se ele não conseguia cumprir o deadline, mandava uma segunda unidade de cameraman para filmar a cena, em geral tomadas de rápida inserção. Lucas tentou dirigir ambas as unidades simultaneamente: Watts se lembra dele pedalando loucamente uma pequena bicicleta enquanto se esforçava para fechar no prazo.

---

[2] "Jew" significa "judeu" em inglês e "you" significa "você". Nos exemplos que se seguem, "Jew Light Up My Life" ("Judeu ilumina minha vida") ficaria "Você ilumina minha vida" e "Jew Made Me Love" se torna "Você me fez amar um judeu". (N. E.)

Lucas gostava de fazer filmes na correria, isso lembrava a USC, quando o tempo era essencial e sacrificava-se tudo pela cena certa. O ambiente solto na segunda unidade valeu a pena em alguns momentos. Um dos melhores trechos de *Star Wars* (e um dos exemplos favoritos de Marcia do lado "pateta" de George) acontece quando Chewbacca vira uma esquina e encontra um minúsculo rato robô. O Wookiee dá um berro, dá meia-volta e sai em disparada. "Estávamos apenas ali, à toa, e tivemos a ideia de fazer isso", lembra Lucas. "Não estava no roteiro, foi uma improvisação".

***

```
Tenho uma leve suspeita de que se houvesse meio de fazer
      filmes sem atores, George teria feito.
                        Mark Hamill
```
***

A despeito de todos os seus problemas em *Star Wars*, Lucas nunca se preocupou com o elenco. Tinha escolhido os atores cuidadosamente e tinha plena confiança na habilidade deles. Em resposta, o elenco confiava nele, ainda que não o entendesse. Lucas normalmente fazia quatro ou cinco tomadas de uma cena (alguns diretores chegam ao ponto de vinte ou trinta, e se tem notícias de até setenta), mas elas eram longas. Era seu jeito de dar aos atores meios de crescer na cena. A fluidez de *Star Wars* resulta do estilo de filmagem contínua de Lucas e seu conhecimento instintivo de quando ir para a próxima cena.

Lucas não gostava de lidar com atores e a inevitável inveja que surge num ambiente de filmagem. A estratégia de George era permanecer retraído. Sua direção consistia essencialmente na frase comumente ouvida: "Mais rápido e com mais intensidade". Hamill lembra de uma cena no Millennium Falcon com Luke, Ben, Han e os robôs. "Todo mundo cumpriu suas falas corretamente, o que é difícil, e então a cena acabou e olhamos para fora. George estava numa grua e disse: 'Uh... vamos fazer de novo, só essa vez... fazer melhor'".

Lucas não teria sequer desempenhado o papel de diretor. Seu assistente de direção normalmente urrava "Ação!". Se a equipe e o elenco prestassem atenção, podiam ouvir Lucas murmurar: "Tudo bem. Corta". Um instante depois, o assistente dava a mesma instrução gritando. "A maioria dos diretores é insegura e eu não sou exceção", admite Lucas.

Mas Lucas tem orgulho dos resultados. "Todo mundo diz: 'Ah, a atuação nos filmes de Lucas é muito ruim', mas eu não acredito nisso", ele afirma. "Acho que é muito boa e uma das razões do sucesso dos meus filmes. Eu não fiz nada para que os atores fossem maravilhosos, mas eles fizeram a história dar certo, eles tornaram o filme popular". Lucas acredita que *Star Wars* fala de *pessoas*, não espaçonaves, e ele está certo. Os efeitos especiais ajudam apenas a criar um novo universo no qual a história tem lugar e os personagens interagem.

Lucas precisava da confiança do seu elenco para que seu filme acontecesse: "As cenas eram extremamente bobas e estúpidas. Se eles não confiassem em você, tudo desmoronaria". Lucas deixava seus atores interpretarem a cena do jeito deles e ficava feliz em substituir a inspiração deles pela dele. Mas se ele discordasse totalmente da abordagem, não se incomodava em filmar. "Gastava-se bem pouco tempo", diz Ford. "George não tinha uma atitude autoritária como muitos diretores: 'Garoto, estou nesse negócio há 25 anos, acredite em mim'. Ele era diferente. Sabia que o filme estava tão fortemente baseado na relação entre nós três que encorajava nossas contribuições".

Ford ficou famoso por dizer a Lucas a respeito do diálogo: "Você pode datilografar essa porcaria, George, mas certamente não pode dizê-la". Lucas garante que seu elenco nunca gravou uma cena de humor cafona, ainda que o roteiro parecesse pedir isso. *Star Wars* não era um filme brega e não haveria duplas tomadas ou sorrisos coniventes.

O elenco acabou se tornando uma pequena família: Carrie e Mark eram os irmãozinhos, Harrison era o irmão mais velho. Todos tinham problemas com seus diálogos escritos. Fisher engasgava em falas como "Eu pensei ter reconhecido seu fedor quando fui trazido a bordo, governador Tarkin". Hamill sorri. "Não era Noel Coward, vamos encarar", ele lembra. Cada ator sabia o que Lucas tinha investido nos personagens e sentia a responsabilidade de atender suas expectativas.

Hamill logo reconheceu que Luke Skywalker estava moldado a partir do próprio Lucas, em nome e espírito. (O personagem estava sendo apelidado de Luke Starkiller até o primeiro dia de filmagens.) *Star Wars* era o primeiro longa de Hamill, mas Lucas não fez um ensaio, nem mesmo uma leitura coletiva do roteiro. Hamill foi à Tunísia, em seguida à Inglaterra, correu para os ajustes de figurino, assistiu a filmes testando os robôs e percorreu os esqueléticos sets sem o benefício de uma única longa conversa com Lucas a respeito do seu personagem. "Não fazia nenhum sentido", Hamill lembra. Pouco antes de as filmagens começarem em Elstree, Lucas levou seu elenco para almoçar em um restaurante chinês. "Havia aquele silêncio embaraçoso quando ninguém fala nada", Hamill afirma. Nada incomum para um encontro com o diretor deles, os atores souberam logo.

Lucas gostava da ingenuidade e da avidez de Hamill. Ele deu uma boa dose de inocência a Luke, uma nova perspectiva aos incríveis acontecimentos que lhe aconteciam. Luke é uma caixa de ressonância para os outros personagens: os robôs leais que o veem como seu chefe, e Han Solo, para quem Luke é como um incômodo irmãozinho. Hamill logo percebeu que Lucas esperava que ele misturasse sua própria personalidade com a de Luke – era por isso que ele estava no elenco. George começou a chamar Mark de "o garoto", o mesmo apelido que Francis lhe havia dado oito anos atrás.

Hamill não era o único ator confuso com *Star Wars*. A única experiência cinematográfica de Carrie Fisher consistia em um dia de trabalho em *Shampoo*, no qual ela seduziu Warren Beatty. Fisher tinha 19 anos quando desembarcou na Inglaterra, assustada e nervosa por trás da sua postura firme. Ela tinha certeza de que havia sido escalada para o papel errado: "Eu continuava lendo o roteiro e ele dizia o quanto Leia era linda", ela lembra. "Eu não me achava bonita. Eu era uma pequena mascote Pillsbury". Agravando a ansiedade de Fisher havia a advertência de Lucas, de perder 4 quilos e meio antes de chegar na Inglaterra – ela tinha perdido apenas 2. "Pensei que ia chegar no set e eles iam dizer: 'Bem, você não perdeu os outros 2, então nós temos essa atriz esperando aqui'". (Hamill sonhou certa vez que ele e Fisher tinham se jogado contra a parede praticando o balançar na corda[3] e foram imediatamente substituídos por Robbie Benson e Jodie Foster.)

Fisher tinha outros problemas – ela era a única mulher no set. (Shelagh Fraser, que interpretou tia Beru, encerrou sua participação na Tunísia.) As únicas mulheres nos arredores eram a cabeleireira, a maquiadora e a dublê de Fisher. "Eu não me incomodava de estar rodeada de homens, não! Deus,

---

[3] O sonho de Mark Hamill tem conotação irônica. Uma das cenas mais famosas de *Star Wars: Uma nova esperança* é a que Hamill e Carrie Fisher, abraçados, passam por um abismo usando uma corda, bem ao estilo do que Tarzan fazia com o cipó na floresta. O sonho de Hamill revela o pavor do ator de ser substituído por não fazer as cenas de perigo como Lucas planejava. (N. R. T.)

não havia competição!", ela diz rindo. Rotineiramente sendo referida como "a garota", Fisher por vezes se sentiu como a versão real das bonecas que se assemelham a ela. O personagem dela não era divertido. Ela estava satisfeita que Lucas tenha dado a Leia a oportunidade de agir decisivamente e falar duro, mas nunca chegou a falar sobre garotos. Leia entra em cena disparando sua blaster, nem de longe a tradicional donzela em perigo.

Lucas imaginou que Leia tinha sido educada como um soldado, treinada nas artes marciais e políticas pelas melhores mentes do sistema Alderaan. "Ela é absolutamente brilhante, bem-educada e acostumada a assumir o comando das situações", explicou ele em uma entrevista de publicidade sobre os bastidores dos personagens de *Star Wars*. "Ela é uma líder inata". Leia era uma menina-moleque do espaço, a irmã Wendy crescida. Lucas acredita que crianças pequenas podem reconhecer a princesa Leia. "Ela é um tipo universal e uma chatice", igualzinho à maioria das irmãs caçulas.

Lucas fez o que podia para anular a feminilidade de Fisher. Um longo vestido branco a cobria do pescoço às canelas. Michael Ritchie havia tentado escalar Fisher para o seu filme *Smile* (a respeito de um bando de rainhas da beleza) por causa do "seu tremendo corpo". Quando Ritchie viu *Star Wars*, ele ficou chocado: "George a cobriu de cabo a rabo! Penso que na certa esse foi o seu único erro comercial. Até mesmo Dale Arden (de *Flash Gordon*) tinha uma fenda!". Lucas foi longe ao ponto de ordenar que os seios de Fisher fossem colados no seu peito com fita isolante usada em eletricidade. "Nada de seios saltados no espaço, não há vibração no Império", Fisher brinca, acrescentando: "Gary Kurtz precisou me dizer isso. George não tinha coragem". Lucas simplesmente não queria sexualidade no seu conto de fadas.

Harrison Ford teve o trabalho mais fácil. Ele *era* Han Solo, o personagem mais contemporâneo e realista da história. O público podia facilmente se identificar com ele. George tinha dedicado muita reflexão a Solo e construiu uma história pessoal para o personagem: abandonado por ciganos do espaço, criado por Wookiees entre os 7 e 12 anos, cadete da Academia Espacial e expulso por vender respostas de testes e corridas de naves espaciais, ele finalmente se torna um contrabandista de especiarias e inimigo do Império. Han realmente não era um cara ruim, ainda que contrabandeasse. "Na verdade, ele é apenas um pequeno negociante da livre iniciativa", Lucas diz. George respeita Han da mesma forma que respeita seu pai: pela sua crença no mérito da empresa privada.

Resignado diante do destino do seu personagem, Alec Guinness aperfeiçoou sua performance, dando profundidade e dimensão a Obi-Wan Kenobi. Enquanto a equipe britânica zombava abertamente do seu jovem diretor, Guinness endossava George tranquilamente. Ele nunca perdeu esperanças em relação a *Star Wars*, mesmo quando havia confusão ou pouca clareza a respeito de como a cena ia se desenrolar na tela.

David Prowse esteve muito envolvido com o seu papel – ele desfilava no seu traje de Darth Vader, lançando olhares maldosos aos infelizes assistentes de produção. O traje de Prowse era desconfortável: calça de couro acolchoada, coberta por quatro camadas de lona e couro, um peitoral e dois mantos. Ele mal conseguia respirar através da abertura do limpa-trilhos da sua máscara e não conseguia ver mais do que 3 metros em qualquer direção.

Lucas tinha muita afeição por Chewbacca e criou uma cultura detalhada para os Wookiees. Cruzamentos de gato, cachorro e gorila, os Wookiees viveram em tribos em um planeta selvagem úmido, ocupando casas infláveis no topo de gigantescas árvores. Eles vivem até os 350 anos, comem carne e vegetais e são mamíferos. As fêmeas de seis seios têm suas proles em ninhadas; os bebês Wookiees têm 1,20 metro de altura ao nascer, e grandes olhos do tamanho dos adultos.

Os Wookiees são o pequeno estudo de caso antropológico pessoal de George, um patriarcado primitivo com uma estrutura genealógica complicada, ritos de iniciação e uma religião que rejeita o materialismo. Os Wookiees têm sua própria versão da Força, uma empatia natural com a vida vegetal e a ecologia do seu planeta. Depois de uma invasão imperial, os Wookiees foram arrebanhados por traficantes de escravos e vendidos em todo o Império. Han Solo resgatou um grupo de prisioneiros que inclui Chewbacca, que se tornou seu guarda-costas e companheiro por toda a vida.

Peter Mayhew não ficou sabendo de nada disso quando foi escalado como Chewbacca, mas ele estudou instintivamente as reações animais. O pouco falante ator, e muito alto, percebeu Chewbacca como uma criatura inteligente ainda que emotiva, que fica violentamente aborrecida quando a sua vida é perturbada. Mayhew não tinha falas e seus movimentos eram limitados pelo seu figurino, mas o público não parecia saber que havia uma pessoa por baixo da roupa peluda. "Quando eu não tenho a máscara me encobrindo, sou do tipo pessoa normal", Mayhew afirma. "Mas assim que aquela máscara é colocada, o personagem inteiro ganha vida e eu nada posso fazer a respeito. É muito curioso".

Lucas tinha um arquivo mental para C-3PO também: o robô tem 112 anos de vida e Luke é seu 43º senhor (a maioria dos seus patrões anteriores eram diplomatas, como a princesa Leia). Seu sistema lógico está localizado na sua cabeça, e seu sistema de armazenamento está no seu coração e peito. Como robô protocolar, C-3PO está programado para não revelar informação confidencial, o que explica sua aparente ignorância em relação à mensagem do holograma da princesa Leia.

C-3PO é desprovido de ironia e, portanto, o contraponto perfeito para situações ultrajantes. Suas emoções primárias parecem ser a exasperação diante de R2-D2. C-3PO revela um aspecto de Lucas quando ele diz: "Na verdade, R2-D2 era um estorvo. Não posso dizer que éramos próximos. Eu não tenho, sem dúvida, nenhum sentimento por ele. Digo, é bom tê-lo por perto. Ele tem o lugar dele. Mas não iria tão longe a ponto de dizer que gosto dele. Em momento de estresse, parte do meu circuito tende a ser um pouco emotivo demais".

A pessoa dentro de C-3PO também era emotiva. Quando as filmagens começaram, Anthony Daniels temia ter feito um terrível erro. Lucas parecia esquecer de Tony Daniels, o ator, e se preocupava apenas com C-3PO o robô. Daniels se sentiu ferido e aborrecido. "Depois dos primeiros dias, as pessoas esqueceram que eu era uma pessoa lá dentro, e não estamos apenas falando de George nesse caso; era todo mundo. Eu era uma *coisa*. Todo mundo estava irritado comigo e eu, é claro, estava irritado lá dentro. Estava tudo muito desagradável". Mas a máscara era útil quando ele tinha falas como "Dê atenção a eles, Artoo. Eles estão morrendo, e a culpa é toda minha! Daniels podia finalmente estremecer a sós.

Um artista trabalhando por trás de uma máscara está completamente sozinho. Daniels não tinha contato visual com os outros atores ou o diretor; sua visão periférica não existia e ele tropeçava constantemente nas pessoas e nos acessórios. Mayhew, Prowse e Baker tinham problemas parecidos, mas Daniels era o único ator profissional do grupo, e levava o seu trabalho a sério. Ele decorou o seu diálogo fielmente e o apresentou energicamente, embora ele estivesse abafado a ponto de ficar ininteligível por causa da sua máscara facial. Daniels ficou chocado ao descobrir que Lucas tinha originalmente a intenção de usar a voz de outra pessoa para o seu personagem, muito embora a voz de Daniels fosse amplamente responsável pela popularidade de C-3PO – ela deu ao robô o tom adequado para um formalismo desconfortável. Daniels estava ferido, no entanto, ele também estava seduzido pelo entusiasmo de Lucas, mas descobriu que a relação era estritamente profissional. "Eu queria que ele gostasse de mim como ator *e* como pessoa", diz Daniels. "George me deixou nervoso, com certeza. Quer dizer, almoçar com o George não é divertido se você estiver sozinho".

****

> Esqueço o quanto fazer filmes é realmente impossível. Fico tão deprimido, mas creio que vou ter de passar por isso de alguma forma...
>
> George Lucas em uma carta para Marcia Lucas
durante as filmagens de Star Wars

****

A má sorte acompanhou Lucas na Inglaterra. O especialista em maquiagem Stuart Freeborn foi para o hospital duas semanas depois que a produção foi iniciada, deixando quase todas as máscaras para a cantina dos alienígenas incompletas. A versão de R2-D2 com controle remoto estava tropeçando. A equipe de efeitos especiais estava superzelosa com suas explosões e destruiu sets inteiros. Vários dublês com trajes de stormtroopers sofreram contusões e um precisou ser hospitalizado.

Lucas tinha planejado um monstro elaborado para a cena do compactador de lixo na qual Han, Luke, Leia e Chewie são quase esmagados até a morte.[4] Dianoga era uma espécie de água-viva alienígena com enormes tentáculos. O pessoal dos efeitos especiais apareceu com o que Lucas chamou de "uma grande, gigantesca, bosta marrom". Ele teve de se contentar com um único tentáculo de celofanealgo que o irrita até hoje.

"Tudo estava dando errado", diz George, com um olhar novamente cansado no rosto. "Houve muitas tentativas. Eu nunca fiz uma cena que se prolongou por dezesseis semanas. Eu me preocupava com os *menores* detalhes".

---

[4] *Cinefantastique* ajudou a descrever os efeitos especiais de *Star Wars*, em especial a questão da primavera de 1978.

O controle é vital para Lucas enquanto ele faz um filme e, em *Star Wars*, era a primeira vez que ele sentia que a produção estava escapando dele. Ele acordava regularmente às 5h30 da manhã, sentava na cabeceira da cama e se queixava. Seus amigos ficaram alarmados ao vê-lo – George estava pálido e tenso, e frequentemente tinha dores de cabeça e de estômago. "Não era divertido, ele estava naufragando", lembra Bill Huyck. "As pessoas fazem humor negro sobre filmes, mas George estava além disso".

George e Marcia ficaram no "Lost Cottage" em Hampstead, o que parecia apropriado. A casa deles foi assaltada durante as filmagens e as joias de Marcia e o aparelho de TV de George foram roubados. Ele não se sentia confortável na Inglaterra – ele não conseguia comer um hambúrguer decente, os carros eram dirigidos do lado errado da estrada e Marcia não conseguia achar nada de bom para assistir na televisão. Lucas tinha saudades de casa: sentia falta da sua casa, do seu cachorro e dos seus amigos. Marcia não estava no melhor momento da vida, tampouco. As tentativas de ter um bebê não davam certo. Ela foi acometida por uma gripe e precisou ser hospitalizada. George sofria da sua corriqueira tosse debilitante de "diretor".

Em Elstree, Lucas estava ficando para trás em relação ao cronograma; os sets mal estavam prontos quando ele começava a filmar neles. Os pintores trabalhavam freneticamente enquanto George filmava na direção oposta. Quando terminavam, ele trocava e rodava onde eles tinham acabado de pintar. "Ele tem muita percepção do que é necessário para a finalização do filme", observa Norman Reynolds. "O melhor de George é que ele sabe o que é importante e o que não é. Muitos diretores não entendem isso".

Lucas não queria acelerar a produção. Isso exigia muito autocontrole, já que a situação estava se deteriorando na Industrial Light & Magic (ILM). John Dykstra ainda estava testando novas técnicas de câmera e as filmagens de fundo necessárias para a posterior projeção cinematográfica na Inglaterra ainda não tinham chegado. Quando isso aconteceu, Lucas ficou horrorizado: "Era terrível. Eu sabia que não ia funcionar. Os navios pareciam recortes de papelão e os lasers eram grandes e volumosos. Não podíamos usar nada daquilo".

A única alternativa era a tela azul, um processo especial que faz o segundo plano desaparecer sob luzes especiais e pinturas foscas da cena são substituídas. A tela azul pede lâmpadas em arcos grandes, que tornam o set muito quente. Era o verão inglês mais quente em anos – os eletricistas desmaiavam nas vigas e Peter Mayhew entrou em colapso por exaustão de calor e desidratação.

De volta a Hollywood, Ladd estava preocupado com os atrasos nas filmagens e a falta de progresso com os efeitos especiais. *Star Wars* já estava além do orçamento alocado, mas a desvalorização da moeda britânica deu a Lucas um extra de 500 mil dólares. O lançamento programado para o Natal foi abandonado e o verão de 1977 se tornou a nova meta. Ladd queria uma versão inacabada do filme concluída perto do Natal e que a música, os diálogos e os efeitos especiais estivessem gravados em janeiro de 1977.

Ladd visitou Elstree em maio e viu catorze minutos de filmagens que estavam tão ruins que quase afundaram o filme. As tomadas não eram enviadas de volta ao estúdio (*Star Wars* era uma produção independente), de forma que Ladd não tinha visto nada. A montagem mal costurada de cenas sem música e sem efeitos especiais o irritou. O diálogo era risível, a iluminação inconsistente e as cenas geralmente não combinavam. Ladd fez um exame de consciência com Lucas antes de se certificar que George sabia realmente o que estava fazendo.

Lucas estava mais chateado que ele – "Eu só queria que você nunca tivesse visto isso", disse a Ladd a respeito dos vídeos editados de forma descuidada. Em particular, ele disse a si mesmo: "Oh, meu Deus, devo estar fazendo um trabalho horrível. Tinha de ser comigo". Ele mostrou à Marcia as filmagens e ela concordou em desmontar o filme e começar a editar a partir do zero. A confiança de Lucas foi abalada pelo incidente. E se o filme realmente fosse ruim e a Fox tentasse tirá-lo dele?

A paranoia de Lucas parecia justificada apenas algumas semanas mais tarde. Ainda restava filmar o assalto ao navio de Leia pelos stormtroopers, a primeira sequência dramática de *Star Wars*. John Barry tinha fuçado peças de vários sets para dar a ilusão do bloqueio do corredor interno, mas Lucas logo viu que o set não seria convincente no filme. Não havia dinheiro para um novo, mas Lucas não se deixou dissuadir. "Nós vamos além do orçamento e construir esse outro set", ele ordenou. Kurtz tinha de comunicar à Fox e, como era esperado, o estúdio estava furioso.

Barry construiu um novo set em duas semanas. Naquele momento, Lucas estava cinco semanas atrasado em relação ao cronograma e tinha só mais duas semanas de filmagens. A Fox lhe deu só mais uma semana e, em seguida, puxou a tomada – Lucas tinha três dias antes que *Star Wars* fosse encerrado. Ele ainda tinha de filmar Leia carregando a mensagem do holograma em R2-D2, o estrangulamento do general rival por Vader e a maior parte da batalha de abertura. Em desespero, ele contratou duas outras equipes de câmeras e ficou com três unidades filmando simultaneamente no mesmo set.

Robert Watts filmou os stormtroopers apressando-se para a batalha, Kurtz filmou os robôs em outra parte do set e Lucas dirigiu Darth Vader. Se ele não fizesse as filmagens, não teria o filme. Lucas se sentiu traído por Ladd. "Eles entraram e cortaram o meu barato em *Star Wars* e eu fiquei muito irritado com isso", lembra George. Ao menos, *Star Wars* estava terminado... quase.

****

No fim, era um filme que era inteiramente do George.

Robert Watts a respeito de *Star Wars*

****

O extenso San Fernando Valley onde se localizava a Industrial Light & Magic deprimiu George. Fez com que se lembrasse de tudo o que odiava na Califórnia do Sul: o nevoeiro, o descaso e a mentira. Ele teria transferido a ILM para Marin County, mas São Francisco carecia de laboratórios de filmes de Hollywood. Então, Lucas tinha de viajar para Burbank uma vez por semana, alugar um carro e atravessar o ar asfixiante pela estrada Ventura até a ILM.

Lucas tinha instruído a ILM para que evitasse a tecnologia de ponta, efeitos muito caros que tomaram tanto tempo para estarem prontos em *2001*. "Eu não quero construir um monte de equipamentos caros e não fazer nenhuma gravação", ele disse a Dykstra. "Não é importante como você faz as filmagens. É importante o jeito que elas ficam". Dykstra queria uma câmera especial controlada por computador para dar a ilusão de um "verdadeiro" movimento de tela. Ninguém tinha usado alguma de maneira bem-sucedida em longas, e Lucas se deu conta de que ela deveria ser concebida a partir do zero.

"Havia alguma distância entre o entendimento de George acerca do que queria e como conseguir", afirma Dykstra, cuja própria companhia de efeitos especiais ocupava o armazém original da ILM. "Como qualquer pessoa com a coragem para ser diretor e enfrentar algo como *Star Wars*, a tendência dele era querer fazer tudo sozinho". O treinamento de Lucas como cineasta autossuficiente tanto o ajudou como prejudicou. Ele pegou gente para trabalhar que era inovadora e hábil (e que aumentou somente um pouco o orçamento), mas ele não queria deixá-los assumirem o comando.

Dykstra reuniu um extraordinário grupo de apaixonados por ficção científica, nerds de informática e tecnomaníacos desde Hollywood até o Vale do Silício. A ILM se tornou a família deles e *Star Wars*, um trabalho apaixonado, abastecido com uma energia comunitária, eletricidade criativa e o dinheiro de Lucas. A turma da ILM trabalhava longas horas, quando não de maneira irregular. Chegavam às 10 horas da noite ou às 3 horas da manhã, de short, camisetas e tangas de praia frouxas. "Era como uma categoria de pessoas que estavam perdidas no túnel do tempo de 1967", lembra Carol Titelman. A turma logo ganhou o apelido de "Country Club" porque não havia código de vestuário, relógio e virtualmente nenhuma organização. Era o espetáculo de Dykstra – a lealdade da equipe era acima de tudo para com ele, não Lucas.

Alguns dos especialistas, como o ilustrador de produção Joe Johnston, entrou na ILM diretamente depois da faculdade. Outros, como o cameraman Dennis Muren, foram capacitados com os efeitos especiais dos filmes clássicos como *The Beast at 20 000 Fathoms* e *Simbad e a princesa*. Richard Edlund, responsável por filmar os sets e modelos miniaturizados, explica: "Tivemos uma grande equipe de jovens desconhecidos, com boas ideias e que não tinham tido a oportunidade de colocá-las em prática". A equipe chegou a quase cem, e a idade média era de apenas 27 anos.

O resto da indústria de efeitos especiais achava que a ILM estava louca de tentar 365 tomadas de efeitos em menos de dois anos. A ILM finalmente gastou 22 meses com os efeitos especiais, incluindo os seis meses necessários para preparar o equipamento. A conta final chegou a cerca de 2,5 milhões de dólares, 25% acima do orçamento. Cada efeito custou quase 7 mil dólares ou 150 dólares por quadro.

A ILM usou as pinturas de Ralph McQuarrie e os protótipos de modelos de aeronaves de Colin Cantwell enquanto Lucas estava fora. Joe Johnston começou o que seriam mais de mil storyboards para as sequências de efeitos, usando ilustrações, modelos e o roteiro em si. As aeronaves de Cantwell tinham de ser redesenhadas porque eram muito lustrosas e parecidas com as da NASA – Lucas queria que elas tivessem uma aparência romântica, quase militar.

Lucas também deixou com Johnston uma sequência de dez minutos de batalhas aéreas em preto e branco, que ele construiu a partir de filmes de guerra como *A batalha da Grã-Bretanha* e *As pontes de Toko-Ri*. Cada tomada tinha de ser duplicada pela X-Wing e as aeronaves de combate T.I.E. Lucas pré-filmou e editou a sequência climática de *Star Wars* meses antes de começar a rodar o filme.

Depois de seis meses de trabalho ininterrupto, a ILM recebeu sua primeira câmera Dykstraflex, um sistema controlado pelo cameraman que lhe permitia se mover lentamente na horizontal ou na vertical e acompanhar um modelo, sempre o mantendo em foco. O avanço se baseava na capacidade da câmera de repetir movimentos idênticos de uma tomada para a outra e as sequências de efeitos poderiam ser construídas como uma trilha sonora, *layer* sobre *layer*. A ilusão era total: nenhuma das espaçonaves de *Star Wars* jamais se moveu – somente a câmera.

O segundo plano com o campo estelar era feito de furos em placas de plexiglas preto. Mais de 75 modelos foram construídos, com um trabalho de detalhe espantoso. No Rebel Blockade Runner, os artistas da ILM construíram uma minúscula cabine com *pin-ups* da *Playboy*, tudo em escala. Os canhões a laser miniaturizados eram totalmente motorizados e podiam girar ou empinar por controle remoto. Os sabres de luz eram lâminas revestidas dos quatro lados com alumínio reflexivo, acoplados a um pequeno motor. Quando rotacionados, criavam flashes de luz mais tarde aprimorados por animação.

Gosnell, da Fox, checava periodicamente os progressos da ILM enquanto Lucas ainda estava na Inglaterra. "Ele vinha e arrancava os cabelos", lembra Ladd. "Ray ficava com o rosto vermelho quando começava a falar da ILM". A atmosfera *Animal House* na ILM não ajudava a inspirar confiança no estúdio. Um dia, Dykstra subiu numa empilhadeira, colocou-a debaixo de uma geladeira velha e, diante de toda a equipe da ILM, levantou e esmagou o aparelho no chão de cimento repetidas vezes. "Todo mundo estava urrando e rindo", recorda Rose Duignan, assistente de Lucas. Naquele momento, entrou Gosnell. "Pegou muito mal, todos aqueles loucos com cabelos compridos, sem camisa, e ninguém estava trabalhando", afirma Duignan. Lucas batalhou para integrar a equipe da ILM ao local dos técnicos do filme, mas dirigentes sindicais não tinham nenhuma utilidade para os membros esquisitos da ILM. A decisão poupou a Lucas milhares de dólares em horas extras e benefícios. Mais tarde, ele compensou a equipe da ILM pagando-a bem acima do piso sindical.

A pressão sobre Lucas ficou imediatamente óbvia assim que ele voltou da Inglaterra. "Ele estava realmente cansado, dava para ver, e muito pálido", Duignan lembra. Não era para ser surpresa – Lucas tinha acabado de descobrir que *Star Wars* ia ter de ser totalmente desmontado e remontado, o que o jogava vários meses adiante do cronograma. Ele teria de passar três dias por semana na ILM e quatro dias editando na Parkhouse – não havia tempo para um dia de folga.

Para aumentar suas dificuldades, Lucas descobriu que a ILM quase não tinha nenhuma realização tangível para mostrar em mais de um ano de trabalho. "Eles tinham três tomadas", Lucas diz, com o assombro ainda presente em sua voz. "Eles tinham gastado mais de 1 milhão de dólares do seu orçamento de 2 milhões, e tudo o que tinham eram *três cenas*". Pela primeira vez durante a produção de *Star Wars*, Lucas perdeu o controle, agredindo verbalmente Dykstra. O designer de efeitos especiais grandalhão não teve medo de gritar de volta. A discussão rapidamente ficou amarga e intensa.

No avião de volta para São Francisco, naquela noite, Lucas sentiu intensas dores no peito. Marcia se encontrou com ele no aeroporto e, enquanto seguiam para casa, as dores pioraram. "Foi terrível", lembra Marcia. "Eu tinha certeza que ele devia estar tendo um ataque do coração ou algo assim, pois indisposições não derrubam George. Seu jeito de não ficar doente é só trabalhar mais duro". Eles correram para o Marin General Hospital, onde Lucas foi diagnosticado com hipertensão e exaustão. Ele passou a noite ali e foi aconselhado a diminuir o estresse da sua vida. Lucas pensou na promessa de se aposentar depois de *Loucuras*, na pressão para terminar *Star Wars*, nos seus planos de fazer duas continuações. Ele olhou para o rosto fantasmagórico no espelho em frente da sua cama de hospital: "Foi quando eu jurei a mim mesmo que eu ia mudar, que não ia mais fazer filmes, não ia dirigir nunca mais. Eu ia levar minha vida de uma maneira um pouco mais controlada".

Mas as relações entre Dykstra e Lucas continuaram se deteriorando. Dykstra sentiu que George não entendia o trabalho técnico envolvido. "Eu estava totalmente na defensiva também, porque estava morrendo de medo", John admite. Mas ele fez o erro fatal de dizer a Lucas o que *não podia* ter dito.

"Uma das primeiras coisas que aprendi", explica o associado de longa data de Lucas, Jim Bloom, "é que você pode dar sua opinião, mas não pode lhe dizer: 'Não'". O reinado de Dykstra na ILM acabou quando Lucas voltou do hospital, determinado a manter o controle sobre a situação. George Mather se tornou o novo supervisor de produção e instalou um calendário para a realização de todas as sequências de efeitos. Dykstra sentiu que Lucas tinha perdido a confiança nele bem quando *Star Wars* estava começando a tomar forma.

Lucas também supervisionou pessoalmente a fotografia de efeitos especiais. Dennis Muren liderou uma segunda unidade de câmera que trabalhava das 3 horas da tarde até meia-noite. A equipe de Richard Edlund trabalhava das 8 horas da manhã até às 6 horas da tarde. O cronograma acertado de dezesseis horas durou por quase seis meses. Lucas isolou Dykstra de quase todo o trabalho criativo e passou suas instruções diretamente aos *cameramen*.

Lucas passou duas semanas inteiras na ILM, mas, se um visitante não o conhecesse de vista, seria fácil não o notar. Rose Duignan chegou para a sua entrevista de trabalho e sentou-se perto de um jovem rapaz de tênis, jogado numa cadeira de escritório. "Eu imediatamente pensei que ele era um motorista que levava equipamento", lembra. Rose trabalhou estreitamente com Lucas durante vários meses, anotando cada palavra sua e distribuindo memorandos com suas instruções à equipe da ILM.

Apesar de todas as queixas, Lucas apreciava a camaradagem na ILM, fazia-o se lembrar do ambiente comunitário no pátio da USC. Ele se demorava ali todas as noites, hesitando em voltar para o seu quarto de hotel solitário. Dennis Muren sentou-se fora do armazém uma noite com Lucas, olhando as verdadeiras estrelas. "Era a primeira vez que eu falava com ele por tanto tempo, e eu me senti realmente muito próximo dele", lembra Muren. "Ele foi sincero a respeito dos problemas da produção do filme, como era na Inglaterra, e como isso quase o matou".

****

```
Já vi muita gente com problemas e pressões, mas nunca
como George. Como tudo se ajeitou é incompreensível –
veio da força das convicções de George e da sua visão.
```
Carroll Ballard

****

Se fosse para recuperar *Star Wars*, Lucas sabia que deveria estar na edição. Quando ele e Marcia reviram as filmagens, George ficou deprimido. Esse não era o filme que ele tinha visto com os olhos da mente nos últimos sete anos. Até mesmo Marcia estava nervosa, embora ela tentasse tranquilizar Ladd de que *Star Wars* estava indo bem.

Havia trabalho demais para Marcia sozinha, e George contratou um segundo editor, Richard Chew, que havia trabalhado com Walter Murch em *A conversação*, de Coppola. A carga de trabalho ainda estava muito pesada, então Lucas contratou Paul Hirsch, que tinha acabado de cortar *Carrie* para Brian de Palma. Os três editores gastaram semanas catalogando a grande quantidade de material filmado. George passou suas manhãs indo de moviola em moviola, dando à Marcia, Richard e Paul anotações do que queria fazer.

Carroll Ballard chegou à Parkhouse às 6 horas de uma manhã e encontrou Marcia ainda cortando *Star Wars* – ela tinha ficado ali, a noite inteira, ao lado de Lucas, que estava pálido e exausto. "Fazer aquele filme era como se distanciar cinquenta passos de uma parede de pedra, correr com toda velocidade, bater a cabeça e cair no chão – e fazer isso de novo até colocar por terra aquela maldita parede", Ballard afirma.

Aos poucos, *Star Wars* começou a ganhar forma. Um subenredo envolvendo Luke e Biggs, seu ex-irmão mais velho que virou modelo, foi cortado, da mesma forma que o confronto entre Jabba, the Hutt, e Han Solo – Lucas estava aborrecido com o fato de a criatura parecer tão crua. Havia descobertas positivas: Lucas constatou que seu esquema de cores tinha funcionado, dando a partes do filme uma consistência visual subconsciente.

Lucas tinha de refilmar várias sequências, na Tunísia e na Inglaterra, das quais tinha se apressado ou que não tinha conseguido fazer. A principal delas era uma cena numa cantina espacial. A hospitalização de Stuart Freeborn tinha deixado Lucas com uma coleção de monstros secundários que pareciam ter saído das páginas de Beatrix Potter[5]: um homem morsa, uma senhora ratazana, um homem com cara de porco – não exatamente o show de horror galáctico que Lucas tinha em mente. George implorou a Ladd outros 100 mil dólares, mas os diretores da Fox, em atenção ao sombrio relatório de

---

[5] Beatrix Potter era uma autora e ilustradora inglesa de livros infantis. Sua obra mais famosa é *A história do Pedro Coelho*. (N. E.)

Gosnell a respeito da ILM, não estavam com humor para dar dinheiro algum a *Star Wars*. Lucas queria cinquenta monstros, mas Ladd lhe pediu para cair para vinte, e um orçamento de 20 mil dólares para todas as sequências que faltavam. Quando Ladd viu o filme inteiro, percebeu que Lucas estava instintivamente correto. "A cantina é uma cena clássica hoje", ele diz. "Quando a vi pela primeira vez, não me surpreendeu tanto assim. Eu me perguntei como ela poderia ser feita melhor, mas George realmente foi capaz de engrandecê-la".

Ladd tinha de fazer uma apresentação formal à diretoria da Fox para obter aprovação para o dinheiro extra. Àquela altura, o orçamento ultrapassava 49 milhões e ainda estava subindo. Ladd entrou na sala de reuniões da Fox para ouvir um membro perguntar raivosamente: "Por favor, poderia nos dar uma explicação para o fato de o orçamento ter subido a esse ponto?". Ladd calmamente respondeu: "Porque é provavelmente o melhor filme já feito. Essa é a minha absoluta convicção". Então, ele se levantou e saiu da sala. A diretoria permaneceu em um silêncio aturdido – Ladd não era do tipo que exagerava. Os termos do confronto se espalharam como fogo na Fox e Lucas conseguiu seus 20 mil dólares. Chris Kalabokes se lembra de pensar na época: "Ladd teria apoiado esse filme até 20 milhões de dólares, ele tinha tanta confiança em George Lucas".

Ainda por filmar, ao lado da cena da cantina, estavam várias cenas de R2-D2 no deserto, o landspeeder e os banthas. Lucas pediu a Carroll Ballard para filmar as cenas no Death Valley. A localidade duplicava perfeitamente a Tunísia e Lucas agora tinha um landspeeder que funcionava e um robô que andava.

Às cinco horas da manhã do dia em que as filmagens iriam recomeçar, o telefone de Lucas em Death Valley tocou – era Gary Kurtz de Los Angeles. Mark Hamill, que estava sendo chamado para as tomadas no deserto, tinha tido um acidente de carro de manhã cedo na estrada Pacific Coast, ao norte de Los Angeles. "Ele está muito mal?", gemeu George. "Não sabemos, ele não parece bem para filmar", Kurtz respondeu. Lucas não podia atrasar as filmagens – a Fox o mataria. O diretor de arte Leon Erickson tinha criado um traje de bantha para um elefante da Marine World e Lucas filmou as cenas de bantha primeiro. Os elefantes não são acostumados ao intenso calor do Death Valley e as filmagens se arrastaram, enquanto o animal tentava se livrar do traje pesado.

No final do primeiro dia de filmagens, Lucas soube da gravidade das lesões de Hamill. Mark tinha atravessado o para-brisa do seu carro esportivo e sido submetido a uma grande cirurgia plástica no rosto. Lucas usou um dublê para as longas tomadas com Hamill e descartou os closes. "Eu estava em péssimo estado àquela altura", George lembra. "Eu realmente só queria acabar com aquele maldito filme e eu não me importava com o que ia ser dele".

Lucas se importava, claro. A construção de vinte novas criaturas para a cantina tomou quase seis semanas. O trabalho era tão corrido que ninguém lembrou de colocar buracos de ventilação nas máscaras. Gary Kurtz precisou fazê-los debaixo do queixo com uma lâmina de barbear para permitir que os atores respirassem. Lucas acrescentou um combo de músicos de jazz alienígenas, com sete monstros soprando instrumentos de mentirinha ao som de Glenn Miller.

As sequências de efeitos especiais finais foram filmadas nas ruínas maias do Tikal National Park, na Guatemala. Ladd tinha implorado a George para escolher um parque local bacana para o pouso da base rebelde na selva, mas Lucas só se satisfazia com o que era real: e assim foram Richard Edlunt e uma segunda unidade para as florestas tropicais da América Central.

À medida que as filmagens de efeitos melhoravam, o clima na ILM se atenuava. "Alguns caras do set diziam: 'Oh! Outra primeira vez!'", lembra Richard Edlund. "Foram feitas algumas coisas novas que sabíamos que não tinham sido feitas antes. Isso acontecia todos os dias e era muito estimulante". A tomada mais importante de *Star Wars* era a da abertura – o ameaçador Star Destroyer poderia tanto consolidar como acabar com a credibilidade do filme. "Se alguém se sentasse em um cinema e visse aquela coisa monstruosa aparecer na tela e se aproximar mais e mais, e eles ficassem maravilhados com isso, então nós teríamos nosso público bem onde queríamos que estivesse", afirma Edlund. "Mas se eles rissem, estávamos acabados". Edlund filmou a sequência inicial cinco vezes até estar certo de que ninguém zombaria.

A despeito das preocupações de Lucas, a ILM conseguiu maravilhas: um sistema de câmera inteiramente novo foi concebido, produzido e implementado em poucos meses. Ele precisou apenas de duas semanas de aperfeiçoamento para endireitar as roscas e, em seguida, funcionou pelos próximos oito meses, dezoito horas por dia, com apenas três dias de tempo ocioso. "Não passava de uma aposta", Dykstra afirma, "mas valeu a pena". *Star Wars* revolucionou o visual do cinema contemporâneo, mas Dykstra lamenta que Lucas sinta que ele não teve seu dinheiro de volta. "Respeito o direito de ele ter essa opinião", afirma Dykstra, "mas algo em mim diz: 'Droga, como você poderia fazer de outro jeito? Ou melhor?'"

Os efeitos especiais custaram perto de 3 milhões de dólares – ultrapassaram o orçamento mais do que quaisquer outros aspectos do filme e causaram inúmeras dores de cabeça a Lucas. Em retrospectiva, ele efetivamente aprecia as contribuições da ILM: "Você não poderia fazer esse filme hoje com menos de 8 milhões de dólares para os efeitos especiais. Penso que *Star Wars* custaria agora provavelmente entre 22 e 25 milhões de dólares". Mas quando surgiu a oportunidade de mostrar o seu apreço, Lucas permaneceu amargo. Ninguém da turma dos efeitos especiais, nem mesmo Dykstra, recebeu um percentual sobre a renda de *Star Wars*, embora algumas pessoas tenham recebido bônus em dinheiro vivo.

Lucas estava totalmente exausto no final de 1976. Ele teve uma melhora pouco antes do Natal quando viu o trailer de *Star Wars* anunciando o lançamento da atração. "Eu estava orgulhoso dele", lembra. "Eu pensei: 'Sabe, pelo bem ou pelo mal, esse é o filme que eu queria fazer. Se as pessoas vão gostar ou não, isso é o que eu tentei fazer – e aí está ele'"

Em janeiro, Lucas recebeu o primeiro corte do filme. Marty Scorsese estava implorando para Marcia editar *New York, New York* em Los Angeles e, ainda que George odiasse vê-la ir embora, ela pegou o trabalho. Marcia também estava cheia de *Star Wars*. Paul Hirsch o concluiu enquanto George começava a complicada tarefa de gravar e dublar.

Lucas queria que o som e a música fossem gravados em Dolby Stereo, uma inovação em meados dos anos 1970. A Fox se opôs à ideia, argumentando que o equipamento não era confiável e que os proprietários de cinemas estavam indecisos quanto a investir nele. Lucas tinha contratado John Williams para escrever a partitura de *Star Wars*, que agora estava completa. Williams havia sido indicado para dez Academy Awards, ganhando um Oscar pela sua música em *Tubarão*, de 1976. O compositor formado na Juilliard School estava trabalhando em Star Wars desde março de 1976.

Lucas ainda tinha de achar as vozes corretas para Darth Vader e C-3PO e os sons adequados para Chewbacca e R2-D2. George planejou regravar o diálogo com acento britânico de Anthony Daniels, pois ele sempre imaginou C-3PO falando como um negociante de carros usados do Brooklyn. (Um personagem similar havia sido cortado em *Loucuras de verão* – Lucas tem problemas para descartar o que considera ser uma ideia divertida.) Mas nenhuma outra voz combinava tão bem com os movimentos de corpo precisos de Daniel. "Tony era o único que acreditava em C-3PO", afirma Lucas. "Ele ofereceu a melhor atuação, de maneira que eu fiz C-3PO um mordomo inglês". Foi preciso quase um ano para que Lucas descobrisse o que todo mundo no set já sabia desde o primeiro dia de filmagens – Anthony Daniels *era* C-3PO.

Darth Vader pedia uma voz de comando profunda, para comunicar a ameaça que o seu personagem representava. James Earl Jones, o ator negro cujos papéis variavam de Otelo a um lixeiro, tem um barítono ressonante que, ao ser modulado eletronicamente, era realmente intimidante. Lucas considerou testar Orson Welles, mas a voz dele parecia muito reconhecível. Jones foi pago em 10 mil dólares e recusou os créditos na tela, não percebendo que Darth Vader ia se tornar um de seus melhores papéis.

Antes que a produção começasse, Gary Kurtz chamou Ken Mura, o antigo professor de som de Lucas na USC. Ele perguntou se havia algum gênio do som na USC e o que houve é que um tinha acabado de se formar. Ben Burtt foi contratado sem ser avaliado antes e instruído a começar criando sons para *Star Wars*. Burtt só se encontrou com Lucas seis meses depois que ele foi colocado na folha de pagamentos, e eles tiveram apenas uma conversa a respeito do conceito por trás do som de *Star Wars*. Assim como com *THX* e *Loucuras*, Lucas não queria que os sons de segundo plano parecessem ter sido produzidos em um estúdio de gravação. Lucas e Burtt sentiam que a trilha sonora eletrônica e sintetizada tinha se tornado um clichê na ficção científica. "Os barulhos do mundo real são complicados e meio que sujos", afirma Burtt. "Eles simplesmente não podem ser reproduzidos em um sintetizador".

Lucas tinha encontrado a pessoa ideal para criar um novo universo sonoro: Burtt tinha muito interesse em filmes de fantasia e aventura e tinha colecionado sons durante anos. Munido de um gravador Nagra, ele construiu uma teia sonora para *Star Wars* que abarcava tudo, menos os diálogos. (Até mesmo os passos tinham de ser gravados, pois os sets eram feitos de madeira, e não de metal.)

Burtt dividiu *Star Wars* em diferentes categorias: vozes, armas, veículos, portas, e até mesmo gritos. Ele saiu pelos arredores do seu apartamento, gravando seu liquidificador, sua geladeira e sua vitrola estérea. Na USC gravou projetores de filme – seu zumbido, mixado com a estática do tubo de imagens do seu aparelho de TV, forneceu o som das espadas laser. Gravou o som de motores a jato na Northrop Aircraft e de armas e corridas sob uma saraivada de bombardeios em bases militares. Burtt passou um dia no Aeroporto Internacional de Los Angeles gravando jatos decolando e, no dia seguinte, aterrissando. A cada poucas semanas, ele enviava a Lucas uma fita com cinco ou seis sons adequados para robôs, espaçonaves ou armas.

Burtt buscou um impacto emocional com seus sons, especialmente quando Chewbacca e R2-D2 "conversavam". Visitou o zoológico de Los Angeles, fazendas de caça e treinadores de animais em busca de uma voz para um Wookiee. A maioria dos animais cativos não tem vocalização, então os resultados de Burtt vieram de ursos treinados. Ele gastou um dia gravando um urso cor de canela de quatro meses de idade, mixando sua voz com as de três outros ursos, uma morsa, uma foca e um texugo. Ele mudou o tom, a velocidade e misturou os resultados com slides que Lucas lhe havia enviado de Peter Mayhew usando o figurino. Os ursos fazem vocalizações da parte traseira da garganta, de forma que os sons combinaram com os movimentos da máscara do Wookiee.

R2-D2 era um desafio maior. "Ele precisava de algo mais que um som de aparelho eletrônico, frio", decidiu Burtt. Ele gravou a sua própria voz e a emendou nos sons de um tubo flexível sendo comprimido e pedaços de metal farfalhando em volta de gelo seco. Burtt sabia que um discurso alienígena precisava imitar uma linguagem conhecida para dar certo na tela – os Jawas falavam um dialeto zulu e suaíli acelerado.

Um dos melhores efeitos de Burtt era Greedo, o alien morto por Han Solo na cantina. Um estudante de linguística que conseguia imitar obscuros dialetos em um padrão Danny Kaye[6] foi contratado para falar o clássico dialeto inca de Quechua. Burtt o modulou eletronicamente para produzir uma língua estranha, alienígena. Lucas queria legendas para o diálogo de Greedo, um movimento diante do qual resistiram Kurtz e Fox. Como de costume, Lucas tinha um motivo. "Ensina as crianças a ler", ele diz, com toda a seriedade, a respeito das doze linhas da legenda. "Crianças não querem ler livros ou jornais, mas isso era algo que eu sabia que eles iam querer ler". (Felizmente para Lucas, as crianças quiseram ler

---

[6] Danny Kaye foi um comediante famoso que adorava brincar com as palavras, modulando algumas vezes sua fala de forma histriônica para obter efeitos inesperados e cômicos. (N. R. T.)

a novelização do seu roteiro – há 5 milhões de cópias impressas de *Star Wars: Episódio IV*).[7]

Lucas pegou os sons de Burtt, juntou com as partituras das gravações de *Ben-Hur* e *Os planetas*, de Holtz, e estava pronto para exibir *Star Wars*. A primeira plateia se compunha de Marcia, Alan Ladd Jr. e sua esposa Patty. Eles viram uma edição mal-acabada, com filme branco no lugar de vários dos efeitos especiais, mas, com a conclusão do filme, Ladd estava francamente aliviado. O filme seguiu por um pouco mais de duas horas e mesmo incompleto, não era o desastre que todo mundo na plateia secretamente temia, em um momento ou outro.

Um mês depois, Ladd trouxe para São Francisco vários membros da sua equipe de propaganda, marketing e distribuição para que vissem *Star Wars* na sala de projeção de Parkhouse. Era uma noite de semana e o ônibus se perdeu no caminho para São Anselmo, chegando quase duas horas atrasado. A sala de projeção estava equipada com sofás e poltronas. O diretor de marketing Ashley Boone se lembra de pensar: "Alguém tem mais coragem do que se esperava, já que este grupo provavelmente sentaria e dormiria".

Ninguém adormeceu. Os executivos da Fox assistiram em silêncio, mas quando as luzes foram acesas houve uma salva de palmas. O vice-presidente de produção Gareth Wigan disse a Lucas: "Esse é o filme mais movimentado que já vi em muito tempo". Lucas achou que Wigan estava tentando fazê-lo se sentir bem. Ele sorriu corajosamente e disse: "Ótimo". Não estava até que todos se juntaram no restaurante italiano das imediações e Lucas percebeu quanto impacto *Star Wars* tinha causado. Ashley Boone se deixou cair na cadeira, boquiaberto. John Korty estava na apresentação e lembra de Ladd questioná-lo em particular sobre suas reações: "Ele estava preocupado em saber se as crianças iam gostar", explica Korty. "Mas ele estava obviamente arrebatado".

O grupo da Fox embarcou no avião de volta a Los Angeles. Alan Livingston, presidente da divisão de entretenimento da Fox responsável pelo álbum com a trilha sonora de *Star Wars*, aproximou-se de Boone durante o voo e lhe perguntou se havia alguma forma de convencer Lucas a lançar uma versão disco da partitura. "Não penso ter sequer respondido", Boone diz, chacoalhando a cabeça, incrédulo. Livingston não era o único executivo a du-

---

[7] *Star Wars* por George Lucas (Nova York: Ballantine, 1976).

vidar do apelo comercial de *Star Wars*. A pesquisa de marketing da Fox havia mostrado que as mulheres não queriam ver filmes com "guerras" no título. Os robôs não foram bem nos testes, e tampouco o rótulo de ficção científica que a Fox tinha associado ao filme.

Lucas também mostrou *Star Wars* aos seus amigos Bill Huyck e Gloria Katz, John Milius, Matthew Robbins e Hal Barwood, o crítico de cinema da revista *Time*, Jay Cocks, Steven Spielberg e Brian de Palma. "Todos eles acharam que era um desastre".

Uma edição inacabada era algo com que esse público estava acostumado, mas "o texto da abertura dava a impressão de que alguém tinha escrito sobre uma calçada com a câmera sobre uma lata de lixo", lembra Huyck. Ninguém disse coisa alguma no fim do filme. Lucas admitiu que precisava trabalhar mais no filme, mas ele não estava preparado para as agressões impiedosas que se seguiram. Brian de Palma estava especialmente sarcástico de uma forma bem-humorada, provocando Lucas com a "onipotente Força" e indicando que a versão com uma edição preliminar do filme era uma das piores coisas que ele já tinha visto. Gloria Katz lembra: "Brian tinha um senso de humor muito perverso e, oh, como ele era cruel". Não foi uma das tardes mais felizes de Lucas.

Aqueles que não tinham criticado *Star Wars* expressaram simpatia. "Estavam todos os meus amigos mais próximos e eles lamentaram por mim mais do que qualquer outra coisa. Havia muitas condolências, o que é ainda pior do que dizer que você não gostou do filme", Lucas lembra. Apenas Spielberg e Cocks reagiram com entusiasmo – no jantar, eles se sentaram de um lado da mesa, louvando *Star Wars*, enquanto De Palma os encarava e fazia sugestões sarcásticas. "George não perdeu o apetite, isso é algo que eu lembro", Spielberg afirma. "Ele continuou comendo sua refeição, balançando a cabeça, engolindo tudo. Mas não creio que ele tenha feito muitas mudanças". Lucas deixou De Palma e Cocks reescreverem o texto de abertura, que ele modificou em seguida. Além disso, ele estava resignado diante do fracasso de *Star Wars*: "Eu pensei, bom, é apenas um filme sem graça. Não vai dar certo".

Lucas se sentiu melhor quando chegou à Inglaterra para supervisionar a gravação da partitura de John Williams pela Orquestra Sinfônica de Londres. Ele deu a Williams uma grande autonomia para escrever a música, pois ele se sentia fora do seu elemento com qualquer coisa que não fosse o rock 'n' roll dos anos 1950. Williams dissuadiu Lucas do seu plano original de usar a música de Dvořák e Liszt – era melhor ter algo original que pudesse evocar uma era heroica, disse Williams. Este visitou Elstree apenas uma vez e viu uma edição preliminar do filme no final de 1976. "George deixou claro que coisas como a direção, a velocidade e o ritmo eram muito importantes e eu me baseei naquilo", Williams diz.

Lucas queria que a música fosse como as partituras clássicas de Max Steiner para filmes como *A carga da brigada ligeira*. Williams enveredou na direção de um som romântico, orquestral, que pudesse funcionar como âncora para um público transportado para um universo não familiar. Lucas queria 90 minutos de música em um filme de 110 minutos, então Williams deu a cada personagem seu próprio tema, repetindo-os com variações através *Star Wars*.

O impacto da música foi imediato e dramático quando incorporada ao filme. "Era uma diferença espantosa", lembra Carroll Ballard, que viu *Star Wars* antes e depois que a composição de Williams foi acrescentada. "Ela deu aos personagens piegas certa dimensão. Quando você via o filme sem a música, você não podia levá-lo a sério. Mas a música lhe deu o estilo de um seriado dos velhos tempos, e era muito divertido". A sessão de gravação de Londres foi a experiência mais agradável para Lucas durante a feitura do filme: "Foi a única coisa do filme que estava melhor do que eu jamais tinha imaginado. Pela primeira vez eu não estava dizendo: 'Oh, meu Deus, o que aconteceu?' Trabalhar com John foi incrível. Era exatamente do jeito que a vida deveria ser".

Por causa da falta de espaço no estúdio, Lucas precisou mixar *Star Wars* à noite nos estúdios da Goldwyn em Los Angeles. Ele dividiu o estúdio que Scorsese usava durante o dia para *New York, New York*, que Marcia ainda estava editando. Para Lucas, isso era *Loucuras de verão* de novo: "É até pior quando você está mixando à noite, porque você está numa sala escura sem janelas vendo uma fita indo para frente e para trás, para frente e para trás. É muito difícil não acabar dormindo".

Lucas e Burtt mixavam das 8 horas da noite até às 8 horas da manhã, seis noites por semana, na sala Dolby Stereo da Goldwyn. Lucas era incentivado por frequentes visitas de amigos, que se sentavam para assistir as filmagens e debater o mérito artístico das tomadas durante horas. Embora trabalhassem no mesmo estúdio, George e Marcia raramente viam um ao outro.

A data de lançamento de 25 de maio parecia mais próxima do que nunca. Estava na hora de exibir *Star Wars* para uma plateia de verdade. Como tinha feito com *Loucuras*, Lucas marcou a exibição para um domingo pela manhã no San Francisco NorthPoint Theatre, em 1º de maio, convidando uma fatia cuidadosamente selecionada do público de cinema – uma pequena delegação da Fox, incluindo Ladd e sua esposa, e a família de Lucas e seus amigos mais próximos. George e Gary tinham seu gravador para aferir a reação do público. Eles não tiveram que esperar muito: tão logo o texto de apresentação acabou e o Star Destroyer apareceu na tela, a plateia ficou louca. "Eu estava aliviado mais do que qualquer outra coisa", Lucas lembra. "Foi um momento muito intenso – eu sabia que o filme tinha dado certo". Em particular, ele e Kurtz estavam desapontados que a reação não foi tão entusiástica quanto tinha sido com *Loucuras de verão*, no mesmo cinema, cinco anos antes. Lucas, porém, se sentia seguro agora que *Star Wars* ao menos podia devolver o investimento da Fox. "Mas eu não tinha ideia do que ia acontecer", ele insiste. "Quero dizer, *eu não tinha ideia*".

Os diretores da Fox ainda tinham de ver *Star Wars* também. Como esperado, a exibição foi um desastre: vários membros adormeceram e a maioria odiou o filme. Um admitiu, depois de vários drinques, que *Star Wars* podia ser bom, mas ele acrescentou que nada sabia sobre cinema. A esposa de um dos membros da diretoria se dirigiu a Ladd e lhe disse que alguém devia mexer a boca de C-3PO, porque ninguém entendia como ele podia falar se os seus lábios não se moviam.

A exibição de *Star Wars* para o elenco e a equipe aconteceu três semanas mais tarde, em 21 de maio, na sede da Academia de Cinema, Artes e Ciência em Beverly Hills. Foi às 10 horas da manhã de um fim de semana, seguido de um almoço no Dr. Munchie's, um restaurante local. Lucas primeiro apresentou um desenho clássico de Chuck Jones, *Duck Dodger in the 21st Century*, e as gargalhadas logo quebraram a tensão na plateia. Quando *Star Wars* começou, as risadas subitamente foram interrompidas. "Sentamo-nos todos com a boca aberta, e tudo o que se podia ouvir através da plateia era 'Uauuuuuu!'", lembra Richard Edlund.

Os frutos do sucesso estavam lá para que todos vissem e aqueles que tinham dedicado parte das suas vidas a *Star Wars* sentiram um grande orgulho. "Você empenha o trabalho de cerca de dois meses de um homem em uma única cena, e ela dura 26 quadros na tela, pouco mais de um segundo ou dois, e você se encanta com isso", afirma Edlund. "Mas a ilusão estava presente. Nós não tivemos de construir uma espaçonave, não tivemos de enviar um cara para o espaço e demos ao público a impressão de que 'Oh, estou de novo de volta ao espaço'".

Até mesmo Tom Pollock, exemplo do advogado cínico de Hollywood, estava tocado. "A experiência cinematográfica não é como qualquer uma que eu tenha vivido desde criança. É como reviver a primeira vez que você vê certo tipo de filme quando você tem 8 ou 9 anos. Você sente que não pode trazer isso de volta, mas assistir *Star Wars* é trazer de volta, e é por isso que deu certo. Sei intimamente que George está totalmente em contato com sua própria adolescência – esse é o segredo do seu sucesso".

★★★★

> Tem a ver com pessoas que por acaso gostam de filmes sem graça.
> *George Lucas*

★★★★

A 20th Century Fox dependia muito de *Star Wars* e de seus dois outros grandes lançamentos do verão: uma comédia musical água com açúcar chamada *O outro lado da meia-noite* e um filme de guerra futurista, *Herança nuclear*. "Estávamos muito preocupados diante da possibilidade de não termos um ano de sucesso. Isso significaria uma limpeza na corporação. Ela desapareceria, sendo facilmente adquirida", lembra Chris Kalabokes. Na época em que *Star Wars* foi lançado, as ações da Fox eram negociadas a 12 dólares a unidade. Um ano ruim faria o preço despencar para 4 ou 5 dólares a ação, e os ativos da companhia iriam junto. Quatro anos mais tarde, a Fox foi vendida ao milionário do petróleo de Denver, Marvin Davis, que pagou 70 dólares a ação. O principal motivo para o aumento do preço foi o sucesso de *Star Wars*.

Depois das exibições favoráveis, Ladd estava convencido de que *Star Wars* ia ser um sucesso. "Sentimos que ia ser o maior filme feito até então", Ladd afirma hoje. Embora ele frequentemente expressasse sua opinião na Fox, está claro que ninguém, e Ladd incluído, conseguiu antecipar o quanto *Star Wars* ia ser bem-sucedido. Havia preocupações acerca de o filme ser concluído a tempo. Para figurar nos cinemas no competitivo mercado de verão, *Star Wars* tinha de entrar em cartaz no período de bilheterias magras de maio. Se o filme não entrasse em cartaz imediatamente, em duas semanas não daria mais.

Lucas tinha de cortejar fervorosamente o pessoal de ficção científica – era seu público central. Ele pagou pessoalmente Kurtz e o supervisor de publicidade Charles Lippincott para que fizessem o circuito de convenções de ficção científica, distribuindo milhares de buttons e adesivos para vidro e exibindo uma cuidadosa seleção de slides. Lucas lembra: "Isso teve efeito, pois havia um mundo inteiro de fanáticos por aí, que estavam loucos para ver esse filme seis meses antes de ele ser lançado". A Fox deu a Kurtz pôsteres de aparência sofisticada com letras pretas em fundo prateado no qual se lia: "*Star Wars*, entrando em sua galáxia em breve".

O trailer foi passado em centenas de cinemas desde o Natal, mas ninguém dividia o entusiasmo de Lucas em relação a ele. Ashley Boone se lembra de tê-lo assistido no cinema de Westwood: "Quando R2-D2 caiu, houve risos e gargalhadas. No fim, quando ele disse: 'Chegando em sua galáxia nesse verão', a plateia resmungou". O termo se espalhou rapidamente por toda Hollywood: *Star Wars* era um desastre. Até mesmo Ladd entrou em pânico e ordenou que o trailer fosse tirado do ar. Boone arrancou-o de Westwood e nunca mais ouviu nenhuma reclamação.

A equipe de publicidade da Fox não conseguia chegar a uma chamada eficaz para a campanha de *Star Wars*. Alguns fracassos eram embaraçosos: "Nós vimos a aventura épica no passado. Estamos prestes a ver a aventura épica no futuro", "Onde a sua imaginação termina, *Star Wars* começa", "Uma aventura que não é só mais do que você imagina, *é mais do que você imagina*!".

Nada disso agradava a Lucas, e tampouco o visual: luzes de sabres nas mãos de Ben e Vader entrecruzadas com o logo "Imagine *Star Wars*". Ele tinha em mente um pôster de Luke e Leia se balançando numa corda, no estilo valentões. Lucas também queria que os robôs aparecessem proeminentemente, um pedido que contradizia as pesquisas da Fox. David Weitzner, a cargo da publicidade da Fox, por fim pegou o slogan diretamente do filme: "Há muito tempo, em uma galáxia muito, muito distante...".

Lucas pensava que *Star Wars* poderia ir tão bem quanto os filmes da Disney, o que significava uma renda de cerca de 16 milhões de dólares. Os filmes de ficção científica entravam em cartaz com força por causa da ansiedade dos fãs, e *Star Wars* teria de sobreviver pelo menos quatro semanas para ser um sucesso de verdade. O filme tinha de vender o equivalente a 32 milhões de dólares em ingressos antes que a Fox realmente quebrasse. Ned Tanen esteve com Lucas dois dias antes do lançamento e lembra que George estava preocupado com o seu futuro. Tanen lhe disse: "Você está bêbado e louco – esse filme vai ser o maior sucesso já alcançado". Lucas o encarou: "Oh, não", ele disse. "Ele não vai fazer mais do que 15 milhões".

Star Wars não era fácil de vender. Os donos de cinema estavam desconfiados em relação aos filmes de ficção científica, e vários tentaram barganhar *Star Wars* com base nos negócios feitos com o último grande filme do gênero, *Corrida silenciosa*. Infelizmente para a Fox, *Corrida silenciosa* não fez uma boa bilheteria. A confiança da indústria do cinema é aferida pelo volume de dinheiro que os exibidores vão garantir pelos direitos de exibição. *Star Wars* garantia apenas 1,5 milhão de dólares em caução, em troca de 10 milhões de dólares esperados para grandes filmes. "Era embaraçoso", afirma Ashley Boone.

Incapaz de conseguir um número suficiente de bons cinemas, Boone decidiu lançar *Star Wars* em apenas uma ou duas casas em cada grande cidade estratégica da área rural. Se o filme fosse bem inicialmente, outros donos de cinemas poderiam levá-lo a sério. Lucas exigiu alguns cinemas de qualidade superior, capazes de exibir *Star Wars* em *widescreen* 70 milímetros e Dolby Stereo. Em lugar de gastar 5 milhões de dólares em uma campanha de publicidade nacional, Boone comprou espaço nas emissoras de TV locais, nos jornais universitários, e nos sistemas de TV a cabo em residências estudantis. "Na hora em que o filme entrou em cartaz, 6 milhões de garotos sabiam onde ele estava passando", Boone diz.

Star Wars entrou em cartaz em 32 cinemas em todo os EUA em 25 de maio de 1977. Boone apostou lançá-lo numa quarta-feira, e não no fim de semana, e iniciou a projeção às 10 horas da manhã em Nova York e Los Angeles. Por volta das 8 horas da manhã, quando as portas do cinema se abriram, havia longas filas nas duas cidades. O público estava pronto para *Star Wars*. Lucas tinha acabado bem a tempo: no Mann's Chinese Theater em Hollywood, o filme já estava na tela quando o último carretel chegou fresquinho do laboratório.

Não longe do Chinese Theater, Lucas sentou numa sala escura, para mixar as versões de *Star Wars* em francês, alemão e espanhol. Ele vinha fazendo isso nas duas últimas semanas durante dezoito horas por dia. "Estava realmente em transe, em choque e vencido. Mal conseguia pensar direito", Lucas diz. Afirma que não lembrava que noite *Star Wars* havia sido lançado ou em que cinema. Aparentemente Marcia também não lembrava – eles se encontraram enquanto ela estava saindo do trabalho e ele estava chegando para trabalhar em *Star Wars*. Decidiram jantar juntos.

Marcia e George seguiram para o Hamburguer Hamlet, que por acaso ficava do outro lado da rua do Chinese Theater, onde havia um enorme engarrafamento e levas de pessoas. "Jesus Cristo, o que está acontecendo aqui?", Lucas indagou. Quando viraram a esquina, ele e Marcia viram *Star Wars* em letras maiúsculas gigantes na marquise do teatro. "Nos sentimos arremessados no chão", Lucas lembra. "Eu disse: 'Não acredito nisso'. Então, sentamos no Hamburguer Hamlet e observamos a gigantesca multidão lá fora, e depois eu voltei e continuei mixando a noite inteira. Não era excitação, era perplexidade. Senti que era algum tipo de aberração".

Com longas filas ou não, George e Marcia estavam a caminho do Havaí no dia seguinte, suas primeiras férias desde 1969. Bill Huyck e Gloria Katz os acompanharam à ilha isolada de Maui por dez dias, quando Lucas finalmente começou a relaxar. "George estava feliz simplesmente por ter terminado", afirma Bill. "Ele não estava pensando em sucesso algum". Mas Ashley Boone telefonava a Lucas quase todas as noites com as gordas arrecadações de *Star Wars* – o filme estava fazendo mais dinheiro por cinema que qualquer outro na história. A resposta de Lucas era frequentemente: "Uau... Jesus... isso é surpreendente".

Ladd e a esposa também estavam de férias no Havaí. Quando George e Marcia encontraram com eles em Honolulu, compartilharam um sentimento de vingança triunfante. Steven Spielberg também se juntou logo a eles, e ergueram um complexo castelo de areia para celebrar o sucesso de *Star Wars*. Spielberg queria fazer um filme no estilo James Bond, e Lucas sugeriu retrabalhar um da série de filmes dos anos 1930 e 1940. Cinco anos antes, ele tinha vindo com a ideia de um aventureiro playboy que resgata garotas e resolve mistérios e "faz tudo corretamente". Spielberg reagiu com entusiasmo e eles prometeram fazer o filme juntos. O retiro de George estava se revelando de curta duração.

Seu distanciamento do sucesso de *Star Wars* também foi breve. Em companhia de Spielberg estava o agente Guy McElwaine, que reportou que o filme tinha se tornado um fenômeno nacional. Havia relatórios noturnos nos programas informativos das redes de TV, e jornais e revistas cheios de histórias: *Star Wars* fazia parte de um vocabulário cultural. Se Lucas estava surpreso, Marcia estava atônita. O filme que ela temeu um dia ser um fiasco agora parecia ser o filme mais bem-feito até o momento. Lucas estava feliz por ter perdido o alvoroço – isso poderia tê-lo afetado. "Eu ainda não levo tudo isso a sério", diz.

Quando Lucas voltou para casa, havia muitas cartas e telegramas de produtores, executivos de cinema, colegas diretores e centenas de recém-ungidos discípulos de *Star Wars*. Havia até mesmo um telegrama de Francis Coppola, parabenizando-o e fazendo um pedido: "Mande dinheiro. Com amor. Francis". Coppola não estava brincando. *Star Wars* gerou quase 3 milhões de dólares na sua primeira semana em apenas 32 cinemas. Por volta do dia 4 de julho, ele tinha vendido quase 30 milhões de dólares em ingressos. Duas semanas depois disso, o total chegava a 68 milhões de dólares. Lá pelo fim de agosto, *Star Wars* arrecadou 100 milhões de dólares, mais rápido que qualquer outro filme em oitenta anos de história de Hollywood.

Os esforços de Kurtz e Lippincott valeram a pena – quando *Star Wars* entrou em cartaz, o filme se vendeu sozinho. As pesquisas mostraram que *Star Wars* tinha o maior número de recomendações boca a boca jamais registrado. Lucas estava surpreso de ver tantos adultos assistindo o filme. "Pensei que era principalmente para crianças e famílias", diz. O apelo do filme não conheceu nenhuma barreira étnica ou econômica: rendeu negócios no sul e nos guetos de negros em Chicago. *Star Wars* não ofendeu ninguém e agradou a todos, um filme perfeito para uma plateia em busca de evasão.

A revista *Time* chamou *Star Wars* de "um grande e glorioso filme que, bem, pode vir a ser o sucesso de bilheteria de 1977... uma história de cinema subliminar envolta num conto fascinante de suspense e aventura, ornamentada com alguns dos mais engenhosos efeitos especiais jamais elaborados para o cinema".[8] Esse era o tom geral dos elogios dirigidos a *Star Wars*, mas o apelo do filme não dependia de avaliações favoráveis. *Star Wars* atingiu o

---

[8] Em artigo do *Time* sobre *Star Wars* (30 maio 1977): 41.

público porque George Lucas se preocupou com a história e as pessoas nele, não teve vergonha de expressar emoções como o medo e a valentia, o amor e a tristeza. "Ele mostrou às pessoas que estava tudo bem estar totalmente envolvido em um filme novamente, berrar e urrar e aplaudir e realmente se envolver com ele", Ladd afirma. O público podia vaiar Darth Vader e dar vivas a Luke e Leia enquanto eles se movimentavam pelo galpão imperial. *Star Wars* era uma experiência, não apenas um filme, algo que as pessoas podiam repetir mais e mais. Mais de um em cada vinte espectadores viu *Star Wars* mais de uma vez em 1977.

Insegura em relação ao potencial do filme, a Fox atrasou o lançamento no exterior para o fim de 1977. A exemplo de outros filmes, *Star Wars* tinha um estilo tão americano que seu apelo em qualquer outro lugar era questionável. Seu sucesso no exterior surpreendeu a Fox e também Lucas. *Star Wars* teve sucesso esmagador na França, onde Lucas foi cultuado depois de *THX* e *Loucuras* e se tornou um grande hit em todo o resto da Europa, especialmente na Alemanha e na Itália. Ele não foi tão bem no Extremo Oriente e na América Latina, mas a grande dúvida continuou sendo o Japão, onde *Star Wars* foi postergado até o verão de 1978.

Ladd participou da *première* em Tóquio e ficou mortificado quando a plateia sentou em total silêncio, sem aplaudir, rir ou dar vivas. Convencido de que o filme era um fiasco, Ladd foi jantar com o distribuidor japonês da Fox depois da apresentação. O japonês estava eufórico, certo de que eles haviam feito um enorme sucesso. "Você não tem ideia de como esse filme agradou", disse um executivo a Ladd, explicando que o maior elogio que uma plateia japonesa pode dar a um filme é o silêncio respeitoso. "Eu te digo, se esse fosse o primeiro teste com o público, acho que teria dito: 'Espere um minuto. Venda-o para a televisão, faça qualquer coisa'", Ladd diz com uma gargalhada.

A grande visibilidade que *Star Wars* deu a Lucas ultrapassou de longe a publicidade em torno de *Loucuras*. George convidou John Korty para almoçar algumas semanas depois de o filme entrar em cartaz e quando eles se sentaram na cafeteria de Mill Valley, Lucas despejou tudo o que ele queria a respeito de *Star Wars* mas não conseguia. Korty lembra: "Percebi que essa era a entrevista pela qual centenas de jornalistas teriam arrancado o pescoço. O que fiz foi ouvir durante duas horas e meia. Ele tinha suas ideias e impressões a respeito do sucesso, e as estava elaborando na sua própria cabeça, falando muito sobre o que a América e o público precisavam. Para ele não era apenas algo do tipo 'Iupiii, vou ganhar 1 milhão de dólares!'".

Lucas tinha sentimentos díspares quando *Star Wars* foi indicado a dez Oscars (incluindo Melhor Filme, Melhor Direção, Melhor Roteiro e Melhor Fotografia) e a maioria dos prêmios dos Directors and Writers Guilds of America. Lucas considerava o Oscar uma ferramenta de vendas para os estúdios, não o reconhecimento do mérito por parte dos seus colegas. "Ele nunca achou que era importante ter um Oscar para ser feliz ou bem-sucedido ou realizado ou qualquer coisa", afirma Marcia, que foi indicada pela Melhor Edição ao lado de Richard Chew e Paul Hirsch. Quando George não ganhou nenhum prêmio dos Guilds of America para roteiro ou direção, ele ficou aliviado secretamente, sabia então que suas chances de ganhar um Oscar eram remotas.

Lucas não queria sequer comparecer à cerimônia de premiação em Los Angeles, em abril de 1978. Ele concordou em acompanhar Marcia como o seu marido, não como o diretor e roteirista indicado. George sabia o quanto o prêmio significava para a sua mulher – era o ápice de uma fantasia americana nutrida ao acompanhar durante anos a cerimônia anual do Oscar.

Com toda a certeza Marcia ganhou, seu rosto radiante enquanto embalava a estatueta dourada e sorria para as câmeras de TV. Para uma pobre garotinha de North Hollywood, isso era uma bênção. *Star Wars* ganhou quatro outros Oscars: John Barry pela sua direção de arte, John Mollo pelo design de figurinos, John Williams pela partitura musical e John Dykstra, Richard Edlund, Grant McCune, John Stears e Robert Blalack pelos seus efeitos especiais. Um prêmio especial foi dado a Ben Burtt pelos efeitos especiais criativos. Apesar de todos os seus protestos contra, Lucas ficou desapontado por perder os prêmios de roteiro e direção, ele tinha dado muito de si para *Star Wars* para não ficar magoado. Kurtz ficou arrasado porque o filme não ganhou o Oscar de melhor fotografia – ele foi para *Noivo neurótico, noiva nervosa*, assim como os outros prêmios grandes. Apesar de lamentar muito, Lucas não demonstrou. Quando ele e Marcia saíram do Dorothy Chandler Pavilion, no centro da cidade de Los Angeles, Marcia disse: "Sabe, George, creio que se esse prêmio fosse importante para você, você teria ganhado. Eu o queria, e ganhei. E você simplesmente não o queria".

Mesmo sem o Oscar de Melhor Fotografia, *Star Wars* era bem-sucedido. A Fox relançou o filme no verão de 1978, embora ele continuasse em exibição em cinemas por mais de um ano. *Star Wars* vendeu outros 46 milhões de dólares em ingressos em cinco semanas. Em 1979, outro relançamento foi feito e mais 23 milhões de dólares em ingressos foram comercializados em três semanas. Ao todo, *Star Wars* vendeu mais de 524 milhões de dólares[9] em ingressos em todo o mundo.[10]

A 20th Century Fox enriqueceu muito. No universo da contabilidade de Hollywood, 524 milhões de dólares em ingressos vendidos rende apenas 262 milhões de dólares em locação, a outra parte da divisão volta ao estúdio de distribuição. Na hora que a Fox deduziu suas numerosas taxas e despesas, a fatia da renda de Lucas chegou a 40 milhões de dólares, com taxas reduzidas a cerca de 20 milhões de dólares. "Era quase meio bilhão de dólares e todo mundo pensou que eu tinha 40% disso", afirma Lucas. "Para onde foi o resto do dinheiro?". Lucas entendeu o esquema do estúdio e aceitou suas regras, por ora. Ele poderia ter financiado e distribuído *Star Wars* por sua conta, até mesmo com os seus rendimentos com *Loucuras*. Mas se e quando houvesse um próximo filme, Lucas faria do seu jeito. *Star Wars* resultaria nisso.

★★★★

Filmes são mais do que são somente em virtude de estarem em um filme. Acho que um filme pode facilmente ser mais do que as pessoas que o fizeram.[11]

Mike Nichols

★★★★

Pouco depois de Lucas voltar do Havaí, Francis Coppola o convidou para assistir ao *Star Wars* com o público pagante. Lucas tinha se queixado em relação ao seu filme nos últimos dois anos, e quando o público foi à loucura, Coppola continuou cutucando-o. "Creio que depois que o assistiu daquela

---

[9] Em 2015 a franquia Star Wars tinha uma receita de faturamento acumulada com os seis filmes da série de 4 382 359 868 dólares, colocando a saga em sexto lugar entre as franquias de maior rendimento da história. (N. R. T.)

[10] Todos os valores financeiros relacionados com *Star Wars* são da Lucasfilm e foram confirmados pela 20th Century Fox.

[11] Em *The Film Director as Superstar*, de Joseph Gelmis (Nova York: Doubleday, 1970).

vez, ele percebeu o que realmente era", diz Francis. Coppola também. Quando Lucas mostrou a edição preliminar do filme, Francis disse que ele parecia repetitivo, pois havia muito tiroteio.

Lucas ainda recrimina *Star Wars* ao mesmo tempo em que o defende orgulhosamente. "Eu não acredito, enquanto artista, que meus filmes sejam extremamente bem feitos – eles são um tanto crus. Eu sempre tive uma desculpa de não ter tido recursos ilimitados, então eu fiz o melhor com o que tinha. Em última análise, eles são do tipo sem graça – é a única maneira de dizer isso. É sempre surpreendente para mim ver que as pessoas os levam tão a sério". *Star Wars* foi feito porque George Lucas queria vê-lo. Ele não se deu conta de que 100 milhões de pessoas também queriam vê-lo.

Star Wars redescobriu o apelo do clássico filme americano, o tema central do bom rapaz *versus* o mau rapaz, que tinha sido aproveitado por toda estrela de cinema, desde Charlie Chaplin até John Wayne. "George simplesmente voltou às bases", afirma John Korty. "Na história, ele é um americano primitivo; na tecnologia, um americano sofisticado". Lucas apresentou em *Star Wars* uma fé saudável e ingênua na bondade basilar das pessoas – algo que estava faltando no cinema americano havia décadas. Luke Skywalker triunfou no fim, Darth Vader foi frustrado, e o público se sentiu bem. Era o mesmo tipo de otimismo que Frank Capra capturou em *A mulher faz o homem* e *A felicidade não se compra*. Lucas fez um filme sobre vencedores, não perdedores: uma receita que trouxe grande alívio ao público de cinema.

Star Wars foi eficaz porque, para todos os seus elementos fantásticos, ele tinha a marca da verdade. George Lucas era o garoto de fazenda de Tatooine, ansioso por escapar da existência segura. Era o jovem iniciado confrontado a um chamado difícil e procurando a força dentro de si para segui-lo. Era o bravo guerreiro lutando contra um Império (Hollywood) que ameaçava até sufocar sua visão e seu espírito. *THX 1138* terminou quando Lucas escapou pela primeira vez. *Star Wars* marcou o início de sua nova vida. Assim como Luke, ele tinha embarcado numa perigosa missão para garantir sua independência. Também se apaixonou por uma bela garota e, como Han Solo, fica com ela no final. Por fim, triunfa sobre o Império com um míssil cuidadosamente apontado que lhe dá a liberdade.

George Lucas pai ficou sem fala diante do sucesso de *Star Wars*. Ele não conseguia perceber como algo tão universalmente popular tinha vindo do seu filho tímido e rebelde. A coisa mais impressionante a respeito de *Star Wars* é ser original. A maioria dos outros filmes de grande bilheteria são adaptações de livros populares: *Tubarão*, ...*E o vento levou*, e mesmo *O poderoso chefão*, de Francis Coppola.

Walter Murch afirma: "*Star Wars* surgiu do nada – pior que de lugar algum, pois o pessoal que trabalhou no filme não tinha ideia do que estava criando. Eles acharam que era cômico porque não conseguiam ver a concepção por trás dele. Estava em pedaços. É só quando você vê toda a concepção por trás que ele faz sentido. George nunca perdeu de vista a sua concepção".

8

Como eu vivo minha aposentadoria

> Legal, agora George vai voltar com outro filme. Ele não vai se aposentar em moguldom[1], ele gosta demais de ganhar.[2]
>
> Francis Coppola, na manhã seguinte em que Star Wars não ficou com o prêmio de Melhor Filme da Academia de Artes e Ciências de Hollywood

George Lucas tinha 33 anos no final de 1977. A barba dele mostrava os primeiros fios cinza. Seu jeans estava bem surrado, os sapatos gastos, e ainda dirigia um Camaro ano 1967. Mas agora Lucas era um dos jovens mais ricos do país com todos os privilégios do estrelato: dinheiro, fama, poder, influência. O que ele ia fazer de novo?

Desistir, pensou. George odiava trabalhar com atores e equipes cinematográficas. Estava pronto para voltar ao cinema desde que não exigisse a participação de quase ninguém além da sua. Mas antes sentiu que tinha de completar a trilogia que tinha iniciado, embora não fosse dirigir os dois filmes que estavam faltando. "Como diretor, queria fazer tudo", explica Lucas. "É bastante difícil para mim delegar para outras pessoas. Bem, o melhor jeito

---

[1] "Moguldom" é uma gíria para "Terra dos Magnatas". (N. R. T.)

[2] A partir de um recado enviado pela sua mulher, Eleanor, aos Lucas em abril de 1978.

de fazer isso é dar mais um passo para trás e me forçar a delegar tudo. E ver se eu consigo suportar".

Havia outras coisas para continuar trabalhando em cima. Espreguiçando-se no sol do Havaí, Lucas sonhou com o novo pátio da USC, uma estância em Marin County para acomodar o crescente número de amigos que trabalhavam em Parkhouse. Ao lado dos escritórios haveria instalações para editar e pós-editar, uma biblioteca e, mais importante que tudo, o companheirismo e apoio de outros cineastas. Com os proventos de outros dois filmes sobre *Star Wars*, Lucas poderia ter segurança financeira e o Rancho Skywalker.

A ideia de se aposentar no alto da fama, contrariando a tradição em Hollywood, também mostrou um traço perverso da personalidade de Lucas. Ele disse certa vez a Mark Hamill que a indústria do cinema é fascinada pela rejeição do sucesso: "Se você se aposentar e não fizer nada, vai se ater às suas convicções. E se fizer algo, vai poder dizer: 'Bem, esse projeto era tão extraordinário que me arrancou do meu retiro'".

Lucas precisava primeiro aceitar que era um sucesso antes de poder parar de ser um. Sua opinião ruim a respeito de *Star Wars* não tornava a correção mais fácil. Jane Bay diz: "Se você criou algo que tudo que espera é que não seja um estorvo, e em lugar disso é recebido com tamanha atenção, então eis algo que vai ter de enfrentar. Pessoalmente, acho que o George tem dificuldade em aceitar isso".

Lucas sempre pensou que *Loucuras* seria seu maior sucesso e nesse momento pensava igual a respeito de *Star Wars*. Mas o seu primeiro sucesso não o preparou realmente para o que se seguiu a *Star Wars*: "Foi uma experiência emocional terrivelmente dolorosa, cheia de ansiedade e de confusão", afirma Lucas. Ele não estava acostumado a ler a seu respeito em tabloides nos caixas de supermercados: *The Star* informou em julho de 1977 que Lucas tinha comprado um Learjet de 500 mil dólares com design interno imitando o do Millennium Falcon.[3] "Se eu não tivesse feito *Loucuras* primeiro", Lucas afirma convencido, "eu teria ficado doido".

Star Wars acrescentou 20 milhões de dólares ao patrimônio líquido de Lucas e, com a renda adicional de merchandising, transformou a Lucasfilm numa corporação de 30 milhões de dólares. Lucas disse ao contador Richard

---

[3] A descrição do "jato" de Lucas estava em *The Star* (jul. 1977).

Tong: "Não me importo de pagar impostos, mas não quero pagar mais do que 50%". George e Marcia permaneciam como os únicos acionistas da Lucasfilm e suas subsidiárias, e havia uma preocupação de que o Internal Revenue Service (IRS) poderia ver os lucros de *Star Wars* (pagos como salário a Lucas) como compensação não razoável, impondo-lhe uma alíquota fiscal maior que lhe custaria 6 milhões de dólares em taxas. Lucas não estava interessado em esquivas ou proteções fiscais, no entanto. "George é uma pessoa muito ética e de fortes princípios", afirma Tong. "Não havia conversa quanto a sonegar impostos".

Lucas preferia não se preocupar com dinheiro. "Você pensa: 'Uau, quanto dinheiro!', mas depois eles tiram os impostos e os honorários dos anunciantes, dos advogados, e tudo pelo teto, e no fim não sobra muita coisa", relata George. Havia o suficiente para provocar uma perceptível mudança no estilo de vida de George e Marcia, mas Lucas tentou minimizá-la. Ele colocou toda a renda de *Star Wars* em investimentos como títulos com isenção de impostos municipais como garantia para *O Império contra-ataca*, que ele planejava financiar pessoalmente. Ele tirava 50 mil dólares por ano para viver, certamente uma provisão nada extravagante. Lucas permitiu a si mesmo alguns prazeres cheios de culpa: ele investiu na Supersnipe, uma galeria em Manhattan especializada em história em quadrinhos e comprou uma Ferrari esportiva. Mas era, é claro, uma Ferrari *usada*.

Em função da sua educação tradicional, a relutância de Lucas de ostentar sua riqueza não foi surpreendente. Lucy Wilson ficou desapontada, no entanto, com sua pura e simples rejeição aos numerosos pedidos de caridade que se seguiram a *Star Wars*. "Recebi um monte de telefonemas de pessoas querendo dinheiro e ele simplesmente disse não", lembra Wilson. Lucas e sua mulher dão uma contribuição para a caridade, embora ele hesite em dizer quais são por medo de ser importunado novamente. As contribuições são geralmente feitas no anonimato, embora a Lucasfilm não esconda fazer donativos a pesquisas sobre doenças infantis. A discrição de Lucas consiste em estar de acordo com a filosofia que o pai martelou na sua cabeça: "trabalhe duro para melhorar a sua própria sorte, não a dos outros". Doar dinheiro em vez de premiar alguém por uma contribuição ou um esforço vai contra os princípios de George.

Francis Coppola, que viveu isso com *O poderoso chefão*, advertiu Lucas que o choque do sucesso brusco e inesperado "não é diferente do choque da morte – você passa por uma transição e quando sai dela, já é uma pessoa diferente". George estava mais preparado para lidar com a fama que Coppola porque ele nunca a procurou. Odiava ser reconhecido em restaurantes locais ou ver um grupo de jovens fãs esperando do lado de fora para lhe pedir um autógrafo. "Isso fazia com que se sentisse debaixo de uma lente de microscópio". Jane Bay diz: "Antes de *Star Wars*, a maioria das pessoas não sabia como George era".

****

Eu assumi o controle do merchandising não porque achei que isso ia me enriquecer, mas porque eu queria controlá-lo. Eu queria criar um padrão por motivos sociais, de segurança e de qualidade. Não queria que alguém usasse o nome Star Wars num pedaço de lixo.

George Lucas

****

A maior evidência de que Lucas não previu o sucesso de *Star Wars* está no estado lastimável dos seus negócios à época em que o filme foi lançado. "Era um caos, é a única forma de descrever", afirma Bay, que se juntou à Lucasfilm em agosto de 1977. Havia apenas dez pessoas na companhia. O diretor de publicidade Charles Lippincott estava encarregado do merchandising, mas ninguém esperava o dilúvio de ofertas de licenciamento.

Carol Titelman, contratada para responder às incessantes chamadas de telefone nos escritórios da Lucasfilm na Universal Studios, lembra: "No final do dia, a mesa do escritório estava literalmente coberta de recados de mensagens telefônicas cor-de-rosa. Eu os dividia em três pilhas: aqueles que deviam ser respondidos imediatamente, aqueles que na certa ligariam novamente e a terceira pilha que chamamos 'Por que se incomodar?', sem tempo para eles. Se fosse cuidar de todas as chamadas que recebíamos, não daria para fazer outra coisa".

Lucas estava determinado a controlar o seguimento de *Star Wars* tão minuciosamente quanto tinha feito com a produção do filme. Mas estava vinculado a um parceiro, a 20th Century Fox, que era totalmente seu oposto em matéria de filosofia de trabalho e práticas. Quando Lucas renegociou seu contrato de *Star*

Wars na época do sucesso de *Loucuras*, ele procurou ter um total controle do merchandising. Enquanto escrevia *Star Wars*, Lucas fantasiou potes de biscoitos em forma de R2-D2, canecas Wookiee e robôs de corda. "Jesus, seria bacana se pudéssemos chegar a isso", ele lembra ter pensado. "E se conseguirmos, quero ter a certeza de que será bem feito".

A Fox considerava o merchandising apenas uma ferramenta de promoção de *Star Wars*. Fazia-se um esforço de fechar tantos negócios quanto possível antes do lançamento do filme. A Fox tirou uma taxa de 15% por administrar os contratos legais e o restante da receita foi dividido em 50/50 com Lucas. O estúdio comprovou sua falta de confiança em *Star Wars* ao oferecer os direitos de merchandising em troca de publicidade. _____, chefe da divisão de licenciamento da Fox, também vendeu os direitos de todos os brinquedos *Star Wars em perpetuidade* para a Kenner Toys, uma subsidiária da General Mills instalada em Ohio. O negócio foi feito apesar da vigorosa objeção de Lucas e isso ainda o exaspera. "Perdemos dezenas de milhões de dólares por causa dessa decisão estúpida", irrita-se.

Lucas percebeu que ele e Gary Kurtz eram incapazes de supervisionar a fonte de riqueza advinda do merchandising. Os serviços de um empresário, não um produtor ou um diretor, eram claramente necessários. Lucas entrevistou vários executivos de empresas antes de contratar Charles Weber, banqueiro na área de investimentos com sólida experiência financeira. Weber encontrou a Lucasfilm em desordem, com a equipe subalterna trabalhando das 9h30 até às 20h30. Lucas estava inicialmente envolvido com todas as decisões comerciais do dia a dia, mas gerenciar a Lucasfilm não era nada diferente de trabalhar no verão na L. M. Morris em Modesto – George poderia fazê-lo, mas não tinha graça alguma.

A Lucasfilm começou a crescer sob a direção de Weber. Sidney Ganis e Susan Trembly foram contratados da Warner Bros. para formar o novo departamento de marketing e publicidade da companhia. Isso aconteceu semanas antes que os novos empregados conhecessem Lucas, e Trembly, assistente de Ganis, continuou impressionada: "Ali estava aquele homem franzino, de baixa estatura, e eu pensei: 'Esse é George Lucas? Bem, ele não parece tão poderoso'". Lucas também reforçou sua equipe do Norte da Califórnia. Duwayne Dunham foi contratado como editor da casa para preparar uma nova versão de *Loucuras de verão* contendo as filmagens cortadas em 1963. A Universal queria relançar o filme (agora incrementado com música estéreo) para capitalizar sobre a popularidade de Lucas devida a *Star Wars*.

Um jovem escritor de ficção científica, Alan Dean Foster, foi contratado como ghost-writer para fazer a novelização do roteiro de *Star Wars*. (O livro traz o nome de Lucas como autor.) Três meses depois de seu lançamento, era o livro mais vendido, e a Lucasfilm ficou com toda a renda. O álbum com a trilha sonora, apresentando as músicas do vencedor do Oscar John Williams, também era uma fábrica de dinheiro. A Fox hesitou inicialmente em lançar os dois álbuns gravados, mas ela se tornou a trilha sonora de maior vendagem a partir de um filme não musical da história de Hollywood. A Fox levantou quase 16 milhões de dólares com esse álbum, pagando 5% de royalties a Lucas.

Também havia milhões de personagens de ação de *Star Wars* sendo vendidos. Havia máscaras de C-3PO e garrafas térmicas R2-D2. Os pôsteres de *Star Wars* superaram em cinco vezes a venda dos pôsteres da *sex simbol* Farrah Fawcett usando maiô. Lucas tinha apenas um critério para aprovar licenças: a qualidade. Se um produto não estivesse à altura do padrão de George, ele era descartado. "Nós dispensamos alguns *grandes* negócios", ele lembra.

Havia também um fantástico mercado de produtos falsificados entre as recordações de *Star Wars*, incluindo pôsteres, fotos, cópias de videocassete baratas e modelos de espaçonaves piratas. Incapaz de frear tudo isso, Lucas começou a fornecer mercadoria legítima por preços razoáveis aos membros do fã-clube oficial de Star Wars. O motivo não era a renda, pois a Lucasfilm mal conseguia cobrir as despesas de frete. Nos primeiros seis meses depois que *Star Wars* foi lançado, Lucas recebeu mais de 6 mil cartas pedindo um pouco de tudo, desde autógrafos até relatos detalhados acerca dos personagens. Lucas percebeu que se não controlasse esse mercado, algum empreendedor o faria.

Por 5 dólares, um membro do fã-clube recebia quatro edições de um boletim especial, um pôster em quatro cores, seis fotos 8 × 10 cm dos personagens de *Star Wars*, um adesivo para jaqueta e um lápis. Lucas sente uma responsabilidade em relação aos fãs, mas a sua gratidão só vai até certo ponto. "Não quero dar a minha vida para eles", afirma, "porque para mim, é apenas um filme. Um monte de fãs cujas vidas são consumidas por *Star Wars* pensam que a minha também deve ser desse jeito, mas ela não é".

Alguns aficionados de *Star Wars* levam o filme *muito* a sério. Maureen Garrett, presidente do fã-clube, fala daqueles que se alimentam com utensílios *Star Wars*, trajam acessórios *Star Wars* e dormem em camas decoradas à maneira *Star Wars*. "Não é nada saudável chegar a esse extremo. Mas talvez seja melhor que qualquer outra obsessão, alcoolismo ou dependência química. Algumas pessoas são tão sozinhas – é apenas um jeito de preencher uma vida solitária".

Star Wars também atraiu mais do que o número normal de malucos por ficção científica e religião. Certo dia, um fã armado de uma faca entrou no escritório de Lucas em Los Angeles, reivindicando ter ajudado a escrever *Star Wars* e exigindo parte dos lucros. Se as secretárias não acreditavam nele, disse, deveriam dar uma olhada no estacionamento, onde tinha deixado o Millennium Falcon. Alarmes contra roubo foram instalados em Parkhouse depois que panfletos preocupantes foram deixados na entrada do prédio, e Lucy Wilson ganhou uma campainha de alarme instalada na sua mesa de trabalho. Até mesmo George pai e Dorothy eram abordados por fãs que andavam pelo país à procura do filho deles, garantindo terem sido mandados por Deus. George pai não conseguia acreditar naquilo.

Desde que os personagens de *Star Wars* se tornaram uma marca comercial licenciada pela Lucasfilm, ninguém tinha o direito de usar as roupas e máscaras com fins lucrativos. Aparições em público eram sancionadas somente pelo próprio Lucas e limitadas a espetáculos de TV e em premiações e desfiles. George não permitia que seus personagens vendessem qualquer coisa além do filme em si. (Ele cedeu apenas aos comerciais do serviço público referentes a cardiopatias e aparições na *Vila Sésamo*.) Anthony Daniels, Kenny Baker, David Prowse e Peter Mayhew foram trazidos aos Estados Unidos e excursionaram pelo país sob supervisão de Miki Herman. O tour se encerrou diante do Chinese Theater em Hollywood, onde os quatro personagens não humanos imortalizaram suas pegadas no cimento.

Nem todos estavam emocionados, especialmente os atores cuja identidade foi mantida em segredo. Lucas queria preservar a ilusão dos personagens tanto dentro quanto fora da tela, uma exigência que irritou particularmente Daniels. Raros comentários efusivos sobre *Star Wars* faziam menção ao nome de Daniels – em contrapartida, os críticos elogiavam Mark Hamill e C-3PO. Os outros atores disfarçados compartilhavam frustrações similares, embora Mayhew fosse mais compreensivo: "Percebi que estragaria a ilusão se fizesse aparições ou vendesse fotos da forma como sou realmente".

Lucas foi generoso com integrantes estratégicos da sua equipe e elenco à razão de mais de 2 milhões de dólares. Houve 11% de lucro oferecidos como "presente" em *Star Wars* – o valor líquido de cada percentual era de cerca de 300 mil dólares. Lucas recebeu *apenas* 30 milhões de dólares para si. Gary Kurtz recebeu 5% do lucro líquido, como especificado no seu contrato. Alec Guinness tinha por contrato 2% do lucro. Em troca do seu trabalho na preparação do roteiro, Bill Huyck e Gloria Katz também receberam 2%. Lucas deu 1% sobre os acertos ao compositor John Williams, ao supervisor da ILM, Jim Nelson, e ao advogado Tom Pollock.

Mais que tudo, Lucas queria recompensar seus atores principais. "Eu lhes dei porcentagens do lucro porque eles deram a maior contribuição a um filme de sucesso depois do roteirista e do diretor", Lucas explica. Mark Hamill, Carrie Fisher e Harrison Ford dividiram 2% da renda de *Star Wars* entre si. Lucas também distribuiu bônus em dinheiro vivo que totalizaram quase 100 mil dólares entre dezoito pessoas que trabalharam na produção – os cheques variaram entre 2 mil e 10 mil dólares, dinheiro saído da parte de Lucas dos rendimentos. Ao lado dos bônus em dinheiro, Lucas deu a Ralph McQuarrie e Joe Johnston percentuais sobre a renda com merchandising de *Star Wars*, em reconhecimento pela sua contribuição para o design do filme. Cada um desses percentuais chegou a valer 50 mil dólares.

Nem todo mundo estava satisfeito: nem Dykstra nem a maioria dos funcionários da ILM recebeu dinheiro ou bonificações. Anthony Daniels, ofendido por não ter recebido um percentual como Hamill, Fisher, Ford e Guinness, rejeitou seu bônus em dinheiro. McQuarrie ainda não tem certeza de ter sido pago adequadamente pela contribuição dada. "Eu me pergunto se não fui enganado", diz calmamente. "Nesse caso, por que George me teria pago mais do que devia? Ele é um homem de negócios muito legal". Essas queixas parecem sem importância. Nenhum cineasta jamais dividiu os haveres de um filme bem-sucedido com tanta gente que contribuiu para seu sucesso. Mesmo quem não trabalhou em *Star Wars* foi incluído na divisão. Steven Spielberg sugeriu que Lucas e seus amigos mais próximos trocassem percentuais sobre o lucro entre seus filmes, e George, com alguma apreensão, concordou. Ele deu a Spielberg uma porcentagem de *Star Wars* em troca de outra sobre *Contatos imediatos de terceiro grau*, um acordo bastante justo. Lucas fez outro acordo parecido com John Milius em relação a *Big Wednesday*, um filme enaltecendo o passado de surfista de Milius que se tornou uma das bombas de 1978. Lucas agora lamenta ter negociado com Milius: "Eu simplesmente fiz um investimento ruim". Ele era um amigo bastante bacana para negociar percentuais; e um empresário suficientemente bom para lamentar isso mais tarde.

Ainda assim, o gesto de dividir lucros era considerado revolucionário em Hollywood, onde dinheiro faz dinheiro. "Foi uma coisa maravilhosa que inspirou a todos", afirma Milius. Para Lucas, era simplesmente uma questão de amizade, um compromisso feito antes que qualquer pessoa pudesse imaginar o valor do pagamento. Havia alguém que não teve nenhuma parte nesses ganhos: Francis Coppola. "Por que deveria?", questiona Lucas. "Ele não tinha nenhum vínculo com o filme".

Depois de *Star Wars*, Lucas decidiu transferir a ILM para Marin County. John Dykstra pegou o imóvel em Van Nuys para montar a sua própria empresa, mas Lucas não imaginava que Dykstra planejava usar a equipe e o equipamento de *Star Wars* em uma nova série de TV da Universal. *Battlestar Galactica* era uma tentativa flagrante de capitalizar sobre a mania pelo espaço criada por *Star Wars*. Com a equipe da ILM fornecendo efeitos especiais, era uma pequena maravilha que *Galactica* se parecesse tanto com o filme de Lucas.

Dykstra se mantém na defensiva em relação à *Galactica*: "Não havia participação nos lucros de *Star Wars*, então a gente estava em outra. Era o dinheiro de George e o filme de George, mas nenhum de nós recebeu dinheiro. *Battlestar* foi o primeiro projeto que entrou por aquela porta e prometeu pagar as contas para manter meus colegas e a mim mesmo empregados". Dykstra afirma que *Galactica* não era uma imitação de *Star Wars*, mas ele tem conhecimento de que "os efeitos eram os mesmos e talvez eu me sinta culpado a esse respeito".

Lucas não se importava com imitações, mas ele considerou que *Galactica* tentou recriar *Star Wars*. Por insistência sua, a Fox processou a Universal por violação de direitos autorais, uma ação incomum em Hollywood, onde a maioria dos estúdios tenta evitar litígios entre si. A Universal, estúdio onde Lucas enriqueceu com 50 milhões de dólares graças a *Loucuras de verão*, processou de volta a Fox, argumentando que *Star Wars* era um plágio do seu

Corrida silenciosa, lançado em 1972, que apresentava três pequenos robôs chamados Huey, Dewey e Louie. Lucas prosseguiu com o caso – ambos estão agora em instância de recurso[4] – só por causa da confusão que a série de televisão causou na mente do público. "O público acha que eu fiz *essa série*", Lucas afirma. "Recebi centenas de cartas de pessoas dizendo: 'Acho que seu programa de TV é medonho'. Isso era muito desconcertante".

Lucas também ficou irritado com o licenciamento indiscriminado dos produtos *Galactica*, que não estavam nos padrões de *Star Wars*. Quando uma criança faleceu em decorrência de lesões sofridas enquanto brincava com um brinquedo "Galactica", o juiz apontou de maneira genérica os brinquedos *Star Wars* como culpados. Não só Lucas havia sido enganado, como também estava sendo responsabilizado por uma série de TV e brinquedos de péssima qualidade que ele não havia aprovado. "Ele considerou uma ofensa moral o que o produtor Glen Larson e a Universal haviam feito", afirma Hal Barwood. "Ele acredita que há o certo e o errado e você simplesmente não pode se comportar de uma maneira errada".

★★★

O objetivo é tentar e fazer com que o sistema trabalhe para você, em lugar de fazê-lo contra você. E a única maneira de poder chegar a isso, receio, é através do sucesso.

George Lucas

★★★

Lucas nunca duvidou que haveria uma continuação para *Star Wars*.[5] Ao pensar na melhor maneira de investir sua recém-adquirida fortuna, Lucas não precisou ir muito longe: ele era seu próprio melhor risco. Ele emprestou

---

[4] Baseado no lema de que antes mesmo do cinema existir todas as histórias já haviam sido contadas, o caso não foi adiante. Em Hollywood o plágio é uma prática rotineira. (N. R. T.)

[5] De especial valor para informações complementares sobre *O Império contra-ataca* foi um artigo saído no *American Cinematographer* (jun. 1980): 546-600. Igualmente útil foi "Of Ice Planets, Bog Planets, and Cities in the Sky", um artigo de Don Shay no *Cinefex* (ago. 1980): 4-24.

20 milhões de dólares à Lucasfilm como garantia para o crédito bancário necessário para financiar *Episódio V: O Império contra-ataca*. Lucas sempre fez uma distinção entre o dinheiro da empresa e os seus próprios recursos, mas sabia que se *O Império* não desse certo, ele e Marcia teriam problemas financeiros tanto quanto a Lucasfilm.

O verdadeiro propósito de *O Império*, na visão de Lucas, era ajudar a financiar o Rancho Skywalker. Se Lucas não fizesse a sequência em dois anos, no entanto, seus direitos voltariam para a Fox, assim como os direitos sobre os demais filmes *Star Wars* futuros. Com a mentalidade de um aposentado como tinha, Lucas não estava pronto para dar à Fox um filme pelo qual tinha lutado para tirá-lo dela. *O Império* seria feito com o seu dinheiro, do seu jeito, ou não seria feito de modo algum.

A Fox nunca imaginou que Lucas financiasse *O Império contra-ataca* sozinho. Esse foi o triunfo de George – ele jogou de acordo com as regras da Fox, apostou no pagamento a longo prazo em vez de receber o dinheiro adiantado, e havia ganhado. Agora era hora de jogar de acordo com suas regras. A Fox havia emprestado a Lucas 10 milhões de dólares para fazer *Star Wars* e guardou 60% do lucro. "O que eu achei que era um pequeno passo", afirma ele. "Então eu disse: 'O.K., você apostou nesse. Eu estou querendo apostar no próximo. E estou querendo colocar meu próprio dinheiro'". Lucas disse à Fox: "Vocês não vão mais tirar 60%. Agora, podemos começar a negociar". A reação do estúdio era previsível. "Eles estavam absolutamente ultrajados", Lucas lembra. "Quando virei a mesa e o mesmo esquema ficou contra eles, sentiram-se traídos e enganados".

O acordo em torno de *O Império* conduzido por Tom Pollock era fora do comum para os padrões de Hollywood. A Lucasfilm começou com 50% sobre o lucro bruto, uma fatia que no fim subiu para 77%. A Fox tinha de pagar todas as despesas de distribuição (tais como a reprodução da fita e a publicidade) e só tinha o direito de lançar o filme em cinemas durante sete anos – depois disso, todos os direitos voltavam para Lucas. Ele também detinha todos os direitos de merchandising e na TV. A Fox tinha de garantir 10 milhões de dólares em pagamento adiantado, que seriam recuperados com as garantias pagas pelos proprietários de cinemas.

A Fox entrou em reboliço por causa das exigências de Lucas, mas eles tinham de concordar. Bastava que o estúdio recusasse uma única vez e Lucas deixaria claro que teria prazer em levar o filme para outro lugar se a Fox rejeitasse seus termos. Que ele pudesse agir dessa forma era questionável, mas ninguém na Fox queria gastar quatro anos em embates legais quando havia dinheiro a fazer. O contrato foi elaborado e apresentado a Alan Ladd Jr., no feriado judaico de Yom Kippur, o dia do arrependimento. Tom Pollock disse a Ladd: "Esse é o seu dia de expiação".

O presidente Dennis Stanfill criticou publicamente os termos do acordo para *Star Wars: O Império contra-ataca*, coroando uma luta pelo poder de longa data entre ele e Ladd pelo controle da Fox. Por ocasião do feriado de 4 de julho do ano de 1979, Ladd e seu time de executivos saíram da Fox e montaram seu próprio miniestúdio na cidade, na Warner Bros. O único executivo de estúdio no qual George Lucas jamais confiou não estava mais envolvido com *O Império contra-ataca*.

Isso deu a Lucas motivos a mais para pedir uma revisão do acordo de merchandising atribuindo à Lucasfilm 15% como honorários administrativos e, no fim, 90% dos lucros. Uma disputa potencial se desenhou em torno dos direitos da Fox sobre os personagens de *O Império contra-ataca* acrescidos daqueles de *Uma nova esperança*. Lucas resolveu a questão dando à Fox 10% da renda sobre o merchandising de todos os filmes *Star Wars*, inclusive os futuros. Mais uma disposição que ficou engasgada na garganta da Fox, mas ela teve de aceitá-la para obter *O Império contra-ataca*.

Questões da Fox referentes a quem ia escrever, dirigir e estrelar *O Império* foram recebidas por Lucas com uma curta resposta: "Não é da sua conta". A única segurança que deu ao estúdio foi que *O Império contra-ataca* seria entregue a tempo para o lançamento no verão de 1980.

Lucas agora tinha outra batalha para enfrentar. A International Creative Management, agência de talentos que representava Lucas através de Jeff Berg, era outra beneficiária do sucesso de *Star Wars*. Ao recolher 10% da receita *bruta* de Lucas, a agência recebeu quase 4,5 milhões de dólares. Mas Lucas tinha dissolvido sua sociedade com Berg depois de concluída a produção de *Star Wars*. Ele estava descontente com a hesitação do seu agente em pressionar a Fox pelo controle dos direitos residuais, uma concessão que Lucas obteve pessoalmente ao se dirigir diretamente a Ladd.

Então, Lucas não precisava de um agente. Ele fazia seus próprios acordos, negociados por Tom Pollock e seus outros advogados. Não tinha objeções quanto à ICM continuar recolhendo dinheiro de *Star Wars*, mas não via nenhum motivo para que a agência tivesse uma parte de *O Império contra-ataca*. Berg estava desapontado e triste. "Os agentes levam tudo para o lado pessoal quando você cai fora", afirma Lucas. "Penso que Jeff era um bom agente e fez um excelente trabalho para mim. Eu só não precisava mais dele".

A ICM pensava diferentemente. Sua posição era de que Berg havia feito o acordo para o filme original e, com isso, a agência tinha o direito de fazer os acordos para qualquer filme subsequente. A resposta de Lucas foi sucinta: "Não precisamos da sua ajuda, não queremos que negocie coisa alguma, fora daqui". As negociações não deram resultados e a questão foi submetida a uma arbitragem compulsória. No verão de 1980, a decisão foi anunciada. Lucas ganhou – a ICM não tinha direitos sobre as continuações. O ocorrido gerou um precedente em Hollywood que custou à ICM e a outras agências de talentos uma receita potencial considerável. Para Lucas, era simplesmente uma questão de equidade. A ICM não merecia o dinheiro vindo de *O Império contra-ataca* porque não tinha feito nada para merecê-lo.

****

Eu queria tentar fazê-lo, eu fiz e me dei mal.
George Lucas a respeito da produção de E a festa acabou
****

Antes que Lucas pudesse começar a trabalhar em *O Império contra-ataca*, ele tinha negócios não resolvidos em relação a *Loucuras de verão*, que teve sucesso ao ser relançado em 1977. A Universal possuía direitos sobre *Loucuras* e seus personagens, e Lucas devia ao estúdio mais um filme, porque eles tinham dispensado *Star Wars*. Os estúdios de Hollywood nunca ficam orgulhosos demais em fazer dinheiro. Ned Tanen queria que a Universal fizesse uma continuação de *Loucuras* e sugeriu que Lucas poderia querer se envolver naquilo.

Lucas não queria escrever ou dirigir essa sequência – ele tinha encerrado a história. Mas não gostaria que personagens que haviam sido cuidadosamente moldados a partir da sua própria vida fossem despedaçados ou mutilados. Lucas pediu a Howard Kazanjian, outro diplomado da USCinema, que produzisse o filme que ele provisoriamente intitulou de *Purple Haze*, depois da famosa canção de Jimi Hendrix.

Dessa vez, Lucas viu a oportunidade de fazer um experimento com o dinheiro da Universal. Ele também havia sido incitado pelo exemplo de *O poderoso chefão 2*, de Francis Coppola, que era considerado mais profundo e significativo que seu anterior. Bill Huyck acredita que Lucas estava determinado a fazer *Loucuras 2* mais sério também, provando que podia fazer qualquer coisa que Francis fizesse, só que melhor. Qualquer que fosse a motivação, Lucas não podia gerar novamente a energia em *E a festa acabou* (nome dado à sequência) que havia inculcado ao primeiro filme.

Um problema mais grave em *E a festa* era o fato de o público conhecer o destino atribuído aos principais personagens, detalhado nos dizeres finais de *Loucuras de verão*. Para onde ir a partir daí? Bill Huyck e Gloria Katz, que escreveram em parceria o roteiro original, anteviram problemas na continuidade de *Loucuras*. "A história a ser continuada era triste e horrível, e muito dolorosa. E não só isso, o momento era mais sério. Eu não queria de jeito nenhum me envolver com isso", diz Huyck.

Quando Lucas se pôs a reagrupar o elenco original, Richard Dreyfuss foi o único reticente. O ator recusou discutir os motivos, mas está claro que ele se considerava uma estrela – tinha ganhado o Oscar de melhor ator em 1977 pelo seu papel em *A garota do adeus* – e queria um salário condizente com o seu novo status. "George tinha um código estrito de pegar ou largar" afirma Cindy Williams, que tentou sem sucesso convencer Dreyfuss a reconsiderar sua decisão. "Ele não queria barganhar o que considerava um tratamento de estrelas. Eu acho que a recusa de Ricky tirou um pouco do vento das suas velas no filme".

Sem Dreyfuss, Lucas tinha um grande problema pela frente. Suas duas principais histórias envolviam Curt e Laurie (os personagens de Dreyfuss e Williams) e as mudanças por que passaram nos anos 1960 e a saga de Debbie (a loira platinada de Candy Clark), agora uma dançarina topless que teve um caso com um policial local. As outras duas histórias tinham Milner (Paul Le Mat) tentando vencer a equipe de corrida da fábrica numa prova de dragsters e as aventuras de Terry (Charles Martin Smith) no Vietnã. Com a saída de Dreyfuss, Lucas teve de inventar um novo personagem, Andy (interpretado pelo ator que havia sido rejeitado para *Star Wars*, Will Seltzer), que era um radical do campus e o irmão mais jovem de Laurie. O personagem pré-adolescente de Carol, Mackenzie Phillips, apareceu tanto como um hippie quanto um cantor de música country de peruca. Até mesmo Harrison Ford foi escolhido para desempenhar um breve papel como oficial Falfa, um policial da divisão de narcóticos que adorava prender hippies.

A pedido de Lucas, Kazanjian veio com uma lista de jovens roteiristas da Califórnia. Lucas escolheu B. W. Norton Jr., filho de um respeitável roteirista e diplomado pela escola de cinema UCLA que era próximo dos Huyck. Norton tinha vários roteiros creditados, incluindo *Cisco Pike* e *Convoy*, ambos filmes de contracultura. Era uma filosofia de Lucas que roteiristas deveriam sempre tentar dirigir seus filmes, de maneira que ele disse a Bill Norton que se ele fizesse um bom trabalho com o roteiro, poderia dirigir o longa.

Norton estava entusiasmado, mas igualmente cauteloso. A teimosia de Lucas em relação a manter o controle era lendária. "Presumi que ele teria muito a dizer", afirma Norton com um sorriso. Mas Lucas se retirou tanto física quanto espiritualmente de *E a festa acabou*. Ele fez poucas correções no roteiro de Norton e lhe garantiu total liberdade para dirigir o filme, uma promessa que manteve. Lucas agora admite: "Eu não tinha um investimento emocional muito grande nesse projeto".

Ainda assim, Lucas era responsável pelo conteúdo e estilo da sequência. Quando Norton chegou a San Anselmo, em meados de 1978, para uma conferência de roteiro de uma semana com Lucas e Kazanjian, ele viu que o filme já estava definido em termos gerais: em lugar da longa noite durante a qual *Loucuras* decorreu, a sequência reintroduzia os personagens na mesma noite (véspera de Ano-Novo) em quatro anos sucessivos, de 1965 a 1968.

Lucas queria filmar cada uma das quatro histórias em diferentes formatos de filme e de tamanho de tela. A corrida de Milner explorou o estilo dos anos 1950, usando uma grande angular e uma câmera parada. As sequências no Vietnã foram feitas com filme em 16 milímetros, como uma reportagem de TV sobre a guerra. O motim de Laurie e Steve no campus se parecia com uma versão hollywoodiana de rebeliões estudantis como *The Strawberry Statement* e *À procura da verdade*. As viagens de Debbie Haight-Ashbury apareciam numa tela dividida com várias imagens, uma técnica usada em *Woodstock*.

Norton não gostou da decisão de Lucas de cortar de uma história para outra de maneira matemática. "Sentia que era uma coisa bastante perigosa a fazer porque se você ficava emocionalmente envolvido com uma história, seria arrancado dela e introduzido em outra história". Mas era dinheiro da

Universal e produção de Lucas, então Norton fez o que lhe pediam. Lucas agora concorda que Norton estava certo: "Se há algo que diminui o filme, é isso", reconhece.

E a festa acabou pode ser entendido como uma revanche de Lucas contra a Universal, embora ele quisesse genuinamente que o filme fosse bem-sucedido. Norton manteve a fita dentro dos limites do seu orçamento de 6 milhões de dólares e calendário de 45 dias – Lucas cuidou disso. Mas não tinha escrúpulos para gastar os 6 milhões de dólares em uma experiência cinematográfica que não deu certo. Pela primeira vez em sua carreira profissional, ele não estava sob ameaça e sentia pouca pressão para viver de acordo com seus próprios padrões. Ele conseguiu manter a Universal virtualmente isolada da produção – Norton nunca teve um encontro com ninguém do estúdio até que *E a festa acabou* fosse totalmente filmado.

A continuação custou oito vezes mais que *Loucuras de verão*, mas foi feita na mesma velocidade vertiginosa. Norton tinha de filmar quatro mini-filmes, enriquecidos de cenas de tumulto, campus estudantis, multidões de *drag-strip* e centenas de carros de época. A cena de corrida principal precisava de centenas de pessoas nas arquibancadas – Lucas as atraiu prometendo brinquedos *Star Wars* de graça. As sequências do Vietnã foram filmadas em Sacramento Delta, no meio do caminho entre Stockton e Modesto, um local que copia o sudeste da Ásia com surpreendente realismo.

Lucas apareceu no set no primeiro dia de filmagens de *E a festa acabou*, principalmente para se deleitar ao ver outra pessoa dirigindo. Ele só queria filmar as cenas de ação do Vietnã da segunda equipe de gravação, usando lentes de câmera compridas para tomadas de combate que tivessem uma aparência final simples, proporcionando assim os momentos mais dramáticos do filme. As cenas do Vietnã se tornaram o pequeno *Apocalypse Now* pessoal de Lucas (que Coppola ainda estava filmando nas Filipinas). Graças à ajuda do cinegrafista Caleb Deschanel, as cenas de evacuação médica de *E a festa acabou* são violentamente realistas, pontuadas por gritos das vítimas, o trepidar de uma metralhadora e a fumaça de aldeias pegando fogo.

Estando Lucas dentro e fora do set, houve uma confusão inicial acerca de quem estava chefiando. Cindy Williams precisava de um novo texto para uma de suas falas e chamou Lucas. "Peça ao seu diretor", ele disse. "Sou apenas o produtor". Quando Lucas assistiu o filme na sala de edição dois meses mais tarde, ele pode ter preferido algo diferente. O filme tinha sérios problemas. Tina Hirsch, parente do editor de *Star Wars*, Paul Hirsch, era editora em *E a festa*, mas Lucas assumiu assim que ela entregou seu primeiro corte. Essa tem sido sua prática nos filmes que produz em lugar de dirigir – ele dá aos editores liberdade para fazer o trabalho, mas se ele achar que pode deixar um filme melhor, ele não hesita em pular em cima.

E a festa acabou era um desafio. A história de Debbie, na qual ela era uma groupie de uma banda de rock, não funcionou. Lucas usou imagens em *split-screen* para acobertar os defeitos da história, na esperança de lembrar o público dos filmes "ácidos" do final dos anos 1960, como *Viagem ao mundo da alucinação*.

Marcia editou as cenas em *split-screen*, que usaram nada menos que dezoito imagens separadas. Norton nunca gostou de editar e gastou a maior parte do seu tempo lendo revistas enquanto Lucas e Duwayne Dunham se debruçavam sobre suas máquinas. Ele não gostava da abordagem do *split-screen*, todavia, e comunicou isso. George ouviu atentamente, e depois fez o que queria. Assim como com as imagens em *split-screen*, Lucas tratou de "experimentar coisas" e, em seguida, as abandonou. "Havia um monte de considerações nesse filme que Bill não podia realmente deixar de lado", Lucas reconhece. "Mas eu tinha o filme nas minhas mãos e eu sou responsável por fazê-lo acontecer. Eu sou o chefe".

As sequências sobre o Vietnã em *E a festa acabou* são uma prova das habilidades de Lucas para editar. Apenas dois helicópteros foram filmados, desembarcando tropas em uma margem do rio em meio a um fogo cruzado intenso. Quando Lucas acabou de cortar a cena, parecia haver uma dúzia de helicópteros aterrissando. Dunham procurou cenas de transição enquanto Lucas juntava tudo rapidamente. Ambos se sentiam motivados quando a cena tomou forma. "Começamos a fazer e parecia que não ia ter fim", Dunham lembra. "Parecia que de repente nós atingimos um nervo. Isso era realmente editar. Era criar algo que não existia, uma matéria-prima que ao ser juntada virava uma coisa nova. George parecia mais empolgado do que eu tinha visto até então".

Lucas não se importava se *E a festa acabou* seria bem-sucedido desde que ele pudesse saborear momentos como esses. A Universal tinha feito uma venda de TV antecipada de quase 3 milhões de dólares. No pior dos casos, o estúdio receberia de volta seu investimento. *E a festa acabou* mal preencheu esse modesto objetivo – ele só entrou em equilíbrio depois das vendas para a TV por assinatura, dois anos depois de seu lançamento. Foi um fiasco comercial, ainda que a Universal tenha esbanjado tempo e dinheiro no seu lançamento. Lucas estava preocupado – *E a festa* era uma aposta e ele tinha perdido feio. E estava prestes a correr um risco talvez ainda maior com *O Império contra-ataca*, a sequência de um dos filmes de maior sucesso de todos os tempos. Usaria seu próprio dinheiro – se ele falhasse de novo, poderia perder tudo. Agora *essa* era uma ideia assustadora.

Talvez o insucesso de *E a festa* tenha surgido da incongruência de o criador de *Star Wars* produzir um filme sobre drogas, morte, guerra e sexo promíscuo. Talvez o público não estivesse pronto para achar graça do LSD, da Guerra do Vietnã e da liberação das donas de casa. O título talvez o tenha levado a pensar que esse era o *Loucuras de verão* original acrescido de mais imagens. E *Happy Days* estava oferecendo de graça na TV o que a Universal tinha vendido um dia nos cinemas. Seja qual for a explicação, como Ned Tanen diz: "O filme nunca estreou. Não foi um caso de estreia concorrida e queda posterior, ou de não haver boca a boca, ou de estrear timidamente e assim permanecer. Ele simplesmente nunca estreou".

Lucas soube disso logo depois da pré-estreia no NorthPoint Theatre. Tanen estava lá quando Dorothy Lucas veio caminhando pelo corredor até o fundo da sala, onde George estava esperando. "Ela foi até ele e disse: 'Era para ser divertido, George. Mas não tem muita graça'. Ela continuou andando", diz Tanen. "A irmã dele (Wendy) também disse: 'Deveria ter sido bem mais divertido, George. Não tinha muito graça'. Eles simplesmente o deixaram no corredor sozinho". Ele conta essa história com uma certa satisfação, resíduo da sua contenda com Lucas a respeito da edição de *Loucuras*. Mas Lucas sabia que algo estava errado mesmo sem que sua mãe lhe dissesse isso. "Havia algo em relação ao que o filme despertava que as pessoas não queriam ir ver. Era de se esperar para uma continuação que a primeira semana seria sensacional, mas ninguém foi".

Os executivos da área de distribuição da Universal, do alto da sua sabedoria infalível, acharam que *E a festa acabou* teria mais sucesso que o filme original. Tanen não lamenta tê-lo feito. "Penso que é um filme muito bom e uma tentativa muito nobre", ele diz. Bill Norton está orgulhoso também – fosse só isso, Terry foi o primeiro desertor a se tornar herói num grande filme de estúdio e era essencial que em 1978 os filmes discutissem a Guerra do Vietnã.

Lucas podia dizer que esse não era o filme que ele teria feito, mas *era* o filme que ele produziu. Ele tinha um novo grau de responsabilidade, mas o filme basicamente permaneceu fora do seu controle. Ele ainda não está pronto para discutir *E a festa acabou*, embora seja sincero a respeito dos seus inconvenientes: "Fiquei desapontado com *E a festa* e há um monte de coisas que não gosto no filme. Mas há coisas que eu *realmente* gosto. Não tenho vergonha de tê-lo feito". Lucas afirma não se importar em falhar – seu sucesso estrondoso o resignou à sua inevitabilidade. Ainda assim, *E a festa acabou* não é enfatizado nos folhetos publicitários da Lucasfilm a respeito da carreira de George. Lembrado disso, Howard Kazanjian lança um profundo suspiro: "Bem", afirma, "Também prefiro não mencioná-lo".

★★★★

George não achava que dirigir era tão divertido assim. Ele não queria mais ser o general da tropa. Queria que os sargentos assumissem.

Miki Herman a respeito de O Império contra-ataca

★★★★

O trabalho em *O Império contra-ataca* estava talhado para Lucas – milhões de pessoas esperavam que fosse *melhor*. O *Episódio IV* tinha aproveitado a psique de Lucas durante a infância para se inspirar – teria deixado o suficiente para o episódio seguinte, *O Império contra-ataca*? O filme tinha de se equilibrar por si só como um trabalho original, embora guardando a energia e o frescor do seu predecessor. O consenso geral em Hollywood era: "Boa sorte, George".

"Eu estava muito nervoso quando comecei o segundo filme", admite Lucas, um mal-estar agravado pela reação negativa a *E a festa acabou*. Lucas sabia que em comparação anterior, o *Episódio V* seria menos enfático, e ele temia que fosse afastar o público. Mas os filmes que são uma continuação a outros têm suas vantagens: um público consolidado e a rápida identificação do nome. Lucas já tinha feito o protótipo – agora, todo mundo sabia com o que se parecia um Wookiee. A continuação tinha de explorar as relações e emoções que Lucas tinha pincelado em *Star Wars: Uma nova esperança*. Desta vez, o público teria a oportunidade de examinar o conteúdo mais de perto.

Lucas precisava de um roteirista e de um diretor que entendesse a essência de *Star Wars* e que não tivesse medo de lhe trazer uma nova perspectiva. Ainda era o universo particular de Lucas. "Sinto que Chewbacca ainda é meu Wookiee e R2-D2 é meu robô",[6] disse timidamente à revista *Rolling Stone* depois que *O Império contra-ataca* foi concluído. Lucas também se preocupava com *O Império contra-ataca* porque o dinheiro dele estava em jogo – isso não era mais *E a festa acabou*. Se o novo filme fosse um fiasco, ele ia junto. "Ao mesmo tempo pensei: 'Que se dane tudo isso!', Lucas lembra. "Imaginei que sempre poderia fazer documentários".

Lucas contratou Leigh Brackett para escrever o roteiro de *O Império contra-ataca*. Brackett era uma roteirista veterana nos seus 60 anos que tinha ajudado a escrever *À beira do abismo* e outros filmes para o diretor Howard Hawks e tinha escrito um par de romances de ficção científica. Ela tinha aperfeiçoado a réplica rápida que Lucas era incapaz de escrever – seus roteiros estavam entre os modelos para o diálogo corajoso em *Loucuras* e *Star Wars* de Bill Huyck e Gloria Katz. Lucas teve um longo encontro com Brackett para esboçar a história e passar suas anotações para ela e, em meados de março de 1978, o primeiro rascunho de Brackett estava pronto. Também foi o seu último – ela morreu de câncer duas semanas depois.

Lucas experimentou novamente o sentimento de estar afundando que associava a *Star Wars*. Ele tinha um texto muito preliminar que precisava de trabalho e não dispunha prontamente de um substituto para Brackett. *O Império contra-ataca* logo começaria a pré-produção, o que significava preparar um roteiro imediatamente. Não havia nada a fazer a não ser escrevê-lo pessoalmente. George e Marcia haviam planejado férias no México no feriado de Páscoa com Michael Ritchie e sua mulher. Enquanto todos se bronzeavam ao sol na praia, Lucas estava no quarto de hotel, escrevendo o filme que ele jurou nunca escrever.

Lucas engavetou o roteiro de Brackett e começou um novo. Se ele pudesse ter um primeiro esboço pronto, poderia entregá-lo a outro roteirista, e eles poderiam ficar trocando versões até que Lucas estivesse satisfeito. "Dessa

---

[6] George Lucas em entrevista com Jean Vallely para a *Rolling Stone* (12 jun. 1980): 32.

forma ele não perderia o controle", Huyk assinala. Lucas gastou o resto da primavera e boa parte do verão de 1978 concluindo o primeiro esboço, e ele ainda não tinha um roteirista até que, de repente, um caiu no colo dele.

Steven Spielberg cobrou de Lucas a promessa de seguir adiante com o filme de aventura e ação dos anos 1930, *Indiana Jones e os caçadores da arca perdida*. Spielberg tinha ficado impressionado com o roteiro que havia lido de um jovem redator publicitário de Chicago, Lawrence Kasdan. Spielberg enviou *Brincou com fogo... acabou fisgado!* para Lucas no final de 1977 e George imediatamente identificou o tipo de texto arejado necessário para *Indiana Jones*. Kasdan foi contratado para escrever *Indiana Jones*, embora ele mal conhecesse Spielberg ou o produtor Lucas.

Por volta de agosto de 1978, Kasdan tinha concluído seu roteiro e o entregou em mãos a Lucas, em San Anselmo. George pegou o script e o colocou de lado, dizendo a Kasdan que o leria naquela noite. Eles foram almoçar e Lucas subitamente se lançou na história da morte prematura de Leigh Brackett, seus problemas com *O Império contra-ataca* e a procura de um redator para lapidar um novo esboço. Ele ficaria feliz de dar o crédito ao roteiro de Kasdan (Lucas havia planejado não guardar nenhum para si), mas perguntou se Kasdan se incomodaria de dividi-lo com Brackett. Ele queria os direitos dela para se beneficiar de um percentual sobre os lucros do filme.

Kasdan estava sentado em frente de Lucas, com uma expressão de choque no rosto. "Você não acha que deveria ler *Indiana Jones* primeiro?", engoliu em seco – ele o tinha entregue a Lucas não mais de dez minutos antes. "Bem, se eu não gostar de *Indiana Jones*, vou chamá-lo e cancelar tudo isso", Lucas disse com um sorriso – sabia que isso não seria necessário. George considera poder julgar as pessoas de maneira rápida e acurada; as perguntas e o entusiasmo de Kasdan durante as discussões acerca de *Indiana Jones* haviam revelado um senso afiado de enredo e diálogo. "Além do mais, eu estava desesperado", admite Lucas. "Não tinha mais ninguém".

A ideia de escrever uma continuação para o filme de maior sucesso de Hollywood intimidava Kasdan, mas ele sentia ter entendido *Star Wars*, que ele descreveu como "alegre, sensato, rápido e muito moderno – algo para os adolescentes, uma espécie de sensação de cromo polido". Spielberg estava prestes a começar seu espetáculo com orçamento extravagante, *1941*, de modo que *Indiana Jones* ficaria pelo menos para dali a dois anos. Lucas pressentiu o dilema de Kasdan e o resolveu para ele: "Deixe *Indiana Jones* de lado até que Steven possa trabalhar nele", disse George. "Trabalhe em *O Império*".

Achar o diretor certo era tarefa mais espinhosa. Lucas tinha de provar que poderia se afastar de *O Império contra-ataca* e deixar outras pessoas fazê-lo. George queria olhar para o ciclo inteiro de filmes algum dia e perceber o que cada diretor tinha acrescentado à história e aos personagens. Gary Kurtz compilou uma lista de mais de cem diretores e Lucas a reduziu a vinte antes de começar a rastrear seus filmes. Ele estava procurando um tônus visual consistente no trabalho de um diretor, bem como ele lidava com cenas dramáticas e desenvolvia personagens. Mais que tudo, Lucas precisava de um colaborador que não fosse cínico a respeito do material.

Irvin Kershner preenchia os critérios. Magro e careca, no final dos seus 40 anos, Kershner era um cineasta veterano que, de alguma forma, tinha se mantido à margem do sistema de Hollywood. Músico clássico que tocava violino e viola no passado, Kershner tinha estudado e ensinado cinema na USC. Os filmes de Kershner, tais como *Loving*, revelavam um insight para as relações humanas, um senso de humor e de timing e uma técnica visual apurada. Ele também trabalhava rápido, uma exigência em *O Império contra-ataca*.

Lucas advertiu Kershner que *O Império* era o projeto mais difícil que ele já tinha feito. O filme teria de ser rodado em três lugares longínquos: uma geleira na Noruega, que imitaria um planeta de gelo, o Elstree Studios na Inglaterra e a ILM em Marin, onde Lucas planejava passar a maior parte do seu tempo. Kershner tinha suas próprias reservas. A reputação da obstinação de Lucas era bem conhecida na indústria do cinema e Kersh, como era chamado, deixou claro que ele não funcionaria sem liberdade criativa. "Eu também me perguntava se eu queria fazer um segundo filme baseado no sonho original de outra pessoa", ele lembra.

Kershner sabia que seria o maestro, não o compositor. Mas Lucas lhe prometeu: "Será o seu filme" e acrescentou uma responsabilidade adicional ao dizer a Kersh: "Você sabe, a segunda parte dessa série é a mais importante. Se funcionar, então faremos uma terceira e quem sabe uma quarta. Se não der certo, acabará datado e destruirá o ineditismo do projeto. Então, fica tudo por sua conta!".

Como última forma de persuasão, Lucas levou Kershner ao seu escritório em Parkhouse, onde as paredes estavam forradas de plantas arquitetônicas do Rancho Skywalker. Kershner ficou impressionado: "Era realmente um sonho extraordinário. Todos os milhões de dólares gerados na indústria do cinema, e *ninguém* jamais os tinha investido de volta numa biblioteca, em pesquisa, reunir diretores para criar um ambiente onde o amor pelo cinema pudesse criar novas dimensões". Kershner acabou atraído por *O Império contra-ataca* naquele momento. "Eu confiei em George", diz simplesmente.

Lucas juntou o resto do seu time de criação facilmente: o produtor associado Robert Watts, o designer de produção Norman Reynolds (John Barry tinha assumido a tarefa de dirigir por sua conta), o especialista em maquiagem Stuart Freeborn, o ilustrador Ralph McQuarrie, o figurinista John Mollo, o editor Paul Hirsch e o compositor John Williams. A única questão era recontratar Gary Kurtz como produtor. Lucas não tinha esquecido as tensões em *Star Wars: Uma nova esperança*, que ele considerou que acabaram exacerbadas pela indecisão de Kurtz, em particular seu tratamento a Gil Taylor. Mas Kurtz queria produzir *Star Wars: O Império contra-ataca* e, apesar de suas próprias reservas e as advertências dos seus próximos, Lucas cedeu. "Eu suspeitava que haveria problemas e eu sabia que estava pedindo encrenca", Lucas diz agora. Mas sentiu que devia a Kurtz uma segunda chance.

Havia gente nova no time de produção: o cinegrafista Peter Suschitzky, filho de um célebre cameraman inglês; o diretor assistente David Tomblin, que já havia trabalhado anteriormente com Kershner; e o produtor associado Jim Bloom, que havia iniciado a carreira em 1972 como office boy em *Loucuras de verão*. Em setembro de 1978, Bloom supervisionou a mudança da ILM para San Rafael, onde a operação tinha começado do zero. Richard Edlund e Dennis Muren, veteranos de *Star Wars* que tinham se mudado para o norte, foram encarregados de todos os efeitos especiais de *O Império contra-ataca*. A continuação de *Star Wars* estava se tornando uma realidade.

★★★★

Eu confio no seu instinto do que pode agradar ao público. Creio que você tem um faro muito bom para isso. [7]

Lawrence Kasdan para George Lucas

★★★★

---

[7] George Lucas em uma conferência sobre o roteiro de *O retorno de Jedi*.

Quando Lucas enviou a Alan Ladd Jr. seu primeiro rascunho de *O Império contra-ataca*, ele colocou junto um recado escrito à mão na capa: "Aqui está uma ideia preliminar do filme. Que a Força esteja com você!". Um P.S. acrescentava: "Melhor ler ouvindo o álbum *Star Wars*". Era novembro de 1978 e as filmagens iam começar em cinco meses. Lucas juntou Kershner, Kasdan e Kurtz no seu escritório em Parkhouse, tocou uma fita de gravador e se preparou para trabalhar. Nas duas semanas seguintes, cada página do script de Lucas foi dissecado. George explicou o propósito de cada cena, o que ele queria alcançar do ponto de vista da dramaturgia e como Kasdan poderia melhorar isso.

O Império contra-ataca tinha três atos, cada qual com 35 minutos de duração, segundo estimativa de Lucas. O roteiro não devia ter mais de 105 páginas: "Curto e grosso", disse a Kasdan. Todos concordaram que *O Império contra-ataca* tinha de lidar com as questões filosóficas que emergiam de *Uma nova esperança*, mas Lucas as queria resolvidas rapidamente. *O Império contra-ataca* tinha de ser um filme ágil, nada complexo. Lucas enfatizava duas regras o tempo todo: velocidade e clareza. "O truque é saber o que você pode deixar por conta da imaginação do público", ele diz. "Se ele começa a ficar perdido, você estará em apuros. Às vezes, você tem de ser cru e apenas dizer o que está acontecendo, porque se não fizer isso, as pessoas vão ficar confusas".

O Império contra-ataca era uma clássica história de revanche: o enredo básico diz respeito às tentativas de Luke de salvar seus amigos das garras de Darth Vader, que usa Han, Leia e Chewie como isca para colocar Luke numa armadilha. O objetivo de Vader é trazer Luke para o lado sombrio da Força. Lucas disse aos seus colaboradores que eles tinham de explicar claramente quem eram os principais personagens e o que estava prestes a acontecer com eles, de forma que o público pudesse antecipar o que ia acontecer. George não perdeu tempo reapresentando elementos-chave de *Star Wars*: a rebelião contra o Império, a relação de amor e ódio entre a princesa Leia e Han Solo, a rivalidade e lealdade entre Han e Luke, e o afeto platônico entre Luke e Leia. "Era o clássico enredo triangular", explica Lucas. "Um cara do bem, um cara do mal. Por quem a garota se sente atraída?"

Lucas também queria aprofundar ainda mais as implicações da Força. Obi-Wan Kenobi estava de volta como uma aparição velada, então Lucas deu ao Imperador uma presença física, tornando-o uma criatura encapuzada com olhos amarelos brilhantes e uma enervante aura do mal – até mesmo Vader tinha medo dele. Lucas também deu a Ben um aliado, o mestre Jedi Yoda, estranha criatura com 45 centímetros de comprimento, o rosto enrugado, cabelo cinza e um estilo de discurso invertido: "Machucá-lo não quero. Para baixo coloque sua arma". Na cosmologia Jedi de Lucas, Yoda foi um professor por oitocentos anos, escolhendo apenas estudantes "com o mais profundo comprometimento e as mentes mais sérias". Yoda combinou o velho excêntrico que Lucas tinha originalmente bolado para Ben com a simplicidade desarmante de uma criança. Ele explicou a Força e serviu como um alívio cômico ocasional.

O outro personagem novo introduzido em *Star Wars: O Império contra-ataca* era Lando Calrissian, um contrabandista de naves habilidoso, que era mais elegante e charmoso que seu amigo Han Solo. Lando era também um conspirador e um vigarista, capaz de trair os amigos para salvar o planeta do Império. Lando vivia no planeta Cidade das Nuvens, um dos vários lugares novos que Lucas introduziu. Outros incluíam o planeta coberto de neve Hoth, que servia como base para as tropas rebeldes até elas serem atacadas pelas tropas imperiais, e Dagobah, o Planeta Pantanoso de Yoda. Há também novas criaturas: os Wampas, enormes bichos da neve, e os Tauntauns, animais de montaria parecidos com camelos. Lucas se certificou que os novos animais e as definições fossem introduzidas na apresentação de *O Império contra-ataca* de maneira que o público pudesse imediatamente reconhecer que se tratava de um filme novo.

Ao reescrever o roteiro de *O Império contra-ataca* de Brackett, Lucas usou sua perspectiva de editor para fazer um corte transversal nas cenas, pulando do treino de Luke com Yoda em Dagobah para a captura de Han e Leia por Vader. Ele acrescentou humor visual, como a Millennium Falcon correndo à velocidade da luz para que nada acontecesse. E quem mais se referiria à Falcon como "uma aeronave em forma de hambúrguer? Lucas também estendeu o papel de Han Solo e decidiu deixar seu futuro indefinido. O congelamento de Han num bloco de carbonita adicionou tensão às suas cenas de amor com Leia, uma relação que inicialmente preocupava George. "Não há nada mais chato do que duas pessoas se derramando em carinhos o tempo todo", Lucas se queixa. "Não há conflito". (Isso presumivelmente não refletia seu relacionamento de longa data com Marcia.) Mas Lucas ainda tinha problemas para escrever o diálogo de seus personagens, como essa certeza que

Han demonstra para Leia: "Não se preocupe, não vou beijá-la aqui. Veja, sou um tanto egoísta em relação ao meu prazer, e isso não seria muito divertido para mim agora". Grosseiro, não.

O maior problema de Lucas era a revelação de que Darth Vader era o pai de Luke. Depois do *Episódio IV*, o público sabia que Luke era o herói e não podia ser morto. "O jeito de prender a plateia é fazê-la acreditar que você, enquanto cineasta, vai realizar algo realmente podre", Lucas disse aos seus colaboradores. George queria que o público pensasse que Luke *ia matar* Vader, com todas as horríveis implicações do patricídio. Ele também estava pensando na terceira parte de *Star Wars*, "onde colocamos todos juntos para a confrontação final".

Lucas também queria a sua versão da história de Cristo em *O Império contra-ataca*. Luke decapita Vader numa caverna subterrânea, para depois encontrar sua própria cabeça sob o capacete negro de Vader – é o equivalente à tentação de Jesus no deserto. Na sua batalha final, Vader tenta Luke com o lado sombrio da Força, mas falha – ou não? O último tiro de Luke e seu novo braço mecânico servem para sugerir que Luke pode *se tornar* Vader – tal pai, tal filho.

Kershner e Kasdan estavam atônitos diante do sentido incisivo da história de Lucas – ele foi direto para as cenas estratégicas, as montou e justificou. "George escreve em linhas gerais", explica John Korty, que viu a evolução de Lucas enquanto roteirista. "Ele desmembra tudo em elementos de entretenimento. É um filme de ação? Nos importamos com esse personagem? Como ele chega de A a B e o que ele diz ao longo do caminho? Lucas também era enfático quanto a ser fiel ao legado de *Star Wars*, pois sabia que seus fãs eram fanáticos. "Cada ínfima sentença foi examinada, especulada e investigada sob dezesseis formas diferentes", Lucas disse a Kasdan.

Kasdan tomou várias notas na reunião de conferência, retornou para Los Angeles e voltou com suas 25 primeiras páginas de *O Império contra-ataca*, que Lucas e Kershner imediatamente rasgaram em pedaços. Lucas tinha o desconcertante hábito de ignorar bons trabalhos e criticar o que não gostava. O texto de Kasdan se tornou progressivamente melhor, mas o roteirista nunca perdeu seu sentimento de impotência inicial: "Eu sempre sinto que estou servindo George – este é o seu material. Eu não estou lá para lhe dizer o que deveria ser, mas como poderia ser melhor, e para forçar constantemente o meu ponto de vista. Até que ele apenas diz: 'Não, isso não é o que eu quero que seja'".

A principal crítica de Kasdan era que Lucas estava passando por cima do conteúdo emocional das cenas por pressa de fazer a próxima. Gary Kurtz concordou e saiu da reunião de conferência se sentindo perturbado em relação ao filme. Ele achava que o final não tinha conseguido resolver os conflitos dos personagens e que Lucas estava dependendo demais das revelações contidas na terceira parte de *Star Wars*. A resposta de Lucas a essas críticas era típica: "Bem, se temos bastante ação, ninguém vai se dar conta". Se Lucas tinha um defeito como cineasta, era de sacrificar a temática e o desenvolvimento dos personagens em favor da ação. Kurtz afirma: "Ele tem medo de ser muito lento".

À medida que *O Império contra-ataca* começou a tomar forma no papel, Lucas reuniu o elenco original. Se um só ator desertasse, a continuidade entre o primeiro filme e *O Império* ficaria comprometida. Ao mesmo tempo, Lucas estava preparado para tirar da história qualquer um que não quisesse continuar – ninguém era indispensável. Ele ofereceu salários mais altos do que tinha pagado em *Star Wars* e garantiu aos três principais atores participação nos lucros. (A Lucasfilm se ofereceu a comprar de volta seus percentuais, deixando-os parecerem ainda mais valiosos aos seus proprietários). Lucas não tinha de ser tão amável – Mark Hamill e Carrie Fisher, ao contrário de Harrison Ford, tinham concordado em fazer duas sequências nos seus contratos originais.

Ford estava numa boa posição para renegociar e fez isso, pedindo muitas vezes mais do que tinha recebido em *Star Wars*. Por fim, ele não recebeu mais do que os seus colegas, todavia. Assim como o resto do elenco principal, Ford tinha se tornado uma estrela, capaz de trabalhar quando bem entendesse. Tinha tomado uma decisão na sua carreira de parar de ser Han Solo, mas nenhum dos seus filmes depois de *Star Wars* teve sucesso. Se fosse para interpretar Han de novo, o personagem deveria ter uma dimensão maior, ele disse a Lucas. Queria ser um trapaceiro bonito, arrojado, que se encaixa nos planos de Lucas de reproduzir o triângulo amoroso de *...E o vento levou:* Han como Rhett Butler, Leia como Scarlett O'Hara, e Luke como Ashley Wilkes. "Tinha de ser um verdadeiro triângulo com emoções de verdade e, ao mesmo tempo, tinha de chegar ao final com benevolência", diz Lucas.

Fisher também tinha crescido desde *Star Wars*. Ela agora era confiante, relaxada e radiante. Lucas ainda não tinha decidido se fazia dela uma boneca Barbie ou uma amazona, mas Fisher recebia toneladas de cartas de garotas e de suas mães expressando admiração pela independência e destemor da princesa Leia. Como disse a Lucas: "Eu queria abrir uma porta e você me fez trabalhar duro. Eu te diria: 'Olhe, meu planeta foi destruído, meu namorado foi congelado, fui torturada, fui perseguida por todo o espaço durante anos, eu não vou aguentar muito mais que isso'". Fisher nunca teve o que desejava – em lugar disso, recebeu um novo penteado trançado chamado "Nórdico, anos 1930" e ainda tinha de apresentar falas como "o canhão de íons vai desencadear várias explosões que devem destruir qualquer nave inimiga em sua trajetória de voo".

O papel de Ben Kenobi trouxe a Sir Alec Guinness mais elogios e dinheiro que qualquer outra atuação na sua distinta carreira. Oito meses antes de *O Império* começar a produção, ele teve uma infecção ocular que ameaçava cegá-lo e foi proibido de trabalhar sob luzes brilhantes, mas Guinness estava determinado a fazer as breves cenas com Yoda e Luke que exigiam sua presença. Mark Hamill também estava se recuperando de seus ferimentos. Lucas escreveu uma cena no início do filme na qual Luke é atacado por um Wampa e depois tratado num laboratório médico futurista. Quando Luke se recompõe, seu rosto parece diferente. O público nunca percebe que a cena disfarça cuidadosamente a cirurgia plástica de Hamill. Luke ainda era um patinho feio que estava começando a se tornar um homem e um Jedi. Lucas queria que ele fosse menos desajeitado em *O Império* e o transformou em um exímio esgrimista. Mas sua verdadeira maioridade teria de esperar o *Episódio VI: O retorno de Jedi*.

O repatriado mais recalcitrante era Anthony Daniels, que sentiu como se tivesse esmagado o corpo de metal de C-3PO com uma marreta no final de *Star Wars*. "Eu tive uma imensa e horrível frustração em relação a essa roupa", afirma Daniels. Mas não em relação ao personagem – ele acabou gostando muito de C-3PO. Ainda irritado com o que considerava ser decisão da Lucasfilm de minimizar a sua contribuição, Daniels pensou recusar aparecer na continuação. Mas considerações financeiras (incluindo um pequeno percentual sobre o lucro) levaram-no a pensar melhor, bem como a sua preocupação com o personagem. "Na verdade, eu gosto de C-3PO o suficiente para cuidar dele, e aí é que a insanidade começa a vingar", afirma Daniels.

A parte sensível do elenco de *O Império contra-ataca* era Lando. Ainda sofrendo críticas de que *Star Wars* era racista, George concebeu Lando como "um negro suave e vistoso, na casa dos 30 anos" e especificou no roteiro que metade dos residentes e tropas da Cidade das Nuvens deveriam ser negros (no filme atual, apenas alguns negros são visíveis). Lucas chamou Billy Dee Williams para o papel desde o começo, depois de vê-lo em *O caso de uma estrela*. Williams hesitou em interpretar o que julgou ser um negro simbólico, mas logo se deu conta de que Lando poderia ser retratado por um ator branco ou negro. "A fita exigia qualidade universal, internacional, o que eu tinha", Williams afirma. "Lando é uma alternativa ao herói comum da WASP[8]".

Lucas afirma que ele usa aliens e robôs para pontuar (sutilmente, todavia) a discriminação – em determinado momento, R2-D2 e C-3PO são barrados na entrada da cantina espacial. "Chewbacca não é humano e não é branco", Lucas diz. "Percebo que parece um tanto escuro e abstrato, mas isso foi concebido para ser uma afirmação". Lucas reivindica acreditar fervorosamente na igualdade. "Fico perturbado diante da injustiça e da desigualdade", diz. Os robôs e Chewbacca estavam lá para demonstrar que, independentemente de quanto as pessoas sejam esquisitas ou diferentes, elas ainda podem ser amigas sinceras e leais. Essa é uma forma de humanismo pouco comum, com certeza, mas Lucas afirma que tentou pontuar a questão. "Muitos problemas poderiam diminuir se nos déssemos conta de que somos os mesmos por baixo das nossas roupas", ele diz.

Lucas também garante que não escolheu James Earl Jones como Darth Vader porque ele viu o personagem como um vilão negro – ele simplesmente pensou que Jones tinha a melhor voz para o papel. "Fomos criticados em *Star Wars* porque não havia portorriquenhos nele", Lucas lamenta. "Quer dizer, vamos convir, você não pode ganhar". Lucas é agora mais sensível a essas queixas. Em *O Império contra-ataca* e *O retorno de Jedi*, ele foi cuidadoso ao escalar vários atores negros com papéis secundários.

---

[8] A sigla refere-se a "White, Anglo-Saxon and Protestant" ("Branco, Anglo-Saxão e Protestante"). (N. E.)

****
Achei que ia ficar atrás e ver as coisas desmoronando porque eu não estava presente. E isso não aconteceu.
George Lucas a respeito da produção de O Império contra-ataca
****

O Império começou a ser filmado em 5 de março de 1979, quase três anos depois que a franquia *Star Wars* teve início. Não se via Lucas em lugar algum. O terreno foi transferido do deserto arenoso da Tunísia para as extensões congeladas da Noruega. A minúscula cidade de Finse, com 75 pessoas, se acocorava debaixo de uma gigantesca geleira quebradiça azul que serviu de cenário para o planeta gelado Hoth. Durante sete semanas, uma equipe reduzida de técnicos e um ator, Mark Hamill, desafiaram nevascas ofuscantes, suportaram neblinas aflitivas e estremeceram diante de temperaturas *médias* de 10°C abaixo de zero.

O inverno de 1978-79 foi o pior que atingiu a Europa em anos. Durante muitos dias, a equipe de setenta pessoas ficou encalhada no alojamento de esqui de Finse sem contato com o resto do mundo por causa das avalanches que bloquearam os trilhos da ferrovia. Quando eles foram embora, a equipe de *O Império contra-ataca* tinha filmado apenas 9900 metros de filme, em lugar dos esperados 22 500 metros. Tal como outras produções de Lucas, *O Império* não tinha tido um bom começo.

As filmagens começaram em Elstree uma semana depois que a equipe viajou para a Noruega. Para a maior parte da companhia *Star Wars*, isso era um tipo de reunião, e Lucas participou para ajudar a lançar a sua nova empresa. Ele planejava ficar duas semanas, voltar por outras duas semanas no meio da produção e, por fim, usar mais duas na conclusão das filmagens. Era um cronograma de gravação tipicamente frenético: 64 sets, 250 cenas, um período de quatro meses e um orçamento de 18,5 milhões de dólares. A Lucasfilm até comprou um novo estrado em Elstree para acomodar a Millennium Falcon – ela media 75 por 37 metros e tinha 13,5 metros de altura.

A julgar a atenção de Lucas aos detalhes, a produção estava uma bagunça antes de começarem as filmagens. Quando Kershner voltou da Noruega, ele não tinha ideia do que dava para aproveitar das gravações e do que teria de ser duplicado no set. O custo do trabalho e dos materiais estava nas alturas desde 1976 e todo mundo estava ciente de quanto sucesso tinha tido *Star Wars*. Apesar da força de trabalho de oito R2-D2 operados eletronicamente e efeitos mecânicos mais sofisticados, Kersh achou que muitas das "engenhocas" não tinham funcionado. "Os problemas só aumentavam à medida que filmávamos", lembra.

Kershner estava determinado que *O Império contra-ataca* fosse um filme importante por si só, e não apenas uma pálida continuação de *Star Wars*. (Ele viu o filme apenas uma vez, um ano antes de começar a sequência.) O velho músico viu *O Império* como um movimento no meio de uma sinfonia, um contraste com o ritmo rápido do allegro inicial: "Tinha de ser mais lento e lírico", explica. "Os temas devem ser mais íntimos, e você não tem um grande clímax. Isso se tornou o desafio".

Kershner é vegetariano, estuda o zen-budismo e estava muito envolvido com as implicações filosóficas da Força. Estudou contos de fada e mitologia e encontrou em *O Império contra-ataca* uma maneira de alcançar a fantasia subconsciente das crianças. "Eu gostaria que elas vissem a manifestação de muitas de suas ansiedades, medos e pesadelos e queria lhes oferecer um meio de lidar com eles", explica. Lucas estava preocupado em introduzir os personagens em um ambiente novo, mas Kershner queria explorar suas relações. Trabalhar com atores o encantava. Se pudesse, representaria suas cenas, incendiaria seu entusiasmo e se preocuparia com a saúde deles.

Mas Kershner era menos resoluto que Lucas a respeito do que queria no filme. Toda cena de *O Império*, e não apenas os efeitos especiais, tinham sido cuidadosamente roteirizados. Kershner vinha frequentemente com uma ideia melhor no último instante e refazia a cena, gastando um tempo valioso com ensaios e iluminação do set. "Isso era ao mesmo tempo sua força e sua fraqueza", afirma Gary Kurtz. "George nunca faria isso – ele se ateria ao storyboard e ajustaria na sala de edição. Isso funcionava ao nosso favor, pois as cenas de Kersh eram melhores que as planejadas, mas elas também tomavam muito mais tempo".

Lucas, em contato telefônico diário com Kurtz e Kershner, os exortava a dimensionar para baixo e acelerar. As cenas com Yoda consumiam muito tempo. Frank Oz, um dos criadores dos Muppets, operou e vocalizou Yoda, mas ninguém sabia se a criatura ia dar certo nos confins apertados e úmidos do cenário de Dagobah, cheio de lama e emaranhados de vegetação rasteira.

Seus olhos piscavam e rolavam, seu nariz se contorcia e sua cabeça podia ser erguida em ângulos expressivos. Yoda parecia Grover, um dos personagens de *Vila Sésamo*, de Oz, mas ele tinha sua própria personalidade.

Kershner não compartilhava a fascinação de Lucas pela criatura perturbadora: "Tudo em Yoda era artificial", resmunga. "Cada ângulo, cada movimento – fizemos tudo com câmeras de vídeo e monitores, microfones, quatro operadores de bonecos – foi uma bagunça". Guinness apreciava mais Yoda – se ele não queria apresentar um de seus discursos filosóficos, dizia a Kershner: "Por que aquela coisinha verde não faz isso?"

Para todos os envolvidos, *O Império* tinha se tornado um triturador: "É o filme mais desgastante que já fiz", afirma Robert Watts, que o supervisionou. "A gente fazia e fazia e fazia. Nós nos divertimos, mas não tanto quanto em *Uma nova esperança*". A sequência mais difícil foi o congelamento de Han Solo no grande bloco de carbonita. Kershner queria que o set lembrasse os filmes dos cientistas loucos dos anos 1930, então um cilindro de 13 metros de altura com uma espiral de metal foi construído com um equipamento elétrico elaborado e luzes de grande contraste. O vapor enchia o ar, materiais plásticos derretiam e emitiam fumaças perigosas e o gesso caía frequentemente do set. "Fisicamente, o filme exigiu bem mais visual que o *Episódio IV*", lembra Kurtz. "Esse teria derrubado George".

Lucas não estava tendo exatamente os melhores momentos da vida em San Rafael. Fazer a mudança da ILM de Van Nuys para Marin era caro e caótico. Além disso, apenas seis pessoas que haviam trabalhado com efeitos especiais em *Star Wars* voltaram para *O Império*. Em fevereiro, quando as primeiras imagens deveriam ser entregues na Inglaterra, a ILM ainda estava se instalando: uma colmeia de trabalhadores, eletricistas e artistas secundários.

Lucas estava decidido a não deixar a ILM sem supervisão dessa vez. Dirigiu os efeitos especiais enquanto Kershner dirigia a ação ao vivo. Enquanto Lucas via espaçonaves planando silenciosamente durante horas através do espaço, dava instruções claras e clichês inspiradores a Miki Herman, que obedientemente anotava. "Uma ideia ruim pode destruir centenas de boas", Lucas entoava – a sabedoria segundo o presidente George.

Lucas tinha muita coisa na cabeça. Suas ideias eram transformadas em storyboards de modo que todos pudessem entender o que ele estava pensando, outra melhoria em relação ao filme anterior. Joe Johnston desenhou os storyboards, mas Lucas elaborou as tomadas, dando a *O Império* seu carimbo visual, assim como Kershner.

Lucas estava mais aberto a sugestões em *O Império contra-ataca*. Havia 605 cenas com efeitos especiais, duas vezes mais que em *Star Wars*. A ILM teve de construir uma Cidade das Nuvens mítica, projetada por Ralph McQuarrie com elaborado estilo art déco, snowspeeders brancos que se destacariam dos arredores de gelo, e os últimos agregados ao bestiário de Lucas. Phil Tippett, que criou o jogo de xadrez holográfico em *Star Wars*, projetou um Tauntaun em miniatura, cujas articulações se moviam com autonomia, embora a criatura ainda pareça de mentira na tela. Mais bem-sucedido foi o AT-AT, uma máquina de destruição com pernas delgadas blindadas que deixou uma tremenda impressão no público.

Depois de fazer dois expedientes por dia durante cinco meses, a equipe da ILM estava exausta. "Esse lugar era uma cidade esgotada", lembra Tom Smith, que se tornou diretor da ILM perto do fim de *O Império*.

Lucas passava o dia inteiro e boa parte da noite na ILM, não voltando para casa antes das 21 horas. Ele vivia com o que os amigos dele chamavam de "crise de edição", e as bolsas debaixo dos seus olhos estavam salientes. George tinha apenas a força de comer e sentar na frente da TV antes de adormecer. Ainda assim, encontrou tempo para detalhar seus planos para o Rancho Skywalker e seus advogados começaram a comprar terras do apropriadamente chamado Lucas Valley Road ao norte de Marin County. George também começou a revisar o script de Kasdan para *Indiana Jones*. Miki Herman via Lucas quase todos os dias e se admirou com a sua firmeza: "Não sei como uma pessoa pode ter tanta energia".

****

Idealmente, George gostaria de aparecer com uma ideia para um filme, ter alguém que o rodasse por ele, e depois ir para um lugar com todas as filmagens onde pudesse termina-lo sozinho, sem ninguém lhe impondo suas ideias.
Gary Kurtz
****

Lucas fez um esforço consciente para manter distância durante as filmagens de *O Império contra-ataca*. Esperava ter com Kershner o mesmo tipo de harmonia colaborativa que teve com Bill Huyck e Gloria Katz, mas esse era o seu diretor, não um amigo. Desacordos entre George e Kershner eram inevitáveis, por mais que Lucas hesitasse em expressar suas objeções. Ele se ressentiu de os atores mudarem seus diálogos – com a aprovação de Kershner – porque eles também mudaram a sua história.

Lawrence Kasdan estava na Inglaterra em março de 1979 e um dia se juntou a Lucas no set. Eles ficaram atrás das câmeras durante as filmagens, trocando olhares inquisidores. "É assim que você imagina isso?", Kasdan perguntou depois de uma cena. Lucas sacudiu a cabeça. "George estava muito preocupado em parecer intrusivo", Kasdan lembra. "Por isso eu não disse nada e George também não disse nada, e as cenas que me haviam incomodado foram rodadas enquanto George e eu estávamos assistindo".

Lucas ficou alarmado à medida que o orçamento e o cronograma de *O Império contra-ataca* inchavam. O que ele viu na sala de edição também o perturbou, embora não tenha dito nada no começo. "Quando eu olhei para o filme do ponto de vista da criatividade, eu fique bastante aborrecido", Lucas admite. "Mas eu apreciei o que Kersh estava tentando fazer e simpatizei com os seus problemas. O filme estava bem dirigido, ele só estava sendo dirigido diferentemente". A abordagem de Lucas era mais pragmática – rode o filme e preocupe-se depois em juntar coisa com coisa.

Lucas admite que *O Império contra-ataca* tem uma fotografia bonita, com aparência melhor que *Uma nova esperança*. Mas não acha que muitos toques dos artistas eram necessários. "Parece bacana porque Kersh tomou muito tempo preparando isso", Lucas afirma. "Um grande luxo que nós realmente não podíamos nos permitir. E, em última análise, não faz tanta diferença". Lucas estava mais irritado com o fato de Kurtz não refrear Kershner – esse era o trabalho do produtor. Kurtz pensou que era mais importante fazer com que Kershner se sentisse confortável. "O diretor precisa fazer o que ele tem para fazer, só isso", Kurtz afirma, encolhendo os ombros. Lucas entende de forma diferente: "Gary nunca disse não a coisa alguma".

Filmar Yoda esticou a finalização de Lucas de duas para seis semanas, embora ele tenha cortado várias cenas da "pequena coisa verde". Lucas finalmente se entendeu com Kershner em relação às crescentes pressões financeiras: "Eu realmente precisava da ajuda dele para conseguir terminar aquela droga de filme". Lucas começou a aparecer mais frequentemente no set, tentando aplicar "o tipo certo de pressão no momento certo", como ele explica. "Foi uma mão suave que eu usei", afirma, imitando a voz de Yoda.

O antigo diretor de arte, John Barry, supervisionou a segunda unidade de *O Império*, depois que ele perdeu seu próprio trabalho de diretor, mas apenas duas semanas mais tarde, morreu de uma hemorragia cerebral. Essa foi uma perda pessoal e profissional para Lucas – não só porque Barry era um bom amigo, mas por suas habilidades serem desesperadamente requisitadas.

Paul Hirsch juntava as cenas à medida que eram filmadas, vasculhando mais de 60 horas de filme. Lucas decidiu que a versão final do filme não podia ser maior do que duas horas, então havia um considerável corte a fazer. Quando George chegou na Inglaterra em junho de 1979, assistiu a uma edição preliminar de *O Império contra-ataca* e experimentou a mesma sensação de vertigem que tinha tido na primeira exibição de *Star Wars*: "Eu fiquei extremamente aborrecido, porque senti que não estava dando certo. Lá estava eu, um tanto além do orçamento, ficando sem dinheiro, e com um filme que julgava não ser bom", lembra. Lucas pegou os 80 minutos iniciais e cortou metade das gravações. Ele sabia que Kershner estava tentando fazer um bom filme – "Era muito melhor do que eu queria fazê-lo", Lucas diz. "Mas eu estava pagando por isso".

A versão revisada de Lucas foi amplamente criticada por Kershner, Hirsch e Kurtz. "Boa parte não deu certo e parte foi cortada muito rapidamente", Kershner afirma. Lucas finalmente perdeu a paciência. Duwayne Dunham, que acompanhava George, sentou-se assombrado enquanto seu chefe explodia: "Vocês estão arruinando o meu filme! Você estão brincando e nós estamos tentando salvar esse treco!" Kersh calmamente apontou o que ele achou que Lucas tinha feito errado, mas George ficou mais aborrecido ainda. "É meu dinheiro, é meu filme, e eu vou fazê-lo do jeito que eu quero", declarou.

Nessa hora, Paul Hirsch afirmou: "George", disse, "não é 'você' contra 'nós'. Estamos todos trabalhando juntos aqui. Você nos ajuda e a gente te ajuda e todos formamos um time". A verdadeira questão era se o filme era bom ou não. Lucas tinha apertado o botão de "play" de um clássico de Hollywood, mas havia sido feito no desespero. Ele entrou em pânico ao pensar que o Supereditor (como ele chama a si mesmo) não poderia salvar o filme. "Eu lutei muito para dar uma forma a esse negócio", Lucas reconhece. "Mas eles estavam certos. Não estava funcionando muito bem. É *isso* que me deixou irritado – não conseguia fazer com que funcionasse". Kershner sugeriu mais algumas mudanças e no dia seguinte Lucas voltou atrás e editou o filme de novo, seguindo os conselhos do diretor. "Ficou redondinho", diz.

Lucas estava acabrunhado quanto a perder o controle, mas o incidente se revelou terapêutico – liberou emoções que ele estava contendo. "Eu nunca cobrei do Kersh o fato de ele estar além do cronograma e transferir uma grande responsabilidade para mim e minha vida. Tudo o que eu tinha, estava vinculado a essa droga de filme. Se ele o afundasse, perderia tudo. Ele poderia ir embora e achar um outro filme, mas eu estava realmente sob a mira de uma arma àquela altura". Lucas tinha se preocupado da mesma maneira a respeito de *Star Wars*, mas esse era o *seu* filme.

O Império contra-ataca não era a única coisa drenando o capital de Lucas. A Lucasfilm tinha crescido vertiginosamente e na época em que *O Império* começou a ser produzido, a companhia (incluindo a ILM) tinha uma folha de pagamentos semanal de quase 1 milhão de dólares. O primeiro empréstimo para a produção de Lucas veio do Bank of America, em Los Angeles, que emprestava dinheiro para a maioria dos grandes estúdios cinematográficos. O orçamento original era de 15 milhões de dólares, mas ele chegou a 18,5 milhões de dólares antes que o filme começasse a ser rodado. Depois de algumas semanas de produção, Kurtz disse a Lucas que o filme custaria 22 milhões de dólares por causa dos atrasos na Noruega e em Elstree. Naquela ocasião, *O Império* estava custando a Lucas quase 100 mil dólares por dia. Mais uma vez, o espectro de Francis Coppola perseguiu Lucas. O Bank of America tinha visto seu empréstimo de 12 milhões de dólares para *Apocalypse Now*, de Coppola, subir para 23 milhões de dólares, uma situação que o banco estava determinado a evitar. Quando Lucas voltou para pedir adicionais 6 milhões de dólares, lhe foi dito: "Não vamos lhe dar nem mais um tostão". Lucas protestou dizendo que *O Império contra-ataca* não estava nem na metade. "Isso não nos interessa", Lucas ouviu de volta do banco.

Desesperado, Lucas voou para a Inglaterra e implorou para Kershner e Kurtz apressarem a produção. O roteiro foi aparado, sets foram eliminados e Kersh e o elenco ensaiaram nos seus dias de folga. "Um filme como esse é como uma série de compromissos", Kershner afirma. "Eu não busquei o tipo de perfeição que destrói o filme. Eu corri riscos terríveis com as câmeras e as performances, e fiz o melhor que pude".

Não era o suficiente. Lucas estava literalmente sem dinheiro. O presidente da Lucasfilm, Charles Weber, recebeu um telefonema do Bank of America numa segunda-feira pela tarde em meados de julho. Foi dito a Weber que, depois de quarta-feira o banco não iria mais adiantar a Lucas nenhuma soma até que o empréstimo tivesse sido devolvido integralmente. "Eu tinha 1 milhão de dólares de folha de pagamento devido na sexta-feira e outro milhão de dólares devido na semana seguinte. Não sabia o que fazer", recorda Weber.

Weber conseguiu persuadir outro banqueiro de cinema, o First National Bank of Boston, a assumir os compromissos do Bank of America e garantir um novo empréstimo de 25 milhões de dólares (mais taxa de juros, naquele momento em torno de 20%). A folha de pagamento foi honrada e todo mundo respirou um pouco melhor. Em breve Lucas descobriu que seria necessário *mais* dinheiro ainda, ao menos 3 milhões de dólares. O pesadelo nunca acabaria. O funcionário do banco de Boston disse a Weber: "Você nos garantiu que poderia se bastar com 25 milhões de dólares. Garantiu ao Bank of America que poderia se bastar com 18,5 milhões de dólares. Você começou com 15 milhões. Até onde isso vai? Não vamos mais te emprestar dinheiro algum".

Alguém estava ansioso por emprestar dinheiro a Lucas. Mas, em troca, a 20th Century Fox queria uma completa reestruturação do acordo em torno de *O Império contra-ataca*. Lucas decidiu continuar lutando antes de rastejar de novo diante da Fox. Weber voou para Boston para pedir pessoalmente os últimos 3 milhões de dólares. Ele levou uma promessa de Lucas aos banqueiros: "Garanto a vocês que, se esse filme não chegar a um ponto de equilíbrio, eu mesmo devolverei o dinheiro do meu bolso, ainda que isso me tome o resto da vida". O banco não se comoveu – ele aceitaria fazer o empréstimo somente se a Fox o garantisse.

"Então, tive de ir à Fox para obter uma garantia para o empréstimo", Lucas afirma melancolicamente. "Foi humilhante". A Fox quis 15% sobre o lucro de *O Império contra-ataca*, um pedido que tomou dois anos de negociações. (Ainda assim, Lucas acabou ficando com todo o lucro e dando à Fox apenas um melhor acordo de distribuição.) "Estávamos numa posição muito ruim para barganhar, pois a gente realmente precisava daqueles 3 milhões de dólares", Lucas lembra. O acordo com a Fox tomou tanto tempo para ser consolidado que o First National Bank of Boston adiantou à Lucasfilm o dinheiro sem a garantia.

Mas a Fox saiu com um acordo muito melhor em relação a *O Império contra-ataca* e *O retorno de Jedi*. "Ainda sofremos com isso", se queixa Lucas.

Lucas assume a responsabilidade pelo desastre fiscal de *O Império contra-ataca*, embora, na época, ele tenha acusado Kurtz e Kershner de ultrapassar em 10 milhões de dólares o orçamento. A principal vilã foi a falta de comunicação – Lucas não podia estar em dois lugares ao mesmo tempo e os problemas surgiam sempre onde ele não estava. "Gary fez o melhor trabalho que pode, deu enormes contribuições, mas isso estava além da sua capacidade", Lucas diz. "Se há alguém a censurar, sou eu. Porque eu era a pessoa que tinha conhecimento e fiquei aqui [em Marin] até que acabou sendo muito tarde".

Quando *O Império* foi concluído, ele custava a Lucas 33 milhões de dólares, incluindo os juros. Era a maior despesa já feita por um cineasta independente. Lucas, cada vez mais pessimista, achava que *O Império* retornaria apenas o equivalente a 30% da renda de *Star Wars*, fazendo dele ainda assim um sucesso de bilheteria. Se não chegasse a esse resultado, Lucas arcaria com uma dívida para o resto da vida.

A Fox programou o lançamento de *O Império contra-ataca* para o dia 21 de maio nos Estados Unidos e Canadá. Lucas fez uma última viagem à Inglaterra para ajudar John Williams e a Orquestra Sinfônica de Londres a gravar a trilha sonora – a Lucasfilm fez seu próprio acordo de gravação pela primeira vez. A Fox não ficou entusiasmada ao receber a versão acabada do filme, porque uma parte demasiadamente grande pertencia a Lucas. Os executivos do estúdio acreditavam que ele ganharia todo o dinheiro e a Fox pareceria estúpida aos olhos de Hollywood. Quando o diretor de marketing de Lucas, Sidney Ganis, foi a Los Angeles para uma reunião com o estúdio, ele pôde sentir a tensão no recinto. Ganis esperou metade da reunião para mandar um grupo de R2-D2 mecânico deslizar sobre a mesa. Todos no aposento caíram na gargalhada.

Dessa vez, Lucas tinha total controle sobre a propaganda do seu filme. Ele queria enfatizar o aspecto romântico de *O Império contra-ataca*: "Tivemos dificuldades para conseguir que garotas assistissem *Star Wars*. Eu queria informar que esse tinha uma orientação mais feminina e uma história de amor. Eu queria uma base mais abrangente". É difícil imaginar um filme com apelo mais abrangente que *Star Wars*, mas Lucas parecia querer provar que *O Império contra-ataca* era tanto para adultos quanto para crianças.

Graças ao sucesso de *Star Wars*, a Fox levantou 26 milhões de dólares dos proprietários de cinemas duas semanas antes de *O Império contra-ataca* até mesmo entrar em cartaz. (Profissionais de merchandising pagaram à Lucasfilm 15 milhões de dólares em pré-pagamentos de licenças, dos quais a Fox tirou 10%.) Ashley Boone sugeriu que *O Império* fosse exibido continuamente durante 24 horas no Egyptian Theater de Hollywood. Os fãs de *Star Wars* formaram filas já no dia 18 de maio, três dias antes da exibição, e a presidente do fã-clube, Maureen Garrett, estava entre eles. À medida que o relógio marcava a primeira apresentação em 21 de maio, o público acompanhava aos gritos a contagem regressiva. Quando o logo da Fox apareceu na tela, Garrett lembra: "O lugar inteiro estava tremendo como se fosse um terremoto de oito pontos e meio. Era impressionante, uma experiência incrível".

Em três meses, Lucas recuperou seu investimento de 33 milhões de dólares. *O Império contra-ataca* vendeu o equivalente a mais de 300 milhões de dólares em ingressos por todo o mundo no seu primeiro lançamento, gerando uma renda sobre o filme de 165 milhões de dólares para a Fox – é o terceiro filme de maior sucesso da história de Hollywood[9], atrás apenas de *Star Wars: Uma nova esperança* e E.T., com uma venda de ingressos em todo o mundo da ordem de 365 milhões de dólares. *O Império contra-ataca* gerou um lucro operacional adicional à Lucasfilm de 51 milhões de dólares depois de cobrir seu investimento inicial. A Fox ganhou quase 40 milhões de dólares com a taxa de distribuição – nada mal para um contrato que "feria" o estúdio.

Lucas tomou outra decisão radical para os padrões de Hollywood: dividiu mais de 5 milhões de dólares de seu lucro de *O Império contra-ataca* não somente com o elenco e a equipe, mas com cada um dos seus empregados, desde os assistentes de set da ILM até os zeladores e guardas noturnos. Cada trabalhador da Lucasfilm recebeu uma bonificação calculada sobre o tempo de serviço, e não sobre a contribuição efetiva a *O Império*. Lucas também deu percentuais sobre o lucro a 25 pessoas, incluindo Anthony Daniels, Peter Mayhew e Kenny Baker e entregou mais de 100 mil dólares de bônus em dinheiro vivo a 29 pessoas.

---

[9] Ao longo do tempo, este ranking mudou bastante. Hoje *ET* ocupa a 51ª colocação, *Uma nova esperança* a 55ª e *O império contra-ataca* nem está no Top 100. (N. R. T.)

Apesar de toda a agonia que lhe causou, *O Império contra-ataca* provou que Lucas podia produzir um filme que ainda refletisse sua concepção, ao mesmo tempo em que se beneficiasse de uma relação criativa com um diretor. Lucas aprendeu de Kershner que o ritmo não era tudo, era preciso atribuir mais atenção aos personagens e ao desenvolvimento da ideia. Lucas também ganhou o respeito de sua equipe enquanto produtor, e não só como dono da companhia. O diretor assistente David Tomblin o considera o melhor produtor com quem ele já trabalhou "por causa do seu conhecimento geral, sua abordagem e atitude absolutamente notável". O único incidente foi Gary Kurtz, que deixou a Lucasfilm depois do lançamento de *O Império*. Kurtz queria ter dirigido um filme para Lucas, mas depois de *O Império*, ele montou sua própria companhia, a Kinematographics, e desenvolveu seus próprios projetos. Ele produziu *O cristal encantado* para os criadores dos Muppets, Jim Henson e Frank "Yoda" Oz.

Joe Johnston pensa que, quando as pessoas olham para *O Império contra-ataca*, elas não pensam nele como sendo um filme de Irvin Kershner ou Gary Kurtz, "vão pensar nele como um filme de George Lucas. Não é que Kersh fosse um diretor marionete, é só que George tem uma influência tão boa sobre as pessoas, que elas aceitam suas ideias. Elas sabem que seu jeito de fazer é o certo".

****

*Nem ele os está perseguindo,
nem eles estão atrás dele.*

George Lucas a respeito do enredo
de *Indiana Jones e os caçadores da arca perdida*

****

Em janeiro de 1979, George Lucas, Steven Spielberg e Lawrence Kasdan se encontraram na casa de Jane Bay em Los Angeles para elaborar a história de *Indiana Jones e os caçadores da arca perdida*.[10] Lucas tinha três sinopses

---

[10] Uma informação útil a respeito de *Indiana Jones e os caçadores da arca perdida* está contida em "Raiders of the Lost Ark and How It Was Filmed", em *American Cinematographer* (nov. 1981): 1096-106. Elucidativo do acordo sobre *Indiana Jones* com a Paramount foi "A Deal to Remember", de Ben Stein, em *New West* (ago. 1981): 84. Igualmente informativo sobre *Indiana Jones* é "How Old Movie Serials Inspired Lucas and Spielberg", de Janet Maslin, no *New York Times* (7 jun. 1981).

das aventuras de Indiana Smith, mas as deixou de lado quando decidiu fazer *Star Wars*. Em 1975, quando ele se empenhava para conseguir completar o roteiro de *Star Wars*, se encontrou com o diretor Phil Kaufman, outro cineasta de São Francisco. Lucas lhe contou a história do professor universitário/ herói/ playboy dos anos 1930, uma mistura de Clark Gable e Dick Powell, que enfrentou os nazistas durante o dia e escoltou belas mulheres em vestidos diáfanos em boates extravagantes durante a noite.

Kaufman viu uma maneira de combinar a ideia com a lenda de "Lost Ark of the Covenant", detalhada em *Spear of Destiny*, um livro sobre o fascínio de Adolf Hitler por artefatos religiosos. Os dois cineastas se encontraram frequentemente durante um período de três semanas, preenchendo tabuletas amarelas com ideias para a história. Outro filme foi oferecido a Kaufman para que o dirigisse e ele abandonou o projeto. "Sem problemas", Lucas pensou. Indiana Smith e seu "Lost Ark of the Covenant" voltaram para a prateleira.

Não foi o derradeiro filme de Phil Kaufman. Quando *Indiana Jones* foi feito, Lucas lhe ofereceu um percentual sobre o lucro por sua contribuição para a história. Kaufman inicialmente aceitou, mas seus advogados também pediram a vinculação de um crédito à história. Lucas hesitou porque ele já tinha escrito dois esboços de história antes de integrar Kaufman. Se o primeiro filme de Indiana Jones creditasse à Kaufman a história, o Writers Guild (associação de escritores) lhe daria um crédito nas continuações também. Depois de negociações por vezes arredias, Kaufman recebeu seu crédito e seu percentual sobre o lucro, mas o incidente deixou a amizade entre os dois cineastas mais tensa.

Lucas não pensou mais em *Indiana Jones* até junho de 1977, quando ele e Spielberg decidiram combinar seus prodigiosos talentos. A carreira de Spielberg tinha começado quando ele saiu de um ônibus de turismo na Universal Studios em 1968. Ele ficou ali pelos próximos dois anos, dirigindo episódios de televisão e filmes, e finalmente longas-metragens. Tinha começado a fazer filmes com 8 anos, usando suas irmãs como elenco e seu quintal como cenário. Por fim, Spielberg montou seu próprio programa de cinema em Long Beach, bem longe do esnobe eixo de escolas de cinema da USC-UCLA. O presidente da Universal Sidney Sheinberg viu *Amblin'*, um filme curto e com apresentação profissional que Spielberg fez em Long Beach e assinou com ele um contrato de sete anos. O resto é história de bilheteria: *Tubarão, Contatos imediatos do terceiro grau*, *E.T.* e *Poltergeist*. Só Spielberg tem a trajetória que rivaliza com a de Lucas. Quando ele e Lucas se juntaram em *Indiana Jones*, Hollywood tremeu.

Ainda assim, os dois príncipes herdeiros tinham abordagens totalmente diferentes em relação à produção de cinema. Spielberg move a sua câmera instintivamente, produzindo cenas e ângulos elaborados e filmando a ação à medida que acontece. Lucas faz os seus filmes na sala de edição e imagina seus cortes mesmo enquanto roda. Spielberg gosta de filmar várias tomadas da cena, gastando o que for necessário – *1941* custou 34 milhões de dólares em 1979, e a Universal mal conseguiu seu dinheiro de volta. A avareza de Lucas no set é lendária.

Spielberg queria que *Indiana Jones* fosse um filme equivalente a um passeio em Hollywood, barato, mas confiável. Lucas queria que ele continuasse de acordo com a série dos anos 1930, com um diálogo ágil, muita ação e sets baratos. Assim como com *Star Wars*, Lucas insistiu que *Indiana Jones* tinha de ser honesto – os personagens e as situações não seriam caricatos. O público teria de rir com o filme, não dele.

Lucas dividiu o roteiro em seis cenas, cada qual com duas páginas, e esboçou seis situações de suspense, desde uma perseguição com um caminhão até o herói sendo enterrado vivo numa tumba. Uma nova emoção aparecia mais ou menos a cada vinte páginas. "É um filme de série", Lucas explica. "É basicamente uma filmes de ação. Queremos manter as coisas intervaladas e ao mesmo tempo construir um clima de tensão".

O sucesso de *Indiana Jones* dependia da sequência de abertura. "Ele deve dar a impressão de continuar durante um terço do filme, e depois damos ao público uma pausa antes de atingi-lo com um novo suspense", Lucas diz. Spielberg concebeu a rocha gigante que persegue Indiana a partir da caverna com o tesouro maia, mas foi Lucas quem recriou momentos a partir do espetáculos de televisão *Adventure Theater*, que ele assistiu quando era criança: o sol castigando o grupo e iluminando o local marcado com um "X" e as serpentes na tumba do faraó. O final, quando a arca some nas entranhas da burocracia de Washington, é uma reminiscência de *Cidadão Kane*, e foi idealizado por Phil Kaufman.

Lucas imaginou Indiana Jones (o nome foi trocado porque Spielberg achou que Smith era demasiadamente comum!) como um playboy esfarrapado. Ele se vestia como Humphrey Bogart em *O tesouro de Sierra Madre*, com um casaco de couro, um chapéu de abas pontiagudas, calças cáqui e um chicote. Lucas, mais uma vez, incorporou suas fantasias pessoais no seu principal personagem: Indiana era um arqueólogo ladino, um caçador de antiguidades, rebelde e amoral na tradição de Han Solo. Mas Lucas insistiu que Indiana tivesse alguns escrúpulos morais. "Tinha de ser alguém que a gente pudesse admirar. Estávamos fazendo um personagem que seria um modelo para as crianças, então tínhamos de ser cuidadosos. Precisávamos de alguém que fosse honesto, verdadeiro e confiável".

Lucas deu a Indiana dois inimigos, equivalentes a Darth Vader e o Imperador. Um era um arqueólogo rival francês, a versão corrupta do herói. O outro malvado era um nazista, "um verdadeiro vilão pegajoso", como Lucas o descreve. Completando a equação havia uma garota, uma versão feminina de Rick, o proprietário do café de Humphrey Bogart em *Casablanca*. Marion Ravenwood era a típica heroína de Lucas, uma donzela em perigo que é pretensiosa, idônea e tem sangue frio.

Lucas gastou a maior parte do seu tempo na conferência da história, discutindo com Spielberg e Kasdan suas ideias mais elaboradas. "A melhor coisa de George no cinema é a lógica", afirma Spielberg. "Ele te diz: 'Isso vai ser difícil de engolir'. E está certo". O dom de Lucas como produtor é a sua habilidade para simplificar a história, em seguida, um roteiro e, por fim, o filme. Os filmes vão se tornando complicados e os cineastas acabam esquecendo o motivo pelo qual o estão fazendo, George gostava de dizer. Os filmes de Lucas parecem complexos, mas na verdade são simples, motivo pelo qual *Star Wars* e *Indiana Jones* podem ser entendidos facilmente por uma criança de 7 anos.

Kasdan não gostava da abordagem simplista de Lucas tanto quanto Kershner e Norton. Mas colaborar com Lucas era uma experiência agradável, todavia. "É quase totalmente sem ego. Há muito orgulho e vaidade. Mas é muito, muito afetuoso", Kasdan afirma. Kasdan escreveu *Indiana Jones* em seis meses, reformulando a história, fornecendo conteúdo aos personagens e dando-lhes um diálogo ágil. Lucas reconhece que *Indiana Jones* é seu filme em um terço, outro terço é de Spielberg e o último de Kasdan.

O orçamento original de Lucas para *Indiana Jones* era de apenas 7 milhões de dólares – terminou custando 22 milhões de dólares. George queria uma pequena equipe numa segunda unidade filmando um estoque de imagens, que ele poderia editar de forma que parecesse que a fita tinha rodado pelo mundo. Na verdade, *Indiana Jones foi* filmado em todo o mundo – na Tunísia, França, Havaí, Inglaterra e São Francisco. Lucas também queria que ele fosse produzido rapidamente, em 85 dias. Spielberg terminou em 73 dias.

Spielberg e Lucas eram amigos de longa data, mas naquele momento tinham de estabelecer uma relação profissional. Spielberg queria Frank Marshall, que havia trabalhado com o diretor Peter Bogdanovich em vários filmes, como seu produtor. Lucas também queria seu próprio colaborador em *Indiana Jones*, principalmente para manter os custos baixos. Howard Kazanjian, que carinhosamente descrevia o diretor de *E a festa acabou* Bill Norton como "o ser humano mais redondo que eu já vi", era a sua escolha. "Nós realmente precisávamos de um cara que não fosse legal", Lucas explica. "É difícil ser um durão nessa situação. Howard podia fazer isso". Havia alguma tensão entre Marshall e Kazanjian, mas Lucas acreditava que isso ajudava a manter os custos baixos.

A programação da produção era tão apertada, lembra o produtor associado Robert Watts, "que a gente não tinha nem tempo de pensar". Kasdan tinha escrito cenas alocadas no Nepal, no Cairo e no Mediterrâneo – Lucas decidiu mostrar um mapa do mundo com pequenas rotas de viagem animadas. As filmagens tiveram lugar na Tunísia, dessa vez sob um calor de 54°C no verão, e em La Rochelle, na França, onde havia canetas de pedra em forma de submarino que imitavam os modelos alemães da Segunda Guerra Mundial. Lucas queria que *Indiana Jones* fosse filmado em ritmo alucinante: "Lá pelo fim dele, teremos todos de estar arfando e dizendo: 'Conseguimos'", disse à equipe.

Spielberg imaginava Indiana Jones mais como um alcoólatra frágil, não o playboy em gravata preta e terno com cauda que Lucas inventou. O acordo seria alguém "como Harrison Ford", como Lucas o descreveu: asperamente romântico e robustamente bonito. George queria um desconhecido para o papel, alguém de baixo custo com quem ele pudesse assinar um contrato para três filmes, para cobrir as sequências planejadas. A primeira escolha foi Tom Selleck, um jovem ator prestes a iniciar a série *Magnum*, da TV CBS. Lucas tentou negociar o lançamento de Selleck, mas a CBS considerou que qualquer pessoa que Lucas quisesse tinha demasiado valor para abrir mão.

Spielberg sugeriu, em seguida, o próprio Ford – Lucas suspirou ao ouvir o nome. Ele queria usar diferentes atores em cada um dos seus filmes, e Ford estava para aparecer na quinta produção consecutiva da Lucasfilm. Ford tinha lido o roteiro rapidamente depois que Kasdan o concluiu, mas a sua atitude foi a mesma que em relação a *Star Wars*. "Eles podiam me achar, se me quisessem", disse secamente. Em segredo, ele ansiava pelo papel – era uma chance de fazer o público esquecer Han Solo. Ford lembra: "Era claramente o único personagem mais dominante de qualquer um dos filmes de George, muito em desacordo com suas teorias sobre artistas de cinema e o que representavam".

★★★★

Steven era tão cuidadoso com esse filme, era incrível.

Frank Marshall sobre a produção de Indiana Jones e os caçadores da arca perdida

★★★★

A principal contribuição de George Lucas a *Indiana Jones* acabou quando o filme começou a ser rodado: ele tinha estruturado a história, formado os personagens e os momentos de clímax e definido o tom. Agora, era a vez de Spielberg. Lucas sequer tinha um escritório em Elstree, onde boa parte do filme estava sendo rodada, e apareceu na locação apenas por cinco semanas. Ainda assim, conseguiu comunicar a Spielberg o filme que ele queria ver. "Eles fizeram *Indiana Jones* juntos", afirma a produtora associada Kathleen Kennedy.

Acima de tudo, Lucas serviu de freio para a vívida imaginação de Spielberg. Quando Steven queria 2 mil árabes extras, George lhe dizia para diminuir para seiscentos. Quando Spielberg queria um bombardeiro do tipo asa voadora de 1930 para uma cena estratégica, Lucas cortava dois dos quatro aparelhos, economizando 200 mil dólares. Lucas era um perfeccionista a um grau que Spielberg não era, mas ele enxergava *Indiana Jones* como uma produção de segunda categoria, não um fantástico filme classe A de Hollywood.

Lucas resistiu ao ocasional impulso de mostrar a Spielberg como filmar uma cena. Em lugar disso, murmurava baixinho: "Bem, é seu filme. Se o público não gostar, eles vão criticar você". Spielberg não se intimidava – fazia as coisas à sua maneira. A advertência virou uma brincadeira – quando Lucas ganhava uma questão, Spielberg dizia: "O.k., mas eu vou dizer a eles que *você* me obrigou a fazer assim".

A única vez que Lucas lamentou fazer *Indiana Jones* foi na Tunísia, onde sofreu severas queimaduras de sol no primeiro dia de filmagem no deserto. A pele de Lucas ficou permanentemente deteriorada; mesmo agora, quando o seu rosto é exposto ao sol, ele fica vermelho igual uma beterraba. A equipe o apelidou de Howard Hughes por causa da pele em volta das suas orelhas queimadas. Apesar do seu desconforto, Lucas filmou algumas cenas da segunda unidade, produzindo uma cena estratégica de um macaco traiçoeiro fazendo uma saudação nazista que Frank Marshall tinha passado dias tentando fotografar.

Lucas ia à locação mais que tudo para ficar na companhia de Spielberg, alega ele, mas o fato de estarem juntos aumentava as chances de conflito. "Nunca se sabe numa situação como essa", Lucas admite. "Mas eu imaginei que nós poderíamos dar um jeito". Os dois homens não poderiam ser mais diferentes no set: Spielberg, gritando animadamente, usando uma camisa havaiana berrante. Lucas, sentado silenciosamente no fundo, o queixo apoiado na mão, raramente dizendo uma palavra. No entanto, a amizade deles sobreviveu.

Na cabeça de Lucas, Spielberg é o melhor cineasta: "Ele é único, o diretor mais naturalmente talentoso que eu já conheci. Tive que aprender tudo o que sei. Qualquer talento que eu tenha está em uma área totalmente diferente, sintonizada com a sensibilidade das massas. Meu talento não é especialmente fazer filmes". Lucas finalmente tinha aprendido a delegar responsabilidades, dando a alguém um trabalho e deixando-o se virar com as consequências. Isso ajudou a fazer com que os resultados fossem excelentes.

Lucas acreditava firmemente na autonomia do diretor como principal força criativa de um filme, mas não era arredio à ideia de brincar com *Indiana Jones* na sala de edição – era o filme dele, ainda que por um curto espaço de tempo. Spielberg tinha de Lucas a garantia da edição final, mas depois de concluir sua primeira versão, ele voluntariamente a entregou para George. Era a primeira vez para Spielberg e seu editor Michael Kahn – ele havia pedido sugestões a amigos, mas sempre fazia suas próprias alterações. George encheu a sala de exibição em Parkhouse a primeira vez que ele e Marcia assistiram à edição de Spielberg, porque não queria assistir *Indiana Jones* sem uma plateia. Chamou Spielberg na manhã seguinte. "Preciso te dizer, você é *realmente* um bom diretor", disse Lucas com admiração. Kathleen Kennedy se lembra da euforia de Spielberg. "Não há muita gente em volta que pode dizer isso a Steven. Quem vai dizer ao presidente dos Estados Unidos que ele está fazendo um bom trabalho? Mas quando George lhe diz isso, está feito", confirma Kathleen.

George achava que um pequeno pente-fino não faria mal a *Indiana Jones*. Michael Kahn se encontrou com ele em Parkhouse e juntos cortaram sete minutos da primeira metade do filme, tornando-o mais compacto, lapidado e engraçado. Spielberg questionou algumas mudanças, mas, no conjunto, ficou satisfeito e impressionado. "Eu confiaria no tato do George para reeditar qualquer filme que eu dirigisse do jeito que achasse conveniente", Spielberg garante. "Ele conhece o segredo do que um editor pode fazer com um filme, como pode melhorá-lo. Acho que ele nasceu com isso. Se ele não fosse um cineasta, dirigiria um jornal – seria o Charles Foster Kane".

George tinha uma arma secreta na pessoa de Marcia. Como todo diretor que já trabalhou com ela, Spielberg acredita que Marcia tem um excelente olho. Ela é indispensável a Lucas porque compensa as suas deficiências. Onde George não se mostra indevidamente preocupado com personagens e carece de confiança na paciência do público, Marcia descobre maneiras de tornar o filme mais quente e de dar mais profundidade e ressonância aos personagens. Ela foi fundamental para mudar o final de *Indiana Jones*, no qual Indiana entrega a arca a Washington. Marion não é vista em lugar algum, presumivelmente presa em uma ilha com um submarino e um monte de nazistas misturados. Marcia assistiu à edição preliminar em silêncio e depois propôs uma melhora. Disse que não havia resolução emocional no final, porque a garota desaparece. "Todo mundo estava se sentindo muito bem antes que ela dissesse isso", Dunham lembra. "Foi um desses: 'Oh, não, perdemos a coisa de vista'". Spielberg gravou novamente a cena no centro de São Francisco, com Marion esperando por Indiana na escadaria do edifício governamental. Marcia, mais uma vez, tinha vindo resgatá-la.

A guerra não havia terminado quando *Indiana Jones* foi concluído. A Paramount Pictures era o único estúdio que aceitava o que acabou sendo conhecido como o "acordo matador" de Lucas. Ele originalmente queria financiar *Indiana Jones*, mas ainda estava envolvido com o lixo fiscal dos empréstimos para *Star Wars: O Império contra-ataca*. Tom Pollock e Charles Weber ofereceram *Indiana Jones* para todos os grandes estúdios, enquanto Lucas e Spielberg definiam um contrato de uma página entre eles. Steven ficou com 1 milhão de dólares como honorários pela direção, Lucas no fim recebeu outro 1 milhão de dólares pela produção, e a Lucasfilm recebeu mais 1 milhão de dólares como produtora contratada. Spielberg também recebeu a garantia de um percentual sobre o lucro bruto, o dinheiro que a Paramount receberia dos proprietários de cinemas, e Lucas tinha de esperar pela renda líquida.

Hollywood estava pasma diante da audácia dos termos e de saber que alguém tinha sido obrigado a concordar com eles. Ladd ainda estava na Fox quando o acordo foi discutido, mas quando Kasdan acabou o roteiro, Ladd tinha ido embora e a Fox saiu da lista. Sobravam a Universal, a Warner Bros., a Paramount, a Columbia e a Disney. Weber distribuiu uma carta com os dizeres: "Queremos que um estúdio invista todo o dinheiro, assuma todos os riscos e nos ofereça os melhores termos que se possam conseguir", Weber lembra com um sorriso. Os chefes de estúdios se sentiram ultrajados, mas Weber ainda está sorrindo. "Todo mundo nos chamou ao cabo de uma hora e disse: 'Queremos conversar com vocês'".

A reação do presidente da Paramount, Michael Eisner, foi característica. "Era um acordo impossível de fazer", lembra. "Você coloca dentro todos os dólares e ele tira todo o lucro". Mas *Indiana Jones* era o melhor roteiro que Eisner já tinha lido e a ideia de rodar um filme dirigido por Steven Spielberg e produzido por George Lucas era inquietante. Eisner nunca conversou com Lucas durante as negociações, apenas com Weber e Pollock. Eisner queria os direitos residuais, não apenas uma alternativa para eles, e queria sanções financeiras pesadas para Lucas se *Indiana Jones* fosse além do orçamento e do prazo. Ele conseguiu as sanções, mas a Paramount não pode fazer uma continuação de *Indiana Jones* sem Lucas.

O acordo foi feito, mas Lucas se recusou a honrar qualquer coisa que não fosse definida em acordo – ele não confiava no estúdio. A maioria dos contratos de cinema não é assinada antes que o filme esteja realmente em produção – Hollywood opera à sua própria maneira de honrar o sistema, o memorando do contrato. "Nem em 1 milhão de anos alguém conseguiria se safar depois de pedir um contrato assinado", Eisner diz. O único ponto de discórdia é a recusa de Lucas de garantir à Paramount que ele seria o produtor executivo de *Indiana Jones* – Lucas estava gostando disso. Eisner lembra: "Tudo o que ele dizia é 'acredite em mim'. Então, nós tínhamos Steven, que tinha acabado de gastar um monte de dinheiro [*1941*], George dizendo para acreditar nele e a gente tendo de garantir o pagamento a um filme que podia custar 50 milhões de dólares. Não era um acordo padrão, para dizer o mínimo".

Eisner aceitou tudo à exceção do "acredite em mim". Esse era o ponto de impasse. Desesperado por uma solução, Eisner chamou Bill Huyck e Gloria Katz, cujo filme *French Postcards* foi financiado e lançado pela Paramount. Os Huyck foram francos: "Você estragou tudo", disseram a Eisner. "George quer que confiem nele". Depois de uma noite em claro, Eisner chamou Weber e aceitou os termos. "Eu só decidi fazer todo o caminho", explica. "E uma vez que eu disse 'acredito em você', foi o filme produzido com mais profissionalismo que eu vi. Nem um tostão além do orçamento, conduzido totalmente sem problemas e sem uma briga sequer. Quando ele falou, eu acreditei".

O acordo em torno de *Indiana Jones* se revelou proveitoso para todos os envolvidos por causa do seu incrível sucesso. *Indiana Jones* vendeu quase 335 milhões de dólares em ingressos em todo o mundo. A Paramount Pictures levantou 49 milhões de dólares em lucro sobre o filme, recuperando seus 22 milhões de dólares investidos na produção durante o processo[11]. Spielberg fez 22 milhões de dólares além do previsto, mais do que ele tinha ganho com todos os seus filmes de sucesso juntos. (Sua renda pessoal com *E.T.* pode ter ultrapassado 75 milhões de dólares.) A Lucasfilm fez 21 milhões de dólares com *Indiana Jones*, mas Lucas, pessoalmente, só ganhou 2,5 milhões de dólares como produtor. Os outros participantes do lucro, incluindo os atores e membros das equipes, dividiram mais de 7 milhões de dólares em porcentagens sobre o lucro. A Lucasfilm agora tira 50% de tudo o que *Indiana Jones* ganha depois que a parte de Spielberg é deduzida. Mas a Paramount tem o direito de distribuir *Indiana Jones* para sempre.

Fazer *Indiana Jones* fortaleceu a amizade entre Lucas e Spielberg, que também dirigiu[12] o próximo filme de Indiana Jones, que Billy Huyck e Gloria Katz roteirizaram. "Aprofundou nossas ideias a respeito de um futuro compartilhado",

---

[11] Todos os valores financeiros de *Indiana Jones* foram fornecidos pela Lucasfilm e confirmados pela Paramount Pictures.

[12] Spielberg dirigiu os três filmes da série. (N. R. T.)

Spielberg concorda. Lucas ficou mais tranquilo por conseguir colaborar com um amigo muito próximo sem que o filme ou a amizade sofresse consequências. O Rancho Skywalker estava baseado no sucesso desse tipo de relação.

Mais que tudo, Lucas gostou de produzir *Indiana Jones*. O prazer é uma sensação que ele quase tinha esquecido em relação à produção cinematográfica. "Eu provavelmente me diverti mais nesse filme do que em qualquer outro", Lucas diz. "Eu não tinha de fazer nada além de sair para curtir. Tinha toda a confiança do mundo em Steve e eu não estava correndo riscos financeiros. Esperava que ficaria dentro do orçamento, mas se não ficasse... bem, pela primeira vez, o risco não era meu".

9

Regendo o Império

> Vamos encarar: reger O Império
> é uma tarefa chata. Não estou
> brincando. Não é dramático.
> É chato.[1]
> *George Lucas*

O dia começa cedo para George Lucas – ele pula da cama às seis horas, assim que o sol irrompe na cerração que cobre a Baía de São Francisco e San Anselmo.[2] Ele vive em Parkhouse desde 1980, mas ainda acha estranho – os quartos são muito grandes, os móveis, muito luxuosos. Aquilo se parece com a casa de um executivo corporativo rico, com uma equipe de serventes, um sistema de segurança sofisticado e três carros na garagem: uma Ferrari, uma Mercedes-Benz e a BMW sedã.

Mas Marcia dormindo ao seu lado, Indiana aguardando-o e a filha Amanda se mexendo no berço lembram Lucas que *ele* é um executivo bem-sucedido. Hora de começar mais um dia no escritório.

Se Lucas estiver escrevendo um filme novo, vai fechar atrás de si a porta da sala de escrever, pintada de um verde bem forte, nos fundos da casa. Vai acender a lareira e ficar na sua pequena alcova onde a almofada e os lápis serão usados o tempo necessário para concluir o número de páginas a que se propôs escrever. Esta é a atividade que Lucas menos aprecia. Quando está com bloqueio criativo, seu corpo fica tenso e rígido, seu rosto marcado.

---

[1] George Lucas em uma conferência sobre o roteiro de *Star Wars: O retorno de Jedi*.
[2] Observações pessoais sobre a Lucasfilm e Lucas foram feitas durante várias visitas a Marin County entre novembro de 1981 e novembro de 1982.

George preferiria editar, moldar sequências a partir do material que outra pessoa teve o trabalho de filmar. Fazer o filme correr pela máquina KEM na sua sala de edição é uma bênção. E ele também é compulsivo. Lucas não para enquanto não está satisfeito com uma sequência, mesmo que isso signifique ficar acordado até às duas horas da manhã.

A rotina prossegue por doze horas diariamente, seis dias por semana. Ele só tira o domingo de folga por insistência de Marcia. Pessoas que valem mais de 60 milhões de dólares não precisam trabalhar tanto. Lucas poderia relaxar, assistir TV viajar, se envolver com o setor imobiliário, viver uma vida boa, no estilo San Anselmo. No entanto, se comporta de maneira tão implacável que seus amigos se preocupam com a sua saúde. Há menos tensão do que existia antigamente na sua carreira, mas novas pressões testam a sua resistência. Marcia se preocupa: "Ele faz milhares de coisas o tempo todo".

Lucas não parece ser responsável por uma corporação multimilionária. Há um saltitar na sua forma de andar pelo caminho tortuoso que vai dos fundos da sua casa para o escritório. Ele tem frescor no rosto e parece descansado. Se veste de maneira padronizada: camisa xadrez sobre camiseta, calça jeans desgastada e tênis.

Seu escritório amplo e confortável é mobiliado com antiguidades de carvalho. Ele tem nas paredes histórias em quadrinhos de Príncipe Valente, Krazy Kat e Little Nemo emolduradas. Fotos de Marcia e Amanda se encontram em cima de uma estante de livros atrás da mesa e através do aposento outra estante guarda os *Great Books* da Britannica e várias revistas de arte gráfica. Também nas prateleiras figuram símbolos da adolescência de Lucas: recriações de plásticos de um cheeseburguer, uma coca-cola e um milk-shake de morango. Brinquedos estão distribuídos por todo o quarto: um foguete, um modelo de carro grande, um boneco do intimidante Boba Fett (o caçador de recompensas de *O Império*). O escritório de Lucas se parece mais com uma sala de brinquedos.

Mas este é um negócio. O escritório é usado com moderação – ele olha o correio ali e devolve as ligações cuidadosamente rastreadas por Jane Bay. A maioria delas diz respeito ao filme que ele está fazendo, àquele que está quase terminando ou àquele que acaba de concluir. Lucas chacoalha um peso de papel enquanto fala, fazendo rodopiar neve em volta de uma miniatura AT-AT. A sua voz perdeu aquele tom anasalado entediante de Modesto, mas ele ainda fala de maneira monótona, a voz modulando para cima ou para baixo à medida que fica entusiasmado ou aborrecido. As ligações são raramente pessoais – George não gosta de falar ao telefone, embora isso o alivie de enfrentar os problemas pessoalmente. "Ou eu posso resolver pelo telefone ou não dá para resolver de jeito algum", diz a um sócio na Inglaterra.

George também conversa com amigos, como Hal Barwood e Matthew Robbins, que têm dificuldade para decidir que projeto escolher em seguida. Ele lhes diz para cortar suas opções e seguir com aquela na qual acreditam. A conversa é pontuada pela risada nervosa de George, que soa forçada ao telefone. Ele nunca fica parado enquanto fala, reorganizando os minúsculos figurinos de madeira de *Star Wars* em cima da mesa.

Lucas só relaxa quando o trabalho está pronto. Senta na sua mesa de desenho, diante de fotos e mapas do Rancho Skywalker. Ele é o principal planejador da sua comunidade utópica. Esboça o tamanho e a forma dos prédios e cria modelos preliminares, embora arquitetos profissionais completem as plantas. Skywalker reproduz o estilo vitoriano-californiano de Parkhouse, mantendo uma continuidade entre o primeiro escritório decrépito de 1974 e o Rancho, que pode chegar a custar 50 milhões de dólares, uma vez concluído.

"Eu só queria pegar o divertimento e a camaradagem que tivemos e transportá-los para um ambiente ligeiramente maior, que também fosse confortável, relaxante e acolhedor", diz George a respeito do Rancho. A atmosfera criativa influencia a produção criativa, acredita. Aço e vidro tornam os filmes frios e impessoais – dê uma olhada em Hollywood.

Por vezes, Lucas dirige pela Autoestrada 101 até o Lucas Valley Road, onde o Rancho ocupa quase 12 mil metros quadrados. Ele vê seus minúsculos desenhos ganharem vida; edifícios aos poucos definidos, tetos sendo instalados, vitrais sendo montados. Lucas adora ver suas ideias sendo realizadas – ele pode passar o dia todo à sua mesa de desenho. "Eu fazia isso com carros, depois fiz com filmes e agora faço com o Rancho", ele diz, satisfeito com sua obsessão característica.

Lucas não tem mais a desculpa de *precisar* fazer algo. "Futuro e passado vão acabar", raciocina. "E então eu tenho de sentar e fazer algo diferente". Ele fantasia deitar em algum lugar da casa, brincar com a filha na piscina. Mas ele também lembra a mensagem de *Loucuras de verão*: "Você não pode ter

17 anos para sempre. A vida é um processo de mudança. Você deveria seguir com o fluxo".

O fluxo leva Lucas até um distrito comercial anônimo nas imediações de San Rafael, centro nervoso da Lucasfilm. O transeunte ocasional não tem ideia de que os cinco prédios de estuque branco, identificados com a cor laranja, telhados de telha pseudomediterrânea e as discretas letras A, B, C, D e E são o covil de um mágico. Eles incluem a Kerner Company Optical Research Lab, melhor conhecida como a Industrial Light & Magic, e, em um edifício vizinho, a divisão de computadores. Uma vegetação alegre circunda os edifícios. Dentro, as paredes exibem esboços originais, pinturas e pôsteres das produções da Lucasfilm. Há também exibições de ofertas bizarras dos fãs de *Star Wars*, as pessoas que tornaram tudo isso possível.

Esses prédios, o Rancho Skywalker e o Parkhouse incluído compreendem a "Lucaslândia", um termo que arrepia Lucas, embora seus amigos e empregados o use frequentemente. A Lucaslândia é uma comunidade autocontida, uma nova versão da cidade empresarial do século XIX. Na última Ação de Graças, o proprietário paternal ofereceu perus aos seus empregados, 431 aves de 10 quilos ao todo. Em 1979, o número de empregados e membros da família presentes no piquenique anual de 4 de julho no Rancho não chegava a cinquenta. Por volta de 1980, ele subiu para trezentos e depois para *novecentos* em 1981.

No dia 4 de julho de 1982, mais de mil pessoas apareceram para uma celebração de dia e noite inteiros com cachorros quentes e hambúrgueres na churrasqueira, cerveja e vinho, uma programação de *softball*, voleibol e croquet, além de jogos de *boccia* e de ferradura. Foi possível nadar no lago (salva--vidas presentes), seguido de uma apresentação de dança feito por uma banda de rockabilly. Carruagens puxadas por cavalos e carroças de feno transportavam os frequentadores da Lucaslândia de e para os estacionamentos, e uma banda de música tocava no prado. Walt Disney não poderia ter feito melhor.

O sonho de Disney foi realizado porque o irmão dele, Roy, tocava o negócio e pagava as contas. Lucas não tem um irmão a quem recorrer, embora Marcia tenha um papel de conselheira e confidente. George aponta as direções para a Lucasfilm e dá a entender a todos que sabe o que está fazendo. Richard Edlund compara isso a trabalhar numa sequência de efeitos especiais com Lucas: "Você pode não entender a sequência ainda, mas você sabe que *ele* entende. Ao conversar com você, ele está construindo o entendimento dele e o seu ao mesmo tempo".

Lucas aceita com relutância seu papel de presidente do conselho da Lucasfilm. Ele só começou a pagar um salário para si mesmo no final de 1981. A Lucasfilm tem um lucro anual médio de mais de 26 milhões de dólares, um número que pode crescer rapidamente quando um filme de sucesso é lançado. Lucas mantém sua companhia privada de maneira que não precisa dizer a todo o mundo quanto dinheiro ele fez (à exceção do governo). Mas ser um executivo de sucesso não é a sua concepção de divertimento.

"Para mim, administrar a empresa é como cortar a grama", Lucas diz, fechando o círculo dos 8 anos de idade aos 38. "Tem de fazer. Eu gosto em parte, de vez em quando". Quando criança, Lucas encontrou um meio para o seu dilema, ele guardou dinheiro e comprou um cortador elétrico. Ele adoraria transformar a Lucasfilm numa máquina de autopropulsão – mas por enquanto, ele tem de empurrá-la.

Empurrá-la significa aparecer no escritório do presidente Bob Greber duas vezes por semana para as reuniões. Ele fala e se encontra com Greber e seus executivos em outras ocasiões, mas esse ritual deveria ser chamado "George precisa saber". Estão presentes Greber, o vice-presidente e diretor de operações Roger Faxon, o vice-presidente financeiro Chris Kalabokes, o vice-presidente, e o conselheiro geral Kay Dryden. Eles têm linha direta com Lucas. São sua extensão, fazem o que ele não pode fazer. Lucas é arremessado em tantas direções diferentes que lhe resta pouco tempo para passar com seus empregados. "Eles simplesmente vão ter de fazer sozinhos", diz. "Não posso ser de todo mundo".

Todas as semanas, durante quatro horas, a Lucasfilm tem Lucas. O encontro é informal: George se recosta no sofá, os braços estendidos. Greber, sério, mas relaxado, se senta à sua mesa – ele tem 40 e tantos anos, é a pessoa mais velha da companhia. Faxon, um ex-analista de orçamento parlamentar, tem os óculos empoleirados sobre o nariz e um bloco de anotações amarelo sobre o colo. Dryden também tem um bloco, no qual faz várias anotações. Não há uma agenda formal, mas Greber mantém as coisas em curso. As pautas são discutidas brevemente com ocasionais apartes bem-humorados. A atmosfera é relaxada e aberta. A renovação de um edifício de escritórios de propriedade da Lucasfilm é discutida, e George olha em volta. "O que você recomenda?", pergunta. Quando todo mundo concorda com uma decisão, ele acena com a cabeça: "É o que penso também". Imperceptivelmente, Lucas está no comando: ele lança uma pergunta sobre responsabilidade civil e seguro contra terremotos como se fosse um experiente analista corporativo. Quando já tomou sua decisão, diz invariavelmente: "Tenho o sentimento de que...". Informado que alguém precisa tomar o avião para o Japão para trabalho, Lucas brinca: "É assim que se fazem acordos – basta pegar um bilhete de avião gratuito". Em seguida, o sorriso desaparece. "Saiba exatamente por que essa viagem é necessária", ele instrui Greber.

Aqueles que são próximos de Lucas concordam que ele se tornou, aos poucos, mais alegre e mais relaxado. Ele está menos tímido, embora não extrovertido. No escritório de Greber, ele é aberto e comunicativo, expressa suas ideias sem hesitação ou reserva. Lucas ainda evita os holofotes – uma solicitação para que autografe cem registros da história de *Indiana Jones* o leva a arregalar os olhos de tanta incredulidade. "O quê?", exclama, surpreso que Faxon tenha ousado fazer a solicitação. Verificando que não era por benevolência, ele descarta a ideia com um movimento de mão. Esses são os momentos, Greber explica mais tarde, em que Lucas gostaria de estar em outro lugar. "Ele preferiria nunca falar com gente como eu, se pudesse fugir disso", Greber afirma.

Lucas possui o instinto do homem de negócios nato, um traço raro em cineastas. Ele tem a habilidade de tomar decisões e prever suas consequências. "A maioria das pessoas passa a bola", declara Michael Levett, à frente do merchandising da Lucasfilm. "George toma decisões e as assume". Lucas odeia indecisão – ele não é uma pessoa descompromissada. Estabelece uma base para as suas ideias e depois constrói por cima, metodicamente. "Sua perspicácia para os negócios me surpreende", Greber confirma.

Lucas sorri ao ouvir esses cumprimentos – quase foi reprovado em matemática na oitava série. Ele pode não entender nada de paraísos fiscais ou de depreciação do petróleo, mas, como diz, "podemos gerir muito bem coisas que eu *posso* entender. Se fizer sentido para mim, então tudo bem". A filosofia empresarial de Lucas se resume ao dólar-dentro, dólar-fora, o legado de George pai. "A sobrevivência do mais apto", Lucas gosta de dizer. "Estou contente por ter essa atitude empresarial simplista, interiorana, conservadora. Sou como um simples lojista". Cuidando de uma vendinha de doces de 26 milhões de dólares, ele poderia acrescentar.

Lucas tem sentimentos confusos em relação ao resto do seu patrimônio. Não era divertido ter de comprar roupa com a mesada ou ter o custo de tarefas não feitas deduzido a cada semana. "Isso me endireitou, então eu fiz tudo certo na vida", explica a respeito da sua educação sobre coisas do dia a dia. "Mas às vezes me pergunto se realmente valeu a pena – se me tornei tão melhor em consequência". Lucas está cansado do trabalho duro, da perseverança e da paciência que fizeram dele um sucesso.

Surpreendentemente, o pai dele tem as mesmas dúvidas. "Sou do tipo perfeccionista, creio", afirma George pai, fazendo eco às palavras do filho. "Até certo ponto, eu negligenciei a minha família. Durante anos, estive trabalhando a partir das 7 horas da manhã, seis dias por semana. Eu não ia embora antes de fazer a coisa de maneira que *me* satisfizesse, e eu nunca queria perder. Eu era um solitário – não queria levar ninguém comigo, porque se tivesse problemas, os carregaria junto". Lucas se preocupa com as mesmas coisas, uma herança que preferiria não ter.

São seis horas da tarde quando George se dirige à porta ao lado dos escritórios da Industrial Light & Magic. A identidade da empresa se revela através de um sofisticado logo circular em cima da mesa da recepcionista: um mágico de fraque, cartola preta e luvas brancas, uma rosa vermelha na lapela, uma varinha na mão, envolto por uma engrenagem de máquina e as letras "ILM" torneadas. A segurança é cerrada. Há duas recepcionistas no salão e sinais subliminares avisando os visitantes que devem se apresentar. As precauções são necessárias: a ILM é onde a imaginação de Lucas se torna realidade. Aeronaves se balançam no teto, músicas de rock retumbam na sala forrada de centenas de modelos de aviões e kits de tanques. Um pôster na parede mostra Sinbad voando sobre um tapete de celuloide. Em quatro cofres fechados se encontram os tesouros da coroa: modelos e miniaturas do Millennium Falcon, de Death Star, de Snow Walkers, até mesmo de Luke, Han e Leia. "Aqui é onde se faz o futuro", afirma Tom Smith, o gerente da ILM.

Lucas vai à ILM todas as tardes quando um filme está entrando ou perto de entrar em produção. Walt Disney levava para passear Dopey Drive e Goofy Lane ao visitar seus animadores; Lucas espalha seu pólen de departamento em departamento na ILM. Os ilustradores, fazedores de monstros e figurinistas gostariam de vê-lo mais frequentemente, mas, como diz Lucas, "não há horas suficientes no dia para que eu faça tudo o que tenho de fazer".

Joe Johnston e George Jensen estão trabalhando diligentemente em suas pranchetas quando Lucas entre na sala de stroryboard e tira seu casaco de couro. Ele apanha um marcador vermelho e os dois ilustradores suspiram. As paredes estão forradas de desenhos presos com percevejos de cada cena da sequência da batalha culminante de *Star Wars: O retorno de Jedi*. Lucas imediatamente percebe que está faltando uma cena. Ele desprende as ilustrações e as mistura, projetando o filme na sua cabeça. Os storyboards não só lhe dão um senso de como a cena se organiza, mas lhe permitem rejeitar tomadas específicas antes que sejam filmadas.

Quando o marcador vermelho faz sua aparição, não há dúvidas sobre o ponto de vista que vai prevalecer. Lucas tem a última palavra para tudo. Ele é brutal em relação ao que não gosta: marcas vermelhas espaçosas eliminam vários desenhos cuidadosamente realizados. Lucas grunhe: "Vamos nos livrar desse aqui". O objetivo é um fluxo suave de imagens. "Quero que tudo tenha *ação*! Sem perda de tempo" – Se Lucas critica, ele também incentiva: "É isso aí, vamos lá, rapazes, temos de manter a seriedade em relação a isso. A hora é agora!" A conversa estimulante sempre funciona – Lucas angaria tanto entusiasmo quanto um pastor: "Muito bom!", ele diz com satisfação enquanto examina uma parede manchada com muitos "X" na cor vermelha.

Enquanto Lucas apanha seu casaco e se dirige para a porta, Johnston o chama de volta em tom de brincadeira: "Se precisar da gente por volta da meia-noite, ainda estaremos aqui". Lucas dá uma gargalhada, mas o comentário o incomoda. Ele já desceu metade das escadas quando se vira e volta atrás, enfiando a cabeça no aposento. "Vocês realmente vão estar aí tão tarde?", pergunta – sua preocupação com o bem-estar deles parece genuína.

Enquanto Lucas prossegue através da ILM, sua saudação é invariavelmente "como vai?", dita num murmúrio inexpressivo. "O fato de eu não dar um alô, sorrir e ser amigável não quer dizer que não me importe", diz Lucas em sua própria defesa. "Ao contrário, me importo muito". Mas ele não parece confortável entre seus empregados, e eles ficam inseguros de como se aproximar dele. Distância, não intimidação, define a relação, e ambos os lados a mantém. A falta de habilidade de Lucas em aceitar sua posição é evidente quando ele sobe ao set onde uma dublagem foi recém-concluída e o carpinteiro se aproxima para pedir um autógrafo. Lucas é surpreendido, mas atende com relutância. "Eu não pedi para ser famoso", ele diz mais tarde, de pé no estacionamento. Ele olha para os pés e murmura: "Mas acredito que faça parte…"

Regendo o Império

George Lucas lidou com seja lá o que "isso" for mudando um pouco a roupa, a atitude ou a filosofia. Mas quando entra em um escritório, uma imperceptível onda atravessa o aposento e um pequeno grupo se reúne em torno dele, de maneira dispersa, como se ele fosse especial demais para se relacionar normalmente. "Conheço muitas pessoas que têm medo de falar com ele. Elas simplesmente não sabem o que dizer", Joe Johnston afirma, encolhendo os ombros. Lucas pode intimidar aqueles que não o conhecem. Jane Bay certa vez contratou uma recepcionista e Lucas não lhe dirigiu a palavra durante três meses, nem mesmo para perguntar seu nome.

Seu comportamento melhorou desde então. "Creio que ele está mais confortável no planeta agora", afirma Bill Neil, que conhece Lucas desde *Caminhos mal traçados*, em 1968. George agradece às pessoas pelas suas contribuições e ocasionalmente conversa com elas nos seus passeios. Ele é econômico nos seus cumprimentos – o diretor de marketing Sidney Ganis se lembra de receber apenas dois em três anos. "Penso que George gostaria de congelar muita gente e só trazê-las de volta ocasionalmente", observa amargamente Anthony Daniels. Lucas é sensível às emoções das pessoas – qualquer um que pudesse criar um Wookiee e um R2-D2 não pode ser totalmente mau. "George não é uma pessoa que expresse fisicamente sua afeição pelas pessoas, mas ele certamente sente isso", insiste Jane Bay.

Às vezes, a falta de comunicação de Lucas confunde os associados. Quando o edifício dos computadores estava sendo construído, Lucas questionou a localização de uma porta. No dia seguinte, a porta foi transferida para o outro lado da sala. George ficou aturdido. "Eu não pedi para que aquela porta ficasse ali", disse. Um dia depois, a porta foi devolvida para o seu lugar de origem. Ed Catmull, chefe da divisão de computadores, disse: "As pessoas o entendem muito literalmente".

★★★★

> Tenho mais inveja de George em relação a um ponto: ele foi capaz de separar sua vida profissional e as fases de cinema em sua vida dos momentos de vida e fases dele com sua esposa.
>
> *Steven Spielberg*

★★★★

299

O verdadeiro George Lucas, se é que ele existe, volta a Parkhouse às sete horas da noite. O tempo privado de um homem intensamente privado começa então. Lucas vira simplesmente outro cara que gosta de deitar na cama, assistir TV e ler revistas. O Lucas compulsivo é agora o Lucas indolente, deixando de lado todas as obrigações e responsabilidades. Não era sempre tão fácil. A promessa de Lucas de trabalhar 40 horas por semana e tirar duas férias por ano só durou um ano, depois do lançamento de *Star Wars*. "Em seguida, eu estava de volta ao ponto onde comecei. Trabalhar é quando você não está no comando do seu próprio tempo", afirma com um olhar severo.

Quando Dan Rather anuncia: "Boa noite, essa é a edição vespertina do *CBS Evening News*", Lucas está finalmente no comando do seu próprio tempo. Marcia prepara o jantar – ela ainda faz a maior parte da comida –, enquanto George leva a filha Amanda para a sala de televisão e lhe dá uma mamadeira. O quarto é equipado com uma TV de tela grande, um gravador de vídeo e um *disk player*. Lucas é um glutão por notícias – é o único momento que ele assiste TV, além de um filme ou um documentário, ocasionalmente – e a rede de notícias é seu ritual noturno.

Ele lê uma variedade de publicações, desde o *New York Times* e o *Los Angeles Times* até a revista *Time* e a *Cinefex*, uma revista sobre efeitos especiais. "É importante para ele saber o que está acontecendo no mundo", observa Jane Bay. "Ele tem opiniões definidas a respeito da direção que o planeta está tomando". As notícias ajudam Lucas a desanuviar: existem problemas maiores que aqueles que ele encara.

A resiliência da relação entre George e Marcia Lucas é impressionante. Dez anos atrás, eles estavam tão quebrados que tiveram de emprestar dinheiro para tirar férias. Agora, passam as noites folheando catálogos imobiliários de residências exóticas para milionários: vilas na Espanha, ilhas no Pacífico Sul, pousadas de esqui na Suíça, embora não tenham intenção de comprar. "Cada um deles teve de lidar com isso ao seu modo", afirma Bay a respeito da evolução dos Lucas. "A impressão que eu tenho é que eles continuam se fortalecendo enquanto casal".

Marcia admite que tem sido uma luta. Ela nunca gostou que o lazer de Lucas também fosse o seu trabalho. Ela o aborrece para que leia livros de lazer, não de pesquisa. Quase de má vontade, ele agora lê romances de James Michener e James Clavell e clássicos de Robert Louis Stevenson e O. Henry.

Eles recheiam as estantes da biblioteca da família, um quarto confortável com uma lareira aconchegante e artefatos da Eskimo. Marcia também consegue levar George para jogar tênis com ela, sua única forma de exercício, como bem comprova uma pequena pança.

Marcia ainda consegue fazer George rir – "ela é uma senhora engraçada", Bill Neil afirma com aprovação. "Ela o deixou consideravelmente desprendido". Ela também serve como anteparo ao humor seco e irônico do marido. Na festa de encerramento de *Indiana Jones* no Havaí, em 1980, George convenceu o produtor Frank Marshall a tropeçar no bolo de aniversário de Marcia e estava em êxtase quando a brincadeira ocorreu com perfeição. As observações sem graça de Marcia ainda fazem Lucas corar, mas ele é mais afetuoso hoje do que no passado – ele chega a colocar o braço em volta do corpo dela em público. Marcia disse certa vez a Neil: "As pessoas pensam que George é um cara pouco afetuoso. Mas quando estamos sozinhos, ele é doce e fofo comigo".

Parkehouse é a base da vida dos Lucas. "Somos basicamente caseiros", afirma George. Ele e Marcia evitam festas, restaurantes e viagens. Vão à Nova York duas vezes por ano. Depois que o sucesso de *Star Wars: O Império contra-ataca* se consolidou, eles partem rumo à uma infrequente gastança para adquirir arte, roupas e móveis.

Ademais, Nova York, Los Angeles e Londres continuam territórios alienígenas para Lucas, que prefere a mistura de banqueiros ricaços e excêntricos hippies de Marin County. São Francisco fica a meia hora de carro, e oferece balés, óperas e teatro. Desde a chegada de Amanda, eles só saem de casa para assistir filmes. "Não gosto da cidade", Lucas afirma com determinação, "gosto do campo". San Anselmo está longe de ser a América rural, mas tem a mesma quietude preguiçosa que Modesto possuía nos anos 1950. À sua maneira, Lucas voltou para casa.

A forma de Lucas lidar com suas finanças e seu sucesso criativo é uma informalidade cuidadosa. "Fico surpresa o tempo todo", Marcia afirma, olhando Parkhouse à sua volta. Apesar dos milhões provenientes de *Loucuras* e *Star Wars*, não foi antes do final de 1980 que eles se sentiram suficientemente confortáveis para reformar a casa. A maior transição para Marcia foi abandonar a casa de Medway, onde ela e George viveram durante nove anos. Era tão pequena que ela podia limpá-la sozinha. Agora, vive numa mansão, e depende de uma equipe de empregados.

301

"De vez em quando, é um pouco desconfortável sentir que você não consegue fazer isso sozinha", ela diz.

Quando Marcia Griffin se casou com George Lucas em 1969, achou que ele nunca viria a ser mais do que um diretor de filmes esquisitos. Então, quando ele se tornou o cineasta mais bem-sucedido da história de Hollywood, Marcia não soube como reagir. Ela se sentiu culpada em relação à sua súbita prosperidade. Tanto ela como George sentem que não a merecem. Marcia se ressentia dos seus amigos ricos quando era jovem. Agora, ela usa um belo anel de diamantes e faz suas tarefas do dia a dia a bordo de um Mercedes-Benz. "Creio que parte do esforço foi retirado da minha vida", Marcia diz tranquilamente. "Eu era uma grande empreendedora, uma *self-made woman* que começou do nada, trabalhou duro e foi recompensada. De certa forma, lamento que todos os obstáculos foram removidos".

Para manter pensamentos como esses à distância, Marcia se lança nas novas empresas de Lucas. Ela humanizou a Lucasfilm, organizou um time de sub-20 na liga de *softball* e um clube de vela da empresa. Bob Greber a chama de chefe de torcida da Lucasfilm, acrescentando: "Penso que as pessoas esquecem às vezes que Marcia Lucas detém metade dessa companhia e representa uma parte importante dela". Marcia transformou a sede da Lucasfilm em Los Angeles de um armazém minúsculo em um edifício de escritórios modelo. Ela tem uma equipe de design de 25 pessoas no Rancho Skywalker.

Marcia sente falta da gratificação que editar lhe trouxe, no entanto. Os amigos dela lamentam que ela tenha se aposentado, tanto quanto o fato de George ter abandonado a direção. Marcia estava pronta para ser mãe e desde que adotou Amanda, a ideia de cortar filmes a noite inteira lhe pareceu desagradável. Ainda assim, a sua ambição não desapareceu completamente. Ela vai receber um crédito como editora[3] de *O retorno de Jedi*, junto com Sean Barton e Duwayne Dunham. Ela e George discutem a possibilidade de ela passar para a direção, um passo que Marcia evitou – como competir com George Lucas? A direção de alguns filmes lhe foi oferecida, e George a estimulou a tentar. "Você sabe tanto quanto qualquer outra pessoa o que enfrentamos ao dirigir", ele lhe diz. Mas os scripts não têm sido bons e Lucas a adverte que se

---

[3] No fim, Marcia Lucas foi creditada dessa maneira entre os cinco editores de *Star Wars: O retorno de Jedi*. (N. R. T.)

ela não gosta do script, o filme não vai ficar bom. Ele poderia contratar Marcia para dirigir um dos seus projetos pessoais, uma prospecção que os deixa a ambos desconfortáveis. "Prefiro que ela trabalhe para outras pessoas porque nesse caso ela está por conta e ninguém vai dizer: 'Oh, ela conseguiu aquele trabalho por causa do George'", ele observa.

Marcia não vai precisar se preocupar em dirigir num futuro próximo – Lucas a viu se programar para a vida doméstica. Ele sempre quis uma família grande, e embora as coisas não tenham acontecido assim até agora, ele ainda quer nada menos que seis filhos[4]. George tem boas lembranças de sua própria infância, especialmente da relação muito próxima com a irmã Wendy: "Você tem algo além do mundo externo", ele diz. O primeiro "filho" deles foi Indiana, que George e Marcia têm mimado desde 1971. A chegada de Amanda preencheu um grande vazio na vida deles. Era difícil para George aceitar a ideia da infertilidade. Uma vez que ele superou a barreira, se lançou na paternidade com a mesma dedicação que atribui aos seus filmes. A empresa nunca foi um substituto para a família.

"George é uma pessoa muito controlada, mas não tem jeito de ele esconder o que sente por aquela criança", afirma Alan Ladd Jr. "Amanda é a maior mudança pessoal que já vi nele nos últimos dez anos. Ele ganhou essa luz interna". Marcia acredita que a abertura de George para a sua família irradiou para o resto da sua vida. "Ele tem menos oportunidades de se fechar", ela observa.

Ao virar pai, será que Lucas sente dificuldade de pensar como uma criança? "O momento culminante na vida de todo mundo não é o casamento, mas a paternidade", afirma Tom Pollock. "Você fica velho. Isso pode trazer uma maturidade aos filmes dele que ele não teve e pode não ser bom para eles do ponto de vista comercial". A possibilidade não aflige Lucas: "Às vezes tenho a sensação de que se eu tiver mais sucesso, vai ser obsceno. Estou embaraçado com isso. Estou começando a ficar impressionado comigo mesmo, e eu não gosto disso".

Lucas está ciente dos perigos de ser uma celebridade, mas se recusa a viver com medo. Ele aceita suas responsabilidades, embora não quisesse nada

---

[4] George e Marcia se separaram em 1983. Em 2012, George casou-se novamente, agora com a empresária Mellody Hobson, e tiveram uma filha. Leia mais na p. 407. (N. E.)

além do que ser deixado sozinho. Lucas desanuvia diante da menção a E.T., que substituiu *Star Wars* como o filme de maior sucesso até o momento. Agora, é a vez de Steven Spielberg sob os holofotes, uma oportunidade que Lucas espera usar para sumir de vista.

É difícil escapar do sucesso. Carol Titelman, que trabalhou na Lucasfilm quando *Star Wars* foi lançado, se lembra de pensar: "Meu deus, George vai se tornar um homem riquíssimo". Até mesmo Lucas estava surpreso com a sua prosperidade – ele pediu ao contador Richard Tong para que descobrisse quanto ele tinha ganhado, quanto tinha gasto e quanto tinha sobrado. "Tenho a sensação de que talvez cerca de meio milhão de dólares foi pelo ralo", disse a Marcia. Lucas estava preocupado de *ele* ter perdido o dinheiro por descuido empresarial. Tong examinou os livros-caixa desde o tempo em que George e Marcia tinham uma renda conjunta de 25 mil dólares e acrescentou nove anos de lucros e despesas. A soma total que ficou desaparecida era de 15 mil dólares. "Isso realmente o encantou", lembra Tong.

****

Não faço filmes apenas para fazer dinheiro.
Faço dinheiro para fazer mais filmes.[5]
Walt Disney

****

Depois de *O Império contra-ataca*, Lucas precisava decidir o quê fazer com todo o dinheiro que ele não tinha perdido. Em maio de 1978, George e Marcia formaram uma companhia que adquiriu o Bull Tail Ranch de Nicasio, com 100 anos, bem ao norte de San Anselmo.[6] Instalado sobre 7 mil metros quadrados de montanhas pardas acidentadas e vales profundos, Bull Tail havia sido um próspero rancho de gado e laticínios. Em dois anos, a Parkway

---

[5] Em *Walt: Backstage Adventures with Walt Disney*, de Charles Snow (Los Angeles: Communications Creativity, 1979).

[6] As informações sobre o Rancho Skywalker foram extraídas de "Environmental Assessment Report", preparado por Susan D. Hilsinki (nov. 1978) e de "Lucas Skywalker Ranch Remains a Big Mystery", artigo de Herb Michelson no *Daily Variety* (13 jul. 1981). Informações complementares foram fornecidas em "How Lucas Got the o.k. to Build Big", em *Point Reyes Light* (11 jun. 1981); "How Some Marin Moviemakers Got Their Jobs... and Lost Them", por Spencer Read em *Twin Cities Times* (15 out. 1982).

Properties adquiriu treze lotes de Bull Tail, incluindo Big Rock Ranch, que dominava as colinas contíguas. Todo o terreno chegava a 13 mil metros quadrados e custou a Lucas 3 milhões de dólares. (O preço era barato por causa das exigências do condado, de manter a terra para a agricultura, o que afastou os investidores imobiliários.)

O Rancho Skywalker prometia preencher muitos dos objetivos de longa data: ele lhe daria uma sede diferente de todas as outras companhias cinematográficas. Seria um criadouro de ideias sobre cinema, onde os filmes poderiam ser concebidos, ao invés de fisicamente produzidos. Não seria nem um estúdio cinematográfico nem um campus de cinema, mas algo entre os dois – exatamente o quê, Lucas ainda não sabia Mesmo a enorme renda de *Star Wars* e *O Império contra-ataca* não foi suficiente para construir e operar o Rancho. Mas usando o merchandising como base, a Lucasfilm poderia expandir-se em investimentos que não fossem o cinema, que, por sua vez, poderiam garantir a realização de Skywalker qualquer que fosse o futuro sucesso de Lucas na indústria do cinema. Lucas gostou da ideia de confundir Hollywood de novo – seus filmes subsidiariam o Rancho, não o seu proprietário.

Chris Kalabokes, o analista financeiro que tinha hesitado em aprovar *Star Wars* na Fox, se juntou à companhia ao ouvir Lucas falar de Skywalker. "Essa era uma ideia na qual eu podia confiar", lembra. Outros parceiros de negócios consideraram que a decisão era alarmantemente irracional. De onde o dinheiro poderia vir? George falava sério?

Lucas ouviu sua voz interna novamente. "Não sei por que estou construindo o Rancho", ele admite. "Surgiu como ideia e compromisso sem nenhuma lógica, eu sei. Mas é um sentimento que eu tenho".

Para realizar seu sonho, Lucas sabia que alguém tinha de assumir o comando da sua empresa, e ele não queria esse trabalho. "Eu precisava de um homem de negócios", diz Lucas. Charles Weber, o executivo esbelto, de fala mansa, especializado em empreendimentos imobiliários de alta renda, foi sua escolha. A segurança profissional de Weber impressionou Lucas e acalmou as suas preocupações com relação a dinheiro. Ele deu a Weber uma única orientação – Charlie poderia dirigir a Lucasfilm e se ele fizesse dinheiro, poderia dirigi-la como bem entendesse. Se não fizesse dinheiro, ele estava fora do emprego. "Deixe-me fora disso", ele disse a Weber, que duvidava que Lucas poderia se ausentar do seu próprio negócio.

A Lucasfilm encontrou seu lugar à sombra da Universal Studios, um velho armazém de ovos e laticínios em tijolo, perto da Hollywood Freeway. Quando a compra foi finalizada, Lucas confidenciou a Richard Tong: "Um dias desses, a Universal vai realmente querer esse pedaço de terra e eu vou fazê-la pagar bem caro por ele".

Lucas hesitou em montar uma sede tão perto de Hollywood. Isso significava voar regularmente entre São Francisco e Burbank, uma viagem que ele odiava. Ele queria instalar a Lucasfilm em Marin. Mas Weber, permanentemente instalado em Los Angeles, o convenceu que seria melhor ficar perto da Fox, que ainda controlava a única atividade produtiva rentável da companhia, o merchandising. Um ambicioso programa de reformulação tinha sido iniciado no velho armazém, rebatizado de Egg Company; o custo rapidamente passou de 200 mil dólares para 2 milhões de dólares.

George sentiu que suas conhecidas premonições de ruína estavam em curso quando a equipe de Los Angeles aumentou de cinco empregados para quinze, e depois cinquenta, e, por fim, quase cem. "Eu não estava nem um pouco contente com isso", Lucas diz agora. Mas ele raramente expressou seu descontentamento a Weber, exceto ao lembrá-lo que a Lucasfilm deveria ser mantida pequena e familiar. Weber pacientemente explicou que se a companhia ia bancar o Rancho, ela devia crescer.

Lucas queria que a Egg Company fosse um ambiente ideal para gente criativa e pessoas de negócios. A claraboia original foi reforçada com vigas de carvalho gigante. Abaixo dela, um jardim interno foi preenchido com mesas, cadeiras de diretores e plantas suspensas. George estabeleceu os escritórios espaçosos e Marcia desenhou o interior deslumbrante: paredes verde-escuro com guarnição de madeira polida, escrivaninhas e mesas antigas, uma varanda de carvalho polido dando vista para o pátio. "Lembro de quando trabalhava na Sandler Films, sentada em um cubículo escuro", afirma Marcia. "Eu queria que cada funcionário tivesse um lugar decente para trabalhar".

A inspiração para a Lucasfilm pode ter sido a Zoetrope, mas Lucas estava determinado a fazer do produto final algo bem diferente. Coppola sente que abriu o caminho para Lucas, embora admita que George nunca poderia ter suportado a maneira "descabelada" com que gerenciava a empresa. Coppola carece de uma aptidão mais sofisticada para os negócios, mas Lucas é astuto e parcimonioso. Coppola equipa sua empresa com velhos amigos, enquanto Lucas contrata administradores financeiros profissionais. Francis vive à beira do precipício; George se agarra aos penhascos. "Eu reajo à maneira como Francis faz negócios indo por fora em sentido contrário", reconhece Lucas. "Ele queria ser um magnata, mas eu não. Eu quero fazer mais filmes e ajudar jovens cineastas a se desenvolverem. Mas primeiro vou montar uma base sólida para ter segurança financeira".

O gafanhoto e a formiga, ainda hoje, depois de tantos anos. Lucas e Coppola raramente conversam hoje, mas a influência na vida um do outro ainda é forte. Durante um período vertiginoso depois do sucesso de *Star Wars*, eles planejaram assumir o negócio do cinema adquirindo salas de cinemas e montando sua própria empresa de distribuição. "Tudo o que você quer fazer, pode se tiver dinheiro", lembra Coppola, um tanto melancólico. Lucas lembra de Coppola sugerindo até mesmo de eles criarem sua própria religião, usando a Força como bíblia. George achou que Francis tinha ido ao fundo do poço.

O sonho de Coppola e de Lucas ainda coincidia. Francis precocemente se converteu ao cinema eletrônico enquanto fazia *Apocalypse Now*, colocando imagens uma em cima das outras. Enquanto Coppola dava entrevistas louvando as maravilhas da edição em vídeo, no entanto, Lucas estava investindo 5 milhões de dólares numa empresa de computação. "São filosofias diferentes a respeito da maneira como se deve fazer cinema", Lucas diz.

Em 1980, Coppola adquiriu um estúdio dilapidado de Hollywood por 6 milhões de dólares. Foi uma tentativa vã de reproduzir uma versão bem-sucedida dos antigos complexos de estúdios, cheios de atores, roteiristas e técnicos com contratos de trabalho de longa duração. Francis passou a representar o estabelecimento que ele um dia desacreditou, enquanto George, o conservador, permaneceu aos olhos de todos como um rebelde. Lucas não queria um estúdio, apenas o seu espírito criativo.

Coppola nunca se preocupou com a falta de dinheiro. "Eu sempre atuei como se fosse ficar rico, pois, se eu quebrasse, a questão se resolveria sozinha", diz, encolhendo os ombros, uma filosofia que leva Lucas a se retrair. Coppola pediu a Lucas que lhe emprestasse 1 milhão de dólares quando ele comprou a Zoetrope Studios. Para sua surpresa, Lucas não tinha. Lucas estava correndo atrás de 3 milhões de dólares para terminar *O Império contra-ataca*. Lucas nunca aprovou a aproximação de Coppola de Hollywood: "Penso que Francis traiu a todos nós de São Francisco que tínhamos lutado para fazer dessa comunidade uma alternativa viável de cinema", Lucas afirma. Mesmo assim, ele disse a Coppola: "Se eu tivesse o milhão, eu te daria. Mas eu não tenho".

Coppola, como a maioria em Hollywood, não tinha consciência da situação fiscal de Lucas, um segredo bem guardado. Ele ficou magoado e jurou nunca mais pedir ajuda a George de novo. Pouco menos de dois anos depois, Coppola estava em apuros novamente, tendo gastado 23 milhões de dólares em *O fundo do coração*, seu musical eletrônico. Coppola fez coletivas de imprensa lamentando sua sorte, mas nunca pediu a Lucas para ajudá-lo. "Não creio que George funcione dessa forma", Francis diz, falando devagar. "Parte da amizade é entender quais são as limitações. Algumas pessoas têm esse tipo de generosidade por natureza, é fácil para eles. Outros, não".

Lucas disse aos sócios de Coppola que se Francis precisasse de ajuda, era só pedir. "Ele nunca pediu", George diz, sem nem lamentar. Lucas tinha anteriormente oferecido comprar as casas e o escritório de Coppola e revendê-los para ele como se fosse um empréstimo sem juros, mas Coppola nunca aceitou a oferta.

Ron Colby e Mona Skager, que conheciam Lucas desde 1968, ficaram furiosos porque George não deu um passo na direção de Francis quando ele enfrentou dificuldades. Skager disse: "Se você se encontrasse na mesma situação, como se sentiria? Magoado. Magoado porque seu amigo não veio até você. É como se seu irmão não o ajudasse". Não fosse por Coppola, Colby diz, Lucas estaria fazendo filmes industriais. Lucas reage rispidamente a essas críticas: "Isso significa que para o resto da minha vida eu tenho de dar e dar para o Francis só porque ele foi o primeiro a me explorar?"

Lucas e Coppola agora mantêm a aparência de uma amizade. Eles co-patrocinaram um filme de um dos seus heróis em comum, o diretor Akira Kurosawa. Sem a ajuda deles, *Kagemusha* não teria sido concluído e lançado fora do Japão. Coppola ainda tem devaneios de Lucas produzir um filme seu, em troca do favor que fez em *Loucuras:* "Nós fizemos um monte de coisas boas juntos e para certo tipo de cinema, isso teria sido ótimo". O professor de outrora e seu aluno demasiadamente bem-sucedido ainda trocam presentes de Natal e convidam um ao outro para as festas de suas respectivas empresas, mas eles se distanciaram e a separação é profunda e provavelmente definitiva – eles vivem em mundos diferentes. "Somos todos produtos do nosso meio",

Coppola afirma, uma explicação simples para a relação mais complexa da vida de George Lucas.

****

O futuro será com cineastas independentes. É um tipo de negócio totalmente novo. Estamos todos tomando posições sobre os escombros da velha indústria.

*George Lucas em um discurso
no Rotary de Modesto, em 29 de maio de 1973*

****

George Lucas pode ter feito Hollywood se ajoelhar, mas ele a manteve viva.[7] *Uma nova esperança, O Império contra-ataca* e *Indiana Jones* removeram mais de 150 milhões de dólares dos cofres de dois grandes estúdios que tiveram de se contentar com a distribuição de comissões. Tom Pollock afirma: "George desviou dinheiro do sistema que não pode ser usado novamente para fazer filmes, a não ser para si mesmo". Lucas é o maior beneficiário dos lucros na história do cinema. Hollywood se beneficiou do seu sucesso, no entanto. Vários filmes tomaram carona na sequência de sucesso de Lucas. Sem Lucas, a indústria do cinema teria vivido dias ainda mais difíceis. O sucesso de *Indiana Jones* permitiu à Paramount fazer doze filmes de sucesso menor.

"George Lucas não é o que o resto do negócio é", afirma Ned Tanen. "Ninguém nunca fez o que ele fez. Ninguém. George Lucas está aqui, e o resto da indústria lá". Lucas é o cara que saiu fora, que atingiu o sistema criando seu próprio sistema. "O sistema de estúdios está morto", Lucas insiste. "Ele morreu quinze anos atrás, quando as corporações assumiram e os diretores de estúdio se tornaram agentes, advogados e contadores. O poder está com o povo agora. Os trabalhadores têm os meios de produção".

Estaria esse George Lucas, o empresário conservador de Modesto, cuspindo uma retórica socialista de Hollywood? Claro que não. Lucas está falando a respeito da força *criativa* do escritor, do diretor e do produtor independente, uma meta à qual dedicou sua carreira. Com o poder advém a inveja daqueles que não o detêm. Lucas e Hollywood provocaram um ao outro du-

---

[7] Informações sobre a saída de George Lucas de Hollywood foram complementadas por "Lucas Severs Last Hollywood Ties", de Jim Harwood em *Daily Variety* (6 abr. 1981).

rante mais de uma década. Ele considera Hollywood corrompida e desprezível, enquanto a indústria do cinema se ressente do seu sucesso e arrogância. "Eles não se importam com os filmes", George afirma. "A vantagem que eu tenho em relação aos estúdios é que eu me importo".

A despeito da sua desconfiança em relação à Hollywood, Lucas entende como a indústria do cinema funciona. Já na escola de cinema, chegou à conclusão de que não precisava fazer acordos, e nem precisava de agentes ou de produtores executivos. *Ele podia fazer filmes*. Agentes, advogados e executivos de estúdio não sabem iluminar, filmar ou cortar um filme. Eles sobrevivem ao lado das pessoas que sabem como fazer essas coisas – são parasitas.

Ainda assim, Hollywood não deixa de ter seus atrativos. "Há muitas iscas", Lucas admite (adulação, dinheiro, sexo, drogas). "Quero dizer, sou tão seduzível quanto qualquer cara", diz. "Imaginei que se eu ficasse aqui, teria me tornado parte disso. Eu não queria ser esse tipo de pessoa. Eu nunca acreditei ser forte o suficiente para resistir a todas as tentações". A personalidade e a educação de Lucas fizeram com que fosse quase impossível para ele aceitar Hollywood nesses termos.

Lucas transformou o que poderia ter sido uma susceptibilidade profissional em um trunfo. "Eles não conseguem entender alguém que não quer fazer parte da máquina", disse certa vez Lucas a respeito dos estúdios. "Isso me torna um enigma, a mais efetiva presença que eu poderia ter". Hollywood é a Estrela da Morte, e Lucas é o eterno rebelde. Ele ainda carrega as cicatrizes psicológicas de *Loucuras* e *THX* terem sido tirados dele e lembra de a Fox persegui-lo a cada passo da produção de *Star Wars*. Alan Ladd Jr. observa: "Penso que George sente, e com razão, que o decepcionaram, enganaram e mentiram". Essas lembranças amargas o impulsionaram na direção da independência. A liberdade artística se tornou não só um objetivo, mas uma forma de revanche.

Será que Lucas realmente sofreu? Os cortes em *Loucuras* e *THX* não eram grandes e ele, por fim, restaurou o material em ambos os filmes. Ned Tanen, que tirou *Loucuras* de Lucas apesar da esmagadora evidência de que o filme era popular, acha que não: "Santo Deus, George, o que te fizeram de mal? Cancelaram nove filmes seus? Você foi fisicamente abusado por alguém? Você foi expulso pessoalmente de algum escritório? O que aconteceu com você de tão terrível?" Tudo o que Lucas pode fazer é conter a si mesmo quando se vê confrontado a esses argumentos. Ele tem um desdém moral por Hollywood que vai além de suas próprias queixas. "Qualquer um com convicções morais odeia o jeito que os estúdios fazem negócios", argumenta. Mas Lucas está em posição de fazer algo a respeito. Ele pode apertar os parafusos, verbal e financeiramente. "Gosto disso porque no começou me ferraram e eu agora estou em condições de fazer isso com eles".

Lucas subscreve-se em um código de justiça do Velho Testamento. Ele é tolerante e amante da paz até ser injustiçado. Então, na sua fúria, é justiceiro: "Eu não perdoo. E eu não esqueço. É parte do meu jeito. Eu sempre fui assim". O sucesso temperou a sede de Lucas por retaliações. O incrível poder que exerce o tornou mais seletivo ao aplicá-las. "Mas eu ainda sei guardar rancor", avisa.

Há exceções, é claro. Alan Ladd Jr. é um dos poucos executivos de estúdio que Lucas considera decente, apesar do conflito a respeito do último minuto de filmagem de *Star Wars*. Ladd sente orgulho do seu status e o tem usado para estabelecer um arranjo no qual Lucas traz projetos aos seus cuidados e faz consultas para ver se estão progredindo.

Do outro lado do espectro está Marvin Davis, o barão do petróleo do Colorado que adquiriu a 20th Century Fox por 680 milhões de dólares em 1981. Lucas é amigável com Davis, convidando-o a Parkhouse e frequentando o baile anual de caridade do milionário em Denver. Eles têm uma coisa em comum – muito dinheiro. O agressivo empresário de 150 quilos e o pequeno cineasta reservado compartilham pouco mais que isso. "Ele é um tubarão", Lucas diz a respeito de Davis, que recentemente vendeu os direitos de transmissão televisiva de *Star Wars* por estimados 60 milhões de dólares, apesar das objeções de Lucas. "Mas há uma diferença entre ser um tubarão e ser delicado. A maioria das pessoas o é por covardia, mas Marvin não é covarde. Ele é duro, mas você sabe onde está pisando". Davis pode ter sido o último de uma série de figuras representando um irmão mais velho para Lucas, a começar com Alan Grant e continuando com Francis Coppola. Marvin é o homem de negócios firme que George, de alguma forma, queria ser. Davis é das raras pessoas em Hollywood que pode fazer uma decisão vingar, uma qualidade que Lucas admira demais.

Ainda assim, Lucas não pode abraçar sinceramente práticas empresariais que ele considera injustas ou inescrupulosas. Aqueles que violam os princípios da moralidade (honestidade, justiça, generosidade) se dão mal, pensa Lucas. Ele é tão honesto que, durante a arbitragem da ICM em torno de *O Império contra-ataca*, sua equipe foi orientada a dizer *tudo* aos advogados da ICM, ainda que fosse nocivo para ele.

Lucas quer o tipo de empresa ética que não existe em Hollywood. Os funcionários do seu pai ficaram na L. M. Morris por quase vinte anos e George quer desenvolver a mesma lealdade na Lucasfilm. Ele tenta impor o exemplo moral. Quando ver alguém com dificuldades, não tire vantagem. Ao negociar um acordo, seja firme e exigente, mas não irracional ou injusto. Quando alcançar o sucesso, divida os lucros. "É só uma questão de fazer o que é certo", diz.

Lucas se recusa a fazer o que considera errado, o que explica sua contenda amarga com a Writers and Directors Guilds. Lucas nunca apreciou os sindicatos de Hollywood – solicitou a adesão neles assim que saiu da escola de cinema e foi sumariamente rejeitado. Ele os viu como uma barreira para a produção de filmes, reforçando a ideia de Hollywood ser um clube exclusivo.

Star Wars e *O Império contra-ataca* foram feitos na Inglaterra, e Lucas teve pouco contato com a Directors Guild depois de voltar para *Loucuras de verão*. Pouco depois de *O Império* ser lançado, o sindicato notificou Lucas de que ele estava sendo multado em 250 mil dólares por colocar o nome do diretor Irving Kershner no fim do filme e não no começo. Era o mesmo lugar que o crédito da direção de Lucas recebeu em *Star Wars*, mas o sindicato não se queixou nesse caso. Se Lucas tivesse colocado o nome do diretor no começo, o regulamento do sindicato teria exigido que os principais créditos estivessem lá, acabando com o impacto da cena de abertura.

Kershner não se importava com o lugar onde seu crédito aparecia, mas o sindicato, sim. A Lucasfilm era um crédito pessoal, não um nome de empresa, o sindicato disse. Se o crédito da Lucasfilm viesse abaixo do logo da Fox, o crédito de Kershner deveria estar lá também. Lucas achava que a questão dos créditos era um exemplo típico da postura egocêntrica de Hollywood. Não tinha nada a ver com a produção de filmes, embora ele tivesse garantido que o crédito para a Lucasfilm ficasse bem visível.

O pedido de isenção de Lucas (normalmente garantido se o diretor concordar) foi rejeitado. O Directors Guild insistiu para que ele retirasse o filme dos cinemas (a um custo estimado de 500 mil dólares), mudasse os títulos e *ainda* pagasse a multa. Lucas ficou furioso por ele e Kershner terem sido assediados pelo seu próprio sindicato. Lucas não considerava correto que os que dividiam os lucros fossem cobrados pelas multas de *Star Wars: O Império contra-ataca*. Se ele fosse encarar o compromisso, os custos deveriam sair do seu próprio bolso.

Lucas levou a Directors Guild à justiça, insistindo em um processo no tribunal e não numa arbitragem. O sindicato informou que se perdesse no tribunal, ele multaria Kershner por ter trabalhado para uma companhia que nunca assinou um contrato com o sindicato. (Como *O Império contra-ataca* foi feito na Inglaterra, a Lucasfilm não estava obrigada a fazê-lo). Hesitando envolver Kersh na disputa, Lucas entrou em acordo com o sindicato, pagando uma multa de 25 mil dólares. Ele não mudou os créditos de *O Império contra-ataca*. O Directors Guild comunicou então a vitória ao Writers Guild, e esse multou Lucas em 50 mil dólares. Novamente, Lucas negociou, dessa vez pagando 15 mil dólares. A experiência o chateou profundamente. Ele sentiu que foi transformado num saco de pancadas somente por causa do seu sucesso.

Lucas abandonou os dois sindicatos, não por causa das multas, mas pela lógica por trás delas. "Penso que os sindicatos tentam me extorquir dinheiro para os seus próprios cofres. Usaram um tecnicismo insipiente, e a única razão de fazer isso era conseguir dinheiro", diz Lucas. Ele ficou especialmente indignado que a Directors Guild não dividiu os 25 mil dólares da multa com Kershner – por fim, a Writers Guild enviou a Kasdan e a Leigh Brackett 5 mil dólares cada. Desde então, Lucas se revinculou à Writers Guild, forçando-os a reconhecer a Lucasfilm como uma entidade corporativa, mas ele se manteve inflexível quanto a se aproximar pessoalmente dos escritores ou dos diretores sindicais. Ele não precisa marcar presença com filmes que escreveu ou dirigiu, mas sabe que sua ausência se faz sentir. Assim como a sua decisão de abandonar a Academy of Motion Picture Arts and Sciences, isso simboliza o quanto Hollywood se tornou desnecessária para ele.

O vínculo remanescente de Lucas com Hollywood é a distribuição dos filmes dele. Os estúdios controlam o sistema pelo qual os filmes são reservados, enviados aos cinemas e divulgados. Lucas pode financiar e fazer suas próprias fitas, mas não pode levá-las ao público. Precisa de um estúdio cinematográfico para isso.

"Enquanto os estúdios controlarem a distribuição cinematográfica, você não vai conseguir ser seu próprio chefe", diz Tom Pollock. Steven Spielberg sugeriu abrir uma empresa de distribuição com Lucas para livrá-los da submissão aos estúdios, mas George hesita. Ele não faz filmes em quantidade suficiente para montar uma operação de distribuição e pagar suas despesas. Em lugar disso, ele espera a chegada da tecnologia de satélite e vídeo para se contrapor à indústria do cinema. Não demora o tempo em que os filmes serão enviados aos cinemas (e aos aparelhos de TV) por satélite, eliminando o pesado esquema de distribuição dos estúdios. Qualquer um que consiga um sinal do alto, poderá ter acesso a cinemas. A tecnologia vai democratizar os filmes e Lucas quer ser um signatário dessa declaração de independência[8].

De alguma forma, a Lucasfilm se tornou um poder colonial em si em virtude do seu tamanho e impacto. Lucas afirma que desconfia de contadores, burocratas e administradores, mas emprega 43. Defende a causa do cineasta, não do estúdio, mas formou seu próprio mini-estúdio. *Star Wars* também ajudou a gerar uma servil devoção aos filmes que são sucesso de bilheteria em Hollywood, tornando mais difícil a tarefa de fazer filmes pequenos e menos comerciais. A ideia com a qual Lucas iniciou sua própria carreira, de filmes de baixo custo e atores desconhecidos, se perdeu pelo caminho de alguma maneira. Agora, ele quer encontrá-la novamente.

****

Han Solo: Eu nunca poderia imaginar que por trás da pessoa que eu conhecia havia um líder responsável e um homem de negócios. Mas isso lhe cai bem.

Lando Calrissian: Pois é, hoje sou responsável. É o preço do sucesso. E sabe o que mais, Han? Vocês estavam certos o tempo todo. Ser assim é supervalorizado.

De Star Wars: O Império contra-ataca

****

---

[8] A distribuição de filmes via satélite começou na Europa e nos Estados Unidos experimentalmente em 2002. Hoje, com a digitalização das salas de cinema, inclusive brasileiras, a transmissão de conteúdo se tornou algo bem comum. A tecnologia de distribuição via satélite da Cinelive proporciona economia nos custos de envio de material, redução do tempo de distribuição e flexibilidade na programação de filmes em todos os cinemas de uma companhia. (N. R. T.)

O maior medo de Lucas a respeito do que poderia acontecer com a Lucasfilm aconteceu depois que *O Império contra-ataca* foi lançado em 1980. A renda de *Star Wars* foi investida e os dividendos não estavam apenas pagando as despesas gerais da empresa como também eximiam George da tarefa de ter de fazer filmes e davam uma base financeira para o Rancho Skywalker. Charles Weber havia transformado a Lucasfilm num miniconglomerado próspero e bem-sucedido – *demasiadamente* bem-sucedido, a ponto de seu presidente estar preocupado.

Quando Lucas se livrou da confusão financeira de *O Império contra-ataca*, sua pequena empresa familiar de doze pessoas havia se tornado uma corporação bem azeitada, com despesas anuais de 5 milhões de dólares e 280 funcionários espalhados pela California. Seu plano de consolidar a companhia em Marin parecia ter sido esquecido. Boa parte da Lucasfilm já estava ao norte da Califórnia, mas a sede permanecia em Los Angeles, numa comunidade que George desprezava.

Lucas sempre voltava de Los Angeles se sentido irritado e decepcionado. A Egg Company tinha tido originalmente dez escritórios para abrigar os executivos, as secretárias e recepcionistas. Agora, o edifício estava maior, executivos de média gerência estavam dirigindo Mercedes-Benz e Porsches arrendados pela Lucasfilm (com custo anual de 300 mil dólares) e a equipe de Los Angeles estava requisitando seu próprio cozinheiro. "Eu fiquei completamente louco", Lucas se queixa. "Estávamos a um passo de o office boy ter um Porsche da companhia. Nós aqui vivendo na linha da pobreza e eles tinham um ambiente palaciano".

Lucas viu a influência da corrupção no trabalho: seus executivos se filiaram a organizações cívicas, frequentaram coquetéis e se tornam o que George sempre jurou não ser – parte da indústria. "Eu sempre me senti um pouco desconfortável estando na comunidade de Hollywood como representante da Lucasfilm", diz Weber. "Eu sempre ouvi George me dizer que ninguém deveria estar em Hollywood". A Lucasfilm era uma operação sediada em Marin County até onde isso dizia respeito a Lucas. Ele tinha de tirar seu pessoal de Los Angeles.

Cronicamente incapaz de enfrentar problemas difíceis, Lucas buscou uma saída. Ele nunca havia levado a Lucasfilm a sério, permitindo que executivos lhe dissessem o que eles achavam que queria ouvir. Weber se recorda:

"Desde o dia em que ele me contratou, eu tenho sido uma entidade estrangeira. Ele é o cineasta, e nós somos pessoas de negócios". O contato diário de Lucas com seu escritório em Los Angeles consistia de uma ligação telefônica de 45 minutos com Weber. Lucas geralmente contribuía com um "sim" ou "não" à lista de perguntas e questões que Weber havia preparado. O que George nunca disse é: "Pare agora mesmo. Essa empresa está ficando fora de controle", que era o que ele pensava.

Como sempre, era tudo uma questão de fiscalização. "Enquanto eu vinha dizendo: 'Charlie, essa empresa é sua', quando isso aconteceu, eu percebi que era o meu dinheiro e que eu me importava agora muito mais com a maneira como estava sendo gasto do que no início", Lucas admite. O assunto veio à tona quando Weber quis pedir emprestado 50 milhões de dólares para transformar investimentos passivos da Lucasfilm em participação majoritária em uma variedade de empresas, desde os automóveis DeLorean até satélites de comunicações.

Weber também queria que Lucas trouxesse outros produtores de cinema e de TV para a Lucasfilm, emprestando-lhes seu nome e expertise. "Charlie é um homem de negócios e ele não se dá conta como é difícil aparecer com algo criativo, para não dizer algo *consistentemente* criativo", diz Lucas. Como Walt Disney, Lucas não queria o nome dele em qualquer coisa que não pudesse supervisionar pessoalmente. Quando Weber sugeriu que o Rancho representava uma sangria de dinheiro muito grande, Lucas se cansou. "O Rancho é a única coisa que conta", disse a Weber. "É para isso que todo mundo está trabalhando. E se isso está se perdendo no meio da bagunça, então, há algo de terrivelmente errado por aqui".

George padeceu de noites sem sono, dores de cabeça crônicas e crises de tonturas ao longo do outono de 1980. "Eu não sou muito valente nessas situações", diz. "Sou inseguro e um tanto covarde". Quando voltou de Los Angeles, pouco antes da Ação de Graças, foi acometido de dores de estômago. Exames médicos mostraram que ele tinha uma úlcera incipiente, que desapareceu ao ser medicado. Lucas se internou em um hospital.

Não havia ninguém para quem se voltar a não ser Marcia. Foi um processo doloroso para ambos enquanto Lucas se debateu com o seu dilema. A conclusão era inevitável: ele ia ter de dispensar metade da equipe de Los Angeles, transferir os demais para São Francisco e podar a Lucasfilm a um tamanho gerenciável. Weber foi chamado a São Francisco e Lucas, suando muito, a voz rouca e oca, lhe reportou sua decisão. Weber, normalmente impassível em situações empresariais, ficou chocado. Ele tinha sonhado renegociar um pacote salarial já bastante vantajoso, e agora estavam lhe dizendo que a Lucasfilm seria arrancada dele.

George queria que Weber ficasse na companhia – ele ainda admirava Charlie e se sentia profundamente culpado. Weber concordou em moderar suas demandas e seguiu para o aeroporto. Meia hora depois, ele foi convocado de volta a Parkhouse. Lucas havia decidido que a Lucasfilm não poderia ser dele e de Weber ao mesmo tempo. O contador Richard Tong telefonou a George logo depois que Weber saiu e ele lembra: "Ele parecia ter passado por um espremedor. Falava de doença como se estivesse morrendo". O único comentário de Lucas a respeito da demissão de Weber é: "A única coisa que lamento é não ter feito isso antes".

Quando a equipe de Los Angeles voltou à Egg Company depois das festas de fim de ano, recebeu as más notícias. Apenas 34 dos oitenta empregados receberam o pedido para se mudar para o norte. Houve egos machucados e recriminações amargas, a maioria dirigidas a Lucas. George se sentiu muito mal por desregrar a vida das pessoas e fez um grande esforço para aliviar a consciência. Os empregados demitidos tiveram seis meses para achar novas ocupações e generosos pagamentos em dinheiro. Lucas chegou a contratar um conselheiro para ajudá-los.

De maneira estranha, a experiência foi catártica para Lucas. Marcia acredita que George aprendeu uma lição de vida valiosa: "Quando uma situação não está dando certo, você a encara e corrige. Essa era uma situação desconfortável para George, e ele não a enfrentou. Ao hesitar enfrentá-la, ela se tornou cada vez pior". Ao conseguir de volta o controle da Lucasfilm, George era novamente o centro do seu universo.

Em 28 de maio de 1981, a Lucasfilm transferiu oficialmente sua sede corporativa de Los Angeles para Marin County, completando o que um comunicado de imprensa chamou de "a consolidação longamente planejada da companhia". Houve erros, dinheiro perdido, dívidas pagas. Mudanças de direção são caras, mas Lucas sabia aonde queria chegar.

Bob Greber, que tinha sido diretor financeiro, foi alçado a vice-presidente executivo e diretor de operações. Lucas inicialmente manteve o cargo de presidente e diretor-presidente de Weber (dado desde então a Greber) e também manteve a sua própria posição de presidente. A experiência de Greber era semelhante à de Weber – ele tinha obtido um montante de 60 milhões de dólares dos investimentos da Merrill Lynch. Mas Greber aceitou uma condição que era inaceitável para Weber: "Basicamente, eu implementava o que George queria que fosse feito".

Greber tinha algumas condições também. Lucas deveria expressar aberta e diretamente seus sentimentos em relação à Lucasfilm. Greber lhe disse: "Você tem de me dizer se gosta de algo ou não. Você não pode simplesmente sentar aqui e eliminá-lo". Greber preparou um relatório explicando quanto dinheiro a Lucasfilm tinha, quanto estava sendo gasto e quanto estava sobrando. Lucas ficou satisfeito: "Antes, eu recebia um relatório de 75 páginas que não dizia coisa alguma". Ele queria saber o que importava: dinheiro em caixa, contas a pagar. Greber lhe disse isso e conquistou a sua confiança.

Greber é conciliador, mas não é um homem que só diz sim. A Lucasfilm não é uma empresa onde se emitem ordens e as tropas prestam atenção. Por vezes, o clima parece anormalmente idílico: gente brilhante e motivada de aproximadamente a mesma idade, com vários interesses em comum. Os altos executivos são homens, à exceção de Kay Dryden e da vice-presidente de merchandising Maggie Young, mas muitos dos cargos de gerência média (publicação, merchandising, fã-clube) são ocupados por mulheres. Esses funcionários dividem a filosofia parcimoniosa de Lucas: "Eles cuidam de poupar cada centavo que podem", afirma Charles Weber.

A confiança de Lucas na ética empresarial, nas decisões em grupo e numa atmosfera familiar se infiltra de cima para baixo. Ele instilou um sentimento de orgulho nos seus funcionários através do seu próprio exemplo. "O melhor chefe e colega de trabalho que se possa ter", afirma seriamente a presidente do fã-clube Maureen Garrett. "Não dá para dizer de outra maneira". As secretárias e técnicos de set são levados a sentir como se *eles* fossem os artistas. Como eles dividem o sonho de George, querem ajudá-lo para que se torne realidade. A Lucasfilm atrai as melhores pessoas por causa da sua reputação. Que outro cineasta divide o dinheiro dos seus filmes com *todos* os seus empregados? "Com um só gesto de bondade pode se fazer atravessar um ano de produção infernal", afirma a bibliotecária Debbie Fine. "A lealdade que esse homem gera é incrível".

À medida que Lucas se torna cada vez mais um superintendente corporativo, seu contato pessoal com os seus funcionários diminui. Na festa de Natal de 1981, ele não tinha ideia de quem era a maioria dos mil convidados presentes. Seus amigos se inquietam com o fato de ele estar sendo consumido pela corporação, que vem se transformando rapidamente num oceano de trabalhadores anônimos. Lawrence Kasdan tem uma sensação "militar de IBM" nos escritórios corporativos da Lucasfilm, apelidados de "A Torre", ao lado do prédio administrativo sombrio e feio da Universal Studios. Se um cineasta adapta para o cinema um filme na Luscasfilm, ele recebe uma fatura eletrônica cobrando a sala de projeção e qualquer telefonema que porventura tenha feito, tal como na Universal.

Enquanto a companhia cresce, também crescem as disputas e divisões entre "os que têm" e "os que não têm". A equipe de produção se sente intimidada e menosprezada. Novamente, eles vêm os executivos dirigindo Mercedes arrendadas pela companhia. E embora a ILM seja totalmente sindicalizada, tal como o pessoal de construção do Skywalker e da Sprocket Systems, Charles Weber é um dos que anteveem problemas: "As pessoas vão pensar que já que trabalham para George Lucas, por que haveria limites para o que elas podem fazer?". Lucas fica arrepiado diante dessa crítica – as despesas gerais anuais da Lucasfilm chegaram a 9 milhões de dólares, boa parte delas pagas em salários. Ele considera a escala de salário médio na sua companhia "impressionante", em resultado de vistorias periódicas que definem o preço em Hollywood. Mas três anos entre um filme e outro é muito tempo e a Lucasfilm precisou diversificar para pagar tudo isso. A empresa investiu 10 milhões de dólares em poços de óleo e gás natural e possui 5 milhões de dólares em bens imóveis só em Marin County. Outras propriedades incluem edifícios de escritórios em São Francisco e a Egg Company em Los Angeles, agora arrendada como espaço comercial para cineastas como Randal Kleiser. Há planos para um novo empreendimento comercial na Bay que vai mesclar uma marina com um shopping center, um restaurante cinco estrelas e condomínios. Greber espera que os investimentos passivos cresçam e fala em centros lucrativos e em prospectar a criação de programas de TV. "Se pudermos tomar conta desse sonho que George e Marcia têm, será maravilhoso – enquanto for sensato", diz Greber. Esse tipo de declaração é uma das razões de Charles Weber ter perdido o emprego.

Além dos investimentos passivos e dos filmes em si, a única fonte de renda consistente da Lucasfilm é o merchandising.[9] Existem literalmente centenas de licenças de brinquedos, telefones decorativos, relógios falantes, bicicletas, merendeiras, abridores de cartas, roupa íntima infantil e de adulto, máquinas de *pinball*, videogames, autocolantes de vidro traseiro, doces e sorvetes e a tigela para colocá-los. A Lucasfilm também supervisiona a publicação de novelizações, livros infantis, cadernos de recordações e revistas em quadrinhos baseados nos filmes *Star Wars* e *Indiana Jones*. O departamento de gravações supervisiona álbuns com a trilha sonora, *story records* e álbuns de jazz e música disco. O departamento de arte interna faz o design da mercadoria e cria artigos de papelaria e logos de empresa. Nenhum anúncio é feito sem a aprovação da Lucasfilm, nenhuma licença é concedida antes do escrutínio cuidadoso do fabricante e do distribuidor. A filosofia de Lucas de responsabilidade e controle se tornou uma política da empresa.

Entre maio de 1977, quando *Star Wars* foi lançado, e maio de 1983, o merchandising dos produtos da Lucasfilm beirou os 2 bilhões de dólares em vendas no varejo, *antes* do lançamento de *O retorno de Jedi*. A empresa tira royalties de cerca de 1 a 7 % na maioria dos artigos, embora em produtos como camisetas a parte da Lucasfilm fique perto de 50%. Lucas sempre reconhece o potencial do merchandising, mas mesmo ele nunca imaginou que a marca *Star Wars* pudesse significar um acréscimo de 20% nas vendas.

As crenças pessoais de Lucas inundam o merchandising . Artigos baseados em exploração não são vendidos, sejam vitaminas (ele não quer estimular as crianças a tomarem bolinha) ou os kits de cosméticos da princesa Leia (a maquiagem pode ser nociva à pele das crianças). A África do Sul era boicotada em todos os campos à exceção da venda de filmes, que se encontra sob controle da Fox, pois Lucas era contra a política de apartheid racial do país. Ele revisa cada protótipo de brinquedo (se a Kenner Toys só vendesse mercadoria *Star Wars*, seria a quinta maior revendedora de brinquedos do mundo) e mantém um poder de veto para todos os produtos alimentícios *tie-in*. Cereais com açúcar estão proibidos, mas as barras da Hershey's, as cocas-colas e os milk-shakes passam. Eram as coisas que alimentavam Lucas quando criança – fazem parte do *american way of life*.

---

[9] As informações de merchandising estão nas listas de licenças e produtos da Lucasfilm.

****
Não haverá ninguém que nos pare dessa vez.
Darth Vader em Star Wars
****

Quando o termo "software" apareceu para significar qualquer coisa desde filmes e programas de TV até disquetes de computador e videogames, Lucas odiou. Mas logo percebeu que poderia se tornar um dos primeiros fornecedores. Uma nova era estava surgindo e, sempre pragmático, Lucas planejou tirar vantagem disso.

Ele apreciou os videogames quando eles fizeram sua primeira aparição em meados dos anos 1960 com "Pong", embora nunca tenha ficado viciado como Spielberg, que tem jogos eletrônicos em casa e no escritório. Lucas queria videogames mais elaborados com memória de computador sofisticada e interação do jogador. Os jogos interativos trazem quem joga para *dentro* do processo, em lugar de permitir simplesmente que ele o manipule. Mas, em 1977, parecia autocomplacente abrir uma empresa de computação para desenvolver jogos. Essa decisão pode ter custado a Lucas pelo menos 1,8 bilhão de dólares, que era a receita da Atari Inc. proporcionada à Warner Comunications em 1982. O lucro da Atari até o momento facilmente torna insignificante o aluguel total dos filmes *Star Wars: Uma nova esperança*, *Star Wars: O Império contra-ataca* e *Indiana Jones*.[10]

Lucas também queria desenvolver um completo sistema de pós-produção computadorizado: edição, edição sonora, mixagem de som e impressão de filme. Ele ficou raciocinando acerca do desenvolvimento de jogos de computador, de animação computadorizada e simulação por computador (recriando imagens) ao mesmo tempo. Uma firma externa construiu uma batalha de aeronaves simulada por computador e o resultado pareceu tão bom quanto qualquer coisa que a ILM tenha filmado. O processo era caro e não viável economicamente ainda, mas ele *podia* ser feito.

Abrir uma empresa de computação do zero é caro e consome tempo. Lucas já havia gasto 8 milhões de dólares e ainda não tinha completado seu

---

[10] O setor de desenvolvimento da LucasArts, que cuidava dos jogos, foi fechado em 03 de abril de 2013 pela Disney. Disponível em: <https://pt.wikipedia.org/wiki/LucasArts>. Acesso em: 05 out. 2015. (N. E.)

sistema de pós-produção, que revolucionaria os métodos de fazer cinema. O trabalho pesado seria feito pelo computador, deixando o cineasta pensar como o filme se encaixa melhor. Lucas quer estar na vanguarda da tecnologia cinematográfica. As pessoas esperam que o criador de *Star Wars* esteja dez passos adiante do cara seguinte.

Ed Catmull, o jovem diretor do departamento de computação gráfica do New York Institute of Technology, se tornou o gênio eletrônico da Lucasfilm. Catmull se parece com o tradicional maníaco por tecnologia: cabelo comprido, óculos de vidros espessos e um Ph.D. em Ciência da Computação. Lucas lhe disse para passar um ano estudando como combinar cinema e computador e quanto isso ia custar. "Acredite em mim", lhe disse Lucas. "Teremos nossa divisão de computadores".

Em um determinado imóvel da Lucasfilm, a promessa de Lucas se tornou real. Bicicletas pontuam o corredor do prédio. Os aposentos são refrigerados por um ar condicionado especial que mantém a temperatura ótima para computadores. No final de um corredor, está um quarto entulhado com 25 minicomputadores, equipados com placas de circuito no valor de 1100 dólares que fazem o trabalho que computadores avaliados em 250 mil dólares realizam. Em um laboratório vizinho, raios laser vermelhos, verdes e azuis transmitem energia em torno de uma mesa para laser no valor de 100 mil dólares, o protótipo de um sistema construído na Lucasfilm com a ajuda de consultores externos. Na sala de gráficos, computadores geram "imagens sintéticas calculadas": uma paisagem de montanhas altas coberta por nuvens macias parece convidativamente realista. Um exame minucioso revela que ela consiste de milhões de minúsculos pontos de computador. Ninguém usa aventais de laboratório brancos – o traje comum é o jeans, tênis e camiseta. A equipe é uniformemente jovem e intensa. Essas pessoas *estão* criando o futuro.

O ano em que Catmull passou analisando Hollywood lhe ensinou que a indústria do cinema vive quinze anos aquém da mais obtusa compreensão da ciência da computação. Em 1980, ele compilou o orçamento referente a três anos para desenvolver edição eletrônica, mixagem de som e sistemas de computação gráfica. Se o tempo e o dinheiro permitissem, ele também trabalharia na impressão de filme digital para cenas de efeitos especiais e na geração de imagens por computador. Engolindo com dificuldade, Catmull deu a Lucas o preço: 10 milhões de dólares. Ele terminou com 6 milhões de dólares em equipamentos, pesquisa e pessoal e foi atrás das melhores pessoas no mercado de computação. A maioria estava entusiasmada de trabalhar para George Lucas.

Os computadores não chegaram antes do início de 1981, mas o grupo de desenvolvimento da computação logo começou a animar algumas cenas de *Star Wars: O retorno de Jedi*. Eventualmente os computadores poderiam gerar a maioria das locações e dispositivos exóticos vistos em *Star Wars*, mas isso não aconteceria até que o tempo necessário para produzir essas imagens por computador custasse menos do que filmá-las de fato.

Lucas acredita que em breve os filmes seriam feitos e distribuídos em sistemas de vídeo de alta resolução, com uma imagem de qualidade superior que a do filme. As vantagens são numerosas: o vídeo pode ser visto imediatamente, não precisa ser levado e trazido de um laboratório e pode facilmente ser duplicado. Lucas também gosta dos flashes de luz no painel de controle do vídeo e dos fones de ouvido. "Posso imaginar que sou um piloto espacial", diz brincando.

Quando o sistema de pós-produção de Lucas estivesse pronto, um diretor seria capaz de levar seu filme para casa consigo, em uma pasta. Ele poderia assistir aos jornais ou às versões de diferentes edições em cassetes e discos. Diferentemente de outros sistemas cinematográficos computadorizados, Lucas projetou o dele tendo em mente o cineasta. Efeitos sonoros e música podem ser acrescentados enquanto o filme é editado, transferido de uma versão de um tape para outro. O processo economizaria horas de meticulosa edição, o tipo de trabalho que Lucas sempre odiou.

A mixagem de som digital poupa tempo e dinheiro permitindo ao diretor alterar diálogos sem precisar trazer novamente os atores para regravá-lo. A impressão digital produz efeitos especiais mais sofisticados que os laboratórios são capazes de criar – se há um arranhão no meio de um frame do filme, o computador pode preenchê-lo. Imagens de vídeo são menos precisas que o filme, mas o computador pode duplicar o número de linhas digitais e, com isso, duplicar a clareza da imagem. O simulador gráfico pode criar títulos de abertura e duplicar planetas exóticos e estranhas criaturas. "Não vamos simular completamente a realidade. Você não sintetiza pessoas", Ed Carmull tranquiliza. "Fazer filmes ainda é contar histórias com atores de verdade".

Os atores não são necessários nos *videos games*, no entanto. Os cartuchos de games de *Star Wars*, *O Império contra-ataca* e *Indiana Jones* seriam projetados para fazer dinheiro e reforçar a reputação de Lucas pelo entretenimento diferenciado e de alta qualidade – eles foram *best-sellers* quando foram introduzidos pela Parker Brothers, uma subsidiária da Kenner Toys. Em junho de 1982, Lucas também somou forças com a gigante da indústria Atari para criar um software de computador.

Lucas se torna eloquente a respeito dos seus jogos de simulação, que ele tem planos de fazer através da sua própria companhia. Um disk com o jogo *Star Wars* aparecerá com um painel de controle computadorizado permitindo ao piloto disparar lasers, voar em um Wing Fighter X e ver uma cena do filme de um ponto de vista realista numa tela de TV. De repente, um Tie-fighter ataca. O jogador atira e ou ele é destruído (e nesse ponto o jogo termina), ou destrói quem o atacou e segue em direção à Estrela da Morte.

Outros disks colocarão o jogador no meio de uma novela, um jogo de futebol, uma aventura na floresta ou uma comédia do tipo pastelão. "É um filme, só que você acaba rodando dez filmes diferentes", Lucas diz, entusiasmado. "Você terá todas essas opções e toda vez que entrar num espetáculo, poderá ser um filme totalmente diferente".

Lucas sempre gostou de contos de fadas nos quais o ansioso pretendente tem de descobrir atrás de qual porta se esconde a princesa – cada porta leva a uma nova aventura. Seu jogo de computador trabalha com o mesmo elemento surpresa, tornando as experiências dramáticas. George diz: "É uma fusão de jogo e psicologia e é a coisa mais excitante que eu já encontrei desde que eu fui ao cinema pela primeira vez. Combina todas as coisas com as quais me preocupo muito: jogos (que são, na verdade, brinquedos), educação, e narrativa. E você pode fazer tudo ao mesmo tempo".

★★★★

É uma espécie de iate clube cinematográfico.
George Lucas a respeito de Rancho Skywalker
★★★★

A Lucas Valley Road serpenteia suavemente pelas colinas ondulantes de Marin County. Dominando a Califórnia, sequoias bloqueiam de repente a luz e o nevoeiro desce sobre o portão grande e sem identificação. Na estrada recentemente pavimentada, há um lago rodeado de carvalhos, baías e amieiros. Há linces e leões-da-montanha nas colinas, as aves conversam e as codornas saem em disparada. Quase trezentas cabeças de gado percorrem os prados, em busca da verdura que sobreviveu ao sol cáustico. As hortas acabam de ser plantadas, e o estábulo de cavalos está quase pronto. O Rancho Skywalker está tomando forma.

Quando Lucas viu os ranchos de Bull Tail e Big Rock pela primeira vez, quis que a vista de cada edifício ficasse desimpedida por qualquer outra estrutura. Cada área deveria dar a ilusão de total privacidade. Lucas queria preservar a harmonia natural da terra sempre que possível. Autoridades de Marin County afirmam que ele é um dos poucos desenvolvedores que vão além das exigências estéticas que lhe são impostas.

Os edifícios de Skywalker são rodeados por paredes de pedra, feitas de rocha extraída na propriedade. Uma loja de fábrica produz janelas vitorianas de duas folhas e um ateliê de vidro colorido preenche a estrutura. Os bombeiros de Skywalker têm dois carros de 1950, totalmente restaurados e pintados de um bordô brilhante, a cor de Skywalker apresentada nas jaquetas e logo do Rancho. A velha cozinha é agora o escritório de contabilidade. O barracão é a sede dos peões, que remendam cercas e verificam linhas de energia. Hal Barwood e Matthew Robbins foram os primeiros inquilinos da casa de hóspedes, onde cineastas visitantes vão trabalhar. Os fundos da casa foram divididos em quatro unidades semelhantes a hotéis com banheiros e sala de jantar. A única cozinha é a comunitária, onde todo mundo faz suas refeições.

Por uma estrada cheia de curvas, dominando o principal vale de Bull Tail, localiza-se a casa-sede do grupo, onde Lucas vai trabalhar e onde os escritórios administrativos e de produção vão estar realocados. Haverá uma sala de lazer e um sofisticado sistema de segurança computadorizado que detecta eletronicamente intrusos e incêndios florestais. Um serviço de patrulha desarmada vigia o Rancho 24 horas por dia. São policiais do bem, o equivalente na Lucaslândia à polícia educada da Disneylândia. Um segundo portão de segurança barra o acesso à casa-sede a qualquer um que não possua uma carteirinha com chip. Depois dos densos prados há um sistema de distribuição de energia, um emaranhado de cabos de telefone e de computador e um sistema de irrigação autossuficiente e de distribuição de água.

Lucas projetou tudo isso, conceitualmente, quando não no detalhe. O Rancho é o último e o maior dos seus ambientes caseiros. Marcia Lucas acha que ele merece isso. "O Rancho é sua recompensa por trabalhar duro", diz. "É quase como ele começar a cuidar de si mesmo". O Rancho Skywalker pode ser a única concessão de Lucas às pressões do sucesso. "Ele é apenas um homem simples que não leva mais uma vida simples", observa Bill Neil. "Acho que sua falta de conhecimento sobre como usar dinheiro pode ocasionar uma falta de controle no Rancho".

O conselheiro legal e empresarial de Lucas concorda. Bob Greber considera que o Rancho é o verdadeiro dono do negócio – ele recebe todos os dividendos do sucesso de Lucas. Se Lucas o vendesse uma vez concluído, é duvidoso que tiraria mais de 7 milhões de dólares. Se Skywalker não for bem-sucedido, sua única opção seria doá-lo a um colégio local sem pagar taxas. Greber espera que ele gere lucro à Lucasfilm, mas como ressalva: "Eu *tenho* de olhar por esse enfoque". Se o Rancho mantém Lucas e seus amigos felizes, bem, então alguma coisa boa deve vir dele.

Lucas quer manter Skywalker pequeno, íntimo e não comercial. Ele não quer que metade de Hollywood migre para a Lucas Valley Road. "É extremamente exclusivo", afirma a respeito do seu "clube" de associados. "Está limitado aos cineastas de Marin County que na maioria dos casos são meus amigos. Nós crescemos todos juntos". Não há vagas – e não há disponibilidade para mais amigos. Lucas diz que não está sendo elitista, apenas realista: "Estou tentando criar um ambiente onde estejamos livres para trocar ideias, onde alguém não vai dizer: 'Eu te dei tal ideia e quero um percentual do seu filme ou vou processá-lo'".

Seria possível reaver o passado em um lugar idílico em que bons amigos deixam seus egos no portão de entrada? É possível, mas nem todo mundo acredita em Camelot. Para alguns amigos, o Rancho Skywalker é o Xanadu de George Lucas, a imensa mansão construída como um monumento às realizações de Charles Foster Kane, que termina sendo sua tumba em *Cidadão Kane*. Fazer filmes só não é tão divertido quanto costumava ser. "Agora é trabalho", lamenta John Milius. "É só trabalho. Não é mais a mesma coisa que era".

Em lugar de paixão, as pessoas têm agora motivos secretos, que elas talvez nem reconheçam. Carroll Ballard antevê problemas. "As pessoas que George quer ali são todas independentes, e querem fazer seu próprio negócio, e é por isso que todos nós começamos a fazer com amigos". Ballard faz uma pausa e seu rosto se ilumina: "Mas sem ideias utópicas, para onde vamos?".

****

> Preciso de jovens cineastas talentosos para trabalhar para mim. Sei por experiência que eles não crescem em árvores.
>
> *George Lucas*

****

Se Lucas pagou uma dívida espiritual à USC criando o Rancho Skywalker, ele também assumiu uma obrigação financeira em relação à universidade privada. Ele doou quase 5 milhões de dólares ao novo centro de Cinema e TV da USC e inspirou muitos outros milhões em contribuições da parte de Steven Spielberg e Johnny Carson. É a maneira de Lucas devolver algo ao sistema que ajudou a criá-lo. Seu talento pode ter sido natural, mas a USC o puxou dele. "Eu não sabia nada sobre fazer cinema antes de entrar naquela escola. Ela me tornou o que sou hoje", diz.

Lucas lecionou no campus central durante alguns anos depois de se formar, mas abandonou depois de *Star Wars*, quando foi cercado por estudantes. Ele sempre planejou dar à USC um montante fixo no fim da sua carreira – quem já ouviu falar de um ex-aluno de 34 anos contribuindo com milhões de dólares? Mas quando houve dificuldades para levantar os 13 milhões de dólares necessários para a nova escola de cinema, ele decidiu agir o quanto antes. Em novembro de 1980, depois de ver plantas do novo set de som, do estúdio de gravação, da sala de TV e das salas de edição, Lucas pleiteou 3,6 milhões de dólares. No dia seguinte, levantou 4,7 milhões de dólares.

"A tentação para qualquer um teria sido pegar esses 5 milhões de dólares e abrir uma escola de Cinema por conta própria", afirma o presidente da UScinema, Russ McGregor. Lucas sequer quis seu nome no prédio. Quando jovens lhe perguntam como fazer para entrar na indústria do cinema, ele lhes diz para ir para uma escola de Cinema – qualquer uma, não apenas a USC. Ele se sente embaraçado de ser o derradeiro caso de estudante de cinema de sucesso – na USC há o apelido de síndrome de Lucas, turma após turma vendo a escola de cinema como o caminho para a riqueza e a fama. "O único exemplo que eu acho que estabeleci é que você não deve aturar um monte de besteira", diz Lucas.

Mas ele admite ter motivos menos altruístas para apoiar a USC – ele precisa de jovens talentos tanto quanto qualquer pessoa. "O que estamos tentando fazer é garantir o futuro da indústria", diz. Antigos estudantes dirigiram os cinco melhores filmes de maior bilheteria de todos os tempos e são responsáveis por mais de 2 bilhões de dólares em bilheteria, mas a geração de Lucas está chegando à meia-idade. O segredo do sucesso em Hollywood é o talento novo, e a escola de Cinema potencializa o talento. "De alguma forma em Hollywood não se tem consciência disso", lamenta George. "O sentimento é que qualquer um pode saltar do trem e dirigir filmes".

Os vilões da situação, claro, são os estúdios cinematográficos, que fazem incursões nas escolas de Cinema em busca de talentos, mas se recusam a reembolsá-las. Certa vez, Lucas sugeriu que os cinco maiores estúdios devolvessem à USC apenas 1% da renda que obtém a partir dos egressos da UScinema. A sugestão passou despercebida. "Disse a George que todos os seus comentários negativos sobre Hollywood voltariam para assombrá-lo", diz Tom Pollock.

Quando a USC tiver seu centro de cinema high-tec, os quartéis antigos serão demolidos, o pátio será preenchido com pedregulhos. Lucas está ajudando o velho a se tornar novo, mas há algo incomparável a respeito de prédios sujos sem janelas, algo que não pode ser reproduzido em um novo complexo cinematográfico. Dave Johnson, que deu aulas a Lucas na USC, olha em volta do seu escritório em desordem e pensa: "A atmosfera era e ainda é de alguma forma especial. Você aprendia mais ali fora, no pátio, com os seus colegas de estudo do que jamais vai aprender em sala de aula. Esse prédio foi feito com madeira, o que é aconchegante. Há grama crescendo, bananeiras, o arbusto de primaveras que floresce a cada ano. Esse é um lugar aconchegante, amigável, não aço frio e cimento. Se perdermos isso, vamos perder muita coisa".

****

George é o melhor tipo de produtor no sentido em que ele
bate quando precisa e, caso contrário, fica longe.

John Korty
****

Lucas está em uma posição invejada: ele não precisa fazer filmes. Mas ele os ama demais para não fazer. Talvez não os dirija mais, e escrevê-los é muito aflitivo, mas sempre pode ser um produtor. Lucas oferece três presentes especiais aos filmes que produz: sua narrativa, seu talento para editar e sua credibilidade.

Parece irônico que Lucas, o independente raivoso que se ressentiu da Warner Bros. por atribuir um produtor executivo a *THX*, tenha assumido essa função ele mesmo. Isso lhe dá todos os benefícios na hora de fazer um filme e nenhuma dor de cabeça. Ele pode achar falhas no enredo e não ter de reescrever o script. Pode oferecer dicas de edição, mas não precisa cortar novamente o filme. Lucas é um produtor ideal *porque* já foi diretor – entende a importância da liberdade.

Coppola pode ter sido o Godfather[11] de uma geração de cineastas, mas Lucas é o Godfather II. Desde *Star Wars*, ele ajudou Lawrence Kasdan, Willard Huyck e Gloria Katz, Akira Kurosawa, John Korty, Haskell Wexler e Walter Murch a colocar filmes nos principais estúdios. Ele até mesmo repetiu o que Coppola fez por ele, usando sua presença para tranquilizar um estúdio nervoso quanto ao talento de um jovem diretor, como ele fez com Kasdan em *Corpos ardentes*. A Ladd Company estava pronta para financiar o filme, mas Kasdan nunca tinha dirigido antes. Lucas pegou o script, assistiu a testes de cinema, assessorou o elenco, viu as filmagens diárias e ajudou na edição. Em essência, foi o executivo do estúdio junto ao projeto. "Se tudo der errado, eles podem gritar comigo", Lucas diz com uma gargalhada. "Estou aqui apenas para dar alguma garantia à situação para que não pensem que o cineasta está ficando louco".

Mas Lucas não colocou o seu nome em *Corpos ardentes*, a despeito do pedido de Ladd e do fato de ele ter sido pago em 250 mil dólares e 5% do lucro do filme para atuar como produtor executivo extraoficialmente. Lucas explica: "Quando ponho meu nome em algo, preciso ser pago por isso, caso contrário vira apenas caridade. As pessoas em Hollywood dizem: 'Bem, se você conseguir agarrar um dos amigos de George, você pode tê-lo de graça'. Não posso fazer isso". Havia outras razões para a hesitação de ser publicamente associado a *Corpos ardentes*, um vaporoso R[12] a respeito de um triângulo sexual,

---

[11] Do inglês "padrinho" e também uma alusão ao conhecido filme de Coppola, *O poderoso chefão*. (N. E.)

[12] Dentro da Motion Picture Association of America existe um código de regulação. "R" significa "Restricted", ou seja, é uma classificação indicativa de que o filme será exibido nos cinemas, mas com restrição para um público acima de 16 anos, de preferência acompanhado dos pais. As demais classificações são: G (General audiences), PG (Parental Guidance), PG-13 (Parental Guidance for under 13) e NC-17 (No Children under 17). (N. R. T.)

apresentando nudez e obscenidades. Lucas disse a Kasdan como a mídia reagiria: "As pessoas que fizeram *Star Wars* estão fazendo agora filmes pornôs! Lucas sabe que seu nome representa um certo tipo de filme, e *Corpos ardentes* não era isso. Ele aceitou ser chamado de produtor executivo do filme animado de John Korty para Ladd, *Twice Upon a Time*, mas ele tinha classificação G.

Lucas afirma que ele não precisa endossar os princípios morais de um filme para apoiá-lo. A amizade é uma razão em si para se envolver: "Eu não começo pensando: 'Jesus, bem, se eu os ajudar agora, eu posso assinar um contrato com eles ou posso conseguir que eles façam outro filme para mim'. Penso que você dá algo a alguém porque você gosta dele e acredita no que está fazendo. Você não faz pensando em pagamento ou retorno".

Lucas fala de criar sua própria pequena unidade de produção com sua equipe de redatores, conferências às segundas-feiras pela manhã e um quadro-negro com quatro ou cinco filmes por ano, mas ele não parece falar muito a sério. Ainda assim, é o mais próximo que ele conseguiu trazer de Hollywood para San Anselmo. Haverá outro filme de Indiana Jones lançado em 1984 e um projeto ocasionalmente abandonado pode ser ressuscitado, tal como *Assassinatos na rádio* WBN, um elaborado mistério envolvendo um assassinato escrito pelos Huyck e ocorrido em uma emissora de rádio em 1930. As opções são numerosas e Lucas tem tempo e dinheiro para escolher exatamente o que quer[13].

"Ele encontrou sua nova vocação", Tom Pollock afirma a respeito do seu cliente de longa data. "George pode fazer filmes maravilhosos contratando as pessoas certas e não tendo de dirigi-los pessoalmente. Espero que ele continue fazendo isso, sem a pressão de *ter* de fazer. Fazer filmes é divertido quando você não precisa fazer o trabalho pesado".

---

[13] Leia mais a partir da p. 350. (N. E.)

10

Não muito tempo atrás

> O que importa não é o que você diz, ou o que pensam de você, e sim o que você faz.
>
> George Lucas

Era um sábado à noite de junho, na cidade de Modesto, e os adolescentes estavam dirigindo pela avenida McHenry, inclinando-se para fora das janelas de seus carros turbinados, gritando uns para os outros. Havia tanto trânsito que George Lucas e Marcia Lucas tiveram dificuldade para chegar ao Modesto Elks Lodge. Lucas sorriu ao ver algo tão familiar – ele era um errante genuíno, de 1962. Mas, em vez de usar uma camiseta branca e dirigir seu Fiat Bianchina, Lucas usava terno e gravata e estava ao volante de sua BMW, que valia 35 mil dólares. Não dá para ter 17 anos para sempre.[1]

Os Lucas estavam indo à reunião dos vinte anos da escola Thomas Downey. George esteve ausente da maioria das trezentas reuniões enquanto cursou a escola – caso se lembrassem dele, seria uma criança tímida, magra, com grandes orelhas, que se envolveu em um acidente horrível pouco antes da graduação. Mas ele havia imortalizado seus colegas de classe em *Loucuras de verão*. O único graduando de 1962 que ficou famoso era Dan Archer, que

---

[1] Detalhes da Thomas Downey Class Reunion em 27 de junho de 1982 vieram dos seguintes conteúdos de jornal: "The *Graffiti* Generation", de Fred Herman, no *Modesto Bee* (6 jun. 1982); "Lucas Recalled as a 'Wimp'", história da Associated Press no *Los Angeles Time* (11 jun. 1982); "Where Were They in '62?", por Ivan Sharpe no *San Francisco Examiner and Chronicle* (27 jun. 1982); "*Graffiti* Revisited", por John Esparza no *Modesto Bee* (28 jun. 1982); "Classmates Put George Lucas in Sportlight", por Mark A. Stein no *Los Angeles Times* (28 jun. 1982).

participou durante temporadas dos Oakland Raiders. Ninguém pediu seu autógrafo.

    Lucas esteve aguardando essa reunião, até que começaram a surgir histórias a respeito nos jornais, como a do *Los Angeles Times*, que tinha como manchete "Lucas lembrado como um 'fracote'". A maioria dos termos depreciativos foi lançada por pessoas que mal conheciam Lucas, como, por exemplo Dennis Kamstra, que é um vendedor de produtos farmacêuticos para animais – ele disse a um repórter que Lucas tinha um armário ao lado do seu e que era "o tipo de fracote que você costumava bater com uma toalha". Lucas era pequeno e quieto, mas garante não ter sido um fracote. "Eu nunca apanhei na escola, com certeza. Eu tinha meus amigos".

    Os comentários negativos, feitos por ignorância ou por inveja, deveriam servir como aviso para o que esperava Lucas. Assim que ele colocou a etiqueta com o seu nome por cima da sua foto do colégio, as cabeças se viraram e as vozes sussurraram. Em pouco tempo, ele foi assediado por pessoas que queriam autógrafos em papéis, guardanapos, descansos de copo, e cartões de visitas. Lucas gastou boa parte da noite dando pacientemente autógrafos a pessoas que ele não conhecia, nesta que foi a primeira vez que tantos adultos pediam seu autógrafo. Ele tinha achado, ingenuamente, que sua fama por conta do *Star Wars* estava esgotada.

    Em uma turma na qual os formandos tinham se tornado professores e médicos, contadores e farmacêuticos, corretores e vendedores de colchões d'água, George Lucas tinha virado uma estrela. "Pessoas que estudaram comigo desde o jardim de infância vieram para mim e disseram: 'Olha, não sei se você lembra de mim...' Porque eu não lembraria delas? Quando se conhece uma pessoa por quinze anos, é impossível esquecê-la". Outros amigos, como John Plummer, que mantiveram contato com Lucas, se surpreenderam ao ver o quanto o sucesso cobrou dele: os fios brancos em sua barba, as linhas em sua testa, os olhos cansados. "É triste quando a sua carreira começa a te consumir", diz Plummer.

    George tinha dado uma olhada no anuário do colegial antes de ir à reunião, e se surpreendeu com a quantidade de colegas de classe que escreveram mensagens elogiando suas qualidades artísticas. Lucas disse a uma senhora de aparência maternal que não via havia vinte anos: "Você me disse no livro que eu estaria hoje onde estou". Lucas sorri e acrescenta: "Isso a deixou emocionada".

Se algo distinguia Lucas de seus 584 colegas de classe da Downey High, é que ele tinha sido sortudo o suficiente para achar algo em que era bom, e depois se desdobrou para ser melhor ainda.

Entretanto, na Lodge Elks, naquele sábado à noite, as pessoas acharam que Lucas tinha um talento escondido que ninguém tinha percebido, que ele tinha mais sorte do que se podia imaginar, que era um gênio que tinha despertado tarde na vida. Lucas fez pouco para mudar essa imagem – ele foi amigável com colegas de classe, respondeu pacientemente aos repórteres e se divertiu com velhos amigos.

O aspecto irreal do evento foi sublinhado antes do seu término. Uma equipe de TV entrou no salão para filmar uma parte para um noticiário local. Lucas pegou seu amigo Bruce Valentine, que também tinha barba grisalha e usava óculos, e trocou de crachá. A repórter de TV começou uma entrevista com Valentine e só percebeu seu erro quando as pessoas não conseguiram mais conter o riso.

Lucas tinha deixado seu recado. Não importa *quem* é George Lucas – é um nome e uma reputação, e não uma pessoa. Pela primeira vez, Lucas percebeu realmente o abismo entre seu passado e sua vida presente. Seria como se Luke tivesse voltado a Tatooine e recebido as boas-vindas de herói. "Estou em um mundo muito diferente. Naquela situação, era como se eu fosse, literalmente, de outro planeta", diz Lucas, mexendo a cabeça à medida que lembrava da reunião.

★★★★

```
Chegar aqui foi muito mais divertido
       do que estar aqui.
```
                              Marcia Lucas
★★★★

O que você faria se tivesse 39 anos, mais de 60 milhões de dólares, e se sentisse como se tivesse vindo de outro planeta? George Lucas está parado, olhando em volta. É hora de mudar de direção, e seu problema é que ele tem muitas opções. Poderia se encarregar do Rancho Skywalker, dirigir a Lucasfilm, fazer mais filmes das séries *Indiana Jones* e *Star Wars*, conceber jogos de computador interativos, voltar à faculdade, ou trazer a faculdade para si – as possibilidades parecem ilimitadas. Se essa é uma crise de meia-idade, poderia ser muito pior.

Por vários motivos, os pedaços e partes da vida de Lucas estão se aglutinando, deixando-o numa encruzilhada. "É uma ótima oportunidade que a maioria das pessoas não vai conseguir nunca", diz. "Eu posso estar cometendo um grave erro, talvez vá perder dois ou três anos fazendo besteira por aí, mas acho que é algo que preciso fazer". O destino está novamente batendo à porta de Lucas. Sua voz interna, que nunca falhou, tem uma mensagem formada de uma única palavra: "Pare". Lucas agora passa mais tempo com sua família, começou a fazer cooper no Rancho (ele *odeia* correr), e brinca com sua filha. Ele e Marcia planejam adotar mais crianças, e elas se tornaram uma nova motivação para ele. Se Marcia não teve sucesso ao tentar temperar a obsessão de Lucas para com o trabalho, Amanda e seus futuros irmãos e irmãs provavelmente terão.

Não é fácil sumir quando se é George Lucas. Gostando ou não, ele tem uma lupa que o persegue, e é examinado minuciosamente por fãs de *Star Wars*, por colunistas de Hollywood e por amantes do cinema de todos os lugares. Lucas, cuja ingenuidade seria cansativa se não fosse verdadeira, resume sua carreira dizendo: "Eu meio que comecei indo em uma direção e percebi que estava na verdade indo em outra, apesar dos meus melhores interesses". A outra direção levou a *Loucuras de verão*, *Uma nova esperança*, *O Império contra-ataca*, *Indiana Jones* e *O retorno de Jedi*, quatro (e presumidamente cinco) dos filmes mais bem-sucedidos já produzidos.

Ainda assim, os próximos anos são cruciais para Lucas[2]. Ele tem uma boa ideia do que fará, mas é divertido achar que não. O lançamento de *O retorno de Jedi* completa a primeira trilogia *Star Wars*. O Rancho será concluído. Ele pode abrir uma produtora. Ele vai se envolver ativamente com a sua empresa de computadores, desenvolvendo videogames educativos. E ele provavelmente fará pequenos filmes esotéricos, em filme analógico ou em vídeo de alta resolução. Lucas quer aprender mais sobre antropologia e ciências sociais, e espera trazer de fora professores particulares a Skywalker. Existem muitas escolhas – ele não sabe por qual começar.

---

[2] Leia mais a partir da p. 349. (N. E.)

No dia 4 de julho de 1981, no piquenique da Lucasfilm, uma cápsula do tempo recheada de objetos pessoais, corporativos e da história do cinema foi colocada na pedra fundamental da casa-sede de Rancho Skywalker. O cilindro preto (feito pela ILM) continha bonecos de ação de *Star Wars*, livros de obra de arte de *Star Wars* e de *O Império contra-ataca*, um peso de papel em forma de Snow Walker, o contrato original da Lucasfilm com a Universal para *Loucuras de verão* e uma "aventura de ficção científica sem nome", cópias da maioria dos roteiros de Lucas e um pequeno button que tinha duas palavras cruciais para o sucesso de George Lucas: "Questione a autoridade".

É difícil para Lucas questionar a autoridade sendo o dono de uma corporação multimilionária. Entretanto, ele não abrirá mão da Lucasfilm até estar certo de que ela pode sustentar a ele e aos seus sonhos mais loucos[3]. Quem já ouviu George jurar que vai se retirar do cinema ou da companhia, nunca o viu deixar algo. Existem sérias dúvidas quanto à capacidade de a Lucasfilm sobreviver sem Lucas, embora seu objetivo seja o de se tornar dispensável. Ele quer encontrar algumas pessoas talentosas que trarão mais pessoas talentosas, que podem dirigir a empresa sem ele. "É hora de passar de um regime de alta intensidade para um de baixa intensidade", diz.

A divisão da Lucasfilm que continuará recebendo atenção do chefe é o grupo de desenvolvimento em informática. O próximo grande objetivo de Lucas é reformular o sistema educacional norte-americano, aumentando os professores, os livros e as aulas com mídias interativas. Lucas não acredita que chegará perto de tal objetivo, mas outrora o Rancho Skywalker parecia impossível. Ele é movido pela convicção de que jogos de computador podem ser usados positivamente: "Eu não me importo se eles são errados, não vão parar. A melhor coisa a se fazer é tornar a programação mais humana".

Lucas julga ser a pessoa certa para isso. Ele tem uma empresa sintonizada com a sensibilidade, os desejos e as recompensas de jovens em todo o mundo. Os filmes de George visitam a adolescência. São passeios de montanha-russa que fornecem os altos e baixos emocionais que crianças e adolescentes vivenciam. Com seus próprios computadores e programadores, Lucas pode fazer com que a educação seja divertida.

---

[3] Por enquanto a Walt Disney Company demonstra cuidar muito bem do legado da Lucasfilm. Sua aposentadoria, por fim, acabou se concretizando em 2014. (N. E.)

A única coisa que Lucas buscava no colégio eram os filmes educativos. Não seria ótimo se tudo na escola fosse assim?, ele pensava na época. "Nós só veríamos filmes o tempo todo, e não teríamos de ouvir essas aulas chatas nem fazer essas terríveis tarefas". Bom, por que *não* fazer da escola filmes de TV? Por que não obter o melhor material e os melhores professores e fazer de fitas ou discos parte do currículo escolar? As crianças não vão perceber o quanto estão aprendendo por acharem que estão brincando com jogos. Muitas aulas exigirão apenas assistentes de ensino e máquinas de vídeo, reduzindo enormemente o custo da educação pública. Lucas dá a isso o nome de "educação subversiva", a consequência lógica dos devaneios que tinha ao assistir filmes no colégio. Nunca se interessou por matemática ou por literatura, pois esses assuntos eram enfiados na sua cabeça, e ele resistia ferozmente. Lucas quer mudar a metodologia do ensino, mas não parece se importar de estar inventando um sistema educativo à sua própria imagem. Ele não é apenas mais uma voz no mercado da educação – é o criador de *Star Wars* e tem uma influência enorme junto a pessoas com menos de 18 anos. Há momentos em que diz a si mesmo: "Será que tenho o direito de fazer isso?". Mas ele também tem uma resposta pronta: "Alguém fará isso, e o pior é se acontecer de forma aleatória".

Lucas tem um *plano*, que o coloca à frente de 99% do resto das pessoas do planeta. Ele acha que seus métodos são melhores porque ensina as coisas certas: o respeito pela família, as virtudes de ser justo, honesto e generoso. Ele sabe que nunca substituirá o sistema educativo atual, pois ele está muito enraizado: "Mas eu posso, caso o destino permita, apontar uma nova direção. E, talvez, algumas pessoas mais capazes e com recursos maiores poderão inventar um sistema melhor e implementá-lo".

****

Ele está seguindo o próprio caminho. Ninguém pode escolhê-lo para ele.
Obi-Wan Kenobi falando com Luke Skywalker em Star Wars
****

Lucas nunca guardou suas crenças para si. *THX* era um debate intelectual entre a realidade e a ilusão que sempre o intrigou. *Loucuras* foi uma celebração da sua própria adolescência. Mas foi só a partir de *Star Wars* que ele acrescentou moral à sua mensagem. Ele questionou de vez em quando as consequências de suas ações, mas continuou em frente mesmo assim. Lucas admite ter oferecido soluções simplificadas a problemas complexos, "mas se alguém simplesmente aceitasse uma dessas soluções simples, o mundo seria um lugar melhor".

Lucas é uma estranha mistura de alguém ingenuamente aberto e ceticamente cínico, e, para ele, é fácil definir o certo e o errado. Independência, liberdade e justiça são as virtudes celebradas em *Star Wars* – Lucas não consegue ver nada de errado com isso. "George é muito terreno," afirma Mattew Robbins. "Ele acredita que o mundo deveria ser de uma determinada maneira".

Lucas é perito em apertar os botões certos para evocar seu mundo. Os princípios básicos da psicologia infantil permeiam os três filmes de *Star Wars*, acobertados pelo brilho da fantasia e disfarçados sob um ritmo de edição ágil. "Tudo o que você precisa fazer é dar uma emoção ao público", diz. "É tão simples. Você os faz rir, os faz chorar, ou os assusta, e, dessa forma, obtém um sucesso. Se você puder fazer duas dessas coisas em um filme, tem um megassucesso. Eu posso fazê-los rir e posso excitá-los. Eu posso lhes dar uma emoção e fazê-los rir ao mesmo tempo, mas não posso fazê-los chorar".

Ele está pronto e disposto a manipular o público. *Star Wars* está repleto de luta, mas não se vê sangue. *O Império contra-ataca* foi considerado muito violento para crianças na Suécia. *Indiana Jones* recebeu protestos por sua violência e intensidade, tendo sido censurado em muitos países.

Lucas tenta fazer uma distinção entre violência e intensidade em seus filmes. "Todos os bons filmes devem ser excitantes e assustadores. A intensidade é o que faz dar certo". Ele diz que fez um grande esforço para tirar a ênfase dos assassinatos de *Star Wars* e ainda mostra preocupação com dois guardas imperiais que são feridos diante da câmera. Mas a visão dos restos mortais enegrecidos e esfumaçados de tio Owen e tia Beru perturba mais do que as batalhas a laser, bem como o robô torturador que é visto se aproximando da princesa Leia conforme a porta de sua cela vai se fechando. Lucas usa a violência implícita, e seus efeitos podem ser muito prejudiciais em crianças. *O Império contra-ataca* intensificou o nível e a intensidade das lutas, com um close da mão de Luke sendo amputada. Em *Indiana Jones*, Lucas parece acostumado à violência aleatória de filmes que produz. Mesmo assim, a nível pessoal, ele ainda está incomodado com isso. Quando Lawrence Kasdan brincou com a ideia de matar um dos principais personagens em *O retorno de Jedi*, Lucas lhe disse: "Você é um produto da década de 1980. Você não pode sair por aí matando gente – isso não é legal".

Lucas acredita firmemente em conflitos dramáticos. Ele se lembra de sua própria raiva e frustração quando era criança, e sabe que crianças respondem subconscientemente à expressão de tais emoções em uma tela grande. Embora a amputação da mão de Luke em *O Império contra-ataca* tenha uma justificativa psicológica (uma expressão clara do medo da castração dos meninos), foi mais difícil justificar a violência aleatória em *Indiana Jones*. Lucas usa termos como "terapêutico" e "não destrutivo", mas poucas crianças com 9 anos de idade podem apagar da mente a imagem do rosto dos nazistas derretendo no fim do filme.

Lucas tenta evitar ser violento, racista, sexista ou fascista mais do que a maioria dos cineastas, embora seja acusado disso por alguns críticos. Ele diz que as críticas não o perturbam, em primeiro lugar, porque não acha que sejam verdade, e, em segundo lugar, porque ele faz seus filmes, em última análise, para si mesmo. "Eu faço filmes que me divertem. E eu sei como fazer filmes que são divertidos porque eu amo o cinema", diz.

Isso soa alarmantemente simplista, mas é verdade. Lucas também acredita que filmes são bons para o ser humano. No decorrer de uma conferência a respeito da história de *O retorno de Jedi*, Lucas disse a Kasdan que "a emoção que estou tentando obter no fim do filme é para que você se sinta emocional e espiritualmente elevado, e se sinta bem em relação à vida. Essa é a melhor coisa que podemos provavelmente fazer". E Lucas assim fez. O público de cinema é constituído de indivíduos com necessidades comuns, que Lucas satisfaz da mesma forma que satisfaz a si mesmo.

Seus filmes falam mais de nós mesmos do que podemos desejar saber. Nós aplaudimos Luke Skywalker por saber que a maioria de nós nunca fará o que ele fez (e o que Lucas fez): vencer o sistema. Nós aplaudimos Indiana Jones porque era muito mais fácil, em 1936, dizer quais eram os caras do mal – eles vestiam uniformes nazistas. Lucas oferece mais do que entretenimento escapista, ele nos dá uma visão do que poderia ser e do que deveria ser, mas não em nosso mundo. Seus filmes acontecem no passado ou no futuro, nunca no presente.

A maior crítica a Lucas é de ele ser incapaz de fazer um filme sobre o *presente*, a respeito de adultos contemporâneos que vivem, trabalham, amam e morrem. Ele parece estar preso permanentemente à adolescência. Lucas acha que há espaço para todos os tipos de filmes. O fato de *Star Wars* ter sido feito para jovens não faz dele um chiclete para a mente. Ele simplesmente focou um público que ainda não formou seus preconceitos. Críticos de cinema são, entretanto, adultos, e Lucas é visto como um fornecedor de anseios populares. Pauline Kael acusou *Star Wars* de transformar filmes em brinquedos. O crítico David Thomson escreveu certa vez: "Eu nunca senti, em um filme de Lucas, que se saísse para urinar ou para comer um cachorro quente, eu perderia algo. Não está na natureza de seus filmes haver algo tão importante lá".[4]

Lucas acha que a maioria dos críticos não está apta a julgar o trabalho de um diretor. É fácil ser simplista a respeito de *Star Wars*, ele diz – há coisas que ele mesmo criticaria. "Mas se não era nada", brinca, "por que todo mundo gostou tanto? O que estamos tratando aqui é de eficiência – quanto mais gente o vê, mais o filme é eficiente". Lucas não foi sutil quanto à mensagem de *Star Wars*: chega um momento em que você não pode se esconder de problemas e precisa assumir a responsabilidade pelas suas ações. "Mas já que eu não saí dizendo MENSAGEM em grandes letras vermelhas, ninguém percebe", diz Lucas. A primeira trilogia *Star Wars* é uma série complexa de filmes, produto de muita pesquisa e reflexão. Ao mesmo tempo, Lucas os vê como entretenimento "bobo". Ele não valoriza os entusiastas de *Star Wars* que os tratam como livros sagrados. "Ah, vai! São apenas *filmes*", diz Lucas.

São, entretanto, filmes muito influentes. Ao focar um público particularmente impressionável, Lucas convida para uma análise acurada. Os efeitos de *Star Wars* sobre várias gerações de amantes do cinema podem não aparecer por anos, mas são, claramente, poderosos. Lucas está tratando assuntos importante, Deus e o Diabo, o bem e o mal, e a forma como os ilustra faz eco na mente dos espectadores. O filme é uma mídia perecível, mas as imagens ficam conosco, se tornam parte da maneira como nos definimos a nós mesmos. *Star Wars* tornou-se uma cultura em si.

As críticas técnicas a Lucas não são muito difusas, mas existem falhas na sua produção cinematográfica. Ele sacrifica o desenvolvimento da história para ter mais ação e pouco respeita a inteligência do público. Ele tem medo

---

[4] Os comentários de David Thomson a respeito de Lucas estão em *Overexposures: The Crisis in American Filmmaking* (Nova York: Morrow, 1981).

de que eles fiquem entediados porque ele está entediado. Carl Foreman, que deu a Lucas sua primeira bolsa de estudos, admira as habilidades técnicas do cineasta. "Mas, quando se trata de personagens, ele é uma merda", afirma Foreman. "Ele sabe se comunicar, conhece a estrutura. Mas não gasta tempo com personagens". Um dos comentários mais notáveis partiu de uma pessoa que integrava a equipe de filmagem de O retorno de Jedi, que se recostou depois de passar horas montando uma cena de efeitos especiais e murmurou: "Um dia quero trabalhar em um filme que faça pensar".

Mas os críticos são tolos por considerar Lucas bobo ou insensível. Ninguém mais foi capaz de reproduzir a inocência e a energia criativa desinibida de seus filmes. Mesmo Hollywood respeita essas qualidades. "Ele é único em si mesmo", afirma Michael Eisner, da Paramount. "Não há dúvida de que terá seu lugar como um grande artista norte-americano". Ser reconhecido como artista não exerce mais fascínio sobre Lucas do que ser chamado de gênio. Marcia ficava irritada quando os críticos diziam que Lucas era um cineasta comercial, e não um diretor sério, pelo fato de seus filmes serem lucrativos. Ela reclamava, mas Lucas não se importava.

George acha que os artistas são criados pela mídia, e não pelos seus trabalhos. Ele explica: "Eu poderia ser um grande artista se quisesse, desde que dissesse as coisas certas à imprensa e aos críticos e que fizesse o tipo certo de filme que é obviamente arte com 'A' maiúsculo". Ele nunca teve tempo para tal bobagem. Entretanto, se importa com a sua reputação; quer ser levado a sério como Francis Coppola, que *é* considerado um artista. O fracasso aprimora a aura do artista, o sucesso a destrói. Enquanto os filmes de Lucas forem populares, eles não serão levados a sério, nem mesmo pela indústria cinematográfica, que ainda tem de lhe dar um Oscar de Melhor Fotografia ou Melhor Diretor.

Para Lucas, *Star Wars* é arte popular: "Coisas que se tornam um resíduo significante para uma civilização". A casa e os escritórios de Lucas estão forrados de arte que nunca foi levada a sério e que agora vale uma fortuna. Ele coleciona as pinturas e as histórias em quadrinhos originais de Norman Rockwell, não por causa do seu valor financeiro, mas por justificarem seu próprio trabalho. "Pode parecer bobo, mas eles dizem algo sobre as décadas de 1930 e 1940 nos Estados Unidos, falam de um certo idealismo no qual as pessoas acreditavam na época e que nunca mais acontecerá novamente", diz ele. Lucas pensa que *Loucuras de verão* é assim, como uma parte viva da história. Daqui a cem anos, um antropólogo vai poder assistir *Loucuras* e aprender muito sobre como era ser um adolescente nos Estados Unidos pouco antes de o mundo virar de cabeça para baixo. E é *isso*, acredita Lucas, que tem valor.

★★★★

```
Talvez algum dia eu tenha meios de rodar
     um filme do qual me orgulhe.
```
George Lucas

★★★★

Lucas quer redescobrir as virtudes de ser um amador[5]. Ele queria fazer filmes esotéricos como *THX* desde que saiu da USC e agora tem tempo, dinheiro e o equipamento para fazê-lo. Um sonho de treze anos pode não sair como Lucas imaginava, mas ele está determinado a fazer filmes que são abstratos e emotivos, sem enredo nem personagens. Ele não vai falar de ideias específicas – parece inclusive incerto quanto ao que quer fazer –, mas é claro que esses trabalhos impressionistas são totalmente o oposto de seus filmes profissionais.

"Eu fui distorcido pela narrativa", diz Lucas. Ele sempre detestou o drama convencional, mas se tornou assustadoramente competente na área. Agora quer ir na direção oposta, dirigindo filmes "que não são lineares, não têm personagens, nem história, mas que, mesmo assim, evocam emoções". Lucas se pergunta se ainda pode fazer as pessoas rirem ou chorarem com um filme abstrato. Ele quer ver quantos marcos visuais num filme podem ser retirados antes de o espectador se perder.

A cultura americana contemporânea fascina Lucas – é o alimento dos seus sonhos e filmes. Ele quer gravar outros aspectos da sociedade da mesma forma que fez quando registrou viagens de adolescentes em *Loucuras*. Ele vê a si mesmo como um Indiana Jones de câmera em punho, procurando artefatos em celuloide. "Interesso-me em como e por que uma sociedade funciona e como as pessoas que nela vivem pensam," explica Lucas. Ele criou sua própria sociedade em *Star Wars*. Agora ele quer documentar o mundo real.

---

[5] Leia mais sobre isso na p. 350. (N. E.)

Seja o que for que Lucas encontrar com os seus filmes experimentais, guardará para si mesmo: "Se não derem certo, eu obviamente não os mostrarei para ninguém. Se funcionarem, provavelmente terão um lançamento muito limitado". Não existe um público mensurável para filmes de vanguarda, mas se sair um com o nome de Lucas, o público provavelmente formará filas. Aí, então, Lucas pode não gostar dos seus "filmes loucos" e parar de fazê-los completamente. "Não é o fim do mundo caso eu decida que não gosto deles", afirma. "Ao menos vou tentar".

As pessoas que mais se intrigam com os planos de Lucas são os seus amigos, e a maioria deles lamenta a decisão de parar de dirigir filmes. Steven Spielberg e John Milius querem ver Lucas fazer "o filme do George", aquele que traz à tona o melhor dele. Lucas reciclou seu passado em seus filmes anteriores. "Ele tem muito a dizer *agora*", Milius observa. "Seria muito interessante ver o que ele faria".

O recuo de Lucas por meio dos filmes experimentais pode ser uma maneira de ele se esconder do próximo filme que viria pela lógica do seu conjunto de trabalho circunscrito. Talvez ele esteja com medo do que vai descobrir sobre si mesmo; é mais seguro brincar com imagens que são pouco específicas. Lucas diz que voltará a dirigir filmes, mas somente se conseguir controlar a situação. "Estou cansado de pintar Capelas Sistinas", afirma. "Eu preferiria voltar às telas de canvas 4x5." Ele vai filmá-los pessoalmente, os editará pessoalmente e passará um longo tempo sobre eles. Ele quer ser indulgente consigo mesmo pelo menos por uma vez. "Eu mereço". Mas Lucas não será capaz de escapar de si mesmo. "Você é o que você faz, e os filmes te fazem. Você coloca muito de si mesmo nos seus filmes. Não há como evitar. Você só pode fazer o que é", afirma Walter Murch.

****

```
Preciso achar um clone de mim mesmo.
Estou ficando muito velho para isso.
```
George Lucas, no set de O retorno do Jedi

****

A coisa mais lógica seria Lucas dirigir mais filmes da saga *Star Wars*, e é exatamente isso que ele não fará. Ele só completou a primeira trilogia, disse, porque "tive uma leve compulsão em terminar a história". *O retorno de Jedi* pode ter sido o último filme com o qual George Lucas realmente se importa. Ele tem pouco investimento emocional para com os futuros filmes de Indiana Jones ou mesmo em relação à próxima trilogia de *Star Wars*, se é que ela vai ser feita. Nada chegará aos pés da sensação de missão cumprida que ele deu aos três primeiros filmes[6].

Muitas pessoas associadas a *Star Wars* ficarão aliviadas se a saga não continuar. "Sinhô George disse que eu vô podê sê com 85 anos – um homem livre!", brinca Harrison Ford, que ainda tem uma sequência de *Indiana Jones* a completar antes da sua emancipação. Se Lucas fizesse todos os seis filmes remanescentes de *Star Wars* em um intervalo de três anos, a história teria terminado no ano 2001 (o que seria uma piada de ficção científica).

Há momentos em que Lucas está pronto para jogar tudo para o alto. Andando por Elstree Studios durante a filmagem de *O retorno de Jedi*, ele fantasiou vender *Star Wars* – o conceito, os personagens e os enredos dos seis filmes.

E se o herdeiro do legado de *Star Wars* fizesse besteira e lançasse um filme ruim? Não seria doloroso? "Nem um pouco", diz Lucas. "Eu sempre achei que fiz um trabalho ruim. Isso poderia fazer com que me sentisse melhor". Para alguns, a ideia de Lucas vender *Star Wars* se parece com Moisés vendendo os Dez Mandamentos. Tampouco pode ser prudente do ponto de vista dos negócios – seis filmes *Star Wars* poderiam facilmente vender 1 bilhão de dólares em ingressos de bilheteria. Entretanto, Lucas é perverso o suficiente para fazê-lo. Existem outras coisas na vida.

Mais tarde, ele admitiu que a fantasia de largar *Star Wars* é uma válvula de escape que lhe dá a ilusão de sempre poder voltar atrás. "Emocionalmente, seria algo muito difícil", admite. Lucas está ciente de que *Star Wars* e suas sequências são investimentos rentáveis. Seus embates com a 20th Century Fox ensinaram que filmes são produtos a serem explorados ao máximo. "Eles não são sagrados, não para mim," diz Lucas. "Eles são, no fim das contas, ferramentas". Lucas, o empresário, pretende arrancar cada dólar que puder da sua propriedade premiada.

Lucas diz ser capaz de separar seu instinto mercenário do lado artístico da produção de filmes, no qual o cineasta tenta jamais comprometer seus

---

[6] Leia mais sobre a continuação da saga na p. 351. (N. E.)

valores ao dinheiro. Essa atitude empresarial intransigente é uma aquisição recente, mas não deixava de ser esperada. Ele tem objetivos específicos, e precisa de dinheiro para alcançá-los. Ele tem uma empresa e pessoas que dependem dele para viver. Se fosse apenas ele, Marcia, Amanda e Indiana, ele poderia fazer as malas e desistir, mas não pode. Ele diz que os filmes são apenas um meio para um fim. "Esta empresa não foi criada para durar mais mil anos. Foi criada para me servir enquanto eu estiver vivo e para me fornecer o que quero fazer. Tudo o que terei de fazer é bater as botas e dizer 'basta para mim'".

Isso depende de *O retorno de Jedi* – o seu grau de sucesso definirá quanto tempo livre e quanto dinheiro Lucas tem para ir atrás de seus sonhos. O fim da trilogia *Star Wars* é um ponto crucial na vida de Lucas até agora. *O retorno de Jedi* é um filme que ele queria primeiro fazer como *Apocalypse Now*: a história de jovens lutando contra os superpoderes tecnológicos e ganhando deles porque *acreditam* em si. Ao abordar, finalmente, esse tema em *O retorno de Jedi*, Lucas também resume sua própria carreira.

Lucas aprendeu algo desde 1977 – a velocidade em *O retorno de Jedi* está mais próxima à de *Indiana Jones* do que à dos filmes *Star Wars* anteriores. Existem elementos como espadachins, filmes de motociclistas e histórias de aventuras. É o seu roteiro favorito, embora se preocupe com o fato de que quanto mais ele gosta de um roteiro, menos popular o filme é. Ele gosta tanto de *O retorno de Jedi* que até mesmo flertou com a ideia de dirigi-lo. A sanidade logo lhe respondeu: "Foi só dar uma olhada na quantidade de trabalho e pensar: 'Meu Deus, a minha vida já é complicada o suficiente'".

Há uma satisfação especial para Lucas em ver sua pequena saga ordenadamente se constituir no conto de fadas que realmente é. Lucas estava preocupado que o público iria querer algo mais espetacular do que o final óbvio. Mas ele precisava ser fiel à história, que literalmente jorrou de dentro dele – George escreveu o primeiro rascunho de *O retorno de Jedi* em quatro semanas, diferentemente dos dois anos que tomou para escrever *Uma nova esperança*. Tudo tinha que estar perfeito – Lucas sabe o quanto os seus fãs se importam. Embora *A vingança de Jedi* fosse o primeiro título anunciado, Lucas sempre quis que o filme fosse chamado de *O retorno de Jedi*. Ele não queria entregar o roteiro. A mudança veio menos de seis meses antes do lançamento de *O retorno de Jedi* e custou muitos milhares de dólares.

Lucas achou que custaria muito para superar *O Império contra-ataca*, e *O retorno de Jedi* foi realmente mais barato, dada a inflação. Foi todo feito com o próprio dinheiro de George, fato que impressionou cada um dos associados à produção. O calendário também era mais curto do que o de *O Império*, embora o prazo de 92 dias não seja pouco para quem quer que esteja trabalhando em um filme. Lucas queria encobrir a produção de *O retorno de Jedi* quando o filmou no Arizona e na Califórnia, para que a companhia não fosse assediada pelos fãs de *Star Wars*. Lucas escolheu o título *Blue Harvest*, fingindo que fosse um filme de terror. Ele até mesmo imprimiu camisetas com o título e outra frase: "O horror além da imaginação". Alguém perguntou se era essa a temática de *Blue Harvest*. "Não", disse Lucas, "esse é o *making of* do filme".

Lucas não quis repetir a crise financeira de *O Império* e foi mais acessível no set de *O retorno de Jedi*. Ele chama isso de "ficar por aí" e "tomar cuidado", mas insiste que não estava dirigindo: "Não importa o que acham, você não pode dirigir um filme por cima do ombro de alguém. É uma arte muito sutil". Richard Marquand pareceu não se aborrecer com sua presença e Lucas se divertiu operando a quarta ou a quinta câmera nas unidades de filmagem secundárias. "Sou mais uma rede de segurança do que qualquer outra coisa", afirma.

O filme que Marquand estava fazendo não era, entretanto, o que Lucas teria feito. Houve momentos em que ele reprimiu pensamentos do tipo "droga, se eu pudesse só ir até lá e dar um jeito...". Houve cenas em que ele assistiu na sala de edição e diante das quais rangeu os dentes. "Descobri que sou mais intolerante agora do que já fui no passado," admite. Mas ele também sabe que o filme pode ser diferente, mas não necessariamente melhor ou pior. "Se eu o quisesse do jeito que *eu* queria, eu o teria dirigido", afirma. "Mas já que abri mão disso, devo aceitar o jeito como uma outra pessoa o dirige".

Tem sido uma longa caminhada em Elstree. Como de costume, Lucas precisa resolver os problemas de todo mundo, desde decidir o que fazer com a Millennium Falcon quando o filme estivesse terminado até verificar a língua móvel de Jabba, the Hutt. Lucas pula na sua limusine Mercedes, que o aguardava no portão do estúdio. Seu corpo literalmente cede. Ele inclina a cabeça para trás contra o banco, exausto.

"Marcia reclama que eu vivo no passado ou no futuro, mas nunca no presente", afirma, a voz enfraquecendo uma oitava à medida que a limusine retorna suavemente de Londres para o Claridge's, o hotel elegante onde sua família se encontra. "De certa forma, ela tem razão. Eu estou sempre pensando no que vai acontecer ou no que já aconteceu. Acho que, quando terminar este filme, estarei apto a viver no presente – talvez". Lucas olha pela janela à medida que o carro para no Claridge's e um porteiro vestido sobriamente aparece à porta. Lucas pega a sua pasta fina, lança um aceno ao visitante e sai do carro, seguindo em direção às portas douradas do lobby do hotel. Ele parece estranhamente fora de lugar, este pequeno norte-americano barbudo, usando jeans azul e tênis, esfregando os ombros com visitantes como sheiks árabes, homens de negócio europeus e a elite da sociedade de Londres. Até mesmo o porteiro, elevando-se sobre Lucas, o encara com um certo ar de desdém, sem perceber que o objeto de seu desgosto poderia *comprar* o Claridge's. Lucas olha de volta para o carro, as luzes da rua se refletindo nos seus óculos, e então ele some, perdido entre os ricos e os famosos.

****

```
A porta da sua jaula está aberta. Você precisa apenas
       sair andando, caso ouse fazê-lo.
```
George Lucas

****

Lucas acha que foi colocado nisso com um propósito, mas não tem certeza de o ter cumprido. Talvez fosse *Star Wars*, ou talvez o Rancho Skywalker. Talvez ainda esteja à frente, em seus jogos de computador educativos. Marcia Lucas rememora sua vida com George e diz: "É como ler um bom livro. Você não quer nunca o terminar, porque você o terá lido e nunca mais vai ser capaz de ler da mesma forma de novo".

Lucas vê a sua vida como uma câmera perdendo energia. À medida que ela vai acabando, a imagem da câmera acelera. Agora ele está tentando diminuir a velocidade das imagens de sua vida, mas o tempo está ficando mais escasso, ainda que suas aspirações continuem crescendo. Lucas foi muito bem-sucedido por ser capaz de transferir suas ideias à tela. Agora, suas ideias são muito grandes para uma tela – elas talvez sejam muito grandes até mesmo para ele. Lucas viveu a sua vida com um destino à frente, como uma cenoura presa a uma vara. Uma das fantasias que ele menos aprecia se refere a quando morrer. Ele acha que Deus olhará para ele e dirá: "Você teve sua chance e estragou tudo. Cai fora".

Pouco provável. A porta da cela de George se abriu quando ele voltou à consciência em um hospital de Modesto no dia 12 de junho de 1962. Viu o seu caminho para o céu e o tem trilhado desde então. "Não existem tentativas", Yoda ensinou a Luke. "Só existe fazer ou não fazer". Quando chegou a hora de fazer essa escolha, Lucas escolheu.

Uma disposição radiante: George Lucas com 2 anos de idade.

Um retrato raro da família Lucas, datado de 1950, incomum pela presença de Dorothy, uma vez que ela estava frequentemente no hospital ou acamada naquele tempo. A partir da esquerda: Wendy (4 anos), Dorothy, George pai, George Jr. (6 anos); de joelhos estão Kate (16 anos) e Ann (17 anos).

O acidente de carro que mudou a vida de George Lucas e o impulsionou para o sucesso. Essa foto, tirada pouco depois do acidente de junho de 1962, foi publicada na primeira página do jornal local, *Modesto Bee*.

Retrato do artista como um adolescente punk: George durante o ensino médio, em 1959.

George durante a produção de *Filmmaker*, seu documentário sobre as filmagens de *Rain People*, que foi dirigido por Francis Coppola em julho de 1968.

George na pele do cineasta atraente e romântico que ele nunca pensou poder ser. Flagrado durante a edição de *Filmmaker* em São Francisco, em fevereiro de 1969.

A Nova Hollywood na sua encarnação de 1970, fazendo uma pose teatral na sede da American Zoetrope em São Francisco. A partir da esquerda: John Korty, Carroll Ballard, um cineasta desconhecido, John Milius, Barry Beckerman, o vice-presidente da Zoetrope, George Lucas, Al Locatelli, Bob Dalva, o presidente da Zoetrope, Francis Coppola. De joelhos (a partir da esquerda), estão o produtor de *THX* Larry Sturhahn e Dennis Jakob. Cortesia de John Korty.

Gary Kurtz, coprodutor, e George Lucas, diretor, no set de *Loucuras de verão*.

George Lucas com sua ex-mulher, Marcia Griffin, dois anos depois do casamento deles, diante da sua casa em Marin County, em 1971.

George e seus amigos fazendo palhaçadas depois de uma visita ao protagonista de *Tubarão*, de Steven Spielberg, na Universal Studios, em 1974. A partir da esquerda: Hal Barwood, Gloria Katz, George, Gary Kurtz, Colin Cantwell (designer do protótipo das aeronaves de *Star Wars*) e Willard Huyck.

A agonia de escrever *Star Wars* é aparente nos traços sombrios de George, enquanto ele fazia a revisão final do roteiro na Tunísia, em março 1976. As filmagens estavam previstas para começar em questão de semanas.

Peter Mayhew (Chewbacca) resiste compreensivelmente em cair na sujeira do compactador de lixo, mas George insiste. O traje de Mayhew manteve um cheiro desagradável durante toda a duração das filmagens.

George Lucas e Mark Hamill (Luke Skywalker) conferem os resíduos do deserto na Tunísia, em abril de 1976. George já estava além do cronograma e nenhuma das "engenhocas" (como R2-D2) funcionou.

O cineasta abatido: George Lucas reflete sobre tudo o que deu errado no set de *Star Wars* do Elstree Studios, em junho de 1976.

George explica uma cena a Mark Hamill (esquerda) e Harrison Ford (Han Solo), que vestem os trajes dos stormtroopers durante uma tentativa de libertar a princesa Leia.

George, Marcia e um Jerba de mentirinha diante do set da Cantina Espacial na Tunísia, em abril de 1976.

O Wookie se parece com o diretor, mas a versão real é o pequeno companheiro perto de Chewbacca. George está ao lado da equipe de câmera com quem discutiu durante a produção de *Star Wars*.

O presidente da Twentieth Century-Fox Alan Ladd Jr. e George Lucas tentam assegurar um ao outro que *Star Wars* vai dar certo no set de Elstree em abril de 1976.

Um sonho realizado: Richard Chew, Marcia Lucas e Paul Hirsch depois de ganharem seus Oscars por terem editado *Star Wars*, na cerimônia de premiação da Academy Awards em Los Angeles, no dia 3 de abril de 1978. George Lucas foi embora de mãos vazias.

O diretor aposentado: o produtor executivo George Lucas visita o set de *O Império contra-ataca* em Elstree, em abril de 1979, e relembra velhas histórias com (a partir da esquerda) Mark Hamill, Carrie Fisher e Harrison Ford. George sequer teve uma cadeira de diretor com o seu nome atrás.

Encontro com um mestre: o diretor japonês Akira Kurosawa (último à esquerda) conversa com a ajuda de um tradutor com Francis Coppola, George e Marcia Lucas numa praia em Hokkaido, Japão, durante a produção de *Kagemusha*, em novembro de 1979.

George filmando na Tunísia *Indiana Jones e os caçadores da arca perdida* numa segunda unidade de gravação, em agosto de 1980. Apesar da promessa de nunca mais dirigir um grande filme, George não resistiu à tentação de estar atrás de uma câmera B.

Nem George nem Harrison Ford (Indiana Jones) parecem se divertir no calor sufocante do verão tunisiano. Apesar do boné da Legião Francesa Estrangeira, do lenço e das luvas, George sofreu fortes queimaduras de sol.

George realiza sua fantasia de ser um antropólogo, enquanto ele e o diretor Steven Spielberg posam na frente dos seus "selvagens" durante os últimos dias de filmagens de *Raiders in Hawaii*, em outubro de 1980.

Os homens responsáveis pelas três diferentes visões de *Star Wars*: (a partir da esquerda) o diretor Irvin Kershner, de *O Império contra-ataca*, George e o diretor Richard Marquand, de *O retorno de Jedi*.

O presidente da Lucasfilm. Foto originalmente tirada para um perfil de George na revista *Fortune*.

R2-D2 e C-3PO de *O retorno de Jedi*. Crédito da foto: Albert Clarke.

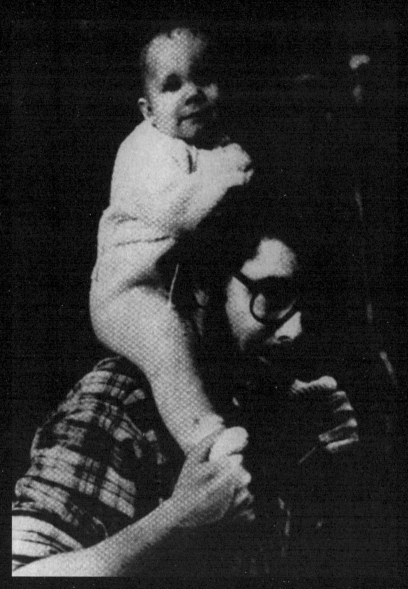

Os Lucas que pouca gente vê: papai George orgulhoso e filhinha Amanda em Parkhouse, 1982.

11

De volta às origens[1]

> Gostaria de agradecer George Lucas por ter criado o universo *Star Wars*. Ele nos deu um sonho, esperança no futuro. Para alguns, *Star Wars* não é apenas um filme, e, sim, uma forma de ver a vida. Isso pode parecer fanatismo para alguns, mas não é. A trilogia *Star Wars* é como uma história para dormir predileta que você pede para que a sua mãe conte todas as noites, mesmo depois de conhecê-la de cor. É como o seu travesseiro favorito, onde você sempre se aconchega, ou seu melhor amigo imaginário. O universo *Star Wars* quer dizer muito para muita gente. É uma fantasia que simplesmente sonhamos vivenciar. Obrigado, George Lucas, por nos dar esse sonho.
>
> *Do website de Melody Bergeron*

George Lucas tinha uma pergunta simples após o lançamento de *O retorno de Jedi* em 1983: "E agora?". A resposta, logicamente, era bem mais complicada. Para Lucas, completar a primeira trilogia *Star Wars* pontuou o

---

[1] Depois de ter colaborado com esta biografia, em sua primeira publicação no ano de 1984, Lucas relevou estar "muito descontente" com *George Lucas*, julgando que ele se excedeu na dramatização das suas desavenças com Francis Coppola. "George preferiria não participar, e não podemos cooperar de forma alguma," me disse a porta-voz da Lucasfilm, Lynne Hale.

fim de uma fase inteira da sua vida, marcada pelos amargos conflitos com o poder de Hollywood, sua passagem para a solidão de Marin County e seu triunfo final em ser dono da franquia mais rentável da história do cinema. *Uma nova esperança, O Império contra-ataca* e *O retorno de Jedi* renderam 1,2 bilhão de dólares em bilheterias de todo o mundo. Foram vendidos mais de 50 milhões de vídeos dos três filmes e o merchandising do legado de *Star Wars* gerou mais de 4 bilhões de dólares de lucro desde o lançamento do primeiro filme, em 1977[2].

Se *Star Wars* fez de Lucas quem ele é hoje, também o encurralou numa rede de expectativas em relação às spin-offs – a saga em três partes da família Skywalker, que precedeu a trilogia "do meio". Lucas tentou parar durante os anos seguintes, primeiro alegando esgotamento de *Star Wars*, em seguida prometendo fazer filmes mais curtos e "pessoais" (que nunca se materializaram) e, finalmente, explicando que a tecnologia ainda não tinha alcançado suas expectativas acerca do que queria fazer nos três primeiros episódios da história épica. Depois do incrível sucesso da Industrial Light & Magic (ILM) em criar os dinossauros realistas de *Jurassic Park*, do compadre Steven Spielberg, o que a ILM podia desenvolver no campo da imagem gerada por computador colocou por terra o último argumento de Lucas. Ele não tinha escolha. Precisava voltar a trabalhar em *Star Wars*.

****

De acordo com a citação de Lucas referida por Peter Biskind em seu livro divertido, mas exagerado *Como a geração sexo-drogas-e-rock'n'roll salvou Hollywood*, a respeito da fraternidade no meio cinematográfico nos anos 1970, "foi preciso muito tempo para me ajustar a *Star Wars*. Eu finalmente consegui e vou voltar a ele. *Star Wars* é meu destino".

Foi também a maneira encontrada para encher os cofres da ainda saudável, porém decadente Lucasfilm. A ILM era um sucesso, tanto quanto podiam ser uma pós-produção e a instalação de efeitos a uma distância de 1100 quilômetros de Hollywood, e o sistema de som *THX* se tornou padrão na indústria. Mas a maior parte das outras tentativas comerciais de Lucas teve resultados variados. *Howard: O super-herói* foi um fracasso pavoroso, tanto

---

[2] Dados de 1999. (N. E.)

em termos de crítica como de vendas, tanto quanto *Assassinatos na rádio WBN*, ambos os filmes patrocinados e com produção executiva de Lucas. As avaliações de seu querido *O jovem Indiana Jones* e os programas de animação Ewoks, para a TV, nunca foram mais que medíocres. Sem filmes ou séries de TV que atraíssem jovens consumidores, a renda com o merchandising diminuiu e a incrivelmente lucrativa série *Indiana Jones* parecia ter terminado. Considerando o salário e os acordos de participação no lucro de Spielberg e da estrela Harrison Ford, um novo filme de Indiana prometia ser extravagantemente caro, embora estivesse planejado filmar um no ano de 2000, com Spielberg na direção e Ford como estrela, escrito por Jeffrey Boam. (Este é o principal motivo de Lucas recusar trabalhar com grandes estrelas ou com diretores caros em todos os seus outros projetos.) Lucas também está planejando uma ambiciosa expansão do Rancho Skywalker, no valor de 87 milhões de dólares, que transformaria o lugar de quase 16 187 quilômetros quadrados em um abrangente centro comercial de produção de filme digital.

O relançamento da Edição Especial da trilogia *Star Wars*, em 1997, reenergizou Lucas, mostrando o poder do legado de *Star Wars*. Os três filmes fizeram a soma colossal de 250 milhões de dólares em ingressos vendidos, superando largamente tanto as expectativas de Lucas quanto as da 20th Century Fox. O motivo, em retrospectiva, era simples. A geração que primeiro viu *Star Wars* estava então com 30 anos de idade, e muitos tinham filhos. Tornou-se tanto um passeio pela estrada da memória quanto um rito de iniciação para as suas crianças. A atenção dada pela mídia foi incrível. Os dólares do merchandising tiveram um pico e a internet, que não existia em 1977, tornou-se o meio ideal para os fanáticos por *Star Wars*. Lucas percebeu, assim como tinha feito Luke Skywalker, que não poderia escapar de seu destino.

Então retornou ao trabalho. Voltaram à tona as folhas soltas, os lápis especiais, o encadernador vermelho com um LUCAS na frente escrito com marcador preto, o mesmo que havia sido usado para redigir cada roteiro desde *Loucuras de verão*. Lucas tinha um rascunhão da época de seu primeiro roteiro, quando tinha escrito conteúdo suficiente para doze filmes. "O aspecto mais difícil da roteirização foi decidir o que deixar de fora", escreveu Lucas no site oficial de *Star Wars*. "Se eu tivesse incluído tudo o que tinha em mente, o filme teria 5 horas". (Ele ainda pretende lançar novos spin-offs[3], com a trilogia original, como um filme de 12 horas. Francis Coppola, logicamente, já fez o mesmo com *O poderoso chefão*.)

Mas naquele momento ele tinha de analisar, simplificar, cortar e refinar ideias que tinham mais de vinte anos. Tinha de criar personalidades e diálogos para novos personagens que ele havia mantido na cabeça nas últimas duas décadas. "A história faz o filme" sempre foi a convicção de Lucas. (Há relatos de que Carrie Fisher – que se tornou uma grande redatora de Hollywood e uma consultora-roteirista desde que parou de atuar – ajudou com parte do diálogo.) George também tinha uma tela maior para trabalhar, já que a ILM podia virtualmente criar qualquer coisa com que sonhasse.

"É divertido, no fim das contas, ser capaz de voltar a esse universo, especialmente agora que temos toda a nova tecnologia. Eu posso criar um mundo mais parecido com o que imaginei no começo, com mais personagens em volta e mais coisas acontecendo", disse Lucas no segundo Star Wars Summit, que ocorreu no Rancho Skywalker em abril de 1995. "Posso agora realmente fazer o filme que quero fazer. É frustrante trabalhar com cores limitadas. Poderíamos dizer que nos três primeiros filmes trabalhei com uma paleta com as cores preto e branco, e agora tenho meios de adicionar mais cores".

Mais do que usar uma nova paleta, Lucas reinventou todo o processo de produção cinematográfica. Usando os spin-offs como uma experiência de cinema de grande escala, Lucas está fazendo o primeiro experimento de vulto no cinema digital. O *Episódio I* da nova trilogia teria mais de 2 mil cenas de efeitos especiais, quatro vezes o que já se fez em qualquer filme, incluindo *Titanic*. "Eu definitivamente me sinto como parte da transformação do cinema", disse Lucas numa coletiva de imprensa em julho de 1997. "É como os primórdios do cinema, ou o momento em que se descobriu o som ou a cor. A tecnologia digital é uma nova cor a que deve expandir a imaginação do artista de cinema". É também uma forma de gastar menos. À medida que cai o custo da tecnologia de microchip, criar um set no computador é muito mais barato do que mandar todo um elenco e uma equipe de filmagem para uma locação distante e muitas vezes inacessível. "É um dos objetivos pelos quais Lucas

---

[3] Depois da venda da Lucasfilm para a Disney, a terceira trilogia está se concretizando, bem como spin-offs de novos personagens. (N. R. T.)

tem mais obsessão", afirma o produtor dos spin-offs, Rick McCallum. "Como podemos diminuir os custos?"

A partir dos experimentos pioneiros realizados em *As aventuras do jovem Indiana Jones* para a TV, Lucas montou um estilo de produção de cinema que promete revolucionar a indústria cinematográfica[4] – da mesma forma que a tecnologia digital vai alterar para sempre a maneira como as imagens e os ambientes são criados. "Em vez de fazer filmes num processo de linha de montagem sequencial, onde cada pessoa faz uma coisa e depois a pega e repassa para a próxima, estou mudando para um processo mais parecido com o de um pintor ou escultor", Lucas disse à revista *Wired* em 1997. "Você trabalha nele um pouco, depois recua e olha para ele, e acrescenta mais um pouco, depois recua e olha de novo, e acrescenta mais um tanto. Basicamente, você termina trabalhando com camadas na coisa toda... O filme é o que é cuspido no final".

Essa abordagem gradual de fazer cinema vira de ponta-cabeça todo o modelo industrial de Hollywood. Conforme explicou o produtor McCallum, "o processo normal é... você tem um roteiro, levanta o dinheiro, faz a pós-produção e lança o filme. Nós temos o script, que nunca está totalmente fechado, nós o preparamos, construímos todos os sets, filmamos e depois editamos, daí nós reescrevemos, refilmamos, reeditamos, reescrevemos etc. Estamos fazendo constantemente o filme e mudando o script, até o dia em que o lançamos".

Em termos práticos, isso significa que quando Lucas fez a maioria das filmagens no galpão do *Episódio I* nos Leavesden Studios, a instalação de 1 1574 quilômetros quadrados a noroeste de Londres, ele tinha um link de computador e de vídeo, por satélite, com a ILM em San Rafael, na Califórnia. Pouco antes de uma cena ser filmada, os técnicos da ILM transferiam as renderizações para o segundo plano, ou os personagens em si, em Leavesden. Se Lucas os aprovasse, ele se dirigia aos atores da cena e lhes descrevia um pouco os efeitos. Ele filmava então a cena até obter uma tomada de que gostasse. A cena escolhida era transmitida por fibra ótica à ILM, onde a gravação da ação ao vivo era misturada com os efeitos digitais computadorizados. A gravação resultante era então enviada de volta a Leavesden, onde Lucas decidia o que

---

[4] Leia mais sobre as evoluções de Lucas no mundo tecnológico a partir da p. 352. (N. E.)

mudar e o que manter. Às vezes, ele se dirigia novamente aos atores e filmava a cena novamente, desta vez integrando-os melhor com os efeitos que tinha acabado de ver. O processo era repetido, como se explica no site de *Star Wars*, até que Lucas tivesse capturado a cena e os efeitos especiais "exatamente como os tinha imaginado".

Custa muito dinheiro trabalhar dessa forma, logicamente, e Lucas foi pressionado para manter os custos do *Episódio I* abaixo de 70 milhões de dólares, quantia com a qual se vangloriou de poder ter para fazer o filme. Vale lembrar também que Lucas levantava todo o capital para os seus próprios filmes, e se os spin-offs ultrapassavam o orçamento, ele pagava do próprio bolso. Esse grau de risco financeiro (e de propriedade gratificante) nunca ocorreu antes na história de Hollywood. Até mesmo um cineasta da estatura de Steven Spielberg foi incapaz de ser dono do próprio trabalho cinematográfico, sendo, portanto, incapaz de controlar cada aspecto e faceta da sua produção.

Se fossem feitos em qualquer outro lugar de Hollywood, com o tipo de efeitos visuais que Lucas está prometendo, o preço do primeiro filme do spin-off ficaria mais próximo do orçamento de 200 milhões de dólares do filme de James Cameron, *Titanic*. Estimativas do orçamento final do *Episódio I* chegam a 120 milhões de dólares (a 20th Century Fox confirmou um orçamento de 115 milhões de dólares). Não há dúvidas de que o *Episódio I* seria impressionante do ponto de vista visual e auditivo, já que Lucas juntou o designer de som Ben Burtt aos melhores técnicos da ILM, como Dennis Muren, que ajudou a montar a primeira trilogia de *Star Wars* na vanguarda da inovação tecnológica.

O *Episódio I* tem atenção redobrada por causa das suas novas criaturas alienígenas, sendo que a maioria foi criada digitalmente. O objetivo era fazer personagens que não são apenas extremamente realistas, mas que também possuíssem tantas qualidades individuais que conseguissem interagir com atores reais sem problemas. O primeiro spin-off também apresentará um set com tecnologia "virtual" – a criação de ambientes que existem apenas em um computador, e não em três dimensões. "Ninguém nunca viu um ambiente aquático realmente incrível e épico por conta dos limites anteriores da tecnologia de efeitos especiais", disse Lucas, rebatendo sequências parecidas em *Waterworld* e *O segredo do abismo*. "Essas limitações acabaram e agora posso colocar um filme da saga *Star Wars* em qualquer ambiente que puder imaginar… De todo modo, as expectativas do público não chegam perto das que eu coloquei para mim mesmo e meus designers".

Mas como o próprio Lucas sempre diz, a questão não é a tecnologia, e sim a narrativa. Lucas gastou dois anos polindo antigos rascunhos e anotações para construir a história do *Episódio I*, que parece ser aparentemente simples. Vamos conhecer o jovem Anakin Skywalker (o personagem Darth Vader da trilogia do meio) como um garoto de 9 anos, estrelado por Jake Lloyd, que interpretou o filho de Arnold Schwarzenegger em *Um herói de brinquedo*. Anakin vive no planeta Tatooine com um único parente, sua mãe.

Vamos vê-lo se tornar um Cavaleiro Jedi, treinado por Obi-Wan Kenobi, agora retratado nos seus 30 anos de idade por Ewan McGregor (de *Trainspotting*), que chegou ao ponto de estudar fitas com a voz de seu predecessor, Alec Guinness, para obter aquele som anasalado específico. Sob a tutela de Ben Kenobi ("Eles formam um laço que lembra o de pai e filho", explica Lucas), Anakin se tornará um Mestre Jedi, trabalhando junto com outro colega que será interpretado por Liam Neeson.

Em *Ataque dos Clones*, galáxia afora, Anakin se distinguirá como um grande herói. Ele testemunhará a luta de Ben Kenobi contra a tentação (Talvez Ben tenha um irmão que tentará seduzi-lo para o lado sombrio), mas ele vai combater e superar o chamado do mal. Inevitavelmente, conforme indicado em *O Império contra-ataca*, Anakin será consumido pelo orgulho e pelo ego, e terminará escolhendo o lado sombrio que Ben rejeitou, aceitando sua nova identidade como Darth Vader, o Pai Obscuro. "É sombrio", Lucas confirmou ao *Los Angeles Times*. "Mas se você conhece os outros três filmes, sabe que tudo dá certo no fim – que o filho dele volta e o redime. Essa é a história real. Sempre se tratou da redenção de Anakin Skywalker".

Isso dá a Lucas a chance de fazer o tipo de moral que ele adora fazer. Como Rick McCallum coloca: "O resto do filme trata na verdade das consequências do que acontece quando você não assume a responsabilidade pelas suas próprias ações, e quando você se julga melhor do que todos os outros". A observação de McCallum poderia também servir como explicação para o motivo pelo qual Lucas teve de voltar à obra *Star Wars*. Foi a consequência do seu sucesso, e ele tinha uma responsabilidade que ninguém mais podia assumir. Novamente, aquela coisa do destino.

Como dois jornalistas que entrevistaram Lucas para a revista *Wired* escreveram, "a criação dos mitos de George Lucas é uma convergência entre os livros de Hans Christian Andersen e Isaac Asimov, a mistura de alma e tecnologia, o encontro da criança interior com o nerd interior". "Passei muito tempo estudando História, Filosofia, Mitologia", explica Lucas, "e como essas coisas se relacionam com o fim da democracia e a ascensão de um ditador (o Imperador Palpatine)". Mas Lucas tem uma grande preocupação quanto à recepção que a nova trilogia pode esperar, o tom do filme. "É uma história trágica", disse à *Newsweek*. "Muito mais sombria do que os três primeiros filmes... Os spin-offs são, essencialmente, a história de como Anakin caiu em desgraça".

Lucas está tentando diminuir as expectativas de que os spin-offs terão o mesmo ar de histórias de quadrinhos *pulp-fiction* da trilogia original, afirmando em várias entrevistas que o ritmo será significativamente mais lento. O cineasta está contando com o seu público de obstinados fanáticos por *Star Wars* para ter uma percepção mais abrangente. "Quando a história dos seis filmes é reagrupada, ganha uma abrangência mais interessante porque você está na verdade se aprofundando mais em Darth Vader do que em Luke", George explicou ao *The Los Angeles Times*. "Até agora, você não sabia qual era realmente o problema, porque Darth Vader era apenas um cara do mal. Você não tinha se dado conta de que ele tinha um impasse também".

Tentar descobrir detalhes específicos da trama, voltas e reviravoltas dos novos spin-offs era igual a tentar hackear os códigos de segurança dos computadores do Departamento de Defesa norte-americano. Era possível fazê-lo, mas somente sob grande risco de ser processado. "Não digo o que fariam comigo se eu falasse", comentou Davil Tattersall, cinegrafista da série *Young Indy*. "Tinha gente patrulhando o perímetro com cães e tacos, e eles pareciam falar sério. Você precisava de uma carteira de identificação com foto e cartões de acesso para ir para qualquer lugar. É como o Pentágono". Os atores nunca recebiam o roteiro inteiro, apenas suas cenas individuais. Todo o diálogo e o texto que não têm relação direta com o papel do ator são deletados das páginas do script. E essas páginas, que recebiam numeração impossível de ser apagada, deviam ser devolvidas no final de cada dia de filmagem. Todos os funcionários da Lucasfilm, todos os membros da equipe e do elenco, todos os vendedores de merchandising que recebiam material visual ou ideias, deviam assinar acordos de confidencialidade. Divulgar qualquer informação

– até mesmo falar publicamente sobre os spin-offs – era motivo para dispensa imediata.

Logicamente, nada disso é novo. Lucas sempre foi tão cauteloso que seus segredos estão guardados na sua caixa toráxica. Ele até mesmo pregou peças nos diretores escolhidos para fazer *O Império contra-ataca* e *O retorno de Jedi*. Como Irving Kershner, diretor de *O Império*, disse à revista *Starlog* na metade da década de 1980, Lucas escondeu "a verdadeira trama do filme enquanto estávamos filmando cenas cruciais... Na cena em que Vader corta a mão de Luke Skywalker, Luke acusa Vader de matar seu pai, mas George tinha um roteiro em que Vader respondia 'Não, Kenobi matou seu pai'. Portanto, todos achávamos que Kenobi tinha mentido a Luke sobre a morte de seu pai. Imagine o quanto fiquei chocado quando George adicionou a voz digitalizada de Vader e mudou essa frase essencial para 'Não, eu sou seu pai'". Lucas não confiou a ninguém os verdadeiros segredos de *Star Wars*. Como um repórter frustrado o descreveu depois de uma coletiva de imprensa na Itália no início das filmagens do *Episódio I*, "Lucas está muito além de manter a boca fechada. Ela está mais para ter sido costurada".

Mas ao soltar boatos seletivamente e manter um impressionante site oficial de *Star Wars*, Lucas conseguiu estimular o apetite da legião de fãs da saga em todo o mundo. Alguns fãs desesperados chegam a acusar a Lucasfilm de inundar a internet de falsos rumores para complicar mais a situação. "Lucas controla o seu trabalho", afirma Rick McCallum. "Não podemos culpar ninguém se não funcionar. É algo muito libertador, mas, ao mesmo tempo, assustador. Cria expectativas e se parece com um show de rock. No momento em que o logo da Lucasfilm aparece, é dada a permissão para que todos no cinema enlouqueçam. Você não conseguirá essa experiência no cinema nunca mais".

Mesmo assim, alguma informação acaba escapando por cima do Muro de Berlin que Lucas ergueu na sua fábrica dos sonhos. Sabemos que vamos conhecer as versões mais jovens de R2-D2 e C-3PO, sendo que esse último possivelmente terá uma personalidade diferente da do ranzinza retratado nos três filmes do meio, mais para um vendedor de carros usados de fala rápida. Também vamos conhecer um Yoda e um Jabba, the Hutt, mais jovens. Haverá um novo personagem, uma princesa interpretada por Natalie Portman, jovem atriz aclamada por seu trabalho em filmes e nos palcos. Terence Stamp, veterano das séries *Superman*, também terá sua aparição.

Samuel Jackson, interpretando o papel do único personagem negro num filme *Star Wars*, será Mace Windu, um nome familiar nos primeiros esboços de *Star Wars*.

Também vieram à tona esparsas informações acerca do *Episódio II*, que acontecerá cerca de dez anos após o *Episódio I*, e do *Episódio III*, que começa poucos anos depois. Até mesmo Lucas revelou que haverá uma cena capital de uma batalha aquática no final do *Episódio II* que funcionará como uma situação-limite, da mesma forma que a possível morte de Luke no fim de *O Império contra-ataca*, e servirá para fazer das sequências aquáticas de *Tubarão* e *Waterworld* uma pálida comparação. Essa batalha representa a principal derrota dos Cavaleiros Jedi nas mãos dos stormtroopers anfíbios do Império. Nós vamos testemunhar a ascensão do Imperador Palpatine (que será estrelado novamente por Ian McDiarmid), que poderá revelar ter parentesco com o tio de Luke Skywalker e tio Owen, do primeiro *Star Wars*.

O Imperador, que terá uma relíquia que o torna o mais poderoso usuário da Força no universo, dita as regras da Cidade Imperial de Coruscant, que foi filmada no Caserta Royal Palace na Itália (que também é a locação de filmagem do palácio da jovem rainha Natalie Portman.) Encontraremos também toda uma nova gama de naves espaciais, aviões de combate, armas e veículos anfíbios apresentados nas três spin-offs. Um casamento espetacular para Anakin Skywalker é esperado no *Episódio II*, no qual ele se une à Rainha (retratada como uma adolescente por Portman). Também haverá um tórrido triângulo amoroso entre a Rainha, já mais velha (que dará à luz os gêmeos Luke e Leia), Anakin Skywaker e Ben Kenobi. As consequências desse triângulo amoroso é uma das grandes traições apresentadas no decorrer dos três spin-offs e que terá enorme impacto sobre todos os principais personagens da história.

Pode haver aparições de relance de Han Solo adolescente na Starfighter Academy, um jovem, mas igualmente peludo, Chewbacca, e vários rumores de uma versão computadorizada mais jovem de Obi-Wan Kenobi interpretado por sir Alec Guiness. Deu-se muita atenção a um dos personagens originais de menor importância de *Star Wars*, que, nos quinze anos que se passaram desde o lançamento de *O retorno de Jedi*, se tornou uma figura cult. Boba Fett, o caçador de recompensa de armadura interpretado por Jeremy Bulloch, é contratado por Jabba, o Hutt, em *O Império* para encontrar Han Solo e aparece brevemente em *O retorno de Jedi*. Em dado momento, segundo a ex-mulher de Lucas, Marcia, "George fez com que Boba Fett e Vader fossem irmãos nos spin-offs, mas achou que seria muito piegas".

Porque Boba Fett é tão popular? Lucas diz não ter ideia. "Estou perplexo", disse à MTV. "Acho que ele é um personagem misterioso e provocativo. Embora tenha sido morto pelas pessoas que escrevem os livros e os quadrinhos, não podemos matá-lo! Temos de trazê-lo de volta! Ele não pode morrer. Nós nos recusamos a deixá-lo morrer". Bulloch, ator de teatro realizado na Inglaterra, também está confuso quanto à atração do seu personagem, embora esteja feliz em saber que Boba Fett continuará vivo. Recebendo mais de cinquenta cartas por semana, Bulloch afirma: "Acho que a popularidade deve ser pelo fato de haver um mistério a respeito [de Fett]. As pessoas não sabem muita coisa dele, ou de onde estava antes de *Star Wars*. O que ele estava fazendo? Como ele chegou lá? Existem boatos de que Boba Fett aparecerá no *Episódio III* no momento do extermínio dos Cavaleiros Jedi[5]. Fett tem seu próprio website e se tornou um dos cinco personagens de ação mais vendidos de *Star Wars*. Desde que ele foi transformado em ornamento pela Hallmark Entertainment, em breve todos os jovens fãs de *Star Wars* poderão ter Boba em um galho de sua árvore de natal. Existe até mesmo um novo personagem no *Episódio I* chamado Plo Koon, ao qual o site do Conselho Jedi se refere como "o próximo Boba Fett".

A filmagem atual do *Episódio I* mobilizou lembranças da filmagem original de *Star Wars*, mas, para Lucas, pular para trás de uma câmera na pele do diretor pela primeira vez em 21 anos, foi algo claramente desagradável. Para acertar o visual de Tatooine, Lucas foi forçado a voltar à Tunísia por duas semanas, um lugar que ele odiou. "A Tunísia trouxe várias más lembranças. Meu pior trabalho como diretor, que exigiu vinte anos até eu me recuperar", escreveu Lucas em seu "diário" de produção do filme, postado no website oficial de *Star Wars*. E, logicamente, uma grande tempestade de areia se formou, tal como tinha acontecido em 1976. "Estou realmente cansado de filmar na Tunísia. Parece ainda mais insuportável do que na época em que filmamos *Star Wars* e *Indiana Jones e os caçadores da arca perdida* aqui. As tendas aju-

---

[5] Boba Fett acabou não aparecendo na cena do extermínio dos Jedis. Mas sua popularidade fez com que seu pai, Jango Fett, tivesse ampla participação no *Episódio II (Ataque dos Clones)*. (N. R. T.)

dam pouco a aliviar o calor [e] não consigo suportá-lo... a comida aqui é ruim, e sinto falta da Califórnia".

A maior parte do elenco, especialmente o jovem Jake Lloyd, sucumbiu à exaustão causada pelo calor. Também nunca é fácil filmar uma história na qual quase todos os bastidores, para não falar da maioria das criaturas e vários adereços, devem ser imaginados pelos atores. "Na primeira vez em que Ewan [McGregor] e eu tivemos de trabalhar com sabres de luz, começamos a fazer os sons dos sabres de luz e logo nos sentimos um pouco bobos", Neeson disse no site de *Star Wars*, citado pela *Insider Magazine*. "Temos uma cena na qual algumas criaturas voam em direção a meu rosto, e quero ser capaz de focar no lugar onde elas deveriam estar. Se eu não sei onde eles estão, acho que o público perceberia isso subconscientemente. Então usamos muitos truques, como pequenas bolas de pingue-pongue pintadas". Em determinado momento, lembra Lucas, Neeson lhe disse que não tinha ideia do que estava realmente acontecendo na história. "Que bom", Lucas replicou.

Filmar em Leavesden, na Inglaterra, acabou sendo muito melhor, no fim das contas. Primeiramente porque a relação entre Lucas e seu produtor e a equipe estava muito melhor. McCallum, que iniciou a carreira como designer de produção, produziu *As aventuras do jovem Indiana Jones* e, ao longo de cinco anos, formou uma equipe coesa, com a qual ele e Lucas trabalharam sem dificuldade alguma. Isso é um contraste marcante com a tensão entre Lucas, Gary Kurtz e a desdenhosa equipe britânica, que desafiaram Lucas até o último dia de filmagem de *Uma nova esperança*, em 1976.

Lucas sempre odiou revelar muitas coisas a respeito de algo em que estivesse trabalhando, não apenas por direito de propriedade, legalidade, ou por motivos de copyright, mas também pelo fato de a história de *Star Wars* ser, em última análise, a história de George Lucas. "Muito do que está lá é muito pessoal", ele afirmou muitos anos depois do lançamento de *Star Wars*. "Há mais de mim em *Star Wars* do que eu gostaria de admitir. Sabendo que o filme foi feito para um público jovem, eu estava tentando dizer, de forma simples, que existe um Deus e que existe tanto um lado bom quanto um lado ruim. Você tem a escolha entre eles, mas o mundo funciona melhor se você estiver no lado bom".

É também sábio ficar do lado bom de George Lucas. Pergunte à 20th Century Fox, distribuidora original da primeira trilogia de *Star Wars*. O estúdio pescou pelo menos 50 milhões de dólares pela distribuição do relançamento Edição Especial, com um mínimo de esforço e máximo de exposição positiva. A Fox queria os direitos dos spin-offs, e os queria muito, estando disposta a dar o que quer que Lucas pedisse. Era impensável para o dono da Fox, Rupert Murdoch, permitir que o maior sucesso do estúdio fosse parar em qualquer outro lugar. "É a franquia do filme... um dos verdadeiros ícones culturais do século XX," disse Peter Chernin, presidente e chefe de operações da News Corp, empresa-mãe da Fox.

Havia também muito dinheiro em jogo. Desde *Star Wars*, o teto de quanto um filme de sucesso pode gerar vinha subindo a cada ano. *Independence Day* obteve mais de 507 milhões de dólares nas bilheterias do mundo todo, enquanto *Jurassic Park*, em boa parte auxiliado pelos dinossauros da ILM, gerou vendas no valor de 556 milhões de dólares ao redor do planeta. As estimativas da indústria para os spin-offs[6] de *Star Wars* são astronômicas e quase inacreditáveis: a possibilidade de fazer os primeiros 100 milhões de dólares no primeiro fim de semana de lançamento (alguns estimam entre 150 a 190 milhões de dólares) e um lucro bruto mundial final calculado em 700 a 900 milhões de dólares. E isso apenas nos cinemas. Direitos de vídeos, TV e merchandising vão render mais tantos bilhões. No último dia em que os varejistas podiam encomendar vídeos da versão original da trilogia, foram enviadas mais de 22 milhões de fitas cassete nos Estados Unidos e outras 8 milhões foram vendidas no exterior.

Lucas, que age conforme o personagem, fez com que a Fox sofresse um pouco inicialmente, dando ouvidos a ofertas de todos os outros estúdios, principalmente a Warner Bros., que saiu em perseguição particularmente acirrada. Ele já tinha brigado com a Fox antes, durante as tratativas sobre *O Império contra-ataca*, nas quais obteve um acordo sem precedentes que se seguiu a um ponto de equilíbrio contratual, com 70% do lucro bruto, propriedade do negativo e todos os direitos de TV e merchandising . "Eu tinha sido sacaneado no começo, e agora posso devolver", disse na época. Mas depois de algumas tensas negociações, a Fox conseguiu o prêmio: um acordo para dis-

---

[6] Antes de 2015, foram feitos spin-offs em desenho como *Star Wars: Guerras Clônicas* e *Star Wars Rebels*, mas nenhum deles gerou essa receita especulada. Mas um filme spin-off anunciado para 2016 intitulado *Star Wars: Rogue One* tem potencial para cifras milionárias. (N. R. T.)

tribuir todas os três spin-offs em cinemas do mundo inteiro e vídeos domésticos, e o direito de transmitir o *Episódio I* na rede Fox de TV. No Memorial Day de 1999, a Fox lançará o *Episódio I* em mais de 7700 telas (um recorde da indústria), com uma estimativa de 50 milhões de dólares em anúncios preliminares. E o estúdio assume um risco financeiro zero nos filmes em si, já que Lucas paga a conta toda.

Em troca, Lucas conseguiu de volta o que sempre quis: os direitos sobre o filme original *Star Wars* que a Fox financiou, bem como uma taxa de distribuição sobre todos os spin-offs que talvez seja a menor já negociada por um cineasta independente, supostamente apenas 7,5% da venda de ingressos. A taxa de distribuição normal de um estúdio é de 30% (e até maior para lançamentos estrangeiros) e, na maioria dos casos, o estúdio detém todos os outros direitos, incluindo vídeo, merchandising e televisão. Agora Lucas controla esses direitos sobre todos os filmes *Star Wars*, novos e velhos. Estima-se que o acordo com a Fox possa lhe render até 1 bilhão de dólares, ou mais. O *Los Angeles Times* definiu o negócio como sendo "o mais lucrativo já feito para um diretor-produtor de cinema independente".

O lançamento sem obstáculos e rentável (para todos) da versão remodelada da trilogia original de *Star Wars* ajudou o processo todo na Fox. O estúdio concordou em gastar 15 milhões de dólares para restaurar os negativos e para adicionar novas sequências que Lucas queria fazer desde o lançamento dos filmes originais. "É como aquela velha porta que nunca se encaixa direito", disse Lucas à *Newsweek*. "Eu queria consertar as pequenas coisas que me incomodaram por vinte anos. Estava furioso na época em que *Star Wars* saiu porque era um filme meio acabado que foi jogado no mercado. E um dia você tem energia e o que precisa para consertar, e você faz isso e é uma sensação maravilhosa".

Lucas sempre quis restaurar os filmes e descobriu que os negativos, que foram escondidos em caixas-fortes no deserto de Utah, estavam muito danificados. Foram necessários três anos – ou meio ano a mais para restaurar os filmes do que os gastos para os filmar. Todos os negativos precisavam ser escaneados digitalmente, um processo trabalhoso e caro, e as trilhas de áudio remasterizadas. Então os artistas de computação digital puderam voltar ao trabalho. Conforme explicou Rick McCallum, "George tinha o dinheiro e o poder para voltar atrás e fazer o filme que ele sempre quis fazer inicialmente... Essa é a primeira vez que qualquer pessoa voltou e disse: 'Eu não estava contente com o jeito que fiz o filme'".

Enquanto a maioria das mudanças envolvia reformulações nas cenas existentes, Lucas ressuscitou uma delas que tinha sido cortada de *Star Wars* porque parecia ser muito superficial: o encontro entre Jabba, o Hutt, e Han Solo no antigo palácio. Lucas também colocou o *landspeeder* de Luke onde o queria – a 30 centímetros acima do chão. Em *O Império*, a Cidade das Nuvens recebeu melhorias. A quantidade total de fita que foi revisada era pequena: cerca de quatro minutos e meio em *Uma nova esperança*, mais um minuto e meio em *O Império contra-ataca* e três minutos em *O retorno de Jedi*, principalmente uma cena gerada por computador da celebração na cidade de Coruscant, que aparecerá novamente no *Episódio I*.

Lucas tinha expectativas modestas quanto ao que a reedição poderia gerar nas bilheterias. "Estávamos preocupados em conseguir que cinemas passassem o filme", disse Lucas ao serviço de notícias on-line da *Rough Cut* em janeiro de 1997. "Por que alguém colocaria na sua programação um filme que passa na televisão? Por que programar um filme que tem 35 milhões de vídeos no mercado? Mas eu lhes expliquei a ideia por trás da experiência cinematográfica – esse é um filme que foi feito para o cinema. Ele te domina... é para isso que as salas de cinema são construídas".

Lucas inicialmente subestimou o quão tentador poderia ser a ideia de ver as mudanças – as filmagens nunca antes vistas. Isso ajudou a dar um gancho na maciça campanha publicitária, precedida pela apresentação de "Magic of Myth" de *Star Wars*, que quebrou recordes – com mais de 250 trajes, personagens, modelos, ilustrações e artefatos – no prestigioso Smithsonian Institute, em Washington, iniciada em outubro de 1997 e mais tarde prolongada até 31 de janeiro de 1999. Foi recordista em comparecimentos de uma exibição no Smithsonian, e responsabilizada pela elevação do turismo a Washington em 1997. A loja de souvenirs do Smithsonian, entupida de bugigangas de *Star Wars*, foi declarada a loja de museu de maior sucesso de todos os tempos. A antiga atitude puritana de Lucas em relação a associar a mitologia de *Star Wars* ao merchandising parecia ter desaparecido. O patrocinador da promoção era o WestPoint Stevens Inc., empresa de artigos para o lar que vendia cobertores e toalhas com a marca *Star Wars*.

Chegará o momento, e Lucas reza fervorosamente por isso, em que os cineastas não precisarão mais de grandes conglomerados de estúdios de cinema para distribuir seus filmes. Quando imagens de cinema podem ser comprimidas digitalmente, transmitidas e remontadas em salas de exibição equipadas com projetores digitais, a tradicional distribuição em cinemas nacionais de 5 a 7 mil cópias de filme se tornará obsoleta. Produtores-diretores como Lucas e Spielberg serão capazes de distribuir seus próprios filmes. Não haverá necessidade de arcar com as despesas exorbitantes envolvendo o sistema de distribuição nacional, um custo agora suportado – em seu grande proveito – pelos mais importantes estúdios de Hollywood.

Quando perguntado o quanto a Lucasfilm era independente na produção dos spin-offs, o produtor McCallum disse: "Totalmente independente. Não temos nada a ver com Hollywood. Financiamos os filmes nós mesmos. Não trabalhamos com os estúdios de forma alguma, exceto na distribuição. Mesmo esses dias estão contados. Assim que existir uma forma de distribuir um filme eletronicamente, por linha telefônica, sendo possível assegurar a qualidade tanto da imagem quanto do som, nós a usaremos". Da mesma forma que Lucas alavancou o sistema de som de *THX* (algum de nós consegue esquecer aqueles trailers que tomaram nossos ouvidos de assalto?), com uma genuína melhora do som nas salas de cinema, podemos trilhar uma revolução na forma como os filmes chegam ao público. "Podemos fazê-lo porque *Star Wars* tem suficientemente poder para isso. Esta é uma responsabilidade real", disse McCallum, uma responsabilidade que Lucas leva a sério.

As mudanças tecnológicas e sociais que Lucas provocou são dignas de nota. Ele conseguiu isso tomando riscos, agindo de acordo com sua intuição para associar a tecnologia à arte e colocando seu dinheiro na sua palavra. Mas a sensação que persiste é a de que a verdadeira motivação para George Lucas voltar a *Star Wars* é o dinheiro. É preciso dinheiro para fazer dinheiro, como se diz, embora Lucas não precise certamente do dinheiro para si, tendo um patrimônio pessoal estimado de quase 2 bilhões de dólares. Ele nunca pareceu minimamente motivado pela fortuna pessoal, mas precisava alimentar a besta que criou – a Lucasfilm. Com uma imaginação crescente, tanto do ponto de vista artístico quanto tecnológico, e uma motivação ferrenha para fazer o que deseja, Lucas precisa de uma infusão contínua de dinheiro vivo para fundar o que John Milius descreveu sarcasticamente como a "Lucaslândia, o pequeno ducado particular de George".

Para Lucas, o ideal mais importante é a completa independência financeira de Hollywood, uma comunidade que ele sempre desprezou. "Los Angeles é onde eles fazem acordo, onde fazem negócios da maneira corporativa clássica, que é ferrar todo mundo e fazer o que for possível para obter o maior lucro. Não quero ter nada a ver com eles", disse ao escritor David Thompson. Logicamente, agora, Lucas quer obter o maior lucro que qualquer produtor-diretor já tenha tido. *Star Wars* promete ensacar o maior lucro que qualquer filme já alcançou. Na mente de Lucas, agora que ele assume todos os riscos, não há nada de errado em obter todas as recompensas. Isso é só capitalismo, a ética de trabalho que Lucas herdou do seu pai republicano.

"Sou o filho de um homem de negócios de cidade pequena", diz Lucas. "Ele era conservador, e eu sou muito conservador. Sempre fui". Peter Bart, editor da revista *Variety*, confirmou a afirmação depois de uma entrevista com Lucas. "Apesar do seu extraordinário sucesso, conversar com Lucas ainda se assemelha a encontrar com um banqueiro de uma cidade pequena para quem se deve dinheiro. Ele é impecavelmente educado e implacavelmente distante, como se estivesse temendo que você faça uma pergunta imprópria – ou até mesmo peça um empréstimo".

Este não é apenas resultado do sucesso financeiro que se iniciou com *Loucuras de verão* e explodiu com *Star Wars*. George sempre foi competitivo do ponto de vista financeiro – determinado a vencer. Como Willard Huyck lembrou a Peter Biskind, "quando George disse 'farei meus próprios filmes', não era 'foda-se você, nós vamos fazer nossos filmes', porque nós até que podíamos fazer nossos próprios filmes naquele tempo. O que o estava incomodando era o fato de que ele sentia que deveria tirar mais pelo filme. George olhava para ele como um homem de negócios, dizendo: 'Espere um pouco. Os estúdios emprestaram dinheiro, tiraram uma taxa de distribuição de 35% logo de cara. Isso é loucura. Porque não emprestamos o dinheiro nós mesmos?'".

Então Lucas fez exatamente isso com *O Império contra-ataca* e o resto é a história do cinema. Lucas sempre foi um homem de negócios sagaz que usou essencialmente a ILM para financiar suas despesas gerais e concebeu uma maneira de os estúdios de Hollywood pagarem os avanços tecnológicos que ele possuiria. Ao cobrar até 25 milhões de dólares pelos serviços da ILM em filmes como *Jurassic Park: o mundo perdido, Forrest Gump, MIB: Homens de Preto, Contato, Twister, Missão impossível, O exterminador do futuro 2, Os Flintstones, Uma cilada para Roger Rabbit?* e a trilogia *De volta para o futuro*, Lucas essencialmente fez com que Hollywood pagasse pela sua pesquisa e desenvolvimento. Cada um desses filmes empurrou a geração de imagens por computador um pouco mais longe – sem custar coisa alguma para Lucas. E os melhores efeitos – de arregalar os olhos, cair o queixo e acelerar o coração como se fossem um passeio na montanha-russa – foram retidos para os spin-offs de *Star Wars*. Negócios de cidade pequena, de fato!

Se existe uma fábrica de dinheiro além dos filmes *Star Wars* em si, é a bonança do merchandising que Lucas sagazmente anteviu quando ninguém mais estava atento. Espera-se que a renda proveniente do merchandising de artigos colecionáveis de *Star Wars*, lembranças e publicações em 1998 ultrapasse os 500 milhões de dólares, e esse é um ano sem lançamento de filmes *Star Wars*. Esse número não será nada depois do lançamento dos spin-offs, uma vez que Lucas fez vários acordos de licenciamento sem precedentes na história do cinema. No outono de 1997 a Hasbro Inc., que faz os brinquedos e jogos maiores, e a Galoob Toys Inc., que se concentra em bonecos de ação e brinquedos menores, fizeram negócios com a Lucasfilm Licensing Ltd. envolvendo não apenas um adiantamento de milhões de dólares e uma taxa de royalty extraordinariamente alta, de mais de 15%, mas também ações nas duas companhias. O *Los Angeles Times* os denominou "os acordos de licença mais lucrativos ligados a uma única propriedade de entretenimento jamais feitos".

Estão em jogo bilhões de dólares em vendas de brinquedos. Virtualmente, todos os fabricantes de brinquedos do mundo fizeram uma peregrinação ao Rancho Skywalker para demonstrar seu valor e obter uma licença de Lucas. A Hasbro, que comprou a Kenner, vendedora original de brinquedos *Star Wars*, já tinha se indisposto com Lucas por não lhe pagar a taxa anual de licenciamento e interromper a produção de um boneco de ação entre 1986 e 1995, o que permitiu que a Galoob entrasse no mercado. Para uma empresa como a Galoob, *Star Wars* era de suma importância à sua sobrevivência – mais de um terço de sua receita de 1997 veio de brinquedos *Star Wars*, um total de 120 milhões de dólares. A Hasbro vendeu cerca de 200 milhões dos brinquedos maiores no mesmo ano. A venda de brinquedos *Star Wars* em

De volta às origens

1999, quando o *Episódio I* foi lançado, poderia chegar a 1 bilhão de dólares. Isso é tanto quanto a Barbie arrecada em um ano bom. Mexa-se, Ken.

Em 1996, a PepsiCo fechou um acordo com a Lucasfilm para promover o lançamento em vídeo e nos cinemas da Edição Especial e, por ainda mais dinheiro, conseguiu os mesmos direitos para o *Episódio I*, mas não para os dois filmes que viriam a seguir. Funcionários da PepsiCo estimam que seu apoio ultrapassará os 2 bilhões de dólares ao longo de 1999. Pode-se esperar que esse número até triplique caso Lucas esteja satisfeito com os esforços deles. Existe uma grande quantidade de novas licenças, como da Lego, a empresa dinamarquesa que faz tijolos de plástico, que fechou o primeiro acordo de licenciamento internacional em seus 66 anos de história. Os direitos de publicação foram para os parceiros perenes da Lucasfilm, Ballantine Publishing e Bantam Books. Eles mantiveram a chama de *Star Wars* acesa ao longo das últimas duas décadas com um fluxo constante de romances de ficção científica inspirados em *Star Wars* (e monitorados de perto por Lucas), que esboçam em segundo plano personagens existentes e introduzem novos que Lucas pode usar em filmes futuros.

Também existe o ativo mercado negro que surgiu em torno dos colecionáveis de *Star Wars*, versões originais empacotadas dos bonecos de ação, xícaras de café de Darth Vader e *dispensers* de fita do C-3PO. Existem muitas histórias de propinas, acordos e o esvaziamento pela porta dos fundos de armazéns sem que os brinquedos jamais chegassem às prateleiras das lojas. "O lado sombrio do mundo dos brinquedos", relatou de forma ameaçadora a Associated Press. Os preços dos bonecos originais em 1977, tais como o do muito procurado Boba Fett, podem chegar a milhares de dólares. Existe até mesmo um livro de mesa do colecionador de longa data, Stephen J. Sansweet, chamado *O álbum de recortes de Star Wars: a coleção essencial*, que apresenta uma reprodução do convite real para a *première* de *O retorno de Jedi* de maio de 1983, em São Francisco. Muitas lojas tentam limitar o número de brinquedos de *Star Wars* que os consumidores podem comprar, embora alguns artigos, como o manequim de tamanho natural de Darth Vader vendido por 5 mil dólares pela FAO Schwartz em Nova York, estejam fora do preço médio que muitos colecionadores podem pagar.

O fanatismo que permeia a bonança do merchandising é o fascinante estofo de todo o fenômeno *Star Wars*. Por motivos que abrangem desde questões políticas a questões sociais ou culturais, Star Wars se tornou a fantasia dominante de toda uma geração. O número de fãs crescerá com o lançamento dos spin-offs. "Se fosse apenas um filme de pura adrenalina, não estaríamos aqui vinte anos depois", disse Lucas ao repórter da Playboy, Bernard Weinraub, durante a reedição da Edição Especial. "Existem outras coisas acontecendo, coisas que são complexas e satisfatórias do ponto de vista psicológico".

Para fundamentar essa tese, o serviço on-line da E! Entertainment Television pediu durante o relançamento da Edição Especial que várias celebridades dissessem como Star Wars tinha mudado a vida delas. O diretor Peter Hyams (2010, a sequência de 2001 do Kubrick) acredita que Lucas, mais do que qualquer um, "é responsável por fazer filmes com imagem e som melhores. Qualquer pessoa que faça cinema lhe deve uma tremenda gratidão". Outros cineastas – de Dean Devlin, que escreveu e produziu Independence Day, até John Singleton, que escreveu e dirigiu Os donos da rua – abonam Lucas por inspirá-los a começar a fazer cinema. Gale Anne Hurd, que produziu Aliens e O exterminador do futuro, lembrou ter visto Star Wars pela primeira vez assim que se formou na faculdade. "Eu fiquei encantada, e não era somente porque estava chapada quando vi o filme! Lembro do som dele. Isso é algo que devemos muito a George Lucas, sons que podem casar com a imagem". Michelle Pfeiffer deu, possivelmente, a resposta mais honesta: "Sabe, eu nunca vi o filme".

Nem todo mundo era fã. Terry Zwigoff, o cineasta de documentários iconoclastas que fez Crumb, indagou a respeito da reedição da Edição Especial: "Eles não fizeram dinheiro o suficiente da primeira vez?" Tim Roth, o respeitado ator indicado para o Oscar, assinalou: "Na verdade, Star Wars não é para mim. O motivo pelo qual gosto tanto de fazer filmes independentes é que quando eles são bons, me lembram de grandes fitas que foram feitas nos Estados Unidos durante o início da década de 1970: Operação França, Cada um vive como quer, Um dia de cão, Taxi Driver, Caminhos perigosos, Amargo pesadelo, filmes como esses. Tudo mudou quando Star Wars saiu e essa fórmula foi realmente alcançada – a fórmula de como fazer dinheiro, acima de tudo. Eu meio que acredito que Star Wars é responsável por isso".

Muitas pessoas acham o mesmo. O olhar de Peter Biskind sobre toda a geração de cineastas da década de 1970, a maioria dos quais eram amigos próximos, condena nominalmente os colegas de Lucas quando o assunto é o que Star Wars fez com a indústria do cinema. Martin Scorsese apontou a

Biskind seu estilo de fazer filmes: "*Star Wars* estava dentro. Spielberg estava dentro. Nós já éramos". John Milius, outro amargo ex-colega, reclamou: "Quando eu estava na USC, as pessoas estavam migrando para *Blow Up*, não indo ao cinema para serem sacudidos durante um passeio barato num parque de diversões. Mas [Lucas e Spielberg] mostraram que existia o dobro de dinheiro a ser conseguido, e os estúdios não conseguiram resistir a isso. Ninguém tinha a menor ideia de que seria possível ficar tão rico assim... Você pode claramente culpá-los".

Isso pode parecer despeito de um diretor que nunca desfrutou do sucesso comercial de Lucas. Entretanto, até mesmo o diretor William Friedkin, que teve o seu próprio sucesso com *O exorcista*, zomba do legado de *Star Wars*: "O que aconteceu com *Star Wars* foi o mesmo de quando o McDonald's se estabeleceu, e o gosto pela boa comida desapareceu. Agora, estamos num período de involução. Tudo tem regredido na direção de um grande buraco". A antiga colaboradora de *Star Wars* e ex-esposa de Lucas, a editora Marcia Lucas, disse com tristeza em 1998: "Nesse exato momento estou enojada da indústria cinematográfica norte-americana. Existem pouquíssimos bons filmes e parte de mim acha que *Star Wars* é em parte responsável pela direção que a indústria tomou, e eu me sinto mal por isso".

Lucas quase se inflama à sua própria maneira subjugada diante dessas críticas, que ele entende como traições. "Você gostaria que eu fizesse um filme que fosse um fracasso? Os executivos de estúdios são os seus piores inimigos e são eles que estão fazendo filmes de 100 milhões de dólares. Se fosse pelos cineastas, eles os fariam por muito menos". Diga isso a qualquer grande estúdio que precisa diariamente enfrentar diretores que acham que não deveriam ser tratados diferentemente de George Lucas e autorizados a brincar com todos os brinquedos que ele criou.

Lucas cita – e corretamente – o padrão cíclico e histórico de filmes de grande orçamento do passado, como *Ben Hur*, ...*E o vento levou*, *Os dez mandamentos* e *Cleópatra*. Quando filmes caros o suficiente estouraram, o pêndulo voltou para os filmes de orçamento menor. Mas *Star Wars* parece efetivamente ter quebrado o padrão. Os oito maiores estúdios, incluindo o próprio DreamWorks, de Spielberg, são obcecados por orçamentos espetaculares, cada qual sendo obrigado a elevar a aposta em termos de efeitos, explosões e variações sobre o tema inesgotável dos "momentos cinematográficos".

Lucas não quer saber. "Filmes ruins sempre existiram desde o começo dos tempos", diz. "A ideia de que sou responsável por eles é muito injusta".

Os que atacam a produção de Lucas não chegam aos pés de seus inimigos acadêmicos. O mais importante dentre eles é o estudioso do cinema e crítico David Thomson, que, em dezembro de 1996, execrou Lucas em um artigo parecido com os de Pauline Kael na revista *Esquire*, "Quem matou o cinema?" Thomson lamenta: "Temo que a ferramenta [cinematográfica] tenha afundado mais do que jamais imaginamos, abandonando a gente, nos tornando uma raça de sonhadores. Isso é muito pior que um ciclo ruim. É algo como perder a capacidade de sentir e eu culpo Spielberg e Lucas por isso". Thomson descreve o público pós-*Star Wars* como "pessoas desassossegadas e alienadas, do tipo que é melhor evitar ter por perto… São ansiosos, impacientes, estão à espera que uma nova fantasia comece, mas são amargos porque não acreditam mais nela".

A tese de Thomson é que *Tubarão* e *Star Wars* imputaram a Hollywood um segredo pavoroso: a existência de um público formado por crianças e adolescentes ditaria um padrão de filmes de orçamento superdimensionado para as próximas duas décadas. A experiência cultural contemporânea e compartilhada para qualquer pessoa entre 5 e 18 anos de idade é ir a um shopping multiplex e assistir ao novíssimo filme de recursos espetaculares de Hollywood. A maior parte desses filmes também está associada a brinquedos, merchandising e promoções de *fast-food*. Nada surpreendente que esses filmes tenham feito mais dinheiro que qualquer outro no passado. "Essas fitas renderam tantos negócios que o próprio negócio mudou seu foco", disse Thomson. "Como nunca antes, ele desenvolveu um desdém pelos filmes pequenos".

Lucas vê isso de outra forma. Na verdade, ele se vê como o salvador dos pequenos filmes, pois com a herança financeira inesperada dos seus filmes, os estúdios pagam todos os seus fracassos aprovados pela crítica. "Do bilhão e meio de dólares que *Star Wars* gerou, metade dele, 700 milhões, foi para os donos de cinemas. E o que os proprietários de salas de exibição fizeram com isso? Construíram salas multiplex. E uma vez que possuíram todas essas telas, precisaram programar alguma coisa, o que significa que os filmes de arte, que eram exibidos em lugares minúsculos no meio do nada, de repente passaram a ser rodados nos principais cinemas, e começaram a fazer dinheiro. E assim que começaram a ganhar dinheiro, tivemos a Miramax e a New Line, e os estúdios passaram a se interessar, e, portanto, agora temos essa próspera indústria do cinema de arte americana, que não existia vinte anos atrás. Então, de certa forma, eu destruí a indústria cinematográfica de Hollywood, mas eu a destruí fazendo filmes mais inteligentes, não mais infantis".

Será que Lucas foi a um multiplex recentemente? É tão provável ver um filme de arte americano sendo exibido em um multiplex das vizinhanças quanto uma história de amor macedônia. A maioria dos multiplex passa quatro grandes filmes comerciais em doze, dezesseis ou vinte telas, e a cada semana chega uma nova fornada para fazer escolhas. Parte do legado desagradável de *Star Wars* é a fixação por um filme entrar em cartaz nos fins de semana. Se o status de maior bilheteria dos cinco primeiros não for alcançado, um filme não pode durar mais do que duas ou três semanas em um cinema. E mesmo quem admira Lucas – e há muita gente – pode não concordar que *Star Wars* alavancou o nível de inteligência da narrativa dos filmes americanos. O sucesso de *Star Wars* veio de sua aparente simplicidade e não de um diálogo inteligente ou de personagens densos.

Thomson vê algo ainda mais sinistro na incapacidade de *Star Wars* se elevar ao nível do potencial dos contemporâneos das escolas de cinema de Lucas. "Ninguém pensou em avisar [esses] garotos que estavam sendo cooptados por tudo o que Hollywood barganha – dinheiro, fama, poder, glória e os Estados Unidos no bolso. Esses garotos conheciam o cinema, provavelmente, mas eles nunca estudaram a história ou os negócios ou as várias maneiras de a juventude trair a si mesma... O tempo todo, havia o perigo de que esses garotos só conhecessem filmes e acreditassem em tudo da forma como era mostrado em fotos antigas". Thomson acusa Lucas do pecado final: imaturidade cinematográfica. "Imaturidade pode significar falta de personalidade, falta de história e uma alegre incoerência. Pode sugerir a jovens que o mundo deve ser muito simples. E, dessa forma, a traição se espalha. Pelo mesmo destino estabelecido pelo roteiro iniciado com *Tubarão* e *Star Wars* seguiram-se *Missão impossível*, *Twister* e *Independence Day*. A dependência [deles] em relação ao processo está cada vez mais clara e é palpável na falta de atuação, na maneira como os atores reagem menos ao drama e à interação humana do que à vaga noção de efeitos que serão agregados mais tarde".

Sem sentir um pingo de culpa, Lucas não parece se importar com o que os outros acham. "*Star Wars* não matou a indústria do cinema nem a infantilizou", declarou a Biskind. "Os filmes blockbusters sempre existiram. Por que as pessoas vão assistir a esses filmes se eles não são bons? Por que o público é tão estúpido? Isso não é minha culpa. Eu apenas entendi o que pessoas gostam de assistir, e Steven também entendeu, e é o que fazemos". Desde que ele assumiu seu papel de um ancião recluso da indústria cinematográfica, Lucas se tornou muito firme nos seus pronunciamentos. O que ele diz é o que acredita ser verdade – e é o que lhe permite dormir à noite.

Thomson discorda que Lucas funciona como artista intuitivo, um canal até o que as pessoas realmente querem. Ele não o considera um "servidor e um facilitador", e o culpa pelo fato de um filme como *Chinatown* não poder ser feito hoje em dia. (Você também pode culpar Lucas pelo aquecimento global.) "A procura por sucessos de bilheteria sazonais, por sonhos que dão certo, o estresse em relação a coisas que ninguém viu ou experimentou e a consequente inflação dos orçamentos, sem mencionar a horrível exploração do público infantil, deixa uma pergunta massacrante: a produção de filme já chegou a ser uma arte – ou apenas um espetáculo para um *showmen*? Está morto? Se não, de onde vem o mal cheiro?

David Thomson faz por bem se afastar das convenções de fãs e fanáticos por *Star Wars* que periodicamente ocorrem no país. Nenhuma outra obra de arte ou de cultura popular do final do século xx atraiu um contingente de pessoas tão dedicadas, tão abrangente em termos de geografia, idade e renda e tão impacientes em continuar gastando dinheiro com ingressos de cinema, vídeos, livros, cartões com votos, brinquedos e o universo de merchandising dos produtos *Star Wars* em constante crescimento. Mais do que qualquer coisa, eles mergulham em *Star Wars:* na história, nas ideias filosóficas, no compartilhamento. No seu auge em 1984, o fã-clube oficial de *Star Wars* tinha 184 046 membros. Com a internet e o relançamento da Edição Especial, esse número pode ter crescido dez vezes.

"EU AMO STAR WARS", escreveu Steve Sansweet no prefácio de seu livro de colecionáveis *Star Wars*. "Ele mudou, literalmente, a minha vida, e estou longe de ser o único". Esse sentimento se repete. *Star Wars* parece preencher um vazio na vida de muita gente e oferece uma ponte para o companheirismo, interesses comuns e personagens esquisitos. Uma busca na internet dá efetivamente provas do apelo consolidado de *Star Wars*. Uma pesquisa feita no final de 1998 para calcular a busca pelos termos "*Star Wars*" e "George

Lucas" revelou quase 2 milhões de acessos, uma quantidade assombrosa até mesmo para os padrões da web. Redes com Jedi Knights, *Star Wars* Rebellion e Starkiller Multimedia Source Page aparecem em vários links, apresentando tópicos como "Novo! Leia a CARTA DE REJEIÇÃO da União dos Artistas para o Terceiro Rascunho de Lucas (do primeiro script de *Star Wars*)!"

Gente que se considera especialista debate os arcanos de *Star Wars* de uma forma que faria com que as discussões sobre a Bíblia Talmúdica parecessem superficiais. "O diário de pesquisas sobre o Jedi Bendu na internet, a maior autoridade em matéria de protótipos de roteiros da Trilogia *Star Wars*", ostenta orgulhosamente um site, usando letras do logo de *Star Wars*. "Esses documentos detalham a evolução da mitologia da nossa cultura espacial melhor do que qualquer entrevista já gravada com George Lucas". Especialistas em *Star Wars* poderiam rivalizar com aqueles que estudam os Manuscritos do Mar Morto – há um interesse obsessivo pelas origens da mitologia, em como a ideia de Lucas e a história em si evoluíram. Esses fãs matariam em troca de rascunhos preliminares e roteiros, fotos (especialmente as que mostram cenas cortadas de qualquer um dos três primeiros filmes), diagramas, plantas e até mesmo listas de presença da equipe. "Em outras palavras", afirma o Jedi Bendu Knights, "somos um grupo de caçadores de roteiros e detalhes teimosos, e fanáticos por *Star Wars*".

A resposta da Lucasfilm à proliferação de websites e páginas dedicadas a *Star Wars*, seus cenários, personagens e roteiros, não foi, inicialmente, tão boa. Em janeiro de 1996, Jason Ruspini, estudante da Universidade da Pensilvânia e autoproclamado membro da "Geração *Star Wars*", concebeu e colocou na internet um site sobre *Star Wars*. Com mais de quarenta mil visualizações por dia, ficou claro que os fãs da saga adoraram o site. A Lucasfilm, não. Um porta-voz ligou para Ruspini e pediu que ele o tirasse do ar. "Se eu não o fizesse, a implicação é que eles chamariam um advogado ou algo do tipo", explicou Ruspini à Associated Press. "Foi uma surpresa e tanto".

Não deveria ter sido. Afinal, Lucas por um tempo contemplou a ideia de processar o governo federal e o presidente Ronald Reagan por apelidar o sistema de defesa por mísseis do Pentágono de *Star Wars*. Mas a Lucasfilm subestimou a fúria de seus seguidores. Assim que Ruspini postou suas conversas com os executivos da Lucasfilm na internet, fanáticos encheram a Lucasfilm de e-mails raivosos, lançando uma intervenção mundial que recebeu o nome de Campanha Estrela de Alderaan, "exigindo saber como [a Lucasfilm] poderia presumir ter tamanho poder totalitário sobre um produto que alguns fãs teceram no íntimo de suas vidas", de acordo com a Associated Press. Quase imediatamente, a Lucasfilm recuou.

"Por favor, deixem-nos explicar", rogou a Lucasfilm em uma declaração formal postada na internet. "Em primeiro lugar, e o mais importante, não estamos 'desativando' o website de Jason. Sentimos muito por qualquer confusão que possa ter surgido por um erro de comunicação de nossa parte. A Lucasfilm aprecia o apoio dos fãs de *Star Wars* e queremos que vocês sejam capazes de se comunicar uns com os outros. A energia e o entusiasmo de vocês os tornam uma parte importante da família *Star Wars*". A Lucasfilm fez questão de acrescentar à ressalva: "Como vocês podem compreender, é importante também que a Lucasfilm proteja os direitos autorais e as marcas comerciais de *Star Wars*". Por enquanto, o site oficial da Lucasfilm coexiste com as numerosas páginas pessoais, confusas e exuberantes de fãs, em uma aliança desconfortável na web.

Os fãs não são os únicos que vivem em um mundo amplamente definido por *Star Wars*. De bom grado ou sob protestos surdos, um grande número dos atores originais foi incapaz de escapar à dimensão dos personagens de *Star Wars* que interpretaram na primeira trilogia. David Prowse, o levantador de pesos inglês que ganhou fama como a encarnação física de Darth Vader (James Earl Jones foi a voz) criou a turnê *Men Behind the Masks* (licenciada oficialmente pela Lucasfilm, logicamente) vários anos atrás, apresentando todos os atores cujos rostos de verdade nunca puderam ser vistos em *Star Wars*: Prowse, Bulloch (Boba Fett), Kenny Baker (R2-D2), Peter Mayhew (Chewbacca) e Warwick Davis (Ewok Wicket em *O retorno de Jedi*). Mais tarde, o time incorporou Mike Carter (Bib Fortuna), John Hollis (o ajudante de Lando Calrissian), Caroline Blackiston (Mon Mothma), Femi Taylor (Oola, a dançarina na corte de Jabba), Phil Brown e Shelagh Taylor (tio Owen e tia Beru em *Star Wars*).

Taylor descobriu ser benéfico manter contato, quando chegou a hora de preparar a Edição Especial. Ao tentar restaurar a cena do palácio de Jabba, o Hutt, de acordo com a ideia original de Lucas, McCallum precisou filmar algumas cenas adicionais que exigiam a presença de Oola. "Acabou que Femi Taylor ainda dança e atua em Londres e tivemos essa oportunidade extraordinária de trazê-la de volta", disse McCallum. "Ela não tinha mudado nada em quinze anos. Mas, na verdade, ela foi a única atriz que trouxemos de volta". Essa volta apresentou Taylor à turnê *Men Behind the Masks*.

"Somos uma equipe muito amigável, nos damos bem uns com os outros, e estamos todos cientes da excelente posição na qual fomos colocados graças à nossa associação com George Lucas, pessoalmente, e a maior trilogia de filmes jamais produzida", explicou Prowse em uma entrevista on-line realizada pela Rough Cut. Quem faltou à turnê foi Anthony Daniels (C-3PO), que nunca gostou da ideia de desaparecer dentro do traje de robô banhado a ouro e inspirado em *Metrópolis*. Da mesma forma, Prowse reclamou que ele nunca soube que seria dublado com a voz de Jones e durante anos a fio ficou conhecido como o integrante "amargo" da família *Star Wars*. "Sinto muito parecer tão amargo ou ressentido", Prowse disse ao entrevistador da Rough Cut. "À exceção de [*O retorno de*] *Jedi*, eu me diverti muito trabalhando com pessoas muito talentosas. Entretanto, enquanto eu trabalhava nos filmes, aconteceram muitas coisas que não deveriam ter acontecido e que menosprezaram minha contribuição à trilogia. Estou muito orgulhoso por ser lembrado agora como o maior vilão das telas de todos os tempos".

Para muitos desses atores, *Star Wars* nunca será melhor do que já é. Kenny Baker não fez nenhum filme desde que trabalhou para Lucas em *Willow na terra da magia*, há mais de vinte anos. Agora ele frequenta regularmente convenções de ficção científica sobre *Star Wars* e outras, e desfruta de atenção. (A única efetiva convenção oficial[7] de *Star Wars* ocorreu em maio de 1987, no décimo aniversário de lançamento do filme. É a única que Lucas nunca frequentou.) "Eu tive de descansar o braço durante uma hora depois de assinar autógrafos no último sábado", disse Baker orgulhosamente a um entrevistador que também trabalhava para o serviço on-line da Rough Cut. Quando perguntou se ele tinha objetos de recordação do filme, admitiu: "Tenho um pote de biscoitos do R2-D2". E quanto à sua roupa de robô? "Por que diabos eu ia querer andar por aí com esse traje?"

Se há uma pessoa cuja carreira *Star Wars* não melhorou necessariamente é a de Mark Hamill, que nunca conseguiu escapar da sua identidade como Luke

---

[7] Atualmente, é difícil mensurar quantas convenções houve depois disso. Hoje praticamente há convenções de Star Wars organizadas por fã-clubes no mundo todo e regularmente. (N. R. T.)

Skywalker. Hamill trabalhou constantemente desde 1983, quando a trilogia acabou, e terá uma participação especial na nova trilogia, lhe prometeu Lucas. Mas, diferentemente de Ford, Fisher ou mesmo de James Earl Jones, *Star Wars* não lhe serviu como a plataforma de lançamento para um sucesso maior na telona. O trabalho mais importante de Hamill na indústria do entretenimento foi como especialista em dublagem, com quase 400 vozes de personagens no seu repertório. Hamill expressa certa melancolia enquanto pensa no destino de seu personagem – assim que Luke chegou à maturidade, a trilogia acabou. "É como se James Bond tivesse finalmente conseguido sua licença para matar, e acabasse!", disse Hamill ao entrevistador na página de celebridades Y-Life Cyber da Yahoo. "Houve um grande encerramento para a história, mas eu senti 'Ei, agora que sou um Jedi, onde estão minhas aventuras?'"

Pode ser o que Lucas também sente às vezes. O estudante de cinema iniciante se tornou um gigante corporativo. Ele controla agora a Lucasfilm Ltd., a Lucas Digital Ltd., que inclui a ILM e a Skywalker Sound; a Lucas Arts Entertainment Co., que produz e desenvolve muitos dos videogames interativos mais populares e foi uma das primeiras empresas de pesquisa e desenvolvimento a criar jogos em CD-ROM; a Lucas Licensing Ltd., que fecha todos os acordos de merchandising , a Lucas Learning Ltd., que desenvolve programas de aprendizado interativo e estações de multimídia para uso em salas de aula; e a George Lucas Educational Foundation[8]. Lucas também faz parte da diretoria da Artists Rights Foundation, da Joseph Campbell Foundation e da The Film Foundation. Ele é um grande contribuinte da Universidade da Califórnia do Sul, tendo doado milhões à escola de cinema, e é membro do Conselho de Diretoria da USC Escola de Cinema e Televisão. Em 1994, ele e Spielberg se tornaram doutores *Honoris Causa* pela sua contribuição à produção de cinema.

Não foi só esse o prêmio que Lucas recebeu. Em 1993, na presença de Spielberg, Lucas recebeu o Irving G. Thalberg Memorial Award da Academia de Cinema, Artes & Ciência – a mesma organização à qual Lucas havia renunciado em 1980 em protesto às questões dos créditos envolvendo *O Impé-*

---

[8] A fundação educacional é a única instituição controlada por Lucas atualmente, a Lucasfilm e as demais empresas de entretenimento, não. Lucas diz que está aposentado e prefere reforçar a ideia de que vai curtir essa aposentadoria e talvez se dedicar a fazer alguns filmes experimentais que ele sempre desejou criar. (N. R. T.)

rio contra-ataca. A honraria surpreendeu muitos porque o prêmio, oferecido pelo Conselho de Governadores da Academia, e não pelos seus membros, é normalmente exclusivo aos privilegiados de Hollywood. Quando aceitou o prêmio, Lucas deixou os desentendimentos para trás. "Sempre tentei prestar atenção ao que digo nos meus filmes", afirmou com um fio de voz, "porque quem faz filmes é um docente, professores com vozes muito marcantes". Foi uma reconciliação, de certa forma, entre Lucas e a indústria que ele sempre manteve ao alcance da mão, uma reaproximação mais tarde consolidada quando a Academia promoveu a exibição especial de *Loucuras de verão* em homenagem ao seu 25º aniversário, no Samuel Goldwyn Theater. Compareceram Lucas, Candy Clark, Bo Hopkins, Willard Huyck, Gloria Katz, Gary Kurtz, Paul Le Mat, Mackenzie Phillips, Kathleen Quinlan e Cindy Williams.

Lucas, parecendo mais corpulento com um cavanhaque bem-aparado, foi aclamado com uma ovação de pé no fim do filme. E o que ele pensou depois de 25 anos? Na reabilitação, é claro. Os cinco minutos do filme de Lucas que a Universal tinha cortado foram colocados de volta, incluindo Harrison Ford cantando uma versão solo de "Some Enchanted Evening" para Mackenzie Phillips no banco da frente de seu Roadster. "Depois de *Star Wars*, quando conquistei o sucesso", Lucas disse ao público, "eu voltei à Universal e fiz com que eles colocassem os cinco minutos de volta. E assim fizeram". Como bem observou Willard Huyck a respeito do personagem nerd de Charlie Martin Smith, que ele e Katz se basearam no próprio Lucas, "Terry tornou-se um diretor de padrão internacional".

É muito difícil dizer não a George Lucas em Hollywood hoje em dia. Seus filmes ganharam dezessete Oscars (embora, à exceção de Thalberg, Lucas nunca tenha ganhado nenhum pessoalmente) e receberam um total de 56 indicações para o Oscar. Seus projetos de televisão receberam doze Emmy Awards, a ILM ganhou catorze Oscars por Melhor Efeito Especial e doze prêmios por Realização Técnica. A Skywalker Sound foi honrada com doze Oscars de Melhor Som e Melhor Edição de Efeitos Sonoros.

Prêmios nunca tiveram muita importância para Lucas. Porém, ele desenvolveu novas paixões recentemente, que têm tudo a ver com o seu passado. Lucas se tornou um grande campeão dos direitos de artistas, diminuindo a capacidade das grandes corporações possuírem copyrights de filmes e outros trabalhos artísticos. "O problema do filme é de saber quem é o artista. Quem é o autor?", Lucas disse em entrevista à revista *Wired*. "Eu resolvi o problema sendo dono do meu próprio copyright, de forma que ninguém possa brincar com minhas coisas. Ninguém pode pegar *Star Wars* e fazer Yoda andar, porque o dono sou eu... é uma concepção artística minha... um artista tem o direito legal de dizer: 'Você não pode fazer isso.'"

Tem sido mais difícil para Lucas controlar sua vida particular. Em 1983 ele sofreu um golpe duríssimo quando Marcia Lucas o deixou por Tom Rodrigues, um artista de óculos coloridos que estava trabalhando na sede do Rancho Skywalker. A tensão foi crescendo entre eles durante anos: a incapacidade de conceberem um filho, a relutância de Lucas em fazer uma terapia de casal (de acordo com o escritor Peter Biskind) e perspectivas de vida cada vez mais diferentes. Marcia queria se divertir; George só queria trabalhar. "Eu queria parar e sentir o perfume de flores. Eu queria alegria na minha vida", ela disse a Biskind. "E George, não. Ele tinha um bloqueio emocional, era incapaz de compartilhar sentimentos. Ele queria ficar nesse padrão workaholic. O construtor de Impérios, o dínamo. E eu não conseguia me ver vivendo assim pelo resto da vida".

Ela conseguiu um acordo de 5 milhões de dólares, e sentimentos nem tão bons. "Na cabeça dele, eu sempre fui a garota boba do Valley", ela disse a Biskind. "Ele nunca achou realmente que eu fosse inteligente, nunca me deu muito crédito. Quando estávamos terminando *Jedi*, George me disse que ele achava que eu era uma editora muito boa. Nos dezesseis anos em que estivemos juntos, acho que foi a primeira vez em que me elogiou". De acordo com amigos e sócios, Lucas ficou devastado quando Marcia foi embora. Ele se fechou ainda mais em si mesmo, embora tenha tido um relacionamento breve e bastante divulgado com a cantora Linda Rondstadt.

Enquanto Lucas está certamente mais próximo das pessoas com quem começou tudo, como Spielberg e Coppola, muitos dos seus velhos amigos acreditam que sua fortuna o mudou. De acordo com John Milius, "essas pessoas ficaram boas demais para qualquer um. Todo mundo ficou muito, muito distante. George tinha uma comitiva em torno dele. Nada do que fizesse estava errado". E, apesar das críticas tanto de Lucas quanto de Coppola de que a presente biografia enfatiza sobremaneira as diferenças entre eles passaram o texto inteiro da retrospectiva da década de 1970 de Peter Biskind cutucando um o outro – em questões de dinheiro, crédito, de quem era o melhor amigo. Algumas dinâmicas são difíceis de mudar.

Agora Lucas cria três crianças adotadas por conta própria: Amanda, adotada quando ele e Marcia ainda eram casados, que tinha 17 anos em 1998, enquanto sua filha Katie tinha 9, e seu filho Jett tinha 5. Ele continua mantendo a privacidade da família com mais zelo até do que protege o legado de *Star Wars*. Nenhuma entrevista, nenhuma fotografia, nenhum detalhe da vida pessoal existe em dimensão alguma à exceção da carreira profissional de Lucas.

Lucas elevou esse zelo pela privacidade a novos patamares, adotando a crença de muitas sociedades primitivas de que a imagem de uma pessoa é algo sagrado. "Sou um ardente defensor da ideia de que as pessoas deveriam ser donas de sua própria imagem, que você não deveria ser capaz de pegar a foto de quem quer que seja sem a sua permissão", disse à revista *Wired*. Ele leva isso muito a sério, e é esse tipo de atitude que às vezes faz seus amigos mais próximos ficarem sem entender nada.

Lucas tem interesses que vão além dos seus filhos e do seu trabalho como cineasta. Ele gastou milhões, e muito do seu tempo, na George Lucas Educational Foundation (GLEF), cuja missão foi redigida por ele: "Acredito que as crianças são naturalmente curiosas e automotivadas para aprender... Cabe a nós inventar formas de aproveitar essa energia criativa e ajudar os alunos a canalizarem seu entusiasmo e suas ideias para experiências educativas produtivas". É a última vingança do mau aluno que se entediava com livros e aulas. A GLEF faz a integração entre tecnologia e aprendizado, oferecendo às crianças jogos de computador, softwares e outras tecnologias interativas em expansão para o senso de encantamento que Lucas julga ser inerente às crianças. É interessante que o guru anticorporativo agora conduza uma fundação apoiada por megacorporações como a Microsoft, a MCI, a Rockefeller Foundation, a State Farm Insurance, a Time Warner e a Paramount.

Mesmo sendo tão antenado, Lucas na verdade faz pouco uso pessoal da internet. "Não tenho tempo para gastar nas redes", ele disse ao repórter da *Playboy*, Bernard Weinraub. "Por ser um cara voltado à tecnologia de ponta, minha vida pessoal é obsoleta. É vitoriana, na verdade. Gosto de me sentar na varanda e ouvir as moscas voando se tiver cinco minutos, porque a maior parte da minha vida consiste em interagir com pessoas. Eu interajo com cerca de duzentas pessoas todos os dias, é muito intenso".

Lucas realmente tentou recriar uma comunidade utópica vitoriana no Rancho Skywalker, ironia suprema de um passado imaginário capturado numa rede que a tecnologia moderna criou. O indivíduo que odeia falar com os outros, que muitos julgam ser frio e distante, precisa interagir com centenas de pessoas todos os dias. O sem rumo e péssimo adolescente agora chefia uma fundação educativa. O cineasta que quis fazer declarações artísticas pessoais precisa agora continuamente trabalhar numa saga de ficção científica inspirada no estilo histórias em quadrinhos que bem pode ocupar o resto da sua vida.

Mesmo com tantas contradições, Lucas se mantém firme. No fim das contas, o que vale é a filosofia que ele assimilou a todos os seus filmes, em todas as suas atividades corporativas, em cada aspecto da sua vida pessoal e profissional. "Meus filmes têm tendência a promover a autoestima pessoal, a atitude do 'você consegue'", disse a Paul Chutkow em 1993. "A mensagem é: 'Não dê ouvidos a ninguém mais. Descubra seus próprios sentimentos e siga-os. Daí você será capaz de superar qualquer coisa.' É antiquado e muito americano".

Lucas colocou em prática sua filosofia, e ela o escorou bem através do tempo. Seria um prisioneiro da sua própria criação? Lucas parece ter aceitado a responsabilidade sobre o que ele começou com *Star Wars*, e vê como uma oportunidade para continuar o tipo de mitificação moral que fez com que a trilogia original da saga fosse tão popular. "Sonhar é extremamente importante", disse a Chutkow. "Não dá para fazer nada sem antes imaginar".

Observações sobre as fontes

Gravei mais de 60 horas de entrevistas com George Lucas, além de ligações telefônicas, conversas informais e consultas durante o período entre novembro de 1981 e fevereiro de 1983. Mas as recordações de Lucas não cobriam a história toda. Elas foram completadas com reminiscências, opiniões e avaliações de 84 outras pessoas que aceitaram gravar entrevistas pessoalmente. Mais de vinte outras entrevistas foram realizadas por telefone e um grande número de pessoas foi contatado para confirmar ou explicar detalhes da carreira de Lucas.

As informações colhidas a partir das entrevistas com Lucas e com aqueles que conhecem ou trabalham com ele representam 95% do conteúdo deste livro.

Todas as citações são atribuídas aos entrevistados, e todas foram pinçadas das entrevistas gravadas. As entrevistas também foram usadas para checar diferentes versões sobre um mesmo fato. Embora Lucas tivesse a maior parte das vezes as lembranças mais detalhadas, suas reminiscências não foram assumidas como verdadeiras de pronto e foram comparadas com diferentes descrições dos mesmos fatos.

Referências específicas a livros e periódicos a respeito de Lucas e da indústria do cinema estão anotadas nas notas de rodapé. Há poucos trabalhos de referência sobre Lucas e seus contemporâneos que sejam confiáveis, os mais minuciosos são *The Movie Brats*, de Michael Pye e Lynda Myles (Nova York: Holt, Rinehart and Winston, 1979). Poucos outros livros tratam de Lucas em profundidade: *American Film Now*, de James Monaco (Nova York: Random House, 1979); *Overexposures: The Crisis in American Filmmaking*, de David Thomson (Nova York: Morrow, 1981); *Anatomy of The Movies*, organizado por Davide Pirie (Nova York: Macmillan, 1981), que fornece uma vista geral da Hollywood atual e da posição de Lucas na indústria.

When The Shooting Stops, do editor de cinema Ralph Rosenblum e Robert Karen (Nova York: Viking, 1979), ofereceu uma perspectiva importante sobre a arte de editar. *Walt: Backstage Adventures with Walt Disney (*Los Angeles: Communication Creativity, 1979*)*, sobre as reminiscências de Charles Snow a respeito de Walt Disney, apresentou várias analogias entre Lucas e um de seus heróis pessoais. Reflexões sobre a mentalidade de um diretor de cinema foram esboçadas em *The Film Diretor as Superstar,* coleção de dezesseis entrevistas de Joseph Gelmis com cineastas (Nova York: Doubleday, 1970).

Embora as entrevistas pessoais tenham sido realizadas com quem teve uma relação longa e significativa com Lucas, havia lacunas no conteúdo histórico e nos detalhes. Vários livros publicados sob os cuidados de Lucas foram úteis para esclarecê-las.

Once Upon a Galaxy: A Journal of The Making Of "The Empire Strikes Back", de Alan Arnold (Nova York: Ballantine, 1980), apresenta entrevistas de profundidade com várias pessoas que estiveram envolvidas em *O Império contra-ataca* e outros projetos de Lucas. *The Making Of "Raiders of the Lost Ark"*, de Derek Taylor (Nova York: Ballantine, 1981), também foi de grande valor.

Lucas forneceu esboços originais dos roteiros para cada um dos seus filmes, de *THX 1138* até *O retorno de Jedi*. Eles foram acrescidos de informações a respeito das versões publicadas dos roteiros definitivos: *Loucuras de verão* de George Lucas, Gloria Katz, Willard Huyck (Nova York: Ballantine, 1973); *The Art of "Star Wars"*, organizado por Carol Titelman (Nova York: Ballantine, 1979); *"The Empire Strikes Back" Notebook*, organizado por Diana Attias e Lindsay Smith (Nova York: Ballantine, 1980); e *"Raiders of The Lost Ark": The Illustrated Screenplay*, de Lawrence Kasdan (Nova York: Ballantine, 1981).

Os últimos três volumes, ao lado de *"The Empire Strikes Back" Sketchbook*, de Joe Johnston e Nilo Rodis-Jamero (Nova York: Ballantine, 1980), apresentam rascunhos e ilustrações originais de produção e mostram a complexa evolução dos efeitos especiais.

A novelização da Ballantine de *Star Wars* por Lucas, de 1976 (atualmente escrita por Alan Dean Foster), foi útil, assim como o foram os três volumes subsequentes da saga de *Star Wars: Splinter of The Mind's Eye*, de Alan Dean Foster (Nova York: Ballantine, 1978), *Han Solo's Revenge* (Nova York: Ballantine, 1979) e *Han Solo and the Lost Legacy* (Nova York: Ballantine, 1980), ambos de Brian Daley.

Lucas ofereceu transcrições de gravações das reuniões de avaliação do roteiro das quais participou a respeito de *O Império contra-ataca*, com Leigh Brackett (28 nov. a 2 dez. 1977), *Indiana Jones e os caçadores da arca perdida* (23 a 27 jan. 1978), com Steven Spielberg e Lawrence Kasdan, e *O retorno de Jedi*, com Kasdan e Richard Marquand. Elas lançaram alguma luz sobre esses filmes em particular e a filosofia da produção cinematográfica e dos métodos de colaboração de Lucas.

Igualmente úteis foram as transcrições de entrevistas realizadas por Carol Titelman em 1977, nas quais Lucas finge ser os personagens de C-3PO, Chewbacca, Han Solo e a princesa Leia.

Bantha Tracks, a revista do fã-clube oficial de Star Wars, colocou à disposição importantes detalhes e aspectos de Lucas e seus filmes.

Vários periódicos completaram as entrevistas pessoais. A maioria dos artigos de revistas foi usada como contexto geral e as citações específicas receberam crédito individual. Cronologicamente, são elas *From American Graffiti to Outer Space*, por Donald Goddard (*New York Times*, 17 set. 1976); "George Lucas Goes Far Out", por Stephen Zito (*American Film*, abr. 1977); "*Star Wars*: The Year's Best Movie" (*Time*, 30 maio 1977); "*Star Wars*", por Fred Herman (*Modesto Bee*, 5 jun. 1977); "George Lucas on Opening Night" por Gregg Kilday (*Los Angeles Times*, 14 jun. 1977); "*Star Wars*" (*People*, 18 jul. 1977); "The Force Behind George Lucas", de Paul Scanlon, e "Grand illusions", de Michael Rogers (*Rolling Stone*, 25 ago. 1977).

Também: "George Lucas" (*People*, 2 jan. 1978); "Current Biography" (artigo a respeito de Lucas, jan. 1978); "Making *Star Wars*", de Paul Mandell (*Cinefantastique*, verão de 1978); "George Lucas's Galactic Empire" (*Time*, 6 mar. 1978); "The New Wave of Film Makers", de Robert Lindsey (*New York Times*, 28 maio 1978); "George Lucas: An Interview", de Audie Bock (*Take One*, 15 maio 1979); "George Lucas: Hell Raiser to Millionaire", de Alice Yarish (*San Francisco Examiner*, 20 fev. 1980); "The Empire Strikes Back" de Gene Siskel (*Chicago Tribune*, 4 maio 1980); "The Empire Pays Off" de Stratford P. Sherman (*Fortune*, 6 out. 1980); "The Saga Beyond 'Star Wars'" de Aljean Harmetz (*New York Times*, 20 dez. 1980); "Northern California Lures The Movie Maverick", de Aljean Harmetz (*New York Times*, 1 mar.1981); "The Man Who Found The Ark" (*Newsweek*, 15 jun.1981).

Três longas entrevistas com Lucas foram particularmente úteis: "The Empire Strikes Back" de Jean Vallely (*Rolling Stone*, 12 jun. 1980); "The George Lucas saga", em três partes, de Kerry O' Quinn (*Starlog*, jul., ago., set. 1981); "I'm The Boss" de Mitch Tuchman e Anne Thompson (*Film Comment*, set. 1981). "The Art of Moving Pictures", de Bruno Bettelheim (*Harper's*, out. 1981), foi de grande importância para medir o impacto filosófico e cultural do trabalho de Lucas.

Assisti a vários programas de televisão apresentando Lucas e seus filmes: "The Making of *Star Wars*", inicialmente veiculado na ABC em setembro de 1977; "The Star Wars holiday special", levado ao ar em 17 de novembro de 1978 na CBS; "SPFX: The Empire Strikes Back", apresentado em setembro de 1980 na CBS. Também foram examinados scripts de dramas radiofônicos baseados em *Star Wars* e *O Império contra-ataca* e a transcrição de uma entrevista datada de 1969 da National Educational Television com Lucas.

Referências específicas ou citações foram explicadas nas notas de rodapé. A não ser que sejam identificadas, todas as citações foram diretamente tiradas das minhas entrevistas.

Filmografia

Filmes de escola e curtas-metragens

Look at Life (1965)
Dirigido por George Lucas para a matéria de animação de cinema da Escola de Cinema da Universidade da Califórnia do Sul.

Herbie (1966)
Dirigido por George Lucas e Paul Golding para a matéria de iluminação da USC; apresentando uma composição de jazz de Herbie Hancock.

1:42:08 (1966)
Escrito e dirigido por George Lucas; apresenta o piloto de corridas Pete Brock; produzido numa locação no Deserto de Mojave.

The Emperor (1967)
Dirigido por George Lucas, editado por Paul Golding; apresenta Bob Hudson, locutor da rádio KBLA, em Burbank, Califórnia.

THX 1138: 4EB **(Labirinto eletrônico)** (1967)
Escrito e dirigido por George Lucas; elenco e equipe técnica fornecidos pela Marinha dos Estados Unidos; vencedor do primeiro prêmio na terceira edição do National Student Film Festival.

Anyone Lived in a Pretty How Town (1967)
Dirigido por George Lucas; escrito por Lucas e Paul Golding, baseado em um poema de E .E. Cummings; fotografia de Rick Robertson.

6-18-67 (1967)
Dirigido por George Lucas; filmado em Page, no Arizona, durante a produção de *O ouro de MacKenna*; financiado por uma bolsa de estudo do produtor Carl Foreman e da Columbia Pictures.

Filmmaker (1968)
Escrito, dirigido, fotografado e editado por George Lucas; documentário sobre a produção de *Caminhos mal traçados*, um filme de 1968 dirigido por Francis Coppola; estrelando Coppola, Shirley Knight, James Caan e os integrantes da equipe da Zoetrope Productions; tempo de duração: versão original, 64 minutos; versão revisada, 32 minutos.

Longas-metragens

THX 1138 (1971)
Filmado em São Francisco em 1969. Lançado pela Warner Bros. em 11 de março de 1971. Produtor executivo: Francis Coppola, produtor: Lawrence Sturhahn, diretor: George Lucas.

Loucuras de verão (American Graffiti, **1973)**
Filmado na California em 1972. Lançado pela Universal Pictures em 1º de agosto de 1973. Produtor: Francis Coppola, coprodutor: Gary Kurtz, diretor: George Lucas.

Star Wars: Uma nova esperança (1977)
Filmado na Tunísia e na Inglaterra em 1976. Lançado pela 20th Century Fox em 25 de maio de 1977. Produtor: Gary Kurtz, roteirista: George Lucas, diretor: George Lucas.

E a festa acabou (American Graffiti 2, 1979)
Filmado na Califórnia em 1978. Lançado pela Universal Pictures em 3 de agosto de 1979. Produtor executivo: George Lucas, produtor: Howard Kazanjian, diretor: B. W. L. Norton.

Star Wars: O Império contra-ataca (1980)
Filmado na Noruega e na Inglaterra em 1979. Lançado pela 20th Century Fox em 21 de maio de 1980. Produtor executivo: George Lucas, produtor: Gary Kurtz, diretor: Irvin Kershner.

Indiana Jones e os caçadores da arca perdida (1981)
Filmado na França, na Tunísia, no Havaí e na Inglaterra em 1980. Lançado pela Paramount Pictures em 12 de junho de 1981. Produtores executivos: George Lucas e Howard Kazanjian, produtor: Frank Marshall, diretor: Steven Spielberg.

Star Wars: O retorno de Jedi (1983)
Filmado na Califórnia e na Inglaterra em 1982. Lançado pela 20th Century Fox em 25 de maio de 1983. Produtor executivo: George Lucas, produtor: Howard Kazanjian, diretor: Richard Marquand.

Posfácio

Hamilton Rosa Jr.
*Roteirista, diretor
e crítico de cinema*

1. Um salto temporal de 1999 até o presente

Do momento em que Dale Pollock escreveu as últimas linhas de *Skywalking* para cá, será que o mundo do cinema mudou muito? Em tecnologia, as novidades foram a projeção em 48 quadros por segundo, as câmeras Ultra HD 8K, a filmagem aérea com drones e a câmera virtual 3-D lançada por James Cameron. De fato, foram muitos os acréscimos, mas deve-se considerar: em 1999, tudo isso já estava sinalizado, assim como as fronteiras entre a linguagem de cinema e a da TV desapareciam. Não era apenas o advento das câmeras digitais e o formato *widescreen* que estavam fazendo os diretores de fotografia introduzirem aos técnicos da TV as noções de composição, enquadramento, iluminação e acabamento. As duas mídias estavam se convergindo mesmo. Havia algo de novo na dramaturgia também. As séries de TV buscavam um requinte narrativo e apresentavam uma densidade rara, valorizando como nunca o trabalho dos roteiristas. Enquanto o cinema americano de 1999 demonstrava uma extraordinária falta de assunto, séries como *Família Soprano* e *Arquivo X* expressavam a experiência imediata americana, de forma mais inquietante, rica e complexa.

O chão começava a se movimentar igualmente na TV a cabo, com a proposta do serviço On Demand. O deslocamento era mínimo ainda, mas já tinha nome: Netflix. O canal acabava de ser fundado por Marc Randolph e Reed Hastings, em Scotts Valley, na Califórnia, e em breve difundiria o conceito de lançamento de séries em temporada integral.

E onde estava George Lucas nesta época? Provocando o mercado.

A Sony estava com um novo protótipo de câmera digital, a Ultra HD 4K e Lucas definitivamente queria mostrar que a resolução era tão próxima da qualidade do filme, que se misturasse os dois formatos em *Star Wars: A ameaça fantasma*, ninguém distinguiria as sutilezas.

A notícia, claro, deu um chacoalhão na indústria. Lucas polemizava mais uma vez, dividindo a cena do cinema norte-americano. A primeira vez que fez isso foi justamente quando criou a base da primeira trilogia *Star Wars* em 1977. Foi acusado de ser um dos responsáveis (o outro culpado seria Steven Spielberg) não só pela infantilização do cinema norte-americano, mas de acabar com a multiplicidade estética e estabelecer um gosto médio, criando o padrão unificado dos *blockbusters* que perduram até hoje.

Como visto no capítulo de atualização de Dale Pollock, Lucas foi criticado por Robert Altman, Arthur Penn, e até por amigos da mesma geração, como John Milius e Martin Scorsese. Wílliam Friedkin (diretor de *Operação França* e *O exorcista*) sentenciou sem piedade: "O que aconteceu com *Star Wars* foi o mesmo de quando o McDonald's se estabeleceu, e o gosto pela boa comida desapareceu. Agora, estamos num período de involução. Tudo tem regredido na direção de um grande buraco".

Naturalmente, a nova investida de Lucas, em 1999, mexia com os ânimos de todos. Aderindo ao digital, até Steven Spielberg, que sempre esteve do lado do amigo, se distanciou. "George ri de mim, me chama de jurrássico, mas tenho orgulho disso. Sou um diretor de cinema que filma com negativos e usa a moviola, e vou resistir até o fim!". Scorsese, mais amargo, declarou: "Eu acredito que o digital vai transformar o cinema numa outra coisa e não sei se quero participar disso!".

Lucas deu de ombros e foi em frente. Alegando que o barateamento do processo de produção era uma tendência irreversível, ele estabeleceria uma nova fronteira entre arte e tecnologia, indústria e difusão. Verdade que, antes do avanço do cinema, ele estava pensando no avanço das finanças. Afinal, Lucas sempre foi pragmático. O fato de adotar o digital, mesmo sendo uma vanguarda tecnológica àquela altura (os equipamentos que o realizador usou só chegariam no mercado dois anos depois, em 2003), reduzia drasticamente os custos de produção de *Star Wars: A ameaça fantasma*, e a Sony ainda entrava com o patrocínio. Enfim, ele não precisava mais se preocupar com empréstimos nos bancos, afinal a segunda trilogia toda seria um gigante comercial demonstrativo da empresa para o mercado.

Óbvio: a opção comercial era boa, mas a artística, de cara, prejudicava o projeto. Se Lucas revelava alguma singularidade, quando trouxe para os anos 1970 toda uma noção da aventura clássica dos anos 1930 e 1940 que tinha se perdido, agora ele parecia atender a uma lei completamente execrável para qualquer autor: ou seja, ele estava criando uma trilogia para satisfazer desejos comerciais. E fazendo um acordo com uma megacorporação, algo que ele sempre se mostrou contra, para promover uma demanda industrial.

O resultado é que esse conjunto formado por *Star Wars: A ameaça fantasma*, *Star Wars: Ataque dos clones* e *Star Wars: A vingança dos Sith* ganhou uma reputação negativa que só foi aumentando com o tempo. Reputação que, aliás, precisa ser melhor analisada.

Voltando aos filmes, é fato que nenhuma das três realizações têm a magia ou a energia de *Star Wars: O Império contra-ataca*, mas existe algo mais neles. Examinando o conjunto, a aparente jogada oportunista, agora que não está mais atrelada a nenhuma estratégia promocional, se dissolve.

A trilogia de Anakin funciona como um rito de passagem tanto para os personagens do filme quanto para o próprio diretor. Lucas parece tatear em cada *frame* o sentido de voltar à saga e de experimentar uma nova imagem, usando as novas ferramentas. Ora, mas de que adianta tantas camadas "físicas" de imagem, se o filme é só no plano das ideias?

Aí está a questão. Em conjunto, os três filmes não são tão tradicionais assim. Lucas gradativamente estilhaça com a tradição do velho heroísmo, ampliando a ideia de um mundo que se tornou tão complexo, que as noções de certo e errado mudam de perspectiva a cada novo momento.

Há uma amargura no discurso que a trilogia prega que é a visão que Lucas tem do mundo atual. O diretor não está à procura de denotações certeiras. Estamos num reino em que o artista não tem absoluta consciência do que quer, mas ele vai em frente e faz a obra.

Logo na abertura de *Star Wars: A vingança dos Sith*, há uma batalha com tantos elementos em cena, que ilustram bem a noção que Lucas quer nos passar. Num mundo com tantas escolhas, qual seria a menos errada? Esse é o conceito do roteiro.

Já do ponto de vista estético, a sobreposição de elementos cria uma tela tão ampla de significados que parece flertar com as artes plásticas. A entusiasmada Camille Paglia, que escreveu um livro elogiando George Lucas (*Imagens cintilantes*), chega a comparar essa batalha de *Sith* com as *drip paintings* de Jackson Pollock.

Essa polêmica trilogia cumpre um objetivo, fecha um ciclo, abandonando o lado mágico da aventura para algo totalmente desencantado (por trás, parece haver uma espécie de reminiscência da História Romana como modelo incontornável). A própria fotografia sofre uma gradativa mudança à medida que cada um dos três filmes vão sendo feitos.

Se em *Star Wars: A ameaça fantasma* tínhamos Anakin no momento em que era criança, e o mundo parecia colorido e alegremente tolo, em *Star Wars: Ataque dos clones* a palheta se diluí ao mostrar um Anakin adolescente, percebendo como o mundo funciona e como as ações do homem são programados pelo sistema. Anakin se depara com uma sociedade construída numa linha de montagem, onde homens são recriados pela indústria da clonagem e multiplicados para substituir os Jedi como força de segurança para a República. Para não terminar com o sentimento de uma mera marionete controlada por instituições maiores (fosse ela a República ou a própria organização Jedi), no final de *Star Wars: Ataque dos clones*, Anakin casa-se com a rainha Padmé Amidala, numa cerimônia proscrita.

Por fim, chegamos a *Star Wars: A vingança dos Sith*. No braço de ferro dos guardiões da República, entre os Jedi, como os políticos, as conversas vão ficando cada vez mais ardilosas e confusas. E o que impera, afinal, é a falência dos valores, dos ideais e até mesmo do heroísmo. Os heroicos jovens Jedi são massacrados antes mesmo de saírem da escola.

Eis uma cena impiedosa da ficção, que dialoga com a realidade. Pouco antes de o filme estrear nos cinemas, as TVS norte-americanas censuravam as imagens que mostrava mulheres e crianças como vítimas dos bombardeios norte-americanos em Bagdá.

Lucas burlava também as regras do cinema de aventura, ao ousar encerrar a trilogia com a morte da rainha, a separação dos filhos e a transformação do antigo herói romântico num robô tolo e subserviente.

Posfácio

Talvez seja exagero chamar George Lucas de gênio (como Paglia define sem pestanejar), mas que ele é "autor" de uma obra, isso sem dúvida é evidente. Em sua carreira, Lucas não fez nenhum filme encomendado. Todos, do conceito à finalização, foram concebidos segundo seu ponto de vista. E em todos, os acordos de produção que se envolveu revelou sempre um tino para mover a indústria para onde desejava.

Tudo o que as câmeras digitais prometiam oferecer, por exemplo, ele testou e aprimorou nessa trilogia. Em *Star Wars: A ameaça fantasma*, os equipamentos eram protótipos. As câmeras eram pesadas, cheias de cabo, as lentes tinham que ser desenvolvidas sob encomenda. Seis anos depois, para filmar *Star Wars: A vingança dos Sith*, as câmeras tinham reduzido o peso em 70%, os cabos sumiram, os equipamentos se tornaram *wireless*, e as lentes já eram industrializadas. Enfim, o aparato que era vanguarda, de repente se tornou acessível. Produzir e filmar tornava-se mais barato e as novas gerações de cineastas aderiam ao digital em massa. Está certo que, quando se fala em tecnologia, não dá para apontar uma razão como única para evolução de todo um sistema. Uma hora isso ia acontecer, mas Lucas acelerou o processo.

A transformação operou-se primeiro no set de filmagem e depois foi tomando toda a cadeia industrial. Na pós-produção, computadores, softwares e apps foram ficando cada vez mais refinados. E os centros de exibição trocaram os velhos e barulhentos projetores de rolo pelos silenciosos e flexíveis projetores digitais. Um multiplex com doze salas, que antes precisava de doze projecionistas, agora com o gerenciamento eletrônico geral, passava a ser supervisionado por um único programador.

Lucas foi o pioneiro desta reviravolta. Se hoje se tornou mais fácil montar pequenas oficinas de produção, filmando e editando com o mínimo de recursos, o pai da série *Star Wars* tem muito a ver com isso. Coppola tentou ser o porta-voz desta transformação. Acontece que Coppola teorizou mais do que filmou. Quem realmente transformou a nova plataforma em negócio foi Lucas.

E então vieram os números. Em 2005, a *Forbes* estimou o rendimento total gerado pela franquia (durante o percurso de seus 28 anos de história) em aproximadamente 20 bilhões de dólares, facilmente fazendo-a a franquia baseada em filmes de maior sucesso de todos os tempos. Também na *Forbes*, na lista das pessoas mais ricas do mundo publicada na revista em 2015, George Lucas aparece em 153º lugar, com uma fortuna estimada em 5,2 bilhões de dólares. Mas qual o problema em ser bilionário, se você nunca abriu mão de suas paixões, trabalhou muito em prol disso, e teve a sorte de não desperdiçar nenhuma das oportunidades?

Lucas oficialmente decretou sua aposentadoria em 2013. Em outubro de 2012, já tinha vendido sua empresa de produção de cinema e TV, a Lucasfilm, para a Walt Disney Company por 4,03 bilhões de dólares. Junto com os direitos sob os licenciados, o cineasta entregou o primeiro tratamento dos roteiros dos *Episódios VII, VIII* e *IX* para o presidente da Disney, Bob Iger.

David Fincher foi a primeira escolha de Lucas para assumir o projeto, afinal o realizador de *Seven* tinha começado sua carreira na ILM (ele foi assistente de câmera em *Star Wars: O retorno de Jedi*) e conhecia bem a filosofia por trás da saga. Fincher se reuniu com a produtora Kathleen Kennedy para estudar a possibilidade pouco antes das filmagens de *Garota exemplar*, mas segundo ele contou oficialmente, havia uma certa histeria sobre como as coisas iriam se configurar depois que a Disney assumisse o projeto. "Eu sempre pensei em *Star Wars* como a história de dois escravos [C-3PO e R2-D2] que vão de proprietário a proprietário, testemunhando a loucura dos seus donos, a loucura do último homem... Eu pensei que era uma ideia interessante. Mas na ocasião os rumos estavam muito incertos e eu não tinha certeza se queria administrar esse tipo de pressão. Afinal, as pessoas estão pagando por isso, e seria como, 'Não, você não pode fazer assim! Nós queremos o filme como o outro, com todas as criaturas!'".

Com a negativa de Fincher, Brad Bird foi cogitado. Bird, que vinha de uma carreira brilhante na animação com *O gigante de ferro, Os incríveis* e *Ratatouille* fez uma passagem muito boa para o cinema *live action* com *Missão impossível: O protocolo fantasma*. O problema era que o diretor estava comprometido com um projeto pessoal, *Tomorrowland*. Guillermo del Toro foi o nome considerado a seguir. Participou de uma reunião com a cúpula da Lucasfilm, mas depois da malfadada experiência com Peter Jackson e o *Hobbit*, achou melhor insistir em um projeto pessoal igualmente ambicioso: *A colina escarlate*.

Três meses se seguiram e, em janeiro de 2013, encontraram o que Lucas chamou de o cineasta "certo". J. J. Abrams foi anunciado como o diretor de *Star Wars: O despertar da Força* (*Episódio VIII*), com Lawrence Kasdan e Simon Kinberg como consultores do projeto. A produção estava adiantada. Tinha como roteirista inicial Michael Arndt, e uma linha narrativa que seguia a história dos filhos de Han Solo, Leia e Luke Skywalker. Abrams achou o conceito muito óbvio. Achava que os herdeiros entrariam na história, mas a graça seria introduzi-los de forma acidental. Pensava assim começar a história com dois novos personagens, duas pessoas proscritas, sem querer esbarrando num sabre de luz Jedi. E quanto mais quisessem se livrar do sabre, mais ficariam atolados em confusões até ficarem no centro de uma nova disputa épica e interplatenária. Assim Arndt saiu do projeto e Kasdan e Abrams passaram dois meses reescrevendo o roteiro.

Como consultor criativo do filme, claro que Lucas não ficou de fora do processo. O envolvimento dele incluiu participação em reuniões de história; numa de suas últimas declarações, ele disse ao *Bloomberg Businessweek*: "Eu, principalmente, digo: 'Você não pode fazer isso, você pode fazer isso'. Você sabe, 'Os carros não têm rodas. Eles voam com antigravidade'. Há 1 milhão de detalhes. Ou eu posso dizer: 'Ele não tem o poder de fazer isso, ou ele tem que fazer isso'. Eu sei todas essas coisas".

Sabe-se já que o diretor Rian Johnson (de *Looper: Assassinos do futuro*) será o diretor do *Episódio VIII* e talvez J. J. Abrams assuma o *Episódio 9*, já que ele coordena o desenho de produção de toda a trilogia.

Mas esse é apenas um aperitivo de um empreendimento monstro que está sendo redesenhado para garantir a longevidade da mitologia criada por Lucas por mais uma década.

2. Encontrando novas respostas no Rancho

Em 27 de julho de 2001, George Lucas recebeu um grupo de 60 correspondentes internacionais para assistir a uma sessão do DVD de *Star Wars: A ameaça fantasma* na sede do Rancho Skywalker e eu, como jornalista, fui um dos contemplados com essa oportunidade. Na verdade, éramos dois brasileiros, eu, como editor da revista *DVD News*, e meu amigo, Rogério Victorino, editor da *Ver Video*.

Não há uma descrição muito detalhada de Dale Pollock sobre como o Rancho Skywalker ficou depois de pronto. Muito bem: para onde levou o poder da imaginação de Lucas, no momento em que dinheiro não era mais problema para ele?

O Rancho fica a cerca de 30 minutos de São Francisco, possui 4700 alqueires (cada alqueire equivale a 24200 metros quadrados), e todos os prédios obedecem à arquitetura neoclássica. À frente da casa principal, uma mansão em estilo vitoriano, se estende uma tranquila planície com um lago, à esquerda um bosque e, à direita, uma plantação de uvas. O lago tem um sugestivo nome: Ewok Lake.

O paradigma sobre o individualismo de Lucas se quebra quando andamos pelas parreiras. Há uma sociedade entre Lucas, sua equipe e Francis Coppola na plantação e cultivo das uvas no Rancho. Para suavizar a carga pesada de trabalho técnico e de composição de filmes, a equipe participa da aventura agrícola como terapia. E então, no processo final, a colheita é remetida para a vinícola de Coppola em Nappa Valley, e os lucros repartidos entre o grupo que participou dela.

Esse senso comunitário é uma filosofia que remete ao que Coppola, Lucas e seus amigos cineastas barbudos dos anos 1960 almejavam fazer em Parkhouse. Aliás, tudo que se faz dentro do Rancho Skywalker é impregnado por essa ideia. O almoço oferecido aos jornalistas, por exemplo, foi servido na unidade de criação e desenvolvimento sonoro da empresa, o Skywalker Sound, pela equipe que estava trabalhando em *Star Wars: Ataque dos clones*. Há ciclovias que ligam as edificações, e você pode se locomover de bicicleta, e também caminhos para andar a cavalo, caso o interesse seja espairecer.

De fora, aliás, não parece o QG de uma empresa líder no setor de tecnologia audiovisual. Tudo é feito em madeira. Quando, em 1981, Lucas chamou os arquitetos, eles ofereceram a ele um modelo de prédios *hi-tech* com armação em vidro e aço escovado e laser varrendo o céu. Lucas riu deles e mostrou os croquis que ele mesmo tinha desenhado. Tudo tão detalhado quanto as cidades espaciais que ele criou com sua equipe de direção de arte para cada um dos episódios de *Star Wars*.

Na aparência, as edificações primam pelo estilo vitoriano, mas a tecnologia está lá, muito bem embutida. Só pudemos perceber a interação entre tradição e o *hi-tech* quando um visitante esbarrou num interruptor. As portas e janelas se fecharam automaticamente. Outro momento em que ficou claro esse sentimento foi quando os anfitriões nos conduziram ao home theater de Lucas no subsolo. A sala é ultramoderna. Cada poltrona (são cerca de vinte) tem uma prancheta embutida e plugs com conexão para o que você desejar. É o local onde o realizador recebe os amigos para as exibições privadas. Frequentemente aparecem por lá James Cameron, Steven Spielberg, Martin Scorsese, Brian De Palma.

Existe uma segunda sala de projeção no Rancho mais tradicional, na verdade um cinema de 500 lugares, embaixo do Skywalker Sound, no qual Lucas faz as reuniões, exibe os copiões do dia, analisa os efeitos e, normalmente, faz a primeira exibição-teste quando o filme está finalizado.

Há duas bibliotecas no local. A primeira, logo depois do hall de entrada, foi projetada para visitas. A outra é particular. Fica numa galeria opulenta com um pé-direito de uns 10 metros e com um mezanino. O espaço é iluminado por uma claraboia de vitral dourado. As visitas ao local são controladas, mas como bom bisbilhoteiro, dei um jeito de escapar da delegação e passei quase uma hora mexendo nos livros do senhor Lucas antes de ser descoberto e reintegrado ao grupo.

Títulos como *Dom Quixote*, de Cervantes, e *Fausto*, de Goethe, se misturam a "John Fisher's Historical Writings", uma coleção sobre a descoberta da América, e, claro, *O Senhor dos Anéis*, de J. R. R. Tolkien. Há um espaço generoso dedicado à obra de Gabriel García Márquez e o monumental *Cem anos de solidão*, em várias versões, inclusive em espanhol. Mas o que chama atenção ali são os livros dedicados à sociologia e à arquitetura. Já tinha lido entrevistas em que Lucas mencionava seu interesse em Émile Durkheim e Max Weber. Dentro da sociologia, Lucas não é liberal como Weber, ele se afeiçoa mais a Durkheim. Passou a vida analisando e observando o comportamento das plateias, e, como Durkheim, construiu seus métodos de análises acreditando ser possível encontrar leis gerais que explicassem o encantamento do público com o cinema. Foi assim que imaginou ter chegado à receita do filme que seria amado por todos e ultrapassaria gerações.

A numerosa coleção de arquitetura de Lucas, para mim, foram uma revelação. São dezenas de livros sobre Frank Gehry, Frank Lloyd Wright, Philip Johnson, o francês Jean Nouvel. Folheando Wright compreendi de onde Lucas tirou o conceito para construir a Cidade das Nuvens de *O Império contra-ataca*.

Depois, em cada prédio que visitava dentro do Rancho, a idiossincrasia ia sendo cada vez mais reforçada nos quadros ornamentando as paredes. Quase todos eram fotos de obras de arquitetura moderna ou antiga. Repaginando a memória, lembrei-me das linhas cosmopolitas e ultramodernas de Coruscant. Sem dúvida, elas são baseadas na arquitetura de Gehry; assim como o palácio da rainha Amidala, no planeta Naboo, segue a tradição bizantina, provavelmente dos arquitetos italianos do século XVIII.

Deve-se dar a mão à palmatória. Não estamos diante de um indivíduo iletrado e ingênuo, movido apenas pelo instinto, como seus detratores insistem em apontar. Sua profissão é imaginar, pensar com imagens, e ele abraça esse princípio com a disciplina de um relojoeiro.

3. *Tête-à-tête* com George Lucas

A entrevista[1] que se segue é de um tempo em que o DVD ainda reinava como formato para o entretenimento doméstico. Mas temos aqui George Lucas num momento raro de descontração e falando durante mais de uma hora sobre a saga *Star Wars*, sobre as maravilhas do digital e sobre as novas perspectivas para o cinema. Estar entre o grupo de quarenta jornalistas internacionais para assistir à sessão do DVD de *Star Wars: A ameaça fantasma* e conversar pessoalmente com Lucas foi um privilégio, que reproduzo aqui na íntegra:

> Hoje, quando está rodando um filme, você sabe que existem possibilidades para ele ser visto como extra em DVD, Blu-Ray etc., mas, obviamente, você não as tinha quando rodou o primeiro filme da trilogia original. Do ponto de vista arqueológico, dos bastidores do que você fez lá atrás, em 1977, em 1980 e depois em 1983, há material a ser resgatado sobre aquelas primeiras filmagens?
>
> Lucas — Bom, não rodamos muito material por trás das câmeras. Muito do material que normalmente incluiríamos simplesmente não existe mais hoje. Isso aconteceu há muito tempo. Foi antes mesmo do VHS.
>
> As cenas suprimidas do *Episódio IV* (*Star Wars: Uma nova esperança*) ainda existem?
>
> Lucas — Ah, sim. Isso nós salvamos, mas o nosso orçamento foi extremamente baixo naquele filme, portanto, o tanto de extras é muito pequeno.

[1] Entrevista realizada em 27 de julho de 2001.

Ainda há uma resistência ao formato *widescreen*. Por outro lado, você está lançando este DVD somente em versão *widescreen*. Por quê?

Lucas — Bem, o formato *widescreen* vai pegar, as novas TVs já estão sendo feitas em *wide*, é tudo uma questão de tempo. Independe disso, acredito que os filmes deveriam ser mostrados da maneira como foram idealizados. Quer dizer, o design do filme, seu enquadramento, a composição e tudo o mais são, como sabemos, muito importantes. E vejo o DVD como a mais alta versão de qualidade do filme disponível no mercado.

Vi você na sala de projeção em uma cena do documentário (parte dos materiais extras do *Episódio I*), e você não parecia feliz. O mundo digital traz tantos problemas quanto soluções por conta daquilo tudo que pode ser incluído no filme?

Lucas — Bem, torna o processo mais desafiador. Por um lado, torna o lado técnico muito mais fácil. Não estamos lidando com tantas minúcias e todas as coisas com as quais tivemos que lidar no começo. Depois que as ideias estão no papel, vem a obrigação de lidar com tudo o que foi imaginado. O que significa que há muito mais trabalho envolvido. Não importa o que se faça, acho que se você vê algum diretor ou alguma foto, perto do fim da pós-produção, vão parecer fatigados, cansados e perdidos. É a natureza da besta. Especialmente em alguma coisa como essa, na qual estive trabalhando por tanto tempo. Um filme como *A ameaça fantasma*, por exemplo, me tomou quatro anos. Estive trabalhando nesta coisa toda por sólidos quatro anos. Foi trabalho das 8h30 até as 18h30, cinco dias por semana, às vezes seis. Por quatro anos! E quando chegamos ao final, realmente estávamos acabados.

Devido ao sucesso dos primeiros filmes, houve muita expectativa por parte do público quanto ao *Episódio II*, para saber se você repetiria – ou excederia – a dose de mágica contida na primeira

trilogia. Sobre o que é essa história que compeliu você a correr este risco e, como você mesmo falou, dedicar todo esse tempo e energia para contá-la novamente?

Lucas — Foram muitos anos, cerca de quinze, que deixei de fazer outras coisas. E pensei muito e durante muito tempo o quanto queria comprometer outros dez anos da minha vida fazendo outra trilogia. E senti, na época, que havia aspectos interessantes sobre como Darth Vader tornou-se Darth Vader, por exemplo, que compunham uma história forte o bastante para valer a pena ser contada. É um tipo diferente de história porque realmente é baseada em algo que ocorreu anteriormente. São notas que você faz para você mesmo que o conduzem para aquele ponto do filme onde você começa. E a saga sempre pretendeu ser vista como um único filme, não em partes, mas sempre pretendeu ser como uma série, como o seriado da matinê de sábado ao qual íamos. Através dos anos, e com muito estímulo basicamente vindo dos fãs, decidi voltar atrás e ver se poderia contar essa história que ocorre antes. Terminamos a primeira trilogia e fizemos essa contando a história de Anakin. Então, a ideia de completar a saga e ter os *Episódios* de *I* a *VI* foi uma fascinação que não pude evitar.

Você ainda anda dominado pelas expectativas dos fãs?

Lucas — Não exatamente. Quer dizer, é ótimo que os fãs amem o filme e aprecio que um grande número de pessoas goste de *Star Wars*, mas tenho que ir adiante e fazer os filmes que quero fazer. E fazê-los do jeito que eu quero. E como sabemos, ninguém está sempre feliz o tempo todo. Assim, temos um monte de gente falando sobre tudo que fazemos. Não posso me sentir incomodado com isso. Tenho apenas que fazer o filme do jeito que eu o vejo e fazê-lo para minha própria satisfação e esperar que outras pessoas gostem. Esperar que elas sintam que o filme foi um bom entretenimento para elas.

O quão atento você está a essas novelas e quadrinhos que foram escritos a partir do universo de Star Wars? Você os lê?

Lucas — Na maior parte do tempo estou atento apenas ao que está contido nos filmes com os quais trabalhei. Qualquer coisa a mais flutua em um universo que eu realmente não tenho muito a ver.

Nesse mesmo documentário citado há pouco, você aparece se divertindo mudando os atores de posição em uma sequência enquanto editava o filme. É uma coisa que você gosta de fazer?

Lucas — Eu vim da sala de montagem, foi aí que comecei, e todo o processo de edição é manipular imagens, as interpretações e as performances. Isto é o que um editor faz. E tem sido esse o seu trabalho. O fato de agora podermos manipular imagens no *frame*, ao contrário de apenas manipular *frames*, nos dá mais qualidade e capacidade de melhorarmos as performances, a história que está sendo contada e os personagens desenvolvidos, tudo do jeito que queremos.

Como você se sente sobre o debate a respeito de atores digitais?

Lucas — Atuar é atuar. Muito da discussão sobre atores virtuais é movido por pessoas que não sabem nada sobre atuar. E eles não sabem que há uma diferença entre profissão e talento e que não existe essa coisa de ator virtual. Todos os atores são reais, feitos de carne e osso. Isso explica por que essa discussão é ridícula. Não sei sobre o que eles estão falando. Não é apenas com o que os atores se parecem. Não fazemos filmes mudos. A performance está na voz e parte disso está na imagem, mas não apenas uma coisa. E a maioria dos atores virtuais e dos então chamados atores virtuais que está trabalhando hoje, mesmo em meus filmes, são atores de verdade. Os animadores, que estudam comportamento e têm que ter noção sobre a atuação, recebem sugestões dos atores que atuam e que estão no set. Não se trata daquilo que o animador deduz que seja por conta própria. Definitivamente, o computador não cria esses atores. Tem carne e osso em jogo, tem carne e osso nas pessoas que trabalham duro, que entendem a profissão e têm talento para atuar e que estão animando estes personagens em uma combinação. E quando você chega a uma situação em que se usa pessoas que não entendem de atuação, vemos péssimas performances. Não faz diferença se eles são virtuais ou não porque por trás de tudo existem pessoas – o diretor, os atores e os animadores – que vão determinar a qualidade de suas performances. Esse é o ponto. Você não pode apenas criar uma animação e dizer que aquilo vai funcionar, porque não vai! Nunca irá! E o computador não pode fazê-lo.

Você poderia, a partir de sua experiência como pai, dizer como equilibrar suas decisões criativas no sentido de contar o seu mito ao público e mantê-lo apropriado para as crianças?

Lucas — Os filmes são feitos para as crianças. Nunca mudei isso. Eles sempre têm sido direcionados para a mesma audiência. O fato de os adultos gostarem é um *plus*. A maioria do público é composta realmente por jovens. Sempre foi. Quando olhamos para os grandes sucessos de cinema que têm sido feitos, todos buscaram o público jovem. Como sabemos, pessoas mais velhas não vão ao cinema. Elas não são mercado. Então, o que fazemos é algo apropriado à idade e inteligência. Tenho feito filmes para pessoas jovens e tenho tentado fazê-los inteligentes e, como resultado, têm funcionado para todos em todas as idades. Mas não mudei isso. Estou tentando. Não olho para isso como se fosse um monte de filmes diferentes. Vejo isso como um grande filme com doze horas de duração o qual tento terminar. E mesmo que esteja tomando trinta anos da minha vida para fazê-lo, é realmente apenas um filme de seis partes, uma minissérie, se preferirem. Estou tentando manter tudo consistente, exatamente o mesmo, sempre usando as mesmas regras que impus a mim mesmo em termos de estilo e no sentido de que funciona junto. Tanto que parecerá um pedaço sem costura que pode ser visto do *Episódio I* até o final sem perder sentido. Tudo parecerá consistente e uma única história.

Episódio II foi filmado quase inteiramente com câmeras digitais e o *III* imagino que será totalmente digital. Se não existissem mais cinemas, como você se sentiria? Você criaria filmes que não fossem exibidos em cinemas?

Lucas — Bem, não há realmente diferença na tecnologia. O digital não muda nada. É mais fácil para eu trabalhar digitalmente e há muitas pequenas coisas que têm que se fazer com a tecnologia do cinema. Mas não afetam a experiência de assistir a um filme. As pessoas vão aos cinemas e assistem aos filmes porque são humanos. Humanos são animais sociais e sempre o serão. E sempre estarão reunindo-se. E eles sempre vão querer rir e chorar juntos, compartilhar algo juntos. Portanto, não vejo os cinemas desaparecendo. E as pessoas fazem cinema também para a experiência solitária chamada televisão. Quando a televisão chegou, todos pensaram que seria o fim do cinema. E isso não aconteceu. Os filmes são maiores agora do que jamais foram. E continuarão a crescer no vídeo, no Blu-Ray etc.

Você faria filmes para serem entregues diretamente aos lares?

Lucas — Eu fiz o seriado *O jovem Indiana Jones* diretamente para os lares. Eu amo televisão. Aprecio a experiência de fazer televisão. Discordo apenas no ponto que diz que a linguagem da TV está se aproximando do cinema. São meios distintos e fazer filme para um ou para outro continua a ser um processo diferente. Tão diferente quanto a experiência compartilhada que se tem em assistir a um filme no cinema.

Você falou que, assistindo à saga *Star Wars*, do *Episódio I* ao *VI*, muitas coisas são reveladas, como o fato de Darth Vader ser Anakin Skywalker. Essa é a melhor maneira de assistir a esses filmes?

Lucas — Não sei qual é a melhor maneira. Acho que todos olharão para eles diferentemente. Há toda uma geração que enxergou isso como um flashback. Nós começamos pelo fim e agora estamos relatando o que aconteceu anteriormente. As crianças de hoje, provavelmente verão do *I* até o *VI*. As de um futuro mais distante talvez vejam novos episódios, não sei... A experiência, para elas, será diferente porque os tempos em que vivemos são diferentes, assim como suas experiências. Obviamente, quando *Star Wars* surgiu, não havia nada parecido. Foi completamente singular. Agora, há pelo menos cinco ou seis versões desse tipo de filme sendo lançadas a cada ano. Portanto, a experiência já não é a mesma. Do ponto de vista narrativo, acho intrigante ter contado o final e agora voltar antes de tudo. Bem, funcionou em *Cidadão Kane*, porque não poderia funcionar agora? Darth Vader é, ultimamente, um personagem pouco importante, à exceção das gerações mais velhas que se lembram dele. Para a antiga geração, você vai saber como ele tornou-se o que é. E as novas vão ver a saga de Luke com um investimento emocional extra.

Você acha que a tecnologia digital deixou o gênio fora da garrafa? Ou seja, qualquer um com acesso às câmeras digitais e a uma ilha de edição não linear poderia fazer um filme? O quanto isso é bom?
LUCAS — Acho que agora todos têm mais facilidade para fazer um filme em termos de acesso. Todo mundo tem a capacidade para escrever uma novela ou uma grande sinfonia. Não significa que qualquer um vá sair por aí e fazê-lo. Até ontem, um filme era uma mídia complicada e cara. Mas com o barateamento proporcionado pela tecnologia, existe uma nova opção e acho fantástico. A coisa mais importante que o cinema digital nos trará é o fato de democratizar a mídia toda, permitindo que mais pessoas tentem se expressar. Se farão filmes mágicos como se fazia quando se rodava com negativos? Claro que sim. A mídia muda, o encanto não.

Você acha que o DVD permite ao espectador uma experiência tão rica quanto a do cinema?

Lucas — São experiências diferentes. A maior diferença entre elas, penso, é que a experiência do cinema é grupal. É social e é por isso que as pessoas vão ao cinema. Também porque nos traz uma experiência maior, em uma tela maior. Agora com o digital, haverá a mesma qualidade de experiência que se tem nos lares hoje. A experiência doméstica nos dá a chance de rever, de parar, de estudar coisas. Não vejo o DVD, o Blu-Ray, ou seja lá o formato novo que apareça no futuro, competindo com o cinema. Acho que eles se ajudam, formando uma experiência completa.

Vendo o documentário *The Beginning*, vemos todos engordando, perdendo cabelo e envelhecendo muito, e você parece exatamente o mesmo...

Lucas — (Risos) Esta é uma divisão especial da Industrial Light & Magic, o departamento chamado Dorian Gray. Você vai lá e eles fazem uma imagem digital sua perfeita. Como ela nunca muda, você nunca muda.

4. Abraçando o seu destino

Ao contrário do que os detratores podem achar, em sua carreira, Lucas nunca esteve em terreno firme. Sua trajetória revela uma ânsia por manter seus princípios e sobreviver, evitando os excessos (e Coppola é o exemplo da armadilha que ele se balizou a vida toda para não cair e ter o mesmo destino) que se incorre no risco de acreditar que seu cinema é impessoal.

Não é do temperamento de Lucas falar sobre as dificuldades que teve em Hollywood, mas de vez em quando saem algumas pérolas cifradas como quando disse: "Se quiser durar no ramo do cinema, nunca creia em nada do que você ouve, e só acredite em metade do que vê!"

Como ele evita entrevistas, especulações e críticas sempre foram um prato cheio para alimentar a mídia. E como nunca processou ninguém, sua fama de turrão prosperou, sua briga com Coppola ganhou mais atenção do que merecia e o rótulo de comerciante e promotor de brinquedos caiu como uma luva sobre suas hábeis mãos.

Sobre críticas, uma vez ele falou: "Você tem que ter uma pele grossa o suficiente para lidar com as críticas. Eu sou muito autocrítico e tenho um monte de amigos que são diretores de cinema, escritores e pessoas na minha profissão que são confiáveis. Eu os incentivo a serem extremamente críticos, mas eu confio na opinião deles, porque é feita por gente que conhece, que tem experiência. Eu também os conheço pessoalmente e sei a inclinação psicológica que eles estão colocando sobre meus filmes. Eu sei como são seus gostos e posso dizer, 'Bem, isso é uma leitura deles, mas não significa a mesma coisa para mim'".

Em suma, o que ele quer dizer com isso é que, antes de tudo, ele tem a sua própria voz. Essa é a visão de um artista. Pode não ser o tipo de artista que agrade uma unanimidade, mas é uma visão. Assaltar o mundo do capital e fazer um cinema com ideias próprias usando os códigos de massa, pode parecer fácil, mas não é. E, embora digam que ele é conservador e tem ideias muito definitivas, Lucas pondera sobre o que é ser definitivo.

"Isso não é relacionado a mim, mas ao ser humano. Emocionalmente, nós não mudamos muito nos últimos 3 mil anos. Eu acho que sentimentos enraizados e a necessidade de saber como as coisas funcionam em termos de uma família, em termos de nosso lugar na sociedade (...) são exatamente os mesmos. Este é o motivo por que as pessoas se relacionam com isto. Eu venho dizendo isto desde o início, quando as pessoas diziam que (*Star Wars*) se tratava de espaçonaves (...). Você podia fazer o filme com bigas e contar a mesma história".

Apesar de a Lucasfilm ter sido vendida para a Disney e de Lucas ter se aposentado – ele declarou que está deixando J. J. Abrams à vontade para fazer a nova trilogia como bem quiser – a verdade é que continua indo ao escritório pelo menos duas vezes por semana. Atualmente, ele desenvolve o enredo de vários produtos que são derivados de *O despertar da Força*. Asssim como a Marvel fez com *Os vingadores* e os filmes particulares sobre cada super-herói, *Star Wars* terá spin-offs no mesmo espírito. O primeiro *Star Wars: Rogue One* já está sendo filmado, estreia em 2016, e terá a direção de Gareth Edwards, o segundo está agendado para 2018. Isso tudo à parte da trilogia tradicional. Lucas também diz que está "aguardando ansiosamente para fazer outras coisas na vida".

Posfácio

Em 2015, anunciou a construção de um Museu de Cinema, o Lucas Museum of Narrative Art. Chicago oferecia as melhores condições logísticas, mas os prefeitos de Los Angeles, Eric Garcetti, e de São Francisco, Ed Lee, estavam tentando seduzir Lucas com favorecimento de terreno e condições políticas. O forte do Museu Lucas será um acervo bem abrangente de tudo o que a ILM criou em efeitos visuais, mas o veterano diretor tem um plano mais ambicioso. Ele quer expor aos visitantes toda a evolução da arte visual e narrativa, desde as pinturas nas primeiras cavernas até as últimas experiências digitais em 3-D de James Cameron. O Museu Lucas contará com um acervo do cinema norte-americano, sobretudo os cineastas de filmes mudos como Griffith, Vidor, Stroheim, e internacional, de filmes experimentais, independentes, vídeos e mídias digitais. Vai sediar workshops para escolas, faculdades e programas pós-escolares, bem como palestras sobre a história do cinema, com ênfase em experimentação e tecnologia. Lucas tem a intenção de moldar nossa compreensão da arte visual americana; a diferença é que ele respeita muito mais o prazer do cinéfilo também. "A sensibilidade da invenção, das vanguardas, contará mais do que o cinema padrão, e tenho uma coleção de objetos de cena de filmes de Orson Welles, Kubrick e Akira Kurosawa, que tenho certeza que, quem gosta de cinema, vai adorar ver. Mas é claro que haverá uma seção inteira dedicada a *Star Wars*, é inevitável", declarou Lucas ao *Chicago Sun Times* em janeiro de 2015.

Paralelo a esse trabalho, ele diz que finalmente vai voltar àqueles filmes de arte não narrativos que pretendia fazer após a faculdade. Quando pressionado sobre como seriam, ele mencionou como referência apenas *Koyaanisqatsi* e *Powaqqatsi*, os documentários visualmente estonteantes de Godfrey Reggio, que produziu nos anos 1980.

O que sobrar de tempo, o cineasta deve dedicar à vida particular, que aliás, está cheia de novidades. Desde que se separou de Marcia Griffin em 1983, Lucas vinha mantendo relacionamentos discretos, e nunca aparecia em público com suas namoradas. Em 2012, ele finalmente assumiu seu namoro com a empresária Mellody Hobson, e se casaram numa cerimônia no Rancho Skywalker. No ano seguinte, nasceu Everest Hobson Lucas, o que foi uma sensação nova pra Lucas. É a primeira filha natural do diretor.

A empresária explicou há alguns meses no programa de Oprah Winfrey as razões da boa química na relação com o cineasta: "Somos pessoas com mentes extraordinariamente abertas e nos deixamos levar pelo que o universo nos dá. Não tínhamos ideias preconcebidas sobre como seria nossa relação, portanto nos permitimos descobrir algo que não esperávamos".

Ao que parece, em algum ponto do caminho – talvez em algum momento enquanto criava os filhos – Lucas se reconciliou com o que era antes de *Star Wars*: um jovem cheio de ideias e planos recém-saído da USC.

"Eu nunca teria acreditado que estaria onde estou agora –, nem em 1 milhão de anos, e abordei isso de forma completamente errada", disse em tom de autocrítica à revista *Time* logo após a aposentadoria em 2014. "Eu estava seguindo na direção oposta. De alguma forma, acabei aqui. É assim que é a vida. Você segue para o norte e acaba no sul".

Em algum ponto ao longo do caminho, Lucas – seja o cineasta de arte ou o mago da cultura pop – parece ter abraçado seu destino, independente da direção em que estava seguindo.

Esse livro foi impresso em papel *pólen bold* 90 g pela gráfica Edições Loyola.

deu a George uns 2% de lucros do filme quando ele foi lançado em 1979 e, embora o longa tenha surpreendido os céticos ao recuperar a maior parte do seu dinheiro, ele ainda tinha de devolver uma eventual renda a George. Lucas estava profundamente magoado com a recusa de Coppola de esperar por ele para dirigir *Apocalypse*. George sentiu que tinha investido seis anos da sua vida no projeto, somente para ver o conceito original distorcido pela farta imaginação de Coppola. "Era o *meu* filme, e eu não tinha nenhum controle sobre a situação", Lucas afirma. "Eu não tenho nada contra Francis, todavia. Ele tinha todo o direito de fazê-lo, era dele. Mas eu estava furioso naquele momento".

Lucas sentiu que tinha sido roubado. Dessa vez era demais – era a última afronta. Ele se desassociou de Coppola tanto profissional quanto pessoalmente. Os outrora grandes amigos ainda se veem nas férias, e seus encontros são sempre amigáveis, embora tensos. Mas os consecutivos desacordos a respeito do retorno financeiro de *Loucuras* e *Apocalypse Now* dissolveram a relação profissional. Como sempre, Coppola teve a última palavra. Harrison Ford aparece brevemente em uma cena de *Apocalypse*, interpretando um oficial da inteligência dando instruções. Enquanto o personagem de Ford tira os óculos, Coppola faz um *zoom in* para um close da camisa verde exército de Ford. O nome na etiqueta se lê claramente: "Cel. G. Lucas".[10]

---

[10] A *San Francisco Actor*, publicação do Screen Actors Guild (setembro de 1973), foi útil para esse capítulo. Da mesma forma que a correspondência pessoal de Lucas. Todos os ingressos vendidos e valores de aluguel de *Loucuras de verão* são da Lucasfilm e da Universal Pictures.